U0115037

集 刊 名：唐宋历史评论
主办单位：中国人民大学唐宋史研究中心
浙大城市学院浙江历史研究中心
主 编：包伟民 刘后滨

第十二辑

集刊序列号：PIJ-2014-107
中国集刊网：www.jikan.com.cn
集刊投约稿平台：www.iedol.cn

中文社会科学引文索引（CSSCI）来源集刊

唐宋历史评论

第十二辑

中国人民大学唐宋史研究中心
浙大城市学院浙江历史研究中心

包伟民　刘后滨　主　编
邱靖嘉　执行编辑

社会科学文献出版社
SOCIAL SCIENCES ACADEMIC PRESS (CHINA)

目录

CONTENTS

·吴宗国先生纪念专栏·

·专论·

·札记·

·述论·

·书评·

Contents

Research Notes

Overview

Book Reviews

吴宗国先生纪念专栏

编者按：

吴宗国（1934~2022 年），1953 年考入北京大学历史学系，1958 年 7 月毕业后留校任教，担任汪篯教授的助手。从 1980 年代至 1990 年代中期，吴宗国教授长期开设本科生的通史课，并首次在系内开设研究生“中国古代史研究”课程，培养了大批从事中国古代史教学研究的优秀人才。吴宗国教授尽心从教，潜心治学，方法科学，风格鲜明，在中古政治体制、隋唐政治与社会演变、唐朝的历史地位、唐代科举制度等众多研究领域做出了具有开创性的贡献，影响深远。2022 年 8 月 7 日，吴宗国教授因病在北京逝世。

本刊邀请吴宗国教授的同学梁太济教授，学生兼同事邓小南教授、张帆教授，以及与他有着学术交谊的王承文教授撰写回忆或评论文章，从教学、科研和学术传承等方面，缅怀他在长期教书育人学术生涯中的贡献与成就。

吴宗国与《汪篯隋唐史论稿》的编辑出版

梁太济

宗国与我，都深受业师汪篯先生的知遇之恩，对先生一直怀有满满的感激之情。“四人帮”被粉碎以后，我们都坚信恩师屈死冤案一定会获得公正处理，果然很快就平反昭雪了，并于1978年11月20日补开了追悼会。

在此前后，我们一直在酝酿搜集和出版恩师遗稿事宜。我只是在大学本科最后三两年与恩师有较频繁的接触，宗国则本科毕业后与恩师又同事了8年，对于恩师文稿及其存失情况，远比我了解和掌握的多得多。我所知道的，如解放前发表过唐玄宗即位之初如何安定皇位的论文，1953年用“季铿”笔名发表的关于隋末唐初的2篇论文，1955年底发表的纪念司马迁2100年诞辰的论文，1962年发表的4篇隋唐史杂记，这些宗国无一不知。而在此之外，宗国知道的，如解放初在《进步日报》发表的《秦始皇》，60年代在中央党校做的专题报告《唐太宗》《武则天》所存铅印本，在北京一次学术座谈会上关于农民阶级斗争历史作用的发言尚存有底稿，历史所曾印发全所参考的对一位青年学者研究唐代客户的审阅意见，我都见所未见，闻所未闻。

宗国还了解，恩师在解放前夕已基本撰就两部专著，一部叫《魏晋隋唐党争史》，另一部叫《隋唐之际群雄盛衰兴亡之连环性及其内部组织问题》，他本人却谦虚地在上面题有“札记稿”字样。1962年准备修订定稿，学校为之配备了助手。此事虽然半途而废，两部书稿也在动乱中散失殆尽，但助手杨泰麟当年曾擅自将不少内容节抄在自己的笔记本中。只是多年前他业已辗转去了陕西，不知这些笔记本是否仍然保存。

此外，除了安定皇位那一篇，恩师解放前是否还发表过别的论文，我们心中都没有底，很不踏实。

交换过各自知道的遗稿情况之后，我们商定：遗集将恳请唐长孺先生牵头担任主编，稿子最后怎样编定也请他拍板。由宗国立即与杨泰麟联系，若能借得他的笔记本，誊录和恢复文稿原貌的整理工作，由我们两人分担。当时我是借着商讨汪师遗稿出版的由头出公差来京的，住在城内，行动方便，就表示：跑腿的事由我来干。

我最先找的是唐长孺先生。当时唐先生整理吐鲁番出土文书在京，我的顶头上司、内蒙古大学历史系主任胡钟达先生，早年曾在武汉大学求学执教，时亦在京编纂地震史资料，我就烦请他带我去谒见唐先生。唐先生听说我们这些学生正在操办汪师遗集的出版事宜，欣喜之情溢于言表，答应为遗集撰写序言，并说：对青年学者习作的审阅意见一类文字，不宜收入集中。

接着，我去中华书局找到赵守俨先生。《中国史学论文索引》第二编收录的资料断限为1937~1949年，中华书局早已排校就绪，却一直未能出版发行。我请他找出清样，从中仔细检索汪师的论文，结果发现，确实只有发表于1948年3月27日《申报·文史》第16期的《唐玄宗安定皇位的政策和姚崇的关系——玄宗朝政治史发微之一》一篇。我向他谈起遗集出版事宜，他只说，就他所知，汪先生正式发表的论文不多，对于是否愿意承担遗集的出版一事，没有正式表态。

在京期间，我与历史所明清室的何龄修师兄曾数次会面。谈起遗集事，他说，汪先生的老师陈寅老正式出版的专著的书名都缀以“稿”字，如“略论稿”“述论稿”“笺证稿”，建议遗集的书名叫《汪篯隋唐史论稿》。

我把造访的情况以及他们的意见和建议，都转告给了宗国。

回到内蒙古不久，宗国就把杨泰麟的笔记本寄了过来，分给我的是《魏晋隋唐党争史》专著，但只有唐代部分，唐以前的内容大概都未节抄。其中的序引语、转折语、提示语、结语当皆是原稿的原文，而原稿引用的资料，除个别短语外，都只节抄了出处的书名、篇名，连引文的始见和终止处的片言只字都未抄下。将它誊录成提交给出版社的书稿清本，虽是机械性的工作，但花费的时间并不少。誊录完毕，我就将它与笔记本一起立即寄回给了宗国。

宗国誊录的是《隋唐之际群雄盛衰兴亡之连环性及其内部组织问题》，总字数较我誊录的约多四分之一。此外，他还要把恩师公开发表的那些论文转换成提交给出版社的书稿清本。以北大图书馆的资源条件，找出这些论文并不费事，但那时复印机似尚未见使用，不管是在馆中手抄，还是拍摄成相片后手抄，还是请人代抄，总之，工作量都是相当巨大的。

至于书稿汇拢后的校勘分类编排，与唐长孺先生间的商讨往复，以及与出版社的接洽交涉，详情我已不甚了了，估计宗国为之付出的心血和精力是相当巨大的。

2022 年 10 月 12 日修订定稿

忆念吴宗国老师

邓小南

2022 年 8 月，我在外参加北京市社会科学界联合会的考察活动，在手机中突然看到吴宗国先生去世的讣告，当时感到非常突然。身在外地，心中无限牵念，却也没能参加先生的告别仪式。以前知道先生家中有“长寿基因”，没想到骤然间阴阳两隔。我和吴先生都住在蓝旗营，楼栋相邻，过去经常看到先生和师母在院内活动，曾去府上拜望过先生，有时也在楼下和先生“接头”。这段时间常想最近怎么没有遇到先生，但总觉得可能是因为疫情不便外出。

许多往事一下涌上心头。

我上小学时就认识了“吴叔叔”，上大学后，才改口称“吴老师”。记得我上小学四年级时（应该是 1961 年），翦伯赞先生曾经组织系里教师到颐和园游览，继而去听鹂馆用餐，当时也带上了我。系里的伯伯叔叔我不太熟悉，跟在人群中不好意思，温和儒雅的吴叔叔一直领着我，牵着我的手，还和我在长廊边拍了一张照片（前些时反复翻检老照片，可惜没有找到）。

“文革”结束后不久，我从东北回京，常有家中杂务需要照应。当时每逢冬季都要排长队去买上百斤冬储白菜，用平板车拉回家中。有一次正巧遇到吴老师、刘老师夫妇，他们看到我，就对队伍中的前后几位说：“让小南先买吧，她得回去给邓先生做饭。”原本拥挤的人群迅速让出一条通路，当时我感到十分意外，也非常感动。

我们班 1978 年入校后，中国古代史是由孙淼、张传玺、张广达、许大龄等几位先生讲授的。吴老师当时是年轻教师，教授另外的班级，学生们都说他讲课提纲挈领，善于概括点拨。1980 年代以后，吴老师长期担任中国古代史教研室主任。我留校之后，虽然编制属于中国古代史研究中心，但中心跟历史系实际上是一家。我们的工作安排、学业成长，吴老师都记挂在心上。今天想起来，自己成为北大教师的一步步路程，正是在吴老师的安排引导下走过来的。

1985 年我研究生毕业，86 年春季学期开始讲授第一门课程。作为初出茅庐的“青年”教师（其实已经并不年轻），我接到的任务是接续张小舟老师为中文系、图书馆系的一年级同学讲授“中国古代史（下）”。接下来的两年，则是安排我为历史系留学生讲授古代史课程。不同的听课对象，不同的授课方式，在教研室是阶次性的安排，在我则是起步阶段的逐次锻炼。在此期间，我也听到吴老师就古代史课程对一些任教老师的指导点评。

1990 年代中，学校开始招收文科实验班，各系都非常重视，各自抽调精锐力量从事教学工作。开课一年之后，吴老师找到我，叮嘱我与吴荣曾老师合作，讲授文科实验班的“中国古代史”课程。教实验班，责任重大；与前辈老师合作，也从来没敢想过。当时我十分惊讶，也感到明显的压力，因而脱口而出：“我能行吗?”吴老师声态平和地勉励我说：“没问题，我了解。”短短一句话，透出了深切的信任，也再次给了我磨炼的机会。认真准备之后，我就走上了 95 级文科实验班的讲台。99 年文科实验班最后一届结束后，我又回到历史系讲授中国古代史主干基础课。这些年的教学经历，奠定了我作为历史学教师的基础，逐渐开始有了信心。如今回想起吴老师通观全局的安排，其从容和缓的情态，往往潜移默化，具有很强的感染力。

2000 年以后，我开始招收博士生。当时完全没有经验，就努力观察仿效前辈老师指导学生的做法。魏晋南北朝史的老师，通常指导学生集体研读《资治通鉴》；吴老师则是带领学生将《唐六典》《唐律疏议》作为读书课的重点。在阅读讨论的过程中，对照相关史籍，不仅发现了若干问题，提出了不少富有见地的认识，也带出了新的学术团队。当年吴老师领衔，刘后滨、孟宪实、叶炜、雷闻等几位博士参加撰写的《盛唐政治制度研究》，从史实阐释、学术方法到理论认识，都体现出新的研究范式。这些吴老师亲自指导过的学生，如今各有成就，大多成为学界翘楚。

吴老师对教学、教材的重视，给我留下了十分深刻的印象。1960 年代初期，翦伯赞先生主编《中国史纲要》，吴老师参与了其中部分工作。进入 21 世纪，他又主持了《中国史纲要（修订本）》的编纂工作，使其成为中国史长盛不衰的经典教材。大约与此同时，吴老师组织我们几位中年教师共同编写了《中国古代官僚政治制度研究》，2004 年出版，呈现出北大政治制度史研究的整体面貌，也成为相关课程的参考读物。吴老师退休后，仍然惦记着历史系的教学工作。有一次我在去往学校的路上遇到他，他提及“大学里最重要的工作就是教学”，批评不切实际的考核标准，担心本科教学质量下降，看得出一位老教授内心的焦虑。那也是我唯一一次听到他以急促愤然的语调评论校内工作。

吴老师多年研究隋唐政治制度史，对隋唐史先贤陈寅恪先生、汪篯先生等人的学术成果非常尊重，但他也不囿于前说，经常提出自己深思熟虑后的看法。我有时会想，如果老先生在世，看到这样严谨郑重的切磋琢磨，一定会感到欣慰。他始终关注中国历史发展中重大的脉络性问题，一向秉持明确的整体观念，也有非常清醒的材料与问题意识。记得他在一次学术会议上说，近些年唐史研究的进步是伴随着摆脱宋代记述的过程而实现的。我听后感到有些惊讶，更觉得很受启发。我虽然不是吴老师的入门弟子，但也经常得到吴老师的指教。我们进行制度史研究时，通常会关注前面的断代，尝试把握其演变来源；而吴老师不仅关注魏晋南北朝，也关注五代—宋辽，关注制度“下行”的走势。记得有次学生答辩时，他指点说：有时从后向前看，能够观察到历史上更多的问题；有些事情，当其发生之际，人们并未意识到将会有何影响，若干年后回头再看，“意义”才会比较清晰。他多次跟我谈及从唐到宋的制度变化问题。1990 年我发表《试论北宋前期任官制度的形成》一文，涉及不少对唐代后期的讨论，心中十分忐忑。没想到吴老师特地找到我，非常认真地说：“文章有突破，有突破!”后来也在其他场合有所称道。我的硕士论文是写宋代磨勘制度，吴老师和其他几位先生一直督促我写成一本书，于是有了《宋代文官选任制度诸层面》。1998 年我首次撰写有关宋代“祖宗之法”的论文，投稿后编辑部反馈了十分深入细致的审读意见，事后才知道审稿专家正是吴老师。我知道吴老师对我有许多推荐提携，但都是辗转听说，他本人从来没有跟我提及。

前辈学者、师长陆续远去。当年有他们，才有今天的北京大学历史系。他们毕生的心血、他们时常的惦念，作为后来人，我们永远不能淡忘。

缅怀吴宗国先生

——课堂教学的若干记忆

张　帆

吴宗国先生离开我们半年多了。作为吴先生教过的学生和领导过的下属，我不时想起他的训导和关心，往事穿梭回旋，如在目前。记忆最深的是吴先生在北大历史系创设的一门研究生课程“中国古代史研究”，此外还有通史教学教材、课题研究等事。略述于下，以表缅怀。

一

吴先生去世后，北大历史系发布《吴宗国教授生平》，其中有一段话这样写道：

> 为了让各个断代的研究生对中国古代史形成更直观、更深入的整体认识，培养学生的“历史感”，吴宗国曾首次在系内开设“中国古代史研究”课程，培养了大批从事中国古代史研究的优秀人才。

可知“中国古代史研究”这门课程是吴先生为人所知的一项重要业绩。作为该课程的第一届选课学生，我对它的创设背景和初次开设情况相对比较了解。这门课作为我系中国古代史专业研究生的必修课，是1987年下半年首次开设的。此后连续开设近20年，到2000年代前期停开。课程的创设与吴先生在1986年出任中国古代史教研室主任有关。他一向认为，研究生各分方向，各自钻研选题，很容易越搞越窄，应该同时注意开阔视野，追求纵向贯通，横向旁通。“中国古代史研究”这门课程就是他落实以上想法的重要举措。

初次开设，吴先生将学习主题定为中国古代的土地制度。他显然经过深思熟虑，设计了很有特色的教学方式。前半学期，约请系内一些老师分别就中国古代的土地制度和剥削关系讲授自己的见解，或对学术界相关研究进行评述。讲授者除吴先生本人外，还有孙淼、吴荣曾、张传玺、祝总斌等先生。讲授内容涉及不同的中国古代历史分期理论，就是各种“封建论”。记得吴荣曾先生在批评“战国封建论”时提高声音说：“封建社会，总得有地主，战国有地主吗？你们给我找一个出来看看。”后半学期改由选课学生做课堂报告。这个课堂报告并不简单，需要先提交资料选辑，再以资料选辑为基础，讲述相关朝代的土地问题。

印象中那次上课的学生主要是我们 86 级硕士生班（当时二年级）的中国古代史硕士生，一共八名同学。各人在前半学期老师讲授的时候就开始查阅、抄录材料，再根据编好的资料集拟订提纲，依次进行讲述。讲述的范围上起两汉，下到明朝。因为先秦材料太少，清朝材料太多，而且我们这个年级没有学先秦史和清史的研究生，因此并未包括在内。编纂资料集的方法，主要是先去查阅相关研究论著，看它们利用了哪些史料，特别关注其中具有支撑性的史料，再去查阅史料所在文献，将原文抄录出来。研究论著引用史料，多为只言片语不够完整，有时还出现错误，我们通过复核，要抄录得完整、准确一些。对于硕士生来说，这种查材料、抄材料、编辑材料的训练，对专业学习帮助很大。八位同学一共编出二十几万字的材料，向系里申请经费，在学校印刷厂印了出来，装订成上下两册，名为《中国土地制度史资料选编》（以下简称《选编》，见图 1）。当时的印刷手段是油印，我们需要跑印刷厂，在蜡纸上校对，每次都搞得双手沾满油污。这部《选编》就字数来说当然不算多，放在今天，利用电子文献资源，剪贴电子文本，篇幅再多七八倍也不是难事，但以当时的条件而论，就不算容易了。

这部《选编》的编纂方式，不是先拟出提纲，根据提纲里的问题去找材料；而是先阅读研究论著，论著里用了什么材料，就复核抄录什么材料，再看材料反映了什么问题，依据这些问题加以编辑排列。因此各人完成的部分，编纂结构不尽一致。我的研究方向是元史，负责编纂辽金元三朝的土地制度史资料。其中元朝内容相对较多，结构如下：

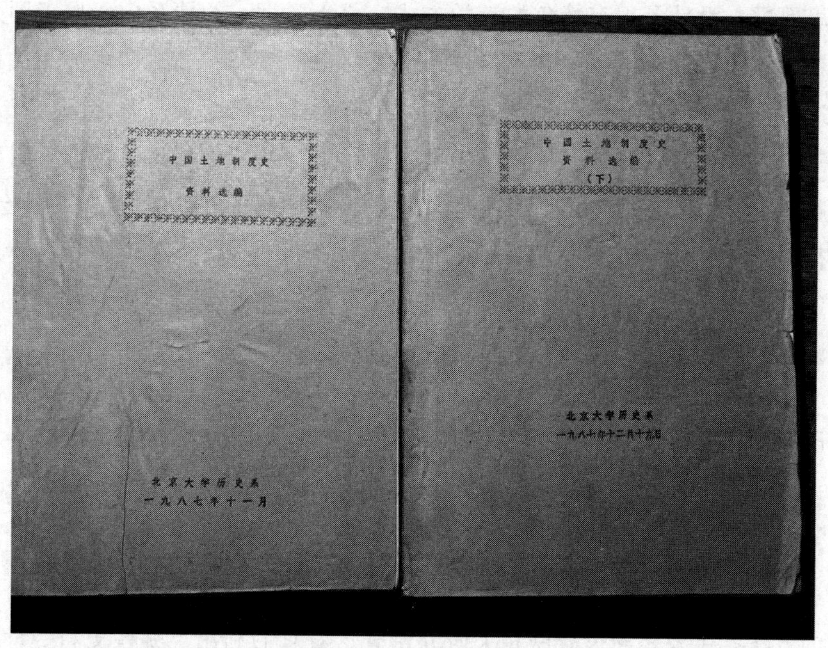

图1 《中国土地制度史资料选编》书影

一 民田

（一）贵族、官僚、军阀抢占土地

1. 贵族占田；2. 官僚占田；3. 军阀占田

（二）地主的土地占有

1. 概况：a. 北方；b. 南方

2. 兼并方式：a. 购买；b. 强占；c. 高利贷

3. 地主经济势力与政治势力的结合

4. 地主的破产

（三）寺观土地的膨胀

1. 概况

2. 土地来源：a. 赏赐；b. 施舍；c. 强占；d. 购买

3. 寺观佃户

4. 与封建国家的矛盾

（四）社会上的限田主张和政府的经理田土

1. 社会上的限田主张；2. 政府经理田土的措施

（五）自耕农破产流亡的趋势

1. 税粮及其他有关剥削：a. 税粮、鼠耗和仓粮；b. 其他额外负担；c. 产去税存现象

2. 赋役不均与政府的对策：a. 赋役不均；b. 各地均役措施；c. 助役法的实行

3. 自耕农破产流亡：a. 破产；b. 流亡（附：元初北方民间的村社组织）

（六）地主对佃农的剥削压榨：

1. 剥削程度；2. 人身依附关系

（七）奴婢

1. 概况；2. 奴婢数量；3. 奴婢与农业生产；4. 其他类似的私属人户

二 官田

（一）概况

1. 普通官田；2. 屯田；3. 学田；4. 职田；5. 赐田；6. 牧地

（二）土地来源

1. 前朝官田；2. 荒地；3. 购买；4. 籍没；5. 强夺；6. 投献

（三）剥削情况

1. 官田对一般自耕农的扰害；2. 承佃普通官田的佃户所受剥削

3. 屯田户所受剥削及其人身依附关系；4. 学田租额举例

5. 职田佃户所受剥削情况；6. 赐田剥削概况；7. 转佃、夺佃与包佃

（四）封建国家与贵族地主争夺官田的斗争

1. 对普通官田的争夺；2. 对屯田的争夺；3. 对学田的争夺

今天来看，提法和思路比较陈旧，有的地方也失之琐碎，但通过编辑这些资料，其实获益匪浅。我一直对元代的政治制度、政治文化感兴趣，经济史方面用力很少。后来留系任教，开元史专题课，编元史教材，凡涉

及土地政策、剥削关系、赋役制度等内容，靠着硕士二年级编的这部分资料，基本能应付。油印的两册《选编》，虽历经多次搬家，但一直留在身边。吴先生去世后，我在 86 级硕士生班微信群里询问谁还保存着这套《选编》，以为除我之外不会有其他人了，没想到除我以外的七位选课同学中竟然还有三位珍藏着它。

按照吴先生当时的想法，应该把“中国古代史研究”初次开课的这套做法延续下去，第一次的主题是土地制度，后面再更换其他主题。不过，他的设想没有充分实现。主要原因，一是多名老师围绕一个主题进行讲授，组织起来有难度；二是选课学生编资料集要花很多时间，课程负担较重；三是资料集印刷费钱（要是放在今天，用电子文本，就不存在这个问题了）。据我所知，之后开这门课，也尽量约请一些老师就某个主题集中讲授，甚至有时还会请校外学者，学生也做报告，进行课堂讨论，但似乎没有再编过资料集，即使有应该也很少。又历经好多年，慢慢变成了没有固定主题的讲座集合，每个重要朝代或时期，各请一位系内老师（有时来自系外或校外）做讲座，选题自便，一般都讲自己近期的研究心得。这样的讲座课当然同样有利于学生开阔视野，但有时由于老师准备不充分或所讲内容生僻，课堂效果不佳。学生跟着老师的讲座提点儿问题，讨论几句，期末交一篇自选题目的作业，就算完成任务。因为参与度不高，所以有的学生不认真听课，甚至逃课。2000 年代前期修订研究生培养方案，根据一些老师和学生的意见，就把这门课从必修课改为选修课。因为不再是必修课，所以此后就没有人组织开设了。那时吴先生早已退休。2006 年我开始担任中国古代史教研室主任，曾经闪现过按照吴先生的最初设想重开“中国古代史研究”课程的念头，终因难度较大，未敢尝试。后来偶尔见到吴先生，想起这件事不免惭愧。

二

我与吴先生最早的接触是在大学一年级。大一本科必修课包括“中国通史”基础课的古代部分，第一学期由祝总斌先生讲授，从史前讲到南北朝，第二学期由吴先生讲授，从隋朝讲到鸦片战争前夕。那时北大历史系是分专业招收本科生的，就我所在的中国史班来说，“中国通史”是本科前期最重要的课程。两位先生讲课各有风格。祝先生声音洪亮而略带沙哑，板书剑拔弩张；吴先生声音柔和绵密，板书也比较圆润。他们都不是严格遵照指定教材《中国史纲要》讲授，而是会在很多地方调节详略，补充学术界相关争论和自己的观点，这对刚刚告别中学时代的我来说有些不适应。不过到吴先生讲课时，通过祝先生一学期课程的磨炼，我也比较适应了。吴先生在课上组织过一次关于王安石变法的讨论，这也是我初次参加课堂讨论这类活动。说是参加，其实只是观摩，因为不需要也不可能人人都发言。以我那时的状况，除非念稿子，否则根本不具备在集体场合讲话的能力。

“中国通史”古代部分的指定教材《中国史纲要》，是“文革”前北大历史系中国史专业的集体成果，由当年担任系主任的翦伯赞先生（系内通称“翦老”）主编，编写班子在后人看来称得上“神级团队”。吴先生列名团队之中，这大大增加了我们对他的景仰。在课下了解到，吴先生1958年从北大历史系毕业，后留系任教，参编《中国史纲要》时也就是30岁上下，是编写班子里最年轻的。可是，受时代影响，他毕业后做了20多年助教，参编《中国史纲要》时也只是助教，直到“文革”结束后才评上讲师。给我们年级讲通史课的时候，吴先生在课表上还是讲师。学期中间，也就是1983年夏天他评上了副教授，这是我们后来才知道的。

作为《中国史纲要》最年轻的撰稿人，吴先生对这部教材怀有很深的感情。《中国史纲要》初稿完成并部分出版于“文革”前，1979年成套出版，我们本科一年级用的就是1979年版。1994年和2006年《中国史纲要》两次出版修订本，吴先生都参与其事。特别是2006年修订本，原作者大多已经辞世，吴先生成为修订工作的实际主持人。吴先生对这次修订十分认真，对当年他参加撰写的隋唐部分进行了很大篇幅的增补。我也参与了这次修订，负责元代部分，所做修订却很少，只改动了个别词句。参与修订的中青年教师，情况可能大都和我差不多。2021年，《中国史纲要》2006年修订版获得首届全国教材建设奖优秀教材一等奖，这应该是吴先生晚年感到快慰的一件事吧。

吴先生退休之后，和我偶尔见面，几次提起《中国史纲要》继续修订的问题。他说，国外大学的著名教材，隔一段时间就会出修订版，书名长时间不变，成为一个品牌，内容则不断更新，《中国史纲要》也应该这样。我年纪大了，以后这项工作得靠你们。由于吴先生的上述嘱咐，我2020~2021学年接手历史系本科生主干基础课“中国古代史（下）”时，不仅指定《中国史纲要》为教材，而且完全遵照《中国史纲要》的框架结构进行讲授，中间随时补充新内容。近两年讲下来，我感到继续修订《中国史纲要》，完成更加适应时代需要的新版，绝不是一件简单的事情。毕竟距离最初编纂时间已经过去50多年了，需要增删调整的地方相当多。如果都参照吴先生在2006年修订版中所做的工作，还真要在较长时间内全身心投入，工作量比新编一套教材也相差不远。不知道我们这代人能否完成这项任务。

三

吴先生的研究方向是隋唐史。1980年代，北大历史系在隋唐史领域实力雄厚，共有四位先生开设相关课程，按年龄依次是王永兴、张广达、吴宗国、刘俊文。他们的研究重点不同，治学风格各异。学生当中流传着一个调侃式的说法，从阶级分析视角给四位先生定性。王先生的学问较有古典色彩，以原始材料分析和考据见长，被称为“封建地主阶级史学家”。张先生通晓多门外语，上课经常引述外文资料，被称为“资产阶级史学家”。吴先生重视理论学习，强调唯物史观的指导作用，被称为“无产阶级史学家”。刘先生年轻气盛，锋芒毕露，在课堂上批评一些知名学者毫不客气，让人联想到马列课上提到过的“小资产阶级狂热性”，因此被称为“小资产阶级史学家”。上述说法出于好事者编造，有失礼貌，却也不无根据。在一个研究方向上能够同时接触到风格迥异的这么多位老师，其实是学生的幸运。我就很荣幸地先后选修过四位先生的隋唐史课程，其中包括大三第一学期吴先生开设的“隋唐史专题”。在这门课上，我提交了一篇几千字的作业《贞观时宰相制度的变化与皇权的加强》。后来再看并没有什么新意，但却是我第一次完成至少在表面上看比较像样的中国古代史论文。

重视理论学习，强调唯物史观的指导作用，的确是吴先生治学的重要特点。前面提到他创设“中国古代史研究”课程，并且将初次开课的主题定为土地制度，就是这方面的表现。不过，吴先生最擅长的研究领域是制度史，倒不见得随时能体现出唯物史观。更确切地说，他的治学特点是在研究传统问题时充分贯彻整体意识和长时段眼光。我学习元史，主要也是从制度史入手，在研究选题和思路上受吴先生影响很大。我的硕士、博士学位论文均属于制度史领域，两次请吴先生参加答辩，他都提出了很好的修改意见。留系任教后，我被吴先生吸收参加他刚立项的课题“中国古代官僚政治制度研究”，课题成果，也就是同名专著，于2004年在北京大学出版社出版。在这项研究中，我承担金、元两朝相关内容的撰写，写了大约10万字。我把这部分内容拆解出若干篇论文单独发表，在元史学界产生了一定的影响。除课题研究外，那段时间我的教学工作都由吴先生安排，我经常就通史教学中的一些问题向他请教。因为接触比较密切，连发表论著都自觉不自觉地套用他的题目。他出版讲稿《隋唐五代简史》，我也出版了《中国古代简史》；他发表论文《唐朝的特性》，我也发表了《元朝的特性》。

吴先生身体一向很好，据说他家中长辈都得享高寿，家族有“长寿基因”。我最后一次见他是在2019年底，当时他红光满面，侃侃而谈，完全不像年近米寿的老人。没有想到先生走得这么突然，世事之难料如此。愿先生安息！

2023年3月2日

对中古社会变迁和隋唐史的贯通性认识

——读吴宗国先生《中古社会变迁与隋唐史研究》

王承文

《中古社会变迁与隋唐史研究》是著名历史学家吴宗国先生在北京大学从教六十周年的纪念文集。[①] 全书分为上、下两册。上册研究篇，汇集了吴先生的中国古代史特别是隋唐史研究论文，下册为学术讲演稿。全书所收各篇论文，发表的时间跨度很大，最早的发表于 1981 年，最晚的发表在 2018 年；其发表的学术刊物也很分散。而此书最大的意义，在于让学术界对吴先生的中国古代史和隋唐史的学术研究体系有了更加完整的了解。细读此书，我最为深刻的印象，就是吴先生对中古社会变迁和隋唐史所形成的具有贯通性的认识，体现了他作为老一辈史学家深刻的理论思考，并有力地提升了中古史和隋唐史一系列重大问题研究的水准。而其诸多富有启发性的研究结论以及研究方法等，都值得我们高度重视和参考借鉴。

一　何谓对历史的“贯通性”认识？

所谓对历史的“贯通性”认识，也可以简称为“通识”。什么是“通识”？吴宗国先生解释道：“通识，也就是通过发展变化和相互联系来观察历史，把握历史发展的脉络。”[②] 他强调历史研究中的“通识”，其“通”是特指“会通”和“贯通”，既指“从发展联系来观察历史”，同时又指“从中国历史发展的长时段和总体来把握历史的发展”。[③] 因此，吴先生所讲的“通识”，一方面是指要用发展变化和相互联系的观点来研究历史，

① 吴宗国：《中古社会变迁与隋唐史研究》，中华书局，2019。

② 吴宗国：《中古社会变迁与隋唐史研究》，第 631 页。

③ 吴宗国：《中古社会变迁与隋唐史研究》，第 532 页。

另一方面则是指从中国历史发展的长时段和总体来把握历史的发展。通观全书，可以发现作者对“通识”有着极高的追求，并因此形成了非常鲜明的学术风格和研究特点。

吴宗国先生对“通识”的理解和追求，源于中国史学自古以来的优良传统。例如，他对司马迁和司马光的史学就有极高的评价：

> 司马迁的《史记》，司马光的《资治通鉴》，其所以影响深远，其所以能开创一代之规模，除了他们本人的才学，一个根本原因就是因为他们的立足点和着眼点不同于一般历史家。司马迁写《史记》，不仅“网罗天下放失旧文［闻］，考之行事，稽其成败兴坏之理”，而且“亦欲以究天人之际，通古今之变”，正是这样远大的抱负，才使得《史记》“成一家之言”，成为中国史学史上雅俗共赏的不朽名著。[①]

前后两司马的史学之所以不同于一般的历史家，吴先生认为最主要就是“立足点和着眼点”的不同。而所谓“立足点和着眼点”，实际上就是一种高超的“史识”。司马迁的史学与前人相比，一方面展现了宏阔而多维的历史视野。唐代史学家刘知幾就称“《史记》者，纪以包举大端，传以委曲细事，表以序其年爵，志以总括遗漏，逮于天文、地理、国典、朝章，显隐必该，洪纤靡失”。[②] 因而《史记》的历史叙述反映了极其丰富的社会历史内容。另一方面，司马迁倡言的“欲以究天人之际，通古今之变”，成为中国传统史学的最高准则。所谓“究天人之际”，即探讨天道与人事之间的关系，而“通古今之变”，则是追求对客观历史进程及其发展脉络的把握。由此，“贯通性认识”或“通识”也可以直接等同于“史识”。中国传统史学要求史家具备“才、学、德、识”四长，而四长中最重要的就是“史识”。所谓“史识”就是史学家对历史本质的深刻理解，而史识也因此成为各类史学著作的灵魂。

---

① 吴宗国：《中古社会变迁与隋唐史研究》，第615~616页。

② 刘知幾撰，浦起龙释《史通通释》卷二《二体》，上海古籍出版社，1978，第28页。

陈寅恪先生治史以获得史识为圭臬。他批评"国人治学，罕具通识"，[①] 并批评乾嘉学者以经学方法治史，往往"止于解释文句，而不能讨论问题"。[②] 在其名篇《天师道与滨海地域之关系》中，他又批评称"自来读史者惜俱不知综贯会通而言之也"。[③] 可见，陈寅恪先生所讲的"通识"，往往就是一种对历史"综贯会通"的认识和能力。周一良先生称："陈先生论述历史现象时，经常注意区别共性与个性，研究二者之间的区别与联系。他看历史问题很重视纵向观察，看源流和演变，能以几百年历史为背景来观察。正由于如此，陈先生的论著大都视野广阔而辨析精深，符合于辩证法……陈先生长于贯通、观察发展变化，如从南北朝分别找出唐代各种制度的渊源，他的魏晋南北朝史研究与唐史研究是相辅相成的，互相促进的。"[④] 而吴宗国先生对于陈寅恪先生将中古史进行"贯通性"研究也给予了很高的评价。[⑤]

吴宗国先生所理解并特别强调的"通识"，又在很大程度上体现为马克思主义的辩证唯物史观。虽然书中很少见对马克思主义经典著作的直接征引，但是他却自觉地将辩证唯物史观融会贯通于其整个研究过程中。唯物史观认为，生产力是推动人类社会发展最根本的动力。吴宗国先生也强调："马克思主义的基本精神，抓住生产力发展和社会经济发展这一历史发展的主线。"[⑥] 唯物辩证法最基本的观点就是发展和联系，就是强调世界各种现象之间和每个现象的各个方面之间都存在相互依赖和联系。而社会生活的各个方面也是相互联系着的，政治、经济、社会、思想、文化等各种因素都存在紧密的依存关系，这些因素共同构成了一个有机的整体——人类社会。而物质生产活动则是这些结构产生和演变最根本的动力。吴宗国先生所强调的"通过发展变化和相互联系来观察历史"，"就是从历史的

---

① 陈寅恪：《陈垣敦煌劫余录序》，《金明馆丛稿二编》，生活·读书·新知三联书店，2001，第266页。

② 陈寅恪：《金明馆丛稿二编》，第270页。

③ 陈寅恪：《金明馆丛稿初编》，生活·读书·新知三联书店，2001，第7页。

④ 周一良：《纪念陈寅恪先生》，纪念陈寅恪教授国际学术讨论会秘书组编《纪念陈寅恪教授国际学术讨论会文集》，中山大学出版社，1989，第15~20页。

⑤ 吴宗国：《中古社会变迁与隋唐史研究》，第17、210页。

⑥ 吴宗国：《中古社会变迁与隋唐史研究》，第644页。

前后联系和各个时期影响历史发展的各种因素，及其相互联系上，来把握中国历史发展的内在规律，把中国古代历史作为一个发展的、不断变化的整体来进行研究”。[①] 而其强调的“从中国历史发展的长时段和总体来把握历史的发展”，也就是从更长的时段和更广阔的领域探索历史发展的趋势和规律。总之，正是由于吴宗国先生对于“史识”在史学研究中的极端重要性有着十分深刻的理解，从而形成了其对中古社会变迁和隋唐史的贯通性认识。

二　经济史研究与对中古社会变迁和隋唐历史发展根本原因的探求

通观全书，经济史研究的论文在其中占有较大的比重，而这一点恰恰源于作者对经济史研究重要性的认识。恩格斯指出：“马克思发现了人类历史的发展规律，即历来为繁芜丛杂的意识形态所掩盖着的一个简单事实：人们首先必须吃、喝、住、穿，然后才能从事政治、科学、艺术、宗教等等。”[②] 恩格斯又指出：“根据唯物史观，历史过程中的决定性因素归根到底是现实生活的生产和再生产。”[③] 恩格斯强调现实生活的生产和再生产既贯穿人类社会的始终，也决定着历史发展的方向和进程。吴宗国先生称：“对于历史的发展，旧史家都归之于圣君贤相的出现，归之于他们制定的制度和实行的政策。解放以来又归之于农民的阶级斗争和农民起义。”他认为“这两种说法都有一个共同的缺点，那就是都只注意了政治方面的原因，或者把统治阶级的政策、制度乃至皇帝个人的作风和意志，或者把农民的阶级斗争说成是决定性的本原的东西。政治的、文化的、个人的以及其他各种不同的因素，在历史发展中都起着各自不同的作用，但经济的前提和条件归根到底是决定性的。因此，生产力的发展，经济的发展，始终是我们进行历史研究的出发点和归结”。[④] 正因如此，吴先生的经济史研究关系着其对中古社会变迁和隋唐史发展主线以及根本原因的探讨，并在

① 吴宗国：《中古社会变迁与隋唐史研究》，第 529 页。

② 〔德〕恩格斯：《在马克思墓前的讲话》，《马克思恩格斯选集》第 3 卷，人民出版社，2012，第 1002 页。

③ 《恩格斯致约瑟夫·布洛赫》，《马克思恩格斯选集》第 4 卷，人民出版社，2012，第 604 页。

④ 吴宗国：《中古社会变迁与隋唐史研究》，第 619 页。

其学术体系的构建中具有非常基础性的意义。吴宗国先生又指出："人类社会的发展是由经济基础决定的，而经济基础的发展又体现为土地制度、农业的发展，包括生产工具、耕作制度与科学技术的发展，手工业、商业和商品货币关系的发展等。"[①] 而该书所收相关论文主要有：《唐代农业的发展》《唐代三吴与运河》《关于均田制的讨论》《中国古代的土地所有制》《中国古代的土地法令》《关于中国古代农业的发展》《关于中国古代的手工业、商业发展问题》等。当然，除了上述专题性论文外，还有多篇并非经济史研究的论文，但也涉及对经济史重要问题的讨论。下文大致以朝代为序，对吴宗国先生的经济史研究思想与论断展开简要介绍。

首先是汉代，吴先生认为汉武帝时期农业领域出现的大铁犁，既是这个时期生产上最伟大的成就，同时也是"汉代变化的起点"。因为大铁犁不但提高了耕作效率，也增强了农民在生产工具上对地主的依赖，这样在东汉就发展出了人身依附关系很强的豪强大族大土地所有制，出现了地主的大田庄。田庄内部的社会分工加强，而整个社会的手工业和商业反而不如西汉发达。正是由于商品货币关系的不发达，豪强大族长期占有土地成为可能。

其次是魏晋南北朝时期，在汉代豪强大族长期保有土地，并担任地方和中央重要官职的基础上，形成了士族门阀主导的门阀政治。[②] 至于魏晋门阀政治向隋唐官僚政治演变发展的根本原因，仍然与生产技术和生产力的发展有关。吴宗国先生认为南北朝时期耕犁的改进，旱田农具的进一步完善和系列化，冶铁业由官府控制扩散到民间，以及轮作复种制的发展成熟，不仅在科学技术上为生产的大发展做好了准备，而且增强了农民在生产力上的独立性，并要求生产者具有更大的能动性。"这就促进了建立在部曲佃客制基础上的豪强士族大土地所有制的衰落和一般地主土地所有制的兴起。豪强士族的衰落和一般地主的兴起不是同步进行的。伴随着豪强士族衰落的，是大量农民摆脱了豪强士族的控制。因此，隋和唐初出现了大量的自耕农。而一般地主土地所有制的发展成熟，则是通过土地兼并逐

① 吴宗国：《中古社会变迁与隋唐史研究》，第 16 页。

② 吴宗国：《中古社会变迁与隋唐史研究》，第 462 页。

步完成的。”[①]

最后是唐代，吴先生从唐代的气候入手，指出7世纪中叶中国气候变得温暖，使得农作物生长季节变长，而温暖的气候有利于轮作复种制的推广；接着又论述了唐代的生产力与生产关系：唐代的冶铁业摆脱了官府的控制并走向民间，使得铁的使用变得更为广泛，加之冶铁技术的提高，因此在经济发达地区，小铁犁逐步代替了大铁犁，一头牛就可以牵引前进，配套农具的完善促使唐代一家一户就可以独立地从事生产，这标志着生产力的进步；[②] 在生产关系上，土地的兼并驱动了一部分自耕农去开垦未开发的土地，使得土地开垦面积扩大，加上社会分工的扩大，城市的发展又带动了农业的发展。凡此种种，促进了唐代农业的繁荣。根据吴先生的统计：“汉政府所控制的户口为一千二百万户，唐朝实际户口约为一千三四百万户，而唐代粮食的单位面积产量则比西汉中期提高了近一倍，人均占有的粮食也由西汉的四百斤左右提高到七百斤左右。”[③] 吴宗国先生特别强调人均粮食产量的提高是唐代农业繁荣最为典型的标志。[④] 为此，他还以唐代三吴地区作为个案，具体研究了唐代江南地区的农业发展。他指出“粮食产量的大幅增长，是三吴经济发展的重要标志。唐代三吴之所以瞩目，首先也是因为它的粮食。持续了十几个世纪的南粮北运，就是从唐朝开始的”，“开元以后，江南粮食开始成为漕粮的主要来源之一。安史之乱以后，江南更成为政府粮食的主要来源”。[⑤]

农业是古代中国最基本的经济形式，而农业经济的基础是土地，有关农业经济的研究，势必离不开对土地制度的理解。吴宗国先生认为土地所有制的发展状况是影响社会结构变化最深刻的原因，“中国古代的土地所有制，实际上是一个中国古代社会经济结构的问题。其关键是历代自耕农

① 吴宗国：《中古社会变迁与隋唐史研究》，第2页，并见第126页。

② 吴宗国先生又将此集中概括为：“唐朝耕犁实现了地区化和小型化，北方旱田普遍使用的短辕犁和南方水田使用的江东犁各自形成了自己的特点，并且形成了一套与之相配套的农具。中国古代农具基本定型。轮作复种制也发展成熟。”（见《中古社会变迁与隋唐史研究》，第446页）

③ 吴宗国：《中古社会变迁与隋唐史研究》，第4页。

④ 吴宗国：《中古社会变迁与隋唐史研究》，第123页。

⑤ 吴宗国：《中古社会变迁与隋唐史研究》，第138页。

的状况，土地所有制的发展状况，以及决定这些发展的生产力发展状况”，“我们所说的土地制度主要是指在农业生产中土地占有和使用的制度，以及由此产生的占有者和耕作者的关系问题”；[①] 又称“社会变迁、社会转型的根本原因是社会经济的发展，特别是由于生产力的发展而引起的土地所有制的发展。一个时期的土地占有情况和土地所有制的形态，决定了该时期的社会结构和历史走向，并且决定了这个时期的社会面貌和思想文化”。[②] 由此可见，吴宗国先生对农业经济的研究，始终抓住“土地制度”这个牛鼻子，展现出他作为一个历史学者精准的学术判断。

土地制度变化最为明显的表象就是土地兼并，它在中国历代王朝反复出现。对于土地兼并，自西汉董仲舒以后，人们都将其视为经济破坏和阶级矛盾激化的根源。但吴宗国先生提出了自己的独到见解，他认为：“由于封建制度的基础是封建土地所有制，只有在封建土地所有制得到发展的情况下，封建制度所能容纳的生产力才能最大限度地发挥出来。而封建土地所有制，正是在反复的土地兼并的过程中，不断向前发展的。因而土地集中并不必然地和经济破坏联系在一起，相反地，倒是封建经济繁荣的前提。秦汉至魏晋土地兼并的结果，是豪强士族大地主所有制的发展，宋以后土地兼并的结果，则是普通地主或一般地主土地所有制的成熟。唐则处在豪强士族地主已经衰落、普通地主正在兴起的时期。”[③] 他又指出，“每一个王朝的繁荣时期，恰恰也是土地兼并最激烈的时期。事实上，也正是因为土地集中，才有地主经济的发展，而只有地主经济的发展，才能导致社会积累的增加和社会分工的扩大，才会有手工业的发展和城市商业的繁荣。土地集中并不一定导致地主和佃户关系的恶化，因为是有了土地兼并，才发生地主和佃户的关系”。由此可见，他认为土地集中之所以引起矛盾的激化，有两种情况，一种是农民失去土地过快，不能及时与土地结合，而这又往往是由国家的赋役造成的；另一种是在王朝的末年。[④] 此观点的提出，不仅揭示出土地兼并与经济发展的联动关系，而且为学术界对

① 吴宗国：《中古社会变迁与隋唐史研究》，第 535 页。

② 吴宗国：《中古社会变迁与隋唐史研究》，第 461 页。

③ 吴宗国：《中古社会变迁与隋唐史研究》，第 2 页，并见第 127 页。

④ 吴宗国：《中古社会变迁与隋唐史研究》，第 492 页。

土地兼并的理解提供了新思路，可谓开风气之先。

在对土地兼并问题提出独到见解之后，吴宗国先生并未止步于此，他又针对唐朝的土地兼并做了细致的分析，总结了唐代土地兼并的特点：一是像唐朝前期那样自耕农大量而又长期存在的情况，此后不复出现；二是被地主所控制的农民是佃户而不是魏晋以后的部曲、佃客，地主对他们的人身控制放松了很多。凡此二点所引发的变化，标志着中国古代历史上自耕农占有较大比重时代的结束，以及建立在租佃制基础上的一般地主土地所有制的发展。故此并非简单的地主占有土地和控制农户数量的增减，而是封建社会内部生产关系的重大变化。生产关系的这种变化，不仅为唐代社会经济的繁荣创造了条件，而且推动了政治制度和其他各项制度以至观念形态的变化。① 由此可见，吴宗国先生论述土地制度，并不局限于问题本身，而是将土地制度与唐代社会结构和国家制度的重大变化联系起来，透过它们之间的相互关系和因果关系，从更高也更深的层面对隋唐历史的发展变化进行理论性的阐释。

值得指出的是，吴宗国先生对年轻学者的未来发展亦饱含期待，强调只有对经济史进行深入研究，才能真正对中古史包括隋唐史做宏观的把握和贯通性研究。针对当时学界比较忽略经济史研究的倾向，他反复做了语重心长的提醒："一些中青年学者，由于知识结构上的缺陷，主要是贯通得不够，对于经济史敬而畏之，或者不屑一顾，不敢或不肯下功夫，缺乏宏观把握的能力。"② 又称："对于研究唐史的大多数学者来说，特别是年轻的学人，对唐代经济史普遍不够重视，或者不得其门而入。这对于他们研究水平的提高，对于隋唐史研究总体水平的提高，是一个很大的障碍。"③ 由此可见，吴先生非常强调经济史研究是对中古史做贯通性研究的基础。而他对青年学者以及学术界研究风气的提醒和纠正，则充分展现了其作为老一辈史学家的学术情怀和学术担当。

---

① 吴宗国：《中古社会变迁与隋唐史研究》，第 492 页。

② 吴宗国：《中古社会变迁与隋唐史研究》，第 15 页。

③ 吴宗国：《中古社会变迁与隋唐史研究》，第 15 页，并见第 20 页。

三 “长时段”研究与对中古社会变迁的把握

（一）关于“长时段”研究的必要性

吴宗国先生在书中多次提倡要对中古史和隋唐史进行“长时段”研究。众所周知，“长时段”是法国著名年鉴学派历史学家布罗代尔提出的最具有代表性的理论。需要指出的是，马克思主义唯物史观实际上也同样注重对社会历史的“长时段”研究。而且布罗代尔本人也对此给予了很高的评价，他称：“马克思的天才及其影响的持久性的秘密，在于他第一个在历史长时段的基础上构造了真正的社会模式。”① 勒高夫是法国年鉴派的又一代表人物，他称“马克思主义是一种长时段理论。在很多方面（如带着问题去研究历史、跨学科研究、长时段和整体观察方面），马克思是新史学的大师之一。马克思和马克思主义的历史分期说（奴隶社会、封建社会、资本主义社会）虽在形式上不为新史学所接受，但它仍是一个长时段理论”。② 近年学术界的研究表明，虽然年鉴派重视的地理历史结构主义和历史时间的多元化思想，与马克思主义唯物史观在对“长时段”内涵的理解上有不少可以相互补充的地方，但是二者之间仍然有着本质的差异。③

而吴宗国先生提倡的“长时段”研究，最主要的是指打通一般现有的朝代体系或断代划分，在本质上就是一种贯通性研究。其“长时段”研究主要有三种类型。第一种是对整个中国古代相关专题进行通论性研究。其论文包括《中国古代的土地所有制》《中国古代的土地法令》《关于中国古代农业的发展》《关于中国古代的手工业、商业发展问题》《〈中国古代官僚政治制度研究〉绪论》《关于“中国古代的政治制度”的几个问题》《中国古代农民战争口号的发展》等。第二种是在中国古代不同朝代之间进行比较研究，包括《汉唐明比较——兼论中国古代秦以后的社会变迁》《汉唐与中国中古社会变迁》《关于唐宋变革》等。第三种是在“长时段”

① 〔法〕费尔南·布罗代尔：《论历史》，刘北成、周立红译，北京大学出版社，2008，第55页。

② 〔法〕J. 勒高夫等主编，姚蒙编译《新史学》，上海译文出版社，1989，第35页。

③ 李学智：《“长时段”理论与马克思的唯物史观》，《史学理论研究》2019年第2期，第31~39、158页。

研究基础上所形成的对唐代历史基本特征的研究，包括《唐朝的特性》《唐代政治制度的历史特点》等。而以上三种研究类型之间都是相辅相成、相互促进的。

为什么要进行“长时段”研究呢？吴宗国先生称：“我们如果要正确把握隋唐时期的历史，仅仅研究隋唐时期是不够的，必须上溯秦汉魏晋南北朝，下连宋元明清。关于经济和社会情况方面更是必须要有深切的了解。否则，在做出长时段的概括，或就具体问题做出具有理论性的结论时，就会在很大的程度上陷入臆断。”① 他特别强调对中古士族门阀、赋税制度特别是有关社会变迁等重大问题的研究，认为只有将其置于一个很长的时段内考察，才有可能将其原委及其本质真正弄清楚。他指出：“关于中国古代社会变迁，需要进行通盘的全面的考察，而不能局限于一个比较短的时期，也不能仅仅局限于士族门阀、赋税制度，或者思想文化等方面。影响时代变迁有各种因素。我们需要通过长时段全方位的研究，找出各个时代的特点以及它们之间的内在联系，准确地把握历史发展的轨迹。”② 由此可见，其“长时段”研究：一是指对历史问题进行“通盘”而“全面”的研究；二是指打破现有断代史或朝代体系的区分；三是对历史问题进行动态式的研究。找出各个时代的特点以及它们之间的内在联系，从而准确地把握和揭示历史发展的轨迹。而“长时段”研究的根本目的，就是要看到历史的本质，而不被历史的表面现象所迷惑，就是要找出历史规律性的认识，准确地把握历史发展的轨迹和前进的方向。

（二）“长时段”研究与对中古社会变迁的把握

对于如何在“长时段”内进行“社会变迁和社会转型问题”研究，吴宗国先生提出了两点看法：一是要“抓住历史发展中各阶段的关键问题，历史发展中的转折点和制高点”；③ 二是要透过历史的表象抓住历史的本质，他认为“社会风貌、百姓生活情况和思想文化等是最直观的几个方面，只是从认识过程来看，土地制度和农业的发展，包括生产工具、耕作

① 吴宗国：《中古社会变迁与隋唐史研究》，第 15 页。

② 吴宗国：《中古社会变迁与隋唐史研究》，第 457 页。

③ 吴宗国：《中古社会变迁与隋唐史研究》，第 631 页。

制度与科学技术的发展，手工业、商业和商品货币关系的发展才是决定社会风貌、百姓生活和思想文化的基本因素。历史上的改革，主要是政治制度、赋税制度的改革，则是转折的关键和标志”。①

对于前者的研究，主要体现在《试论中国中古社会变迁》一文中。吴先生提出中国历史从北朝开始向新的方向发展，经历了三次重大变革，使“中国历史终于走出了中古时期”，并形象地将其比喻为“三级跳”。

“第一跳”是北魏冯太后和孝文帝的改革。首先是定族姓，从表面看，是确立了北魏的门阀体系，实际上却是利用这个形式把鲜卑贵族和汉族士族都纳入北魏官僚体系。然后是推行均田制和三长制。它的意义在于通过编户齐民制度，重新恢复国家对百姓的直接控制。而以上两种措施都包含对豪强士族势力的控制。

“第二跳”是隋文帝和隋炀帝父子的改革。隋文帝初年采取了两项重大举措。一是中央任免地方佐官，以此抽去山东士族赖以存在的依靠。二是府兵制实行君主直辖化，即禁卫军化；征召扩大化，即兵农合一。此则挖去了关陇贵族存在的基础，进一步取消了关陇贵族的特权。以上情况不仅反映了统治集团内部构成的变化，而且也深刻地反映了社会的变化。隋文帝实行地方佐官中央任免还促成了三省体制的确立。“第二跳”最具意义的便是三省制以及尚书六部作为最高行政机构地位的确立，它结束了秦汉以后国家事务与皇室事务不分的历史，从形式上摆脱了家国不分、家国一体的古老传统。当然，在三省制确立的同时，科举制也从古老的察举制中脱颖而出。在此之前，北朝强调军功，南朝重视文才，这些都是和门第相对应，故没能完全否定门第，但隋朝科举制度不论门第，只有考试合格方能任官，从而使中国古代官僚制度也进入了一个新阶段。以上这些变革标志着隋唐的国家制度和政治体制已摆脱了家国一体的早期国家的色彩，而具有近代国家的性质，其不仅为宋代所继承，而且为后世所沿用，由此奠定了此后一千多年官僚政治的基本模式。

“第三跳”是唐玄宗至唐德宗时期的改革。唐玄宗开元年间采取了几项重大措施：一是括户，搜括逃亡农民，准许逃亡农民就地落籍；二是军

① 吴宗国：《中古社会变迁与隋唐史研究》，第458页。

事使职和财政使职的广泛设置，其中最重要的是在开元二十二年前后设置的节度使、转运使和采访处置使；三是改政事堂为中书门下；四是实行募兵制，取消征兵制；五是色役资课化、纳资代役，改革地税、户税征收办法。而唐德宗时期在赋税制度上有两项具有划时代意义的改革：一是实行两税法，取消按人丁征发赋役的标准，改为以财产为征税标准；二是创立商税，并使之成为国家财政越来越重要的来源。以上为中国中古时期的三次重大变革，虽然社会变化在变革之前早就已经开始，但这些变革是“前后转折的关节点，或者可以看作是一种变迁的标志”。

对于后者的研究，则主要体现在《汉唐与中国中古社会变迁》和《汉唐明比较——兼论中国古代秦以后的社会变迁》两篇论文中。中国古代社会变迁问题，历来是中外学者普遍关心的问题，但是这些社会变迁背后的根本动力与实质究竟是什么，学界却没有给予足够的重视。其《汉唐与中国中古社会变迁》一文认为：“社会变迁、社会转型的根本原因是社会经济的发展，特别是由于生产力的发展而引起的土地所有制的发展。一个时期的土地占有情况和土地所有制的形态，决定了该时期的社会结构和历史走向，并且决定了这个时期的社会面貌和思想文化。”① 汉唐作为中国古代两个强盛的王朝，由于生产力发展水平和经济条件有很大的不同，因而社会历史的发展方向也不相同。作者从“南北朝到隋唐农业生产的巨大的变化”、“商品货币关系的发展”、“唐朝的土地集中的特点”、“社会等级再编制在唐朝后期完成”、“政治体制和制度的发展变化”和“社会风貌、百姓生活和思想文化”等六个方面，论证了从汉朝经过南北朝到唐朝的重大发展，同时也讨论了唐朝的变化和宋朝发展的关系，证明由于生产力的发展和土地所有制的变化，从南北朝到隋唐社会发生了很大的变化，进入了社会转型时期。而唐朝，特别是唐朝后期和宋朝的发展则是一脉相承的。宋朝相对于唐朝而言，只是发展和成熟之分。从社会变迁的观点来看，唐宋是一个时期。从土地占有情况来看，唐宋的基本内容都是租佃制从发展走向成熟。从政治制度来看，它们都是纯粹的官僚政治制度，并与隋唐以前的贵族门阀政治存在根本的不同。因此唐宋的情况是更为接近的。那

① 吴宗国：《中古社会变迁与隋唐史研究》，第 475 页。

么，为什么中外学术界会普遍地认为唐宋之间存在很大的差异呢？吴先生认为："唐宋之间也有一些让人觉得差异很大的地方，这主要表现在社会风貌、百姓生活和思想文化上。虽然这些方面的变化在唐代后期就已经存在，但是由于商业和城市、集镇在唐宋之际的迅猛发展，还是让人感觉到变化的巨大。"①

其《汉唐明比较——兼论中国古代秦以后的社会变迁》一文，则是对汉、唐、明三个王朝的比较研究。这三个王朝都处在中国社会变迁的重要时期，都对于社会转型起着承前启后的作用。这几个王朝既有许多相通之处，也存在巨大的差异，而吴先生比较这几个王朝在发展过程中的异同，主要目的就是进一步了解中国古代社会变迁的规律与历史发展的走向。他分别从"统一与民族""生态、气候与水利""生产工具、耕作制度与科学技术""土地制度和社会等级""手工业的发展""商品和商品货币关系的发展""对外关系""政治体制和律令、礼仪制度""赋税制度""思想文化"等十个方面，以"长时段"和"多角度"进行比较研究。而这种研究方法也体现了他所提倡的"把同时发生的或先后发生的很多个别的历史问题进行全面综合，来说明每一历史时代或历史阶段的大势、全局，找出历史发展的脉络及其倾向"。② 而他用这种方法来探索中国进入帝国时期以后的社会变迁和社会转型问题，也得出了许多令人信服的结论：一是土地制度和农业的发展，包括生产工具、耕作制度与科学技术的发展，手工业、商业和商品货币关系的发展才是决定社会风貌、百姓生活情况和思想文化的基本因素；二是历史上的改革，主要是政治制度、赋税制度的变革，则是转折的关键和标志；三是帝国时期的历史可分为三个阶段，秦汉魏晋南北朝是一个阶段，隋唐宋是一个阶段，元明清是一个阶段。它们都经历了土地由分散到集中的发展过程。土地集中的不同形式和特点，决定了各阶段不同的社会结构、政治体制和政治制度的发展走向，并进而决定了各个阶段的社会面貌和思想文化的发展。而吴先生通过比较汉、唐、明三个王朝历史所存在的重大差异，为学术界"再认识"中古历史变化的真

① 吴宗国：《中古社会变迁与隋唐史研究》，第 475 页。
② 吴宗国：《中古社会变迁与隋唐史研究》，第 608 页。

相以及从总体上把握中国历史发展提供了新的理念和视角。而以上这种颇具匠心的研究方法，也体现了吴先生等老一辈史学家循流溯源、探本求源地考察历史问题的治学特质。

正是在汉唐之间以及汉唐明三朝之间比较的基础上，吴先生对“唐宋变革论”提出了自己的看法。在他看来，对于中国古代社会变迁问题，中外学术界之所以长期主要关注唐宋之际的社会变迁，对于秦汉至南北朝时期、南北朝至隋唐时期的社会变迁，还没有给予足够的重视，最主要的原因是“还没有注意从更长的时段，从历史的发展和联系中更加深入地去探讨唐宋之际的社会变迁问题”。[①] 而这一点也构成了其对“唐宋转型”问题的基本认知。内藤湖南所提出的“宋代近世说”，主要建立在其对唐、宋文化性质差异认识的基础上，认为这种文化性质上的差异就是唐、宋各自时代内涵的体现，并将其作为中国中古史与近世史分期的主要依据。由此可以看出，与当下学术界多集中讨论“唐宋转型”相比，吴宗国先生一方面更强调隋唐与秦汉魏晋南北朝历史的重大差别以及“社会转型”问题，另一方面则更强调隋唐宋历史的延续性。

对于学术界有关中国 6~10 世纪最重要的社会变革究竟开始于什么时期问题的看法，吴宗国先生总结为三种。第一种看法，认为在南北朝至隋唐之际。以汪篯和唐长孺为代表，他们都以豪强士族的衰落作为标志。唐长孺从政治上论证，汪篯则从经济上论证。第二种看法，以陈寅恪《论韩愈》一文最具代表性，他提出唐代之史可分为前后两期，分野在唐代中叶，“前期结束南北朝相承之旧局面，后期开启赵宋以降之新局面。关于政治、社会、经济者如此，关于文化学术者亦莫不如此”。第三种看法，则认为是在唐宋之际。其最主要的依据是士族门阀在唐代一直都有很大的势力。在总结了三种看法并详细展开评论后，吴宗国先生十分明确地提出：“我个人是不主张唐中叶变革论和唐宋变革论的。”他认为：“从考察的内容来看，在主张唐宋变革和封建社会前后期的学者中间，社会经济和社会结构都是衡量的重要标准。而对于研究社会变迁的学者，思想文化和社会生活往往成为重要的根据，他们往往过分强调文化的作用，而对于社

① 吴宗国：《中古社会变迁与隋唐史研究》，第 460 页。

会经济则注意不够。社会风貌、百姓生活情况和思想文化等是我们了解历史最直观的几个方面，在一定的意义上，这是我们进入历史、体味历史的起点。而土地制度、农业的发展，包括生产工具、耕作制度与科学技术的发展，手工业、商业和商品货币关系的发展，才是决定社会风貌、百姓生活情况和思想文化的基本因素。因此，仅仅注意文化方面，对这个时代的考察是不够全面的。这些现象，虽然也可以反映一个时代的变迁，但是触及到的还只是时代变化的一些方面，不可能准确地描画出整个社会变迁的轨迹，也不能深入揭示造成时代变迁的各种因素及其相互关系。"[①]

当今学术界对于"唐宋变革论"的讨论依旧火热，但许多研究依旧停留在对唐宋历史做一般性的对比上。近年来，越来越多的学者呼吁"走出'唐宋变革论'"，"翻过'唐宋变革论'这一页"，即代表了当前唐宋史学界对"唐宋变革论"定位不清和讨论焦点模糊的反思。[②] 而吴宗国先生早在二三十年前提出的"长时段"研究的主张，以及"不主张唐中叶变革论和唐宋变革论"的论断，不仅反映了他求真求实的学术精神以及超前的学术眼光，而且对于当今学术界究竟如何看待"唐宋变革论"仍具有重要的启示意义。

四 关于隋唐政治制度史研究以及方法问题

唐朝政治制度不仅为唐代社会、经济和文化的发展提供了制度上的保障，而且对唐以后各朝的政治制度也有着广泛而深远的影响。吴宗国先生一直以对隋唐政治制度的深入研究著称于学术界，并形成了具有系统性的研究方法。

---

① 吴宗国：《中古社会变迁与隋唐史研究》，第 16 页。

② 李华瑞：《"唐宋变革"论的由来与发展（上）》，《河北学刊》2010 年第 4 期，第 57~65 页；《"唐宋变革"论的由来与发展（下）》，《河北学刊》2010 年第 5 期，第 67~77 页；《唐宋史研究应当翻过这一页——从多视角看"宋代近世说（唐宋变革论）"》，《古代文明》2018 年第 1 期，第 14~37、125 页；《走出"唐宋变革论"》，《历史评论》2021 年第 3 期，第 76~80 页。杨际平：《走出"唐宋变革论"的误区》，《文史哲》2019 年第 4 期，第 121~141、168 页；成一农：《跳出"唐宋变革论"——兼论当前中国古代史研究中存在的一些缺陷》，《厦门大学学报》（哲学社会科学版）2021 年第 5 期，第 159~165 页。

（一）关于隋唐政治制度史的研究

首先是对唐代政治制度总体特征的把握。其《唐代政治制度的历史特点》一文指出，唐朝结束了家国一体和贵族门阀政治，开启了“皇帝—官僚”的国家政治体制。在秦汉时期，皇帝虽然依靠官僚来进行统治，但是在中央政府中，皇家事务和国家政务还没有分开。汉代九卿中，太常、光禄、卫尉、太仆等寺都是掌管皇帝或皇家事务的，此时还保持着古老的家国不分、家国一体的传统。而皇权本身也始终依托于当时最有势力的集团或阶层。[①] 隋朝虽完成了国家政务与皇家事务的分离，国家形态亦已摆脱了家国一体、贵族政治、门阀政治等早期形态，但直到唐朝初年，前一时期的残余和影响仍然存在，直到唐高宗废王皇后，立武则天为皇后，这件事不仅标志着关陇贵族最后退出历史舞台和门阀贵族政治残余最后被扫除，也标志着从南北朝开始的、隋代基本实现的国家体制从皇帝贵族体制到皇帝官僚体制过渡的最后完成。[②] 在得出以上认识后，吴宗国先生对唐代政治制度进一步总结道：唐朝政治体制的基本格局，奠定了后代官僚政治制度的基本框架和运行模式；唐朝各级官吏的任用都必须经过考试，官僚形态呈现新的特征；唐代政治制度一直随着社会形势的不断变化而调整，体现出较强的自我完善机能；在政治制度的运行中，呈现出原则性和灵活性的结合。[③]

其次是对唐朝主要政治制度的具体研究。这一点尤为突出地体现在其对三省体制的研究上。吴宗国先生认为：三省体制的确立，是中国古代政治制度史上一件具有划时代意义的大事。三省在南北朝时期就已经存在，但尚书省是政府机构，而门下省和中书省是皇帝的附属机构。隋朝三省各有分工而又互相依存，共同组成了最高权力机关。接着吴宗国先生讨论了南朝和北朝三省制各自的具体发育过程，指出“实际运作的政治制度和《百官志》所记载的制度有很大的差距”。[④] 究其原因，一方面士族轻视庶

---

① 吴宗国：《中古社会变迁与隋唐史研究》，第 166 页。

② 吴宗国：《中古社会变迁与隋唐史研究》，第 167 页。

③ 吴宗国：《中古社会变迁与隋唐史研究》，第 452~453 页。

④ 吴宗国：《中古社会变迁与隋唐史研究》，第 182 页。

政的传统或不习吏事，另一方面各朝皇帝对待各类士族的态度不同。陈寅恪先生在《隋唐制度渊源略论稿》三《职官》中有一著名论断，即隋朝政治制度“多依前代之法”，“所谓前代之法即所谓汉魏之制，实则大抵自北魏太和传授北齐之制，此隋官制承北齐不承北周之一例也”。[①] 而吴先生则具体证明了“隋官制承北齐不承北周”之说是不能成立的。他认为隋官制实吸收了南北各朝的积极成果而加以总结，并非多承北齐之制。隋朝的三省机构则是以北周六官为基础而加以分解、改造，并非打破原有机构重起炉灶，一切重来。官名依前代之法，其中也包括一些北周的官名。[②] 并指出：“隋代三省体制的确立和六部、九寺的明确分工，使中国古代国家机构和权力机构突破了南北朝时期的过渡模式，进入了一个新的发展阶段。”[③]

最后是对唐代科举制度的系统性研究。书中所收论文有《科举制与唐代高级官吏的选拔》《进士科与唐朝后期的官僚世袭》《唐代进士科考试科目和录取标准的变化》《科举与唐代社会》《关于唐代省试诗的研究》等。而这些研究最终融入其专著《唐代科举制度研究》中。该书最能代表作者对唐代政治制度史研究的特点及水准。该书追述了科举制度产生的过程，详细论证了科举制度在唐代选官制度中的地位变化，对唐代科举制度中常科和制科的一些主要问题以及科目选和学校等问题都进行了深入研究，还探讨了进士科考试科目和录取标准的变化，并对由于科举制度发展而产生的座主门生关系、请托行卷盛行、门荫衰落和进士家族、社会等级再编制等重要问题进行了深入探讨。晚清以后，唐朝科举制度的研究已积累了十分丰富的成果，但吴先生的这部著作无疑是最具代表性的成果之一。该书除了在诸多方面填补科举制度研究的空白以及薄弱环节之外，最显著的特点还体现在两个方面：一是坚持把对唐代科举制度各种具体问题的考察与中古社会变迁等重大问题的研究相结合，其中贯穿着一种“通识”的理念；二是对唐代科举制度的各种问题始终坚持进行“动态的”考察和研

① 陈寅恪：《隋唐制度渊源略论稿·唐代政治史述论稿》，生活·读书·新知三联书店，2001，第114页。

② 吴宗国：《中古社会变迁与隋唐史研究》，第187页。

③ 吴宗国：《中古社会变迁与隋唐史研究》，第179页。

究，使之成为“活的”制度史研究的典范。早在 1995 年，我在相关书评中就已经对此做了专门评介。①

（二）关于隋唐制度史研究中的“通”与“变”以及方法问题

正是在对隋唐制度进行系统而精深研究的基础上，吴宗国先生提出了“通”与“变”的思想。在吴先生看来，政治制度史的研究不能脱离制度本身运行的时代，他强调要将对制度内容的讨论放在更广阔的历史背景中，在一个较长的历史周期内，考察这一制度的形成、发展及演变的整个过程。为此吴宗国先生做出了一系列富有启发性的论述，值得我们重视和借鉴。

首先，为什么必须对隋唐政治制度进行“活的”和“动态的”研究呢？吴宗国先生认为这一点根源于历史本身的不断发展变化所引起的制度的不断发展变化。他指出：“古代的政治制度，都是建立在当时社会经济发展的基础之上的。不论在哪个时期，各个政府部门的职能都是相对固定的。因此，随着社会的发展和周边形势的变化而出现新的问题的时候，就需要设立新的官员和部门去解决这些问题。发展到一定阶段，政治体制就会随之发生变化。这是政治制度发生变化的基本原因。”② “具体到一个王朝，随着经济的发展，生产关系、社会结构、政治体制、思想文化都处在不断变动的过程中。制度上的变革和革新是经常出现的”，“不了解这种变化，就不可能掌握实际运行中的制度。现在教科书上往往都在王朝初年写上某朝的政治制度。如果仔细加以研究，就会发现其实都是王朝初年的制度，或者是各个时期制度的混合物。初年的制度只是初年的制度。混合的制度则不存在于任何一个时期”。③ 他又称：“必须把制度看成是一个不断发展变化的过程。我们要研究的是实际运行的制度，不是书本上、文字上的制度。这有很大的难度。因为制度不断变化，是很难把握的。特别像唐朝，由于社会经济处于一个巨大的发展过程之中，社会处于一个急剧变化过程中，所以政治制度也处在急剧变化过程中。把握它的发展变化，特别

① 王承文：《唐代科举制度研究的重要成果——〈唐代科举制度研究〉评介》，《中国史研究动态》1995 年第 4 期，第 29~31 页。

② 吴宗国：《中古社会变迁与隋唐史研究》，第 519 页。

③ 吴宗国：《中古社会变迁与隋唐史研究》，第 533 页。

是在发展不同阶段的特点和从这一阶段发展到下一阶段变化的关节点，也就是转折点，是需要花大力气，下大功夫的。”① 他强调不能“把有关制度的各种材料加以简单的概括，给人们描述一个不存在于唐朝任何一个时期的唐朝政治制度”，而应该“着眼于制度的发展变化，力图把唐朝政治制度作为一个处在发展过程中的整体来加以把握，着重研究各个时期实际运行的制度，而不是停留在有关制度记载的条文上，以便真实地掌握唐朝各个时期政治制度的实际情况和政治体制发展变化的脉络”。② 因此，“只有掌握了通和变，才能把历史看成是一个发展的过程，而不是一个割裂的和事实上不存在的历史”。③

其次，正是基于“通”与“变”的角度，吴宗国先生把政治制度史研究中最为关键的“时间属性”问题非常正式地提出来。他认为“历史是处在不断的变动过程中，具体的材料反映的是特定历史阶段的情况。我们眉毛胡子一把抓，不能把这个时期的和另外一个时期的材料，简单的揉在一起。有时候，一日之差，往往具有完全不同的意义”。④ 如《隋书·百官志》是研究梁、陈、北齐、北周和隋五代官职最重要的资料，但其《三省的发展与三省体制的建立》一文明确指出，南北朝“实际运作的政治制度和《百官志》所记载的制度有很大的差距”。⑤ 其《〈唐六典〉与唐前期政治制度》一文指出，“《唐六典》不仅是对开元时期制度的静态记录，也体现了整个唐朝前期制度的变化”。⑥ 特别强调对于《唐六典》以及唐代其他文献材料，都要搞清它们的时间属性，绝不能用没有经过严密考证的材料或唐后期的材料，直接去说明唐朝前期的制度。而他在《论唐代中后期的政治制度的变化》一文中又明确指出：“唐宋以来，许多关于唐代政治制度的记载和经过研究所发现的唐朝实际的政治制度，存在相当大的差距。”他认为司马光在《资治通鉴》中对于唐初三省体制的描述，主要是以宋代的制度附会唐代制度；而欧阳修在《新唐书·百官志》中关于唐朝制度的

① 吴宗国：《中古社会变迁与隋唐史研究》，第 192 页。
② 吴宗国：《中古社会变迁与隋唐史研究》，第 21 页。
③ 吴宗国：《中古社会变迁与隋唐史研究》，第 533 页。
④ 吴宗国：《中古社会变迁与隋唐史研究》，第 655 页。
⑤ 吴宗国：《中古社会变迁与隋唐史研究》，第 182 页。
⑥ 吴宗国：《中古社会变迁与隋唐史研究》，第 171 页。

记载，有很多实为唐后期的制度，因此在利用两者时必须仔细考证相关记载的准确性。

最后，吴宗国先生对于究竟应该如何看待有关隋唐制度的历史资料问题提出了独到见解。他认为历史学的著作往往带有作者的观点、方法，他们的观点和方法往往会影响到历史记载和论述的准确性。因此，“如果我们不加批判地、盲目地以文献材料来作为我们研究的起点，毫无保留地加以使用，那是非常危险的”。又称“材料中包含了历史事实”，“但是材料不等于历史事实”，而“历史事实才是历史研究的出发点”，“历史文献有它产生的背景，有它们各自的特点”。[①] 基于此，他认为“其实就是唐朝人本身对唐朝的制度有时候也不是搞得很清楚”。[②] 因为他们往往用当时的情况去理解和论述历史。他又指出：“当时人对当时的历史也不一定就说得很清楚，不要盲目迷信当时人的所谓第一手材料，对这些材料也要进行分析。特别是一些反映社会变化的制度变化，这样一些制度的变化在历史上，人们往往不是一下子就能感觉到，一下子就能认识到的。他们往往是用制度史固定不变的这样一种观点，以原有的制度作为一种标准，来评价变化了的制度。所以，在这个中间也有很多不符合或不完全符合当时实际情况的记载。因此，在我们研究的时候，不仅要注意当时人怎么说和当时人的观点，更要注意考辨和研究当时的实际情况，以及总的发展趋势。只有把握了总的发展趋势，才能正确把握住所研究的对象。”[③]

凡此种种，皆可见吴宗国先生对政治制度史的研究极为重视对文献记载史实因时因事的具体分析，并特别强调在政治制度史研究中，要揭示出制度规定与具体运行以及前期、中期与后期、变态与常态的差异。需要特别指出的是，吴宗国先生对此所做的系统而深刻并具有理论性的阐述，主要集中在20年前。而此又与同一时期的著名学者邓小南教授在宋史研究领域所提倡的“活的制度史”不谋而合。邓小南教授将“活的制度史”阐述为：“首先，最重要的是，制度本身是“活”的，有活有动，才称得上实际存在的制度；有活动，制度才有效能，有作用。其次，正因为制度本身

① 吴宗国：《中古社会变迁与隋唐史研究》，第648~649页。

② 吴宗国：《中古社会变迁与隋唐史研究》，第192页。

③ 吴宗国：《中古社会变迁与隋唐史研究》，第649页。

活动不居，制度史研究就不能只重视制度的文本规定，还应该关注其实际表现，关注影响其‘活动’的诸多因素。”[①] 两相比较，可以发现二者的论述有很多相通之处。由此我们不能不钦佩吴宗国先生所具有的学术眼光和学术前瞻性。

五　关于隋唐重要历史人物的评价问题

重要历史人物曾经活跃在历史舞台的中央，既影响了历史发展的进程，也承载了很多历史所赋予的象征性价值，因此对历史人物的研究和评价，一直都是历史研究的重要内容。唯物史观评价历史人物的主要原则之一，就是把历史人物及其活动放到特定的历史条件中进行具体分析。列宁称：“在分析任何一个社会问题时，马克思主义理论的绝对要求，就是要把问题提到一定的历史范围之内。”[②] 恩格斯称：“主要的出场人物是一定的阶级和倾向的代表，因而也是他们时代的一定思想的代表，他们的动机不是来自琐碎的个人欲望，而正是来自他们所处的历史潮流。”[③] 又称：“人们自己创造自己的历史，但是他们并不是随心所欲地创造，并不是在他们自己选定的条件下创造，而是在直接碰到的、既定的、从过去承继下来的条件下创造。”[④] 唯物史观评价历史人物的主要原则之二，就是要把历史人物一生的主要活动与历史发展的总趋势相联系，如果符合历史发展的总趋势，就应该肯定，否则就要否定。吴宗国先生提出：“我们评价一个王朝、一个政府的制度、政策和措施，我们评价一个历史事件或历史人物，基本的标准都是看它是否顺应了历史的发展，是否推动了历史生产力的发展。舍此而外，都会把我们引入歧途。”[⑤] 该书中有多篇论文涉及对隋炀帝、唐太宗、武则天、唐玄宗等重要历史人物的评价。唐宋以后，特别是从近代史学开端以后，对这些著名历史人物的评价不胜枚举。然而，吴

① 邓小南：《走向“活”的制度史——以宋代官僚政治制度史研究为例的点滴思考》，《浙江学刊》2003 年第 3 期，第 99 ~ 103 页；《再谈走向“活”的制度史》，《史学月刊》2022 年第 1 期，第 103 ~ 111 页。

② 《列宁全集》第 25 卷，人民出版社，2017，第 232 页。

③ 《恩格斯致斐迪南·拉萨尔》，《马克思恩格斯选集》第 4 卷，第 440 页。

④ 《马克思恩格斯选集》第 1 卷，人民出版社，2012，第 669 页。

⑤ 吴宗国：《中古社会变迁与隋唐史研究》，第 619 页。

宗国先生却将这些历史人物的思想和事迹置于“长时段”的历史背景中进行考察，并特别注重探究其背后所反映的历史内涵，因而使其历史人物评价既能高屋建瓴，又能别开生面。

（一）关于隋炀帝的评价问题

吴宗国先生于1997年发表的《隋炀帝的历史功绩》一文，首先从隋炀帝在仁寿四年（604）十一月所颁布的《营建东都诏》中一段极少为人注意的话开始，隋炀帝称：“是知非天下以奉一人，乃一人以主天下也。民惟国本，本固邦宁。”吴先生认为“隋炀帝没有把天下视为皇帝个人所独有，并且把皇帝看作是主持天下政务的首脑”，进一步认为这种见解已经超越了汉唐君臣包括唐初贞观君臣对君权来源、君民关系的认识。同时，对于隋炀帝的功绩，吴先生指出隋炀帝把国家和社稷放在第一位，进一步巩固和发展统一多民族国家始终是他的一个主要着眼点。他修建东都洛阳，开凿贯通南北的大运河，二下扬州，北巡突厥，西巡河右，经略林邑（今越南中南部），结好赤土（今马来半岛南部），招抚流求（今台湾），通使倭国（今日本），三征辽东，都是围绕这一目标进行的。这也正是隋炀帝所云“非天下以奉一人，乃一人以主天下也”的内涵所在。[①] 通过上述努力，隋炀帝大力巩固和发展了统一多民族的国家。而隋炀帝对政治制度进行的重大改革，一是确立三省制（尚书省、中书省、门下省），使之成为一个按职能和政务处理程序分工的有机整体，改变宰相制度，命他官与三省长官、副长官参掌朝政，使之成为唐代以知政事官为宰相的先声；二是缩小贵族特权，扫除门阀制度残余；三是完成察举制到科举制的过渡。而其所作所为，都与其即位之初颁布的《营建东都诏》中的宣示有着深刻的内在逻辑联系。

吴宗国先生在肯定隋炀帝功绩的同时，也对他滥用民力、主观武断、一意孤行造成了极大社会灾难的一面进行了批判。吴先生认为“说他是一个暴君，是并不为过的”，“但是，历史毕竟是历史。隋炀帝不仅给后代留下了大运河，还给唐代留下了帝国的规模和巩固发展统一多民族国家的思

① 吴宗国：《中古社会变迁与隋唐史研究》，第27页。

路。他继隋文帝之后对政治制度所作的改革使中国古代政治制度进入了一个新的阶段，不仅为唐朝所继承，对后代也有深远影响。在这些方面隋炀帝都起到了承先启后的作用。而他从反面给后代留下的巨大历史教训，经过唐太宗及其大臣的总结，形成了一整套统治理论，用以指导贞观政治。从某种意义来说，没有隋炀帝，就不会有贞观之治”。这种评价符合历史唯物主义实事求是、一切从实际出发的原则，因而更符合历史实际情况。然而，由于唐初史臣一味地着眼于总结隋朝灭亡的教训，处处以亡隋为鉴，“把隋炀帝的主观动机、具体做法和严重后果混同起来，除了给人们隋炀帝是一个暴君的印象外，也就没有其他的东西了”。近些年来，因为隋炀帝墓葬在扬州的考古发掘，学术界对隋炀帝历史地位的评价，已经越来越多地肯定其积极的方面。而吴宗国先生的相关评价发表于二十多年前，因此可以说反映了他超前的学术眼光。

（二）关于唐太宗的评价问题

吴宗国先生于 1985 年发表的《唐太宗政治思想的形成》和 1995 年发表的《〈贞观政要〉与贞观君臣论治》两篇论文，都涉及对唐太宗的历史评价问题。[①] 唐太宗时期出现了中国封建社会的空前繁荣局面，他本人也成为中国古代最杰出和最成功的皇帝之一。《〈贞观政要〉与贞观君臣论治》一文实际上就是对贞观时期政治获得巨大成功原因的深入研究。贞观六年，唐太宗称：“天子者，有道则人推而为主，无道则人弃而不用，诚可畏也。”[②] 这种论断完全不具有天命论色彩，并且把对皇权来源和君臣关系的认识提到了一个前所未有的高度，反映了唐太宗政治思想的精华，这也是唐太宗的政治思想不同于其他杰出君主之所在。吴宗国先生详尽地追述了唐太宗政治思想发展演变的过程，认为从隋末风云际会的政治局势中，唐太宗认识到了人民群众的力量，而隋朝覆亡也给予了他深刻的教训与认识。唐太宗即位后所面临的严重形势，又促使他寻求治国安民的为君之道。由此，吴宗国先生指出：纳谏和用贤是唐太宗的两大突出特点，也

---

① 吴宗国：《中古社会变迁与隋唐史研究》，第 38~83 页。

② 吴兢撰，谢保成集校《贞观政要集校》卷一《政体二》，中华书局，2009，第 34 页。

是贞观之治的重要成因和内容。“贞观君臣能从统治理论、历史经验和现实情况三者结合的基础上对治道政术进行探讨，对军国大政进行研究。因而贞观君臣就能比其他一些时代的统治者站得更高一些，看得更深一些，能够在统治理论和方法上有所创造，有所发展，并且在实践上更加慎重，更加坚决。”他还特别强调：“唐太宗的高明之处并不在于他比别人站得高，看得远，也不在于他提出了多么高明的见解和正确的方针，而在于他善于学习，经常与大臣一起议论。正是在议论的过程中，贞观君臣提出了一系列的理论和政治原则。而唐太宗则始终处在主导地位，他不仅不断提出新的问题，而且广泛听取群臣的意见，并加以集中，提到理论的高度，从而把中国古代政治思想推向一个新的阶段。”①

（三）关于武则天的评价问题

吴宗国先生在 1989 年发表的《论武则天的建言十二事》和 1999 年发表的《武则天》两篇论文，均涉及对武则天的评价。② 武则天在高宗去世后临朝称制，最终掌握最高统治权，是其多年苦心经营的结果。在这期间，她也使用了许多阴谋诡计。吴先生认为更重要的还是她在政治上发挥了越来越大的作用，并且得到了朝野广泛的支持。其中最关键的是她在上元元年（674）提出的《建言十二事》，其反映了 7 世纪六七十年代客观形势的变化和一般地主的要求，并在基本国策和满足一般地主要求方面提出了具体意见，因此在当时的政治上起到了重要作用。武则天在执掌政权后，继续把无为而治和扩大一般地主的政治经济势力作为自己的施政方针。无为而治就是对地主土地兼并和农民的逃亡都采取纵容的态度，这促进了一般地主土地所有制的发展。扩大一般地主的政治权势则是放手招官，大开制科，破格提拔才能之士，使一大批地主士人步入仕途，进而又加速了一般地主土地所有制的发展。

武则天的出发点固然是提高自己的威望，为扩大自己的权力创造条件，但是，她能抓住时代的潮流，在国家大政方针上提出具有纲领性的意

① 吴宗国：《中古社会变迁与隋唐史研究》，第 57 页。

② 吴宗国：《中古社会变迁与隋唐史研究》，第 84~99 页。

见。如果她缺乏对现实情况的深刻理解和卓越的政治才能，是不可能做到的。而武则天又成功地抓住了“几股风”。其一是关陇贵族集团和普通地主出身的官僚之间矛盾的尖锐化。唐高宗废了出身关陇贵族高门的王皇后而立武后，反映出至唐高宗前期，随着山东士族的崩溃和关陇贵族的衰落，社会结构发生了重大变化，国家政权已不再是建立在豪强大族和贵族的基础之上，过去的联姻方式失去了意义。其二是形势的变化。唐高宗即位后，先后与西突厥、高句丽进行长期战争，扩大了疆域。但由于被统治民族的反抗和吐蕃的强大，唐朝在边地由攻势变成守势，继续实行对外战争的政策已行不通，广大百姓都要求停止战争。同时，土地兼并的发展，使一般地主的经济力量也有了很大的增长，他们希望在政治上也得到相应的地位，以便通过政治权势来保护和增强自己的经济力量。因此，形势要求唐朝政府改变国策。生产和经济的发展达到一定程度后，必然要为自己的发展开拓道路，任何力量都是抗拒不了的，而武则天不过是利用了这个潮流，充当了推动这个潮流的工具。

基于以上的论述，吴宗国先生认为武则天的主要贡献有五：一是打击了保守的门阀贵族，这标志着关陇贵族自北周以来长达一个世纪统治的终结，也为社会进步和经济发展创造了良好的条件；二是促进了经济的发展；三是稳定了边疆形势；四是推动了文化的发展，重视科举，大开制科，特别注重从科举出身者中选拔高级官吏；五是发现了一大批人才。为此，他强调：古代的帝王，对于他们的个人品德、性格和私生活，当然不能忽略，但重要的还是要看他们处理国家事务的能力，看他们的政绩，看他们在历史上所起的作用。究竟应该如何看待历史人物的作为与历史潮流之间的关系，恩格斯称：“如果要去探究那些隐藏在——自觉地或不自觉地，而且往往是不自觉地——历史人物的动机背后并且构成历史的真正的最后动力的动力，那么问题涉及的，与其说是个别人物，即使是非常杰出的人物的动机，不如说是使广大群众、使整个整个的民族，并且在每一民族中间又是使整个整个阶级行动起来的动机；而且也不是短暂的爆发和转瞬即逝的火光，而是持久的、引起重大历史变迁的行动。”① 吴先

① 〔德〕恩格斯：《路德维希·费尔巴哈和德国古典哲学的终结》，《马克思恩格斯选集》第4卷，第255~256页。

生评价隋唐重要历史人物的原则和方法，应该说是符合马克思主义唯物史观的。

（四）关于唐玄宗的评价问题

唐玄宗统治时代既是唐朝繁盛的顶点，又是由极盛转衰的开端。吴宗国先生在1981年发表的《“天宝之乱”是由于“置相非其人”吗?》，以及于1993年发表的《唐玄宗治国之策与唐朝的盛衰》，虽然两篇论文都很短，但是却直接关系到一千多年来对唐玄宗评价中的一个最核心问题，即唐玄宗统治由极盛向衰落突然转变的根本原因是什么。在安史之乱以后，历代君臣和史家即开始进行深刻反思。例如，宰相崔群就对唐宪宗说：“愿陛下以开元为法，以天宝为戒，社稷之福也。又言世谓禄山反，为治乱分时。臣谓罢张九龄，相林甫，则治乱固已分矣。”[①] 崔群将“贤相”张九龄被罢黜和“奸佞”李林甫的上位，看成唐玄宗朝政以及整个唐朝由治转乱的关键。根据《续资治通鉴长编》等资料，宋代君臣围绕唐玄宗统治由治转乱原因的公开讨论就达数十次之多。[②] 直至当前，仍然还有很多研究者把唐玄宗用人政策的转变，看成安史之乱爆发的根本原因以及整个唐朝由治向乱的转折点。而其关注点则都集中在张九龄和李林甫二人在政治品格的显著差异上。

吴宗国先生认为李林甫和杨国忠擅权误国，对造成天宝之乱自有其不可推卸的责任，但论者往往着重对他们个人行为的分析，而没有深究唐玄宗之所以罢去张九龄等人而重用李林甫、杨国忠的原因。开元中期以后，由于土地兼并的迅速发展，政治经济制度的许多环节不适应的情况愈加严重，需要进行调整。而李林甫虽然缺乏文学才能，但却有卓越的政治才能，他在担任中书令后，“协助玄宗在财政、军事、用人制度以及政治制度和法律制度等方面采取了一系列改革和调整措施，对于保持玄宗统治的第三个十年和第四个十年期间社会的安定、经济的繁荣和国势的昌盛，起了积极的作用”。[③] 因此，“李林甫之代替张九龄，并不是用一个好人或用

---

① 《新唐书》卷一六五《崔群传》，中华书局，1975，第5081页。

② 王承文：《唐代环南海开发与地域社会变迁研究》，中华书局，2018，第570页。

③ 吴宗国：《中古社会变迁与隋唐史研究》，第119页。

一个坏人的问题，而是标志着唐王朝政策上的重大变化。唐王朝的统治政策需要转变，这是当时政治经济形势发展的客观要求，不是一两个人的主观意图所能决定的。张九龄等不能适应客观形势的这种要求，所以被淘汰了。但是，应运而上的李林甫以及后来的杨国忠，也并未按照客观形势的要求，进行必要的改革。相反地，他们积极执行了唐玄宗的加强对农民的剥削和扩大对各族战事的政策，使得阶级矛盾和统治阶级内部的矛盾空前地尖锐起来，终于导致了安禄山叛乱的爆发"。因此，吴宗国先生特地指出："离开当时当地的客观情况，离开政策的制定和执行，把用人是否得当说成是治乱的根源，这不仅是宣扬个人创造历史，是一种唯心主义观，而且开脱了用人者的责任，是儒家为尊者讳的一种典型手法。这也正是封建历史家最大的局限所在。"①

由此可见，吴宗国先生对隋唐重要历史人物的评价，一方面重视在掌握丰富而翔实的历史资料的基础上，将其置于隋唐历史大变局的时代环境中进行评价；另一方面则强调不虚美、不隐恶，尽可能从正反两个方面做出实事求是的客观评价。正因为如此，其所得出的结论不但令人信服，而且闪耀着理论的光辉，为我们研究隋唐政治史打开了新的思路。在此之所以特地提到这些论文发表的时间，就是因为，当学术界试图重新评价这些历史人物时，就会发现吴先生早在几十年前即有十分深刻而精辟的论述。而这些恰恰证明，吴先生对相关历史人物的评价是能够经得起历史和时间的检验的。

结　语

总而言之，该书是吴宗国先生数十年治史经验的智慧结晶，充分体现了他毕生坚持的对历史的"贯通性"研究。而其"贯通性"研究的核心就是"史识"，即追求对历史本质的深刻理解以及对历史规律的准确把握。而其"史识"的来源，就是中国传统史学与马克思主义辩证唯物史观的有机结合。而书中展现出的宏阔的学术视野、宏大的叙述逻辑、敏锐的问题意识以及超前的学术眼光，都使此书注定将成为一部可以传之久远的学术

① 吴宗国：《中古社会变迁与隋唐史研究》，第116页。

著作，在岁月的长河中启发和影响一代又一代的中古史学人。

附记：我认识吴宗国先生是在1993年10月于江苏无锡中央电视台外景基地召开的“中国国际唐文化学术研讨会”上，吴先生的儒雅谦和给我留下了十分深刻的印象。1994年，姜伯勤老师建议我为吴先生的大著《唐代科举制度研究》写一篇书评，我于是写了《唐代科举制度研究的重要成果——〈唐代科举制度研究〉评介》，发表在《中国史研究动态》1995年第4期上。1998年，我提交《唐代北方家族与岭南溪洞社会》一文，[①] 参加中国史学会和《历史研究》编辑部举行的“中国古代史优秀论文奖”评选，并请吴宗国先生和中国社会科学院张泽咸先生写推荐信，得到他们的慷慨应允和鼎力推荐。拙文最终获奖（见《历史研究》1999年第2期封面三）。吴宗国先生和张泽咸先生作为前辈学者奖掖青年学子的精神和胸怀，至今令我感于肺腑。2021年11月，我收到了吴先生通过其高足中国人民大学刘后滨教授惠赠的大著《中古社会变迁与隋唐史研究》。2022年8月，即得到了吴先生不幸去世的消息。9月，刘后滨教授告知将在《唐宋历史评论》上发表一组纪念性文章，以缅怀吴先生，并特嘱咐我因与吴先生的因缘也写一篇。回想我与吴先生虽然仅有30年前的一面之缘，而且其间亦极少联系，但吴先生的学术研究和学术精神一直都是我所崇敬的，因此撰写了这篇书评以做怀念。

① 荣新江主编《唐研究》第2卷，北京大学出版社，1996。

专　论

“部”的凸显与唐宋尚书省六部的实体化

张　雨

摘　要：“三省制”或“三省六部制”是学界广为接受的用以描述隋唐政治体制的基本概念。但无论从三省层面，还是从六部层面来看，上述概念实乃建立在宋人对中唐至北宋前期制度实践和元丰以后官制运行实态改革的理解、建构与发明的基础之上。尽管隋代尚书省中“部”的机构性质开始凸显，但直到元丰重建三省，才在新的历史条件下，延续了隋唐以来“部”向独立化机构迈进的趋势，并使得六部尚书由虚的长官转型成为本部事务的真正领导者，六部的实体化才得以完成。由此，在文献中呈现出“省部”取代“省司”成为尚书省处理上下行政务文书的主体。元丰以后的宋代奏钞形态已经区别于唐代奏抄，以六部为发文机构，并且在尚书省印和郎官印记之外增置六部印，均是其证。

关键词：三省六部制　元丰奏钞　六部实体化

在描述隋唐政治体制时，“三省制”或“三省六部制”早已成为学界广为接受的概念。但正如刘后滨所指出的，由于宋人根据中唐以后和宋朝当时给事中的职权，将“封驳”（唐前期“封还”和“驳正”是两个概念，分别针对下行文书即制敕和上行文书即百司奏抄）仅仅理解为对于下行文书的审查，理解为对中书省草制权的制约，实在是对唐前期三省制的一个极大误解。因此学界在使用“三省制”或“三省六部制”的概念时，缺乏必要的审视，即这样的概念是否准确地表达了隋唐政治体制的基本特征。①

① 刘后滨：《唐代中书门下体制研究——公文形态·政务运行与制度变迁》，齐鲁书社，2004，第2、108~109页。

其实，在突破宋人的唐史观限制时，[①] 反思不应仅限于“三省”层面，因为就连“六部”概念本身，在很大程度上也是出于宋人的建构与发明。

因为六部作为政务机构的独立化和实体化进程在唐代并未完成。虽然隋唐尚书省六部体制的确立和稳定，使得汉魏以后所沿用的“尚书曹”和“郎曹”等概念逐渐退场，“部”和“司”成为代表尚书省新常态的标志性制度术语。正如雷闻所指出的，隋初六部二十四司体制体现了部和司之间关系的理顺。魏晋以后，在理顺上述关系的过程中，“部”的机构性质开始凸显，并向独立化的机构迈进。隋唐尚书省的发展接续了这一进程，但却因使职差遣体系的冲击而中断。[②] 元丰重建三省，实际上是在新的历史条件下，延续了隋唐以后“部”向独立化机构迈进的趋势，并使得六部尚书由虚的长官转型成为本部事务的真正领导者，六部的实体化才得以完成。

近年来，学界颇为关注元丰改制重建三省制背后所隐藏的宋制与唐制的重大差异，[③] 因而对于唐宋之际尚书省体制的差异已经有所关注，但在“部”的凸显与六部实体化的过程方面，仍有剩义可寻。故本文尝试从唐宋史籍中“省司”“省部”的概念更替和元丰奏钞与唐代奏抄的差异入手，对唐宋尚书省六部由虚到实的变化略做阐释。不当之处，敬希指正。

一 从“省司”到“省部”：唐宋尚书省六部的虚与实

如笔者另文所述，隋唐尚书省六部二十四司组织架构的形成，既体现了北魏、北齐以后，国家日常政务运行机制的集并化趋势，又包含有西魏

① 邓小南指出，进行跨朝代的研究，必须突破宋人的“唐史观”、“五代史观”与“本朝史观”之限制，将研究建立在扎实逼近的基础之上。见氏著《走向“活”的制度史——以宋代官僚政治制度史研究为例的点滴思考》，《浙江学刊》2003 年第 3 期，后收入包伟民主编《宋代制度史研究百年（1900~2000）》，商务印书馆，2004，第 14 页。

② 雷闻：“隋与唐前期的尚书省”，吴宗国主编《盛唐政治制度研究》第 3 章，中国人民大学出版社，2019，第 76~79、112~116 页。

③ 罗祎楠：《论元丰三省政务运作分层机制的形成》，硕士学位论文，清华大学，2005；张祎：《制诏敕札与北宋的政令颁行》，博士学位论文，北京大学，2009；刘后滨：《“正名”与“正实”——从元丰改制看宋人的三省制理念》，《北京大学学报》（哲学社会科学版）2011 年第 2 期，第 122~130 页；古丽巍：《北宋元丰改制“重塑”尚书省的过程》，《中国史研究》2015 年第 2 期，第 69~87 页；周曲洋：《奏钞复用与北宋元丰改制后的三省政务运作》，《文史》2016 年第 3 期，第 185~207 页。

大统十二年的尚书省改革和北周六官体制的直接影响。[①] 但在中古时期国家形态、权力结构和政务信息传递模式等发生变革之后，新的制度为了适应这些变革，需要在实践中不断调适。而我们也确实可以看到，隋及唐前期的尚书省在机制和效能两方面不断地发生变化，其显著者有如下诸端。

（1）在三省制确立的大业三年（607），都省和六部同时建立起完备的四等官制，并置勾检官（都事）于六部之下。[②]

（2）左右丞的品阶逐步提高（大业三年由从四品提升至正四品，唐前期甚至一度提升至三品），职权不断扩大，奠定了其实际上成为尚书省（尤其是都省）长官的基础。[③]

（3）六部侍郎和各司（包括都省左右司）郎官数量屡有增减，以适应政务处理需求的变化。[④]

值得注意的是，在大业三年官制改革中完善四等官方面，都省增加的是判官一级（都司郎，或称左、右司郎）。这与其自身职能变化所带来的政务增加有关：都省由议政之所变成了三省制下协助仆射会决庶务的政务裁决机关。[⑤] 而六部增加的是通判官一级（六部侍郎），显示隋炀帝有意完善“部”一级的领导职能。如果再考虑到原属都省的勾检官也同时被归属于六部这一变化，则《大业令》有意强化六部的机构独立性，并增强其对属司控制的意图不言自明。

不过，隋炀帝强化六部独立性的措施，并没有在入唐之后被延续下

---

① 张雨：《尚书刑部成立的西魏、北周因素》，《国学学刊》2020 年第 3 期，第 13~20 页；《从三公曹尚书到都官尚书：尚书刑部成立的早期因素》，郭春镇主编《厦门大学法律评论》第 34 辑，厦门大学出版社，2022，第 1~22 页。

② 《隋书》卷二八《百官志下》：“尚书省六曹，各侍郎一人，以贰尚书之职。又增左、右丞阶，与六侍郎并正四品。诸曹侍郎并改为郎。又改吏部为选部郎，户（民）部为人部郎，礼部为仪曹郎，兵部为兵曹郎，刑部为宪部郎，工部为起部郎，以异六侍郎之名，废诸司员外郎，而每增置一曹郎，各为二员。都司郎各一人，品同曹郎，掌都事之职，以都事为正八品，分隶六尚书。”（中华书局，2019，第 884~885 页）“掌都事之职”，杜佑《通典》卷二二《职官四·仆射（左右丞左右司郎中员外郎附）》作“掌都省之职”（中华书局，1988，第 601 页）。

③ 参见张建利《唐代尚书左右丞初探》，硕士学位论文，北京大学，1992。

④ 雷闻：“隋与唐前期的尚书省”，吴宗国主编《盛唐政治制度研究》第 3 章，第 75~76、81~82、112~114 页。

⑤ 刘后滨：《唐代中书门下体制研究——公文形态·政务运行与制度变迁》，第 221 页。

来。不仅都事重新回归都省，成为左右司的下属，掌“受事发辰，察稽失，监印，给纸笔”，[①] 而且都省对省内机构的分掌，也由开皇时期的以“部”分职，再次回归到类似北齐尚书省的以“司”分职。与之相应的是，唐代都省几乎不再与“部”直接发生关系，其政务来往面对的是二十四司。因此，唐代无须给六部配置部印，但却于圣历二年“初备文昌台（即尚书省）二十四印”。[②]

隋唐之际，六部独立性进程的曲折反复与宰相制度发展有关。在三省制确立之前，尚书省长官为宰相的传统在隋朝还有强大的影响力。隋文帝虽想摆脱这一传统，但始终未能找到有效的解决办法，只能重回以仆射为宰相的老路上。在一定程度上增强六部的独立性，应该是当时有意消解仆射专权的不得已做法。随着六部二十四司人员编制的充实，文帝末年仆射“不复通判省事”的格局应运而生。[③] 隋炀帝虽然结束了尚书仆射专掌朝政的做法，确立了三省制，并尝试以他官与三省长官共同参掌朝政，[④] 但显然仍对仆射专权抱有戒心，因此仍延续文帝时期强化六部独立性的做法。

唐代六部独立性的下降，直接原因，当缘于唐初统治者对大业制度的否定。[⑤] 但更深层次的原因则是，贞观以后由于三省制运行日趋成熟和政事堂制度的推行，仆射的职责范围受到严格限制，逐步脱离尚书省日常庶政，并最终退出宰相行列。[⑥] 这就使得隋朝增强六部机构独立性的做法失去了其原有的目的性，反而有损于尚书都省会决庶务和作为勾检总署的职权与地位。

---

① 《新唐书》卷四六《百官志一》，中华书局，1976，第1185页。

② 《唐会要》卷五七《尚书省诸司上·尚书省》，上海古籍出版社，2006，第1154页。参见雷闻“隋与唐前期的尚书省”，吴宗国主编《盛唐政治制度研究》第3章，第89~91页。

③ 《隋书》卷四八《杨素传》，第1452页。

④ 吴宗国：《隋唐五代简史》，福建人民出版社，2006，第39~42页。

⑤ 武德元年八月，废左右司郎中。武德七年三月戊寅，“废尚书省六司侍郎，增吏部郎中秩正四品，掌选事”。贞观二年正月，先后复置六司侍郎和左右司郎中。见《唐会要》卷五八《尚书省诸司中》，“左右司郎中”条、“吏部侍郎”条，第1175、1179页；《旧唐书》卷一《高祖本纪》，中华书局，1975，第14页。参见雷闻“隋与唐前期的尚书省”，吴宗国主编《盛唐政治制度研究》第3章，第83页；张雨《评〈唐代法典、司法与《天圣令》诸问题研究〉》，中国政法大学法律古籍整理研究所编《中国古代法律文献研究》第13辑，社会科学文献出版社，2019，第475~477页。

⑥ 吴宗国：《隋唐五代简史》，第92~98页。

因此，尽管唐代前期六部在某些方面仍显示出自身独立性强化的趋势，[①] 但在政务运行机制层面，六部作为政务处理必要环节的实体性明显受到限制。如雷闻所论：尚书省的政务分工，始终着眼于二十四司，各司郎官的管辖权操于左右丞之手，尚书作为本部长官的地位非常暧昧，所以在日常政务处理中，呈现出“省”和“司”的意义远大于“部”的特点。正是由于尚书省对外公文率称“尚书省某司”，而非“某部某司”，因此唐代省符虽然已经是尚书省公文，但仍与魏晋南北朝时期一样，通常以主判之司为名，径称“某司符”，如尚书考功符。[②] 此外，除了奏抄需要尚书省在奏上环节由尚书、侍郎联署外，承接君主制命的省符在行下时，并不需要经过该司上级的尚书和侍郎，仅由都省和曹司处理即可。[③]

如前所述，唐代都省不与“部”直接发生关系，“部”的概念几乎不存在于唐人的观念世界中。因此武德七年颁新令，废侍郎是“废六司侍郎”，“省司”则成为尚书省裁决政务时必经的环节，[④] 而习见于唐代律令格式之中，可略举一例说明之。《唐律疏议》云：

> 上官者，在京诸司向省台及诸州向尚书省，诸县向州之类。如州上文书向尚书省，有错失，省司不觉者，省司所由之首，减州所由首一等，同职递为四等法首从减之。其余官不觉，亦准此。若省司下符向州错失，州司不觉，州司所由首减省司所由首二等，同职递为四等首从法减之。[⑤]

尽管由于此后财政三司体制的确立，中唐以降“省司”的概念有所扩大，逐渐产生一个新的义项——三司的别称，[⑥] 但从宋人“今之三司，即尚书

① 雷闻：“隋与唐前期的尚书省”，吴宗国主编《盛唐政治制度研究》第3章，第109~111页。

② 王象之：《舆地纪胜》卷二九《抚州·碑记·元子哲遗爱碑》，注曰：“大历五年，准尚书考功符建立。”（赵一生点校，浙江古籍出版社，2012，第938页）

③ 雷闻：“隋与唐前期的尚书省”，吴宗国主编《盛唐政治制度研究》第3章，第89~96页。

④ 龚延明：《中国历代职官别名大辞典》，“省司”条，上海辞书出版社，2006，第511页；刘安志：《敦煌吐鲁番文书所见唐代“都司”考》，《敦煌吐鲁番文书与唐代西域史研究》，商务印书馆，2011，第152页。

⑤ 《唐律疏议》卷五《名例律》，“同职犯公坐”条疏，中华书局，1983，第112~113页。

⑥ 龚延明：《宋代官制辞典》（增补本），“三司”条，中华书局，2018，第125页。

省”的说法来看，[①]“省司”概念扩大之后的这一用法并未超出其本义。因此，直至北宋前期，史籍中仍常见“省司”之名。如天圣十年（1032）五月，尚书刑部言：“省司准中书批送诸处申奏，令、尉称捕捉疆［强］劫贼，乞依天圣八年敕酬奖者。”[②] 其中的“省司”即刑部司，与唐代律令格式用语基本一致。

因此，在北宋前期的《三朝国史志》《两朝国史志》中，尚书省的组织架构依然带有以“都省”与“二十四司”为中心的唐制印记，很难看到“部”的身影。如前者称：“尚书都省……国朝以诸司三品以上官或学士一员权判。凡尚书诸司，悉他官主判。”“都省总领省事，及……二十四司吏员迁补”等事。后者曰：“尚书都省：判省事一人，以诸司三品以上充，总辖二十四司……之事。”[③]

元丰官制改革，以恢复三省制为名。然而“名”“实”之间，却颇有不同。如官制行后，新见“省部”之名，取代此前的“省司”，成为尚书省处理上下行政务文书的关节点。如政和五年（1115）八月，臣僚上言称：“河东、陕西两路，得以推行（牧马之法），亦既岁矣，尚未见辩验土色，关报省部。窃虑因循苟简，寝［寖］隳良法。”政和七年（1117）十二月，提举京西北路常平等事时君陈奏：“陛下肇建合宫，诞布仁政……内以诏书降付省部，外则委之监司、郡守，推而行之，孰敢不虔！”[④]

“省部”（亦作“省曹”）概念出现的背后是“本曹”“本部”概念的确立，[⑤] 以及尚书专决本曹事之制的建立。后者见于司马光《乞令六曹长官专达札子》（与吕公著等同奏，亦被视作其遗稿之一）：

---

① 李焘：《续资治通鉴长编》卷八六，大中祥符九年三月辛酉条王旦语，中华书局，2004，第1979页。

② 徐松辑《宋会要辑稿》兵一一之一三至一四，刘琳、刁忠民、舒大刚、尹波等校点，上海古籍出版社，2014，第8824页。

③ 徐松辑《宋会要辑稿》职官四之一、之四，第3095、3096页。

④ 徐松辑《宋会要辑稿》兵二四之二九，第9126页；礼二四之八二，第1186页。

⑤ 徐松辑《宋会要辑稿》职官一之二六载，元祐三年（1088）五月四日，监察御史赵挺之言：“御史所言多系省曹之失，却降付本部，自属妨碍。请以台官所言事付三省看详，若合立法及冲改旧法，即乞下本部取会如何施行，从朝廷指挥。”从之（第2952页）。古丽巍亦指出，元丰改制后，在当时人的表述中，若把尚书六部作为一个整体，则多称之为“六曹”；若单独称呼，则多以“部”为称，见氏著《北宋元丰改制“重塑”尚书省的过程》，《中国史研究》2015年第2期，第75页。

今尚书省事无大小，皆决于仆射。仆射自朝至暮，省览文书，受接辞状，未尝暂息，精力疲弊于米盐细故，其于经国之大体、安民之远猷，不暇复精思而熟虑，恐非朝廷所以责宰相之事业也。窃以六曹长官，古之六卿，事之小者，岂不可令专达？臣等商量，欲乞今后凡有诏令降付尚书省者，仆射、左右丞签书讫（小注：官告、黄牒之类已签讫者，更不签），分付六曹誊印，符下诸司及诸路、诸州施行。其臣民所上文字，降付尚书省，仆射、左右丞签讫，亦分付六曹。本曹尚书、侍郎及本厅郎官次第签讫，委本厅郎官讨寻公案，会问事节，相度理道，检详条贯，下笔判云“今欲如何施行”，次第通呈侍郎、尚书。若郎官所判已得允当，则侍郎签过，尚书判准。应奏上者奏上，应行下者直行下。即未得允当者，委侍郎、尚书改判，事之可否，皆决于本曹长官。其文字分付本厅郎官之时，委本曹长官随事大小凿限。若有稽违，即行纠劾。即委的有事故结绝未得者，申长官展（小注：吏部尚书如旧日判东西审官院，左选侍郎如旧日判流内铨，右选侍郎如旧日判三班院，户部长官如旧日三司使，刑部如旧日判审刑院。旧日本司文字，并直奏直下，今欲令六曹长官准此），更不经由仆射、左右丞。即改更条法，或奏乞特旨（小注：谓如刑部刑名疑虑，或情理可悯，或情重法轻，特乞停替编配之类），或事体稍大，或理有可疑，非六曹所能专决者，听诣仆射、左右丞咨白。或具状申都省，委仆射、左右丞商议，或上殿取旨，或头签札子奏闻，或入熟状，或直批判指挥。其诸色人辞状，并只令经本曹长官陈过尚书、侍郎，本厅郎官次第签押判决，一如朝廷降下臣民所上文字，次第施行。若六曹不为收接，及久不结绝，或判断不当，即令经登闻鼓院进状，降下尚书省，委仆射、左右丞判付本省不干碍官员看详定夺。若本曹显有不当，即行纠劾。所贵上下相承，各有职分，行遣简径，事务办集。取进止。①

当时，除了司马光等人外，御史上官均亦奏：“乞尚书省事类分轻重，

① 《司马光奏议》卷四〇，王根林点校，山西人民出版社，1986，第 440~441 页。应该说在改官制之初，宋神宗对于保持六部官员的相对独立性就有着清楚的认知，故元丰五年二月，即诏：“六曹诸司官非议事不诣都省及过别曹。”（徐松辑《宋会要辑稿》职官一之二〇，第 2948 页）但从司马光所奏来看，六部官员在政务处理上的独立性有限。

某事关尚书，某事关二丞，某事关仆射。”于是，元祐元年（1086）七月，三省同进呈：“欲尚书省事，旧有条例，事不至大者，并委六曹长官专决。其非六曹所能决者，申都省，委仆射、左右丞商量，或送中书取旨，或直批判指挥。其常程文字及讼牒，止付左、右丞施行。若六曹事稍大及有所疑，方与仆射商量。若六曹施行不当及住滞，即委不干碍官定夺根究，庶上下称职，事务办集。”从之。①

司马光等人在奏事札子中详细描述了文书在尚书省内，尤其六部之内的处理程序，即在“分付六曹”之后，先要经本部尚书、侍郎和主判之司郎官联署签讫，再经郎官检讨旧案和条法，拟订处理意见，最后复经侍郎、尚书签判或改判，“事之可否，皆决于本曹长官”。事定之后再由六部“应奏上者奏上，应行下者直行下”。

虽然北宋后期的尚书省内，都省和六部的上下级关系没有改变，但司马光等人的奏请在获准施行之后，完全改变了唐代尚书省内六部尚书模糊不清的长官地位，赋予其对本部四司之事的最终裁决权。而司马光等人提出这一建议的出发点，恰恰在于元丰时期六部与北宋前期的使职差遣体制之间的继承关系：“吏部尚书如旧日判东西审官院，左选侍郎如旧日判流内铨，右选侍郎如旧日判三班院，户部长官如旧日三司使，刑部如旧日判审刑院。旧日本司文字，并直奏直下，今欲令六曹长官准此。”新的尚书体制吸纳了自唐中期发展起来而完备于北宋的使职政务运行机制，而这一点恰恰是唐代尚书六部所不可能具备的制度渊源。

降至南宋初年，六部可以称省，更是从法令上取得了和北宋后期尚书省相当的地位。隆兴元年（1163），秘书少监胡铨上言：

> 检准《绍兴重修敕》，诸称省者，谓门下中书后省、尚书六曹、秘书省。今来六曹人吏有自入仕补至主事，通入仕及二十年出职去处。缘本省依条系与六曹一等官司，乞依六曹例，通入仕及二十年解

① 徐松辑《宋会要辑稿》职官四之一〇至一二，元祐元年七月二十四日，第3100～3101页。参见同书职官一之二七至二八，元祐四年八月五日，第2953～2954页。亦见李焘《续资治通鉴长编》卷三八三，元祐元年七月己卯条，第9328～9330页；卷四三一，元祐四年八月癸卯条，第10411～10413页。

发出职，庶得下名迁补通流，不致积压。[①]

“称省”的规定，亦见于元丰之后的三省法。陆游《家世旧闻》载：

> 司马温公初秉政，一日，谓从官曰：“比年法令滋彰太甚，如三省法，乃至数百策，又多繁词，不切于用。如其间一条云‘诸称省者，谓门下省、中书省、尚书省’，岂不可笑邪?”时诸人多与修书者，皆唯唯。楚公（陆佃）独起，对曰：“三省法所以多，缘并格式在其间。又所谓三百册，乃进本大者，而进表及元降旨挥、目录之类，自古却不少，若作中字，则不过五六十册，比旧日中书条例，所减乃过半，非滋彰也。至如‘诸称省谓门下省、中书省、尚书省’者，盖为内侍省亦称省，若不明立此条，虑后世阉寺盛，或敢妄自张大故也。”温公改容，曰：“甚善。”至崇宁后，群阉用事，遂改都知为知内侍省事、同知内侍省事，押班为签书内侍省事，以僭视枢府，则楚公所论，可谓先见远虑矣。[②]

司马光提及的“称省”，指的是门下省、中书省、尚书省。需要特别注意的是，这三个并列的机构并不能称为“三省”。因为元丰改官制后，“三省”取代此前的“中书门下”，成为与枢密院对等的宰执机构。也就是说，“三省”不同于“省”，但两者有着直接而现实的联系。然而到了《绍兴重修敕》中，“称省”中的“省”不再与前述三个机构有直接联系，成为门下中书后省（以给事中、中书舍人为长官）、尚书六曹、秘书省的统称。

这一变化的原因，在于南宋初年，“吕颐浩初相，举行司马光之言，欲并合三省，诏侍从、台谏集议。（张）守言光之所奏，较然可行，若更

① 徐松辑《宋会要辑稿》职官一八之三〇，第3487页。

② 陆游：《家世旧闻》卷上，孔凡礼点校，中华书局，1993，第190页。

集众，徒为纷纭。既而悉无异论，竟合三省为一”。[①] 因此，南宋改制之后，已然不存在门下省和中书省，[②] 仅存尚书省，故称“合三省为一”或“三省之政合乎一”。[③] 但细审两个“三省”，其实有细微的差别。前一个“三省”中的“省”字，宜看作元丰三省法中“称省”的文例，指的是“三（个）省”仅存其一。后一个“三省”系沿用元丰之后与枢密院对等的宰执机构之名。该机构以左、右仆射并同中书门下平章事、参知政事为首。

虽然建炎以后宰执衔仍带有三省官的痕迹（左、右仆射并同中书门下平章事），但南宋“三省”已经基本切断了与尚书省的直接联系（联系的彻底切断，是在乾道八年“删去三省长官虚称”后）。[④] 从此，尚书省

① 《宋史》卷三七五《张守传》，中华书局，1977，第11612页。参见同书卷一六一《职官志一》：“建炎中兴，参酌润色，因吕颐浩之请，左、右仆射并同中书门下平章事，两省侍郎改为参知政事，三省之政合乎一。乾道八年，又改左、右仆射为左、右丞相，删去三省长官虚称，道揆之名遂定。”（第3770页）所谓“司马光之言”指的是，元祐元年七月，司马光起草了《乞合两省为一札子》，主张将中书、门下两省合一，但未及奏而去世，遂止。元祐四年，司马光之子司马康再次奏进该件札子，但仍未获准施行。见《司马光奏议》卷四〇，第437~440页；徐松辑《宋会要辑稿》职官一之二七至二八，元祐四年八月五日，第2953~2954页；李焘《续资治通鉴长编》卷四三一，元祐四年八月癸卯条，第10411~10413页。

② 诸葛忆兵已据《宋会要辑稿》“门下省”门末尾的小注“《中兴》《乾道会要》无此门”（职官二之六，第2988页）指出，虽然南宋门下省职官还存在，但门下省作为独立机构已经不存在，见氏著《宋代宰辅制度研究》，北方文艺出版社，2019，第54页。按，《宋会要辑稿》“中书省”门虽然末尾未见类似小注，但其记事（职官三之一至一二，第3023~3029页）与“门下省”一样，皆止于徽宗朝。故推测南宋所修《乾道中兴会要》亦无“中书省”门。

③ 《宋史》卷一六一《职官志一》：“建炎三年指挥，中书门下省并为一。”（第3787页）两省合并之后，新机构虽以“中书门下省”为名，宰相职衔也有“同中书门下平章事”之名，但并非如元丰后是以两省侍郎为长官的独立实体机构，而是仅包括录事、主事等诸房办事吏人的宰相下属机构，故被视为三省属司。因此，时人口中的“中书门下省”或两省，并不影响南宋人对“三省合一”的理解。另外，中书、门下两省作为实体虽然在建炎改制后已消失，但“中书省印”、“门下省印”与“尚书省印”却长期存在，以备“三省”运作之需。

④ 《宋史》卷一六一《职官志一》：“绍兴三十二年（1162），诏尚书省吏房、兵房，三省、枢密院机速房，尚书省刑房、户房、工房，三省、枢密院看详赏功房，尚书省礼房，令左、右司郎官四员从上分房书拟。”（第3791页）正如龚延明所指出的，此句标点紊乱，“三省枢密院机速房”“三省枢密院看详赏功房”，均系一个单位，与尚书省吏房、兵房、刑房、户房、工房、礼房并列，总共八个单位，由左司郎官、右司郎官分房书拟文字，参见氏著《宋史职官志补正》，浙江古籍出版社，1991，第42~43页。

(即左、右司，亦称“都司”)成为“三省”附属的收发点检文书机构，缺乏独立性，而“尚书六曹”则成为“三省”政令的具体执行机构，因此得以与门下中书后省和秘书省并列而“称省”。所以，在某种意义上可以说，在宰相职衔从三省官称中抽离出来后，六部取代了此前尚书省与中书、门下两省并立的地位。这恰恰是元丰以后六部走向实体机构的体现。

二　元丰奏钞与六部置印：成为政务运行实体的“部”

从“省司”到“省部”“本部”概念转变的背后，是六部实体化和独立化趋势在新的历史条件下得到完成落实，也是宋人将其理解中的唐代制度付诸实践的结果。

神宗在恢复三省制时，依据的其实是唐人“落实到《唐六典》之中的理想化的制度”，并且在这一理想化制度之上，又添加了一重宋代精英建立“在其当时制度的基础上”(如中书门下和使职差遣体制)的理解。这样的重建并不能称为对唐代前期实际运行的三省制的恢复。[①] 比如，与唐制不同，元丰官制改革时尚书省在重建之初便是以六部为中心。这一差异，体现在宋代奏钞与唐代奏抄的形态上。

既有研究已指出，元丰重建尚书省体制的标志之一，是恢复了唐代尚书省处理政务主体文书——奏钞(唐代文献多作奏抄)的行用，以处理国家政务中的“有法式事”。[②] 但两者形态却有着细微而深刻的不同。

元丰以后的北宋奏钞，形态较为完整者有二。其一为明代李翥辑《慧因寺志》所收北宋元祐三年(1088)礼部奏钞，[③] 周曲洋据文书程序将其复原如下：

〔尚书礼部〕

近准都(督)省付下杭州(奉)〔奏〕：据僧正司状：南山慧因

① 刘后滨：《“正名”与“正实”——从元丰改制看宋人的三省制理念》，《北京大学学报》(哲学社会科学版)2011年第2期，第122~130页。

② 刘江：《宋朝公文的“检”与“书检”》，《北京大学学报》(哲学社会科学版)2012年第2期，第135~136页。

③ 李翥辑《慧因寺志》卷九《谨奏杭州乞将慧因禅院改为十方教院主持事》，姚二煜、方新校，白化文、张智主编《中国佛寺志丛刊》第56册，广陵书社，2011，第169~173页。

禅院住持长老善思为患，乞别差人住持。……今来乞依兴教寺例，将慧因禅院改作十方教院，住持别无妨碍，伏乞朝廷特降指挥。

本部寻符杭州……本州寻勘会梵臻素有节行，为众所推，遂选请本僧住持。今欲乞将兴教寺依天竺寺例，作十方教寺住持，遂具状奏取敕旨。八月一日中书札子：奉圣旨：依奏。

本部看详，兴教寺元系十方禅寺，后来改作十方教寺，今来杭州所奏慧因院已是十方禅院，乞改为十方教院，依得兴教寺体例。

太中大夫、左仆射臣大防

太中大夫、右仆射臣纯仁

太中大夫、守左丞臣存

太中大夫、守右丞臣宗愈

尚书　阙

朝散郎、试侍郎、充实录修撰臣佃等言

右札：依奏。

谨据如右。谨以申

闻，谨奏。

元祐三年五月日承议郎、祠部员外郎臣翟思未到

朝散郎、守主客郎中兼权臣陈轩上

朝散郎、试给事中臣顾临读

正议大夫、守门下侍郎臣孙固省

太中大夫、尚书左仆射兼门下侍郎臣大防审

侍中阙

御宝（闻）①

其二为黑水城出土文书中的奏钞抄件《北宋政和八年（1118）尚书吏部员

① 周曲洋：《奏钞复用与北宋元丰改制后的三省政务运作》，《文史》2016 年第 3 期，第 195~196 页。该奏钞文书起首原阙，周曲洋据文中“本部寻符杭州”“本部看详”等语，在起首拟补“尚书礼部”四字，笔者赞同此说。其中“右札：依奏”一行，为错简衍入者。文书署位部分，笔者参考政和八年尚书吏部奏钞及唐奏授告身式（详后）酌改。

外郎张动奏状为武功大夫赵进忠子德诚拟补承节郎事》。[①] 据图版及整理者研究，重录如下：

1 □[书]吏部

2 　武功大夫赵进忠遇

3 　冬祀大礼，乞子德诚使臣，本贯保安[军]

4 　人，年贰拾捌。

5 　右拟补承节郎。

6 [太]师鲁国公臣京　不书

7 [起]复太宰臣居中

8 [少]宰臣深

9 [起]复左丞臣黼

10 [右]丞阙

11 [吏部尚]书臣光疑等言，谨拟。

12 　右谨以申

13 [闻]，谨奏。

14 　　　　政和八年二月　日员外郎张动上

15 [给]事中臣王靓读

16 [门]下侍郎臣薛昂省

17 [起]复少保太宰[兼门下]□□臣居中[审]

（后缺）[②]

---

① 俄罗斯科学院东方研究所圣彼得堡分所、中国社会科学院民族研究所、上海古籍出版社编《俄藏黑水城文献》第6册，上海古籍出版社，2000，第212页。

② 孙继民：《黑水城宋代文书所见荫补拟官程序》，《历史研究》2004年第2期，第174~179页；刘江：《〈宋西北边境军政文书〉所见荫补拟官文书类型再考释》，《首都师范大学学报》2015年第6期，收入余蔚等主编《十至十三世纪东亚史的新可能性——首届中日青年学者辽宋西夏金元史研讨会论文集》，中西书局，2018，第134~150页。

为了便于比较，再将唐代开元《公式令》所载奏授告身式移录如下：

76 奏授告身式

77 尚书吏部余司授官奏者，各载司名。谨奏：某官名等拟官事。具

78 官姓名。某州、某县、本品、若干人。

79 　右一人云云。谓若为人举者，注举人具官封性及所举之状。若选者，皆略注其由历及身才行。即因解更得叙者。

80 　亦略述解由及擢用之状。今拟某官某品，替某，申考满。若

81 　因他故解免及元阙者，亦随状言之。

82 左丞相[①]具官封臣名

83 右丞相具官封臣名

84 吏部尚书具官封臣名

85 吏部侍郎具官封臣名

86 吏部侍郎具官封臣名 等言，谨件同由人姓名等若

87 干人，拟官如右，谨以申闻。谨奏。

88 　　　　年月日 吏部郎中具官封臣姓名上

89 　　　　　　　　给事中具官封臣姓名读

90 　　　　　　　　黄门侍郎具官封臣姓名省

91 　　　　　　　　侍中具官封臣姓名审

92 闻御画

93 　　　　月日都事姓名受

94 　　　　　　左司郎中付吏部

95 吏部尚书具官封名

96 吏部侍郎具官封名

97 吏部侍郎具官封名

98 左丞具官封名

99 告具官姓名计奏被

① 开元初，改尚书左右仆射为尚书左右丞相，见《唐六典》卷一《尚书都省》，第7页。

100 〔旨如右〕符到奉行。

（后缺）①

由此可知，唐代奏抄是以尚书省名义（需经仆射、本部尚书、侍郎依次署名）申门下省并上奏皇帝的政务文书，但其发文机构是据其主判省司而定，故起首为“尚书吏部”，实际指的是吏部司，故注文称“余司授官奏者，各载司名”。

宋代奏钞虽然与唐制一样，是以尚书省名义申奏，并由郎官（如元祐三年奏钞由祠部员外郎和主客郎中署名）上于门下省及皇帝的上行文书，但起首却是尚书某部。这说明奏钞的发文机关已然不是二十四司，而是六部，即“有例无条具钞画闻。钞书尚书省与本曹官奏上，付门下省复讫施行，不由中书”，② 故被统称为六曹奏钞。如元祐元年六月，监察御史孙升等言：“六曹奏钞，目［自］来左、右仆射、丞例皆签书。按左、右仆射各兼别省事，及奏钞送门下省，左仆射合亲书审奏，显见重复。”诏：“六曹奏钞，左、右丞签书，仆射押检，本省代书，送门下省。”③

此外，同样是尚书省公文，唐代以奏抄授官时，不仅在上行环节需要经都省官（仆射）签署，而且在告身下行（付身）环节，即在都省付本司之后，仍需要本司长官、通判官和都省官（左丞或右丞）联署告报授官者“被旨如右”云云。但宋代奏授告身仅在上行环节需要经都省官（左、右丞以上）签署，至于在都省付本司后，只需本部长官、侍郎署位即可，不必再经都省。

由于前引政和奏钞已缺失付身环节的署位，因此关于此一差异，只能借助浙江武义出土徐谓礼文书所存录白告身来说明。今选择其中《淳祐七年四月五日奏转朝散郎行将作监主簿告》移录如下：

---

① 刘俊文：《敦煌吐鲁番唐代法制文书考释》，中华书局，1989，第 226～228、231～233 页。按，行数号略有调整。

② 徐松辑《宋会要辑稿》职官一之二九，绍圣三年五月，第 2954 页。

③ 徐松辑《宋会要辑稿》职官一之二五，第 2951 页。

1 尚书吏部

2 朝奉郎、新除将作监主簿徐谓礼。吏部奏：准都省批下，发运和籴所申，籴

3 到米壹佰伍五万捌佰硕，系本司属官任责措置，特赐推行赏典。数内主

4 管文字从条格指挥，得转一官。依格合转朝散郎，转官拟官。

5 右拟转朝散郎、行将作监主簿。

6 左丞相阙

7 右丞相臣佀 免书

8 知枢密院事兼参知政事臣葵

9 参知政事兼同知枢密院事臣韡

10 尚书臣与𥲤等言

11 谨拟如右，谨以申

12 闻。谨奏。

13 淳祐七年三月日 军器监兼臣倪祖常上

14 郎中阙

15 兼权给事中臣赵希坙读

16 参知政事兼同知枢密院事臣陈韡 省

17 知枢密院事兼参知政事臣赵葵 审

18 右丞相臣佀 免书

19 闻

20 四月五日午时都事赵焕 受

21 司农少卿兼左司王 付吏部

22 吏部尚书与𥲤

23 权吏部尚侍郎

24 告：朝散郎、行将作监主簿徐谓礼。计奏，被

25 旨 如右，符到奉行。

26 主事胡 溥

27 太府卿兼 令史陈 继先

28　　　　　　　　　　书令史杨　大有

29　　　　　主管院

30　　　　　　　　淳祐七年四月五日下[①]

尽管南宋初年宰相制度及其名号的改变，使得奏授告身的官员署衔有所变化，但在上行环节，此件淳祐奏授告身（6~10 行）与前件政和奏授告身（6~11 行）的署位并无实质不同。淳祐奏授告身在下行环节（22~23 行）仅由尚书、侍郎署位，无须由相当于左丞或右丞的参知政事联署，[②] 由此亦可推知，这种改变应当始于元丰改制时，将尚书左、右丞升为执政官之后。[③] 宋代奏授告身形态的这一改变，至少反映出，已经成为实体的六部在某些政务运行环节作为独立机构的性质更加明显。

唐宋之际尚书六部由虚转实的关节点，即是元丰改制。这不仅体现在奏钞形态的改变上，也体现在六部印的出现。如前所述，唐代尚书六部仅置尚书省印（都省印）及二十四司之印，并无部印。而元丰改制后，宋代

① 包伟民、郑嘉励编《武义南宋徐谓礼文书》，中华书局，2012，第 194~195 页。周曲洋指出，元丰奏钞恢复使用的核心目的不能仅从平衡中书、门下二省权力的角度去考虑，而应置于将君主从日常细务中解放出来这一意义来看。随着元祐之后三省矛盾的调整缓和，奏钞的这一特性表现得更为明显，并从权力中心向处理日常事务过渡。前引政和八年奏钞中蔡京（“太师鲁国公臣京”）与徐谓礼此件奏授告身文书游似（“右丞相臣佀”）署名后的“不书”“免书”，均说明宰相对奏钞的参与度越来越弱，六部逐渐成为奏钞行用的主要负责部门，见氏著《奏钞复用与北宋元丰改制后的三省政务运作》，《文史》2016 年第 3 期，第 206 页。

② 《宋史》卷一六一《职官志一》：“元丰新官制，废参知政事，置门下、中书二侍郎，尚书左、右丞以代其任。建炎三年，复以门下、中书侍郎为参知政事，而省左、右丞。”（第 3775 页）曹家齐指出，南宋初省左、右丞之后，参知政事通治省事被看作“三省合一”的标志之一。但在改制之后，直至绍兴七年才最终确立下来。见李心传《建炎以来朝野杂记》甲集卷 5《参政分治省事》：“元丰官制，尚书左、右丞分治六曹，后以为皆执政官，乃令通治省事。”绍兴七年三月，诏“尚书省常程事，权令参知政事分治”。至九月，“复诏三省事令参知政事权轮日当笔，更不分治常程事，俟除相如故。自是参知政事复通治省事矣”（徐规点校，中华书局，2000，第 122 页）。参见曹家齐《南宋“三省合一”问题补议》，龚延明主编《宋学研究》第 1 辑，浙江大学出版社，2017，第 51 页。

③ 可对照元丰以后的敕授告身，在下行环节，在都省付本司之后，始终是由尚书、侍郎与都省宰执官（左、右丞或参知政事以上）联署。见元祐三年王伯虎权知饶州敕授告身（卞永誉纂辑《式古堂书画汇考·书》卷九，浙江人民美术出版社，2020，第 760~763 页）与淳祐五年徐谓礼朝奉郎敕授告身（包伟民、郑嘉励编《武义南宋徐谓礼文书》，第 189~191 页）。参见杨芹《宋代制诰文书研究》，上海古籍出版社，2014，第 132~143 页。

尚书省便在省印和司印之外，增置六部印。

此后，诸司虽有省并，但郎官印记始终俱存。[①] 保留郎官印记，反映了元丰以后尚书省诸司职能的恢复。不但如此，尚书省符也一度沿唐制称诸司符，如元丰八年（1085）十月，“惠信复诉于祠部，祠部符大理寺依法施行”。[②] 此后，苏轼在《论纲梢欠折利害状》中亦引元祐五年（1090）十一月尚书金部符：“省部看详，监粮纲运……若是随船点检得委有税物名件，自合依例饶润收纳税钱。”[③]

值得注意的是，虽然元丰以后省符仍依唐制称诸司符，但尚书省看详的主体已由“省司”转换为“省部”。[④] 因此，虽然元丰后存在诸司独立的政务活动，但其已非尚书省政务运行机制的主体机构。随着南宋尚书省诸司、郎官进一步被省并，尚书省符遂以六部为名，称部符：“六部行符，即省札之义。其末必曰‘符到奉行’。”[⑤] 可见，部符对应于“省札”，是六部指挥公事、降付敕旨之文书。至于宋代元丰以后的尚书省符形态相对于唐制的变化，容另文讨论。

余　论

魏晋以后，尚书机构的发展主要表现为郎曹的分置与省并。在分分合合的混乱表象之下，隐藏的是尚书郎曹次第的变化、尚书统郎新机制的确立，以及吏户礼兵刑工六部格局的出现与定型，是尚书省内部分工走向合理化的制度内在发展理路。[⑥] 在此期间，“部”的机构性质开始凸显。隋以

① 王丽：《宋代元丰官制改革后吏部研究——以法令和文书为中心》，博士学位论文，河南大学，2014，第 129 页。

② 李焘：《续资治通鉴长编》卷三六〇，元丰八年十月“先是，有僧惠信者经开封府诉”条，第 8630 页。

③ 苏轼著，李之亮笺注《苏轼文集编年笺注（诗词附）》卷三四，巴蜀书社，2011，第 4 册，第 348~349 页。

④ 北宋前期，文献中常见“省司看详”，既可用于三司，亦可用于尚书省。后者如治平四年（1067）六月，刑部言：“准治平三年四月五日诏书如前。省司看详立法之意，盖为上件指定州县居民自来习惯为盗，以至结集徒党，杀害官吏，遂立重法。”（徐松辑《宋会要辑稿》兵一一之二七，第 8831 页）

⑤ 赵昇：《朝野类要》卷四《文书》“部符”条，中华书局，2007，第 85 页。

⑥ 张雨：《唐宋间“子司”词义转换与中古行政体制转型》，《中华文史论丛》2019 年第 3 期，第 161~199、393 页。

后，“部”和“司”取代尚书曹和郎曹，成为代表尚书省新常态的标志性制度术语。

不过，受此前尚书系统分工重心在曹司一级的影响，唐代尚书省的政务分工始终着眼于二十四司，备置司印，而无部印。正如学者所指出的，在日常政务处理中，“省”和“司”的意义远大于“部”。因此，“省司”成为尚书省裁决政务时必经的环节，而习见于唐代律令格式之中。这一概念基本被沿用至北宋前期。

唐宋之际尚书六部由虚转实的关节点，在于元丰改制。这不仅体现在唐宋奏钞形态的改变上，也体现在六部印的出现。此后，史籍中新见“省部”之名，取代此前的“省司”，成为处理上下行政务文书的主体。六部成为尚书省政务运行机制中的一级实体，并在一定程度上具备独立处理政务的职权。这是元丰官制改革时将中唐以后发展成熟的使职差遣系统重新归口到尚书六部，并将使职差遣体制下的政务运行机制移植到六部体制中的结果。

The Standing out of the Ministries and the Institutionalization of Six Ministries of the Department of State Affairs during the Tang and Song Dynasties

Zhang Yu

Abstract: The “Three Departments” or “Three departments and six ministries” become the basic concepts for contemporary scholarship to describe the political institutions in the Sui and Tang Dynasties. However, regarding either “three departments” or “six ministries”, these concepts were established based on the Song understanding, construction, and invention of the institutional practice from the mid - Tang to early Song dynasties and the running of the political official system after the Yuanfeng period. Although the “ministries” within the Department of State Affairs as institutional offices became standing out in the Sui Dynasty, until the Yuanfeng period when three departments were restored, under the new historical conditions, these ministries continued the tradition from the Tang dynasty and gradually became independent institutions.

The heads of six ministries also transformed from the honorific titles to the real leaders of their ministries, which completed the institutionalization of these ministries. Therefore, in the sources "departmental ministries" replaced "departmental offices" and became the subjects in the Department of State Affairs for handling official documents. Since the Yuanfeng period, the memorial and petition documents already made difference from those in the Tang dynasty, which came from six ministries. In addition, it can be supported by the evidence of the newly added seals of six ministries, besides the seals of the Department of State Affairs and the departmental censors.

Keywords: Three Departments and Six Ministries; Memorials and Petitions of the Yuanfeng Period; Institutionalization of Six Ministries

走向认同：南唐入宋士大夫新论

濮思喆

摘　要：南唐士大夫入宋之初，遭遇了一定的限制与区别，但逐渐淡化。宋廷并未对南唐降臣执行“猜防”政策，而应归纳为“有限度区别”政策。这一政策主要是由“祖宗之法”、宋初历史条件、宋政权建立方式所决定的。南唐入宋士大夫通过科举、文化、政治、交游四条路径，逐渐建构起对“宋朝士大夫”的身份认同。从“五代入宋”到北宋中期士大夫政治的成熟，是一个较长时段的历史过程，而宋初融合不同士大夫群体产生的共同身份认同是关键环节和重要基础。南唐入宋士大夫建立身份认同的过程，体现了“宋朝士大夫”是融合不同群体动态生成的。南唐入宋士大夫还通过学术传承和政治言行，有效地促进了北宋中期士大夫政治的成熟。他们是宋代前期历史能动的参与者，而非被动的牺牲品。

关键词：南唐入宋士大夫　宋朝士大夫　有限度区别　身份认同　士大夫政治

引　言

易代之际的士大夫与降臣政策，一直是史学界热衷探讨的话题。关于五代宋初的降臣政策，在南宋即已引发议论。王明清引朱希真语称，宋太宗组织编修《太平御览》《太平广记》《文苑英华》的目的在于使降臣“卒老于文字之间”。[①] 此说一出，即招致李心传的反对。[②] 而

① 王明清：《挥麈录后录》卷一，《全宋笔记》第6编第1册，大象出版社，2013，第73页。该条称“太宗尽收用之……如《册府元龟》《文苑英华》《太平广记》之类……”当误，《册府元龟》始修于真宗景德二年（1005），而非太宗时期，参见李焘《续资治通鉴长编》卷六一，景德二年九月丁卯条，上海师范大学古籍整理研究所、华东师范大学古籍研究所点校，中华书局，1995，第1367~1368页。

② 李心传：《旧闻证误》卷一，《全宋笔记》第6编第8册，第364~365页。

南宋张端义[①]、周必大[②]，元代马端临、[③] 刘埙[④]，明代谈恺[⑤]、王夫之[⑥]，清代乾隆帝，[⑦] 近代聂崇岐[⑧]、鲁迅[⑨]等，也都对此问题进行了讨论。[⑩] 但这一讨论受限于话题，只涉及修书政策及其目的，对于其他降臣政策及其目的的探讨较少。

20 世纪末至今，这一话题重新引发关注，以往研究大致可归纳出三个层面的观点。第一，围绕降臣政策的讨论。大多数论者认为宋廷实行了严格的"猜防"政策，具体包括强制迁徙、避籍、科举歧视、官品下降、外任降臣诫饬等，如伍伯常[⑪]、张卫忠[⑫]等。但亦有论者认为，宋廷对降臣施行了积极的接纳政策，持这一观点的有周军[⑬]、林煌达[⑭]、贾春超[⑮]、杨昌

---

① 张端义：《贵耳集》卷中，《全宋笔记》第 6 编第 10 册，第 320 页。

② 周必大：《周益公文集》卷五五《文苑英华序》，四川大学古籍整理研究所编《宋集珍本丛刊》第 49 册，线装书局，2004，第 242~243 页。

③ 马端临：《文献通考》卷二四八《经籍考七五·集》，上海师范大学古籍研究所、华东师范大学古籍研究所点校，中华书局，2011，第 10 册，第 6682 页。

④ 刘埙：《隐居通议》卷一三《文章一·古今类编》，《丛书集成初编》本，中华书局，1985，第 139 页。

⑤ 谈恺：《刻太平广记序》，李昉等编《太平广记》卷首，汪绍楹等点校，中华书局，1961，第 1 册，第 2 页。

⑥ 王夫之：《宋论》卷二《太宗六》，舒士彦点校，中华书局，1964，第 37~38 页。

⑦ 弘历撰，董诰等编《御制诗集四集》卷一一《命校永乐大典因成八韵示意》，《景印文渊阁四库全书》，台湾商务印书馆，1986，第 1307 册，第 432 页。

⑧ 聂崇岐等编《太平御览引得·序》，上海古籍出版社，1990，第 6~7 页。

⑨ 鲁迅：《中国小说史略》，春风文艺出版社，2020，第 58 页。

⑩ 相关论著较多，可参见熊明《〈太平广记〉的编纂与成书考论》，《古籍研究》总第 66 卷，凤凰出版社，2017，第 1~5 页；张卫忠《江南士人与北宋前期政治》，博士学位论文，北京大学，2013，第 100~101 页；林煌达《宋初政权与南方诸国降臣的互动关系》，《东吴历史学报》第 12 期，2004 年，第 129~157 页。

⑪ 伍伯常：《北宋选任陪臣的原则：论猜防政策下的南唐陪臣》，《中国文化研究所学报》新第 10 期（总第 41 期），2001 年，第 1~31 页；Ng Pak-Sheung, "A Path to Civil Administration: The Appointment of the 'Peichen' and its Political Significance in the Early Northern Song Era," *Soochow Journal of History* 22, 2009, pp. 225-359.

⑫ 张卫忠：《江南士人与北宋前期政治》，第 73~79 页。

⑬ 周军：《徐铉其人与宋初"贰臣"》，《历史研究》1989 年第 4 期，第 120~132 页。

⑭ 林煌达：《宋初政权与南方诸国降臣的互动关系》，《东吴历史学报》第 12 期，2004 年，第 129~157 页。

⑮ 贾春超：《由张洎入宋看宋初的用人方略》，《安阳师范学院学报》2007 年第 4 期，第 66~68 页。

猛[①]等。第二，围绕降臣境遇的讨论。伍伯常认为南唐降臣遭到了严苛对待，被迫参加科举以改善仕途。[②] 张卫忠认为，江南士人虽然遭遇了隔阂与冲突，但融合始终是主流，且最终在北宋前期完成了政治上的崛起。[③] 徐彩虹则认为，降臣在北宋的仕途因人而异。[④] 第三，相关问题讨论。有"南唐入宋"带来的南北冲突问题，[⑤] 宋政权合法性构建问题，[⑥] 身份转换问题，[⑦] "文治"与"陪臣"的关系问题，[⑧] 以及一些个案研究。[⑨] 以上研究在推进这一问题探讨的同时，存在以下问题。第一，注重个案演绎，缺乏整体统计分析，或有表格统计但缺乏提炼概括；第二，只注重降臣入宋之初遭遇的政策，未在较长时段动态考察宋廷的政策；第三，身份转换问题非常重要，但考察薄弱，还有深入拓展的空间。本文的研究对象为宋太祖朝末年、宋太宗朝、宋真宗朝前中期来自原南唐地区的士大夫，包括宗室。[⑩] 笔者以群体统计和个案考证相结合的方法对这一问题进行考察，认为宋廷采取的并非"猜防"政策，而应归纳为"有限度区别"政策。南唐士大夫群体与宋廷中朝士大夫[⑪]在互动中，共同建构了"宋朝士大夫"这一身份。这一过程展现了"宋朝士大夫"这一拥有重要政治、文化内涵的

① 杨昌猛：《宋太宗降国政策研究三题》，硕士学位论文，扬州大学，2021，第28~61页。

② Ng Pak-Sheung, "A Path to Civil Administration: The Appointment of the 'Peichen' and its Political Significance in the Early Northern Song Era," *Soochow Journal of History* 22, 2009, pp. 340-342.

③ 张卫忠：《江南士人与北宋前期政治》，第180~181页。

④ 徐彩虹：《宋初伪命官研究》，硕士学位论文，黑龙江大学，2018，第37~45页。

⑤ 参见张卫忠《江南士人与北宋前期政治》，第46~178页。

⑥ 参见钟波《身份与秩序：对"南唐入宋"的一种考察》，硕士学位论文，南京大学，2014，第18~38页。

⑦ 参见钟波《身份与秩序：对"南唐入宋"的一种考察》，第60~70页。

⑧ Ng Pak-Sheung, "A Path to Civil Administration: The Appointment of the 'Peichen' and its Political Significance in the Early Northern Song Era," *Soochow Journal of History* 22, 2009, pp. 225-359.

⑨ 参见游彪《由唐入宋：从钜鹿到婺源的魏氏家族》，《庙堂之上与江湖之间——宋代研究若干论题的考察》，北京师范大学出版社，2011，第225~240页；邓小南《"出自疏外"与"忠勇自效"——再谈杨业和他的时代》，李裕民主编《首届全国杨家将历史文化研讨会论文集》，科学出版社，2009，第142~154页。

⑩ 他们一部分已在南唐入仕，跟随李煜归阙；一部分未在南唐入仕，通过参加科举或其他方式进入宋政权。本文根据语境需要使用"降臣"一词，"降臣"也是指这批士大夫。

⑪ 本文中的"中朝士大夫"主要指在南唐入宋前即已在宋廷任职的文官，其主体为北方人，兼有部分先入宋的南方人。

概念，是如何整合不同群体而动态生成的。对南唐入宋士大夫而言，这一新的拥有主体地位的身份[①]的生成，也意味着他们逐渐摆脱“降臣”这一具有消极意义的身份（当然无法完全摆脱），成为积极主动进行政治、文化活动的“宋朝士大夫”。

一 南唐士大夫入宋初期的政治境遇

开宝九年（976），宋军攻陷金陵，大批宗室、文官、武将跟随后主李煜入朝。当然，在金陵城陷前后，也有许多南唐臣僚归降宋廷。南唐士大夫入宋以后，主要通过直接授官、参加科举、推荐召试三种方式重新步入仕途。南唐入宋士大夫所获授的多为环卫官与东宫官，未获重要差遣。由此可见，宋廷在南唐士大夫入宋初期对其进行了一定的区别和限制。但南唐入宋士大夫相对其他降臣群体拥有较高的文化素养，因而又可以通过科举和召试谋求升迁。

1. 直接授官

直接授官，是南唐入宋士大夫入仕的主要途径。形成这一现象的主要原因是宋初疆域扩张速度太快，导致地方官吏存在大量阙员，“时国家取荆、衡，克梁、益，下交、广，辟土既广，吏员多阙”。[②] 南唐入宋士大夫的直接授官，需要通过铨选淘汰的环节。

首先来看南唐入宋士大夫直接授官的官品。学术界主流的看法是宋初的官品制度继承了唐代的九品三十阶制度。[③] 现以李昌宪《北宋前期官品令复原研究》中的《宋代前期职事官官品令》作为确定官品的依据。其中，宗室大多授环卫官。李璟诸子中，李从善授右神武大将军，其余李从谦、李从镒、李从度（或作从庆）、李从信授诸卫大将军，以上都为正三品。李煜之长子李仲寓授左千牛卫大将军，正三品；李煜诸从子授诸卫将军，从三品。

① 主体地位的身份是指在多重身份中占主导性、基础性地位的身份。就南唐入宋士大夫而言，指在“降臣”“南方人”“宋朝士大夫”等身份中，“宋朝士大夫”成为最主要的身份。

② 李焘：《续资治通鉴长编》卷一四，开宝六年八月己酉条，中华书局，1995，第307页。

③ 参见李昌宪《北宋前期官品令复原研究》，《河南大学学报》（社会科学版）2012年第1期，第57~64页。

根据《宋史》、《续资治通鉴长编》、两种《南唐书》及《十国春秋》等文献，南唐入宋士大夫直接授官情况如表 1 所示。

表 1　南唐入宋士大夫的初授官

品级	姓名（本官）
正四品上	汤悦（太子少詹事）
从四品上	徐铉（太子率更令）
正五品上	张洎（太子中允）、潘慎修（右赞善大夫）、张谔（右赞善大夫）、张佖（右赞善大夫）、周惟简（国子博士）、王克贞（太子中允）
正五品下	魏羽（太子中舍）
从五品下	陈大雅（太子洗马）
从六品上	舒雅（将作监丞）、柳宜（雷泽县令）、查陶（大理寺丞）、曾文照（永城县令）
从七品上	查元方（殿中侍御史）
从七品下	冯伉（同州司户参军）
正九品上	刁衎（太常寺太祝）、吕文仲（太常寺太祝）、柳宜（校书郎）
正九品下	杜镐（千乘县主簿）、朱弼（衡山县主簿）、乐史（平原县主簿）、吴仲举（平阴县主簿）、郑文宝（修武县主簿）
从九品上	林特（长葛县尉）、刘式（商水县尉）
从九品下	魏清（灵河县尉）

其次来看入宋前后官品的比较。南唐与北宋前期的职官制度都源出于晚唐的“使职差遣”制度，这为前后官品的比较提供了可能。南唐宗室中，李璟诸子在南唐授王公，属极品，因此比较前后官品并无意义。另有五个李煜从子，官品可资比较。其中李仲远、李仲兴、李仲伟在南唐授六部尚书，正三品；入宋后授诸卫将军，从三品，降一阶。另有李仲康、李仲宜在南唐授殿中监，从三品；入宋后授诸卫将军，从三品，未降阶。

在前后官品可比较的 21 位文臣中，未降阶的有 7 人，分别为张佖、周惟简、刘式、王克贞、曾文照、吴仲举、张洎。降阶的有 10 人，分别为郑文宝、林特、徐铉、刁衎、吕文仲、汤悦、陈大雅、朱弼、乐史、魏清。其中郑文宝、魏清降一阶，为最少；乐史降十一阶，为最多。升阶的有 4 人，为魏羽、潘慎修、张谔、查陶。其中张谔与魏羽因主动归降而升阶，各升两阶与十五阶。由此亦可见，主动归顺对入宋初期仕途的助益。

综合以上统计可以发现，宗室所授环卫官，官品很高，且与入宋前相比，所降不多。文臣所授官，官品参差不齐，既有正四品上也有正九品上，但六品以上者数量不少。从前后官品比较可以发现，以降阶为主，但也有未降阶，乃至于升阶者。因此笼统地称“（南唐）公卿将相多为小官”,[①] 并不完全符合史实。

2. 参加科举

许多南唐入宋士大夫在南唐时就已有科名。但在入宋以后，他们又选择重新应考北宋科举。其中一部分是未被铨选上的，借中第以求再度入仕；还有一部分是不满于沉沦下僚，借以谋求升迁之途。其中谋求再度入仕的有郑文宝、查道、陈恕、蒯鳌等 8 人；谋求升迁的则有何蒙、冯伉、乐史 3 人。查道，既已中进士，又应制科，“会举贤良方正之士，李宗谔以（查）道名闻，策入第四等，拜左正言、直史馆”,[②] 显然他应试制科，仍然是为了晋升。以上人数，只是笔者根据有清晰履历记载的南唐入宋士大夫统计而来。若根据《宋登科记考》统计南唐入宋后 10 年（977~986）的原南唐地区进士人数，总计应为 54 人。[③]

3. 推荐召试

推荐召试同样既是入仕手段，也是升迁的方式。将其作为入仕方式的有吴淑、查陶、许逖 3 人；作为升迁方式的有舒雅、刁衎、潘慎修等 8 人。推荐召试之前，常伴有献文或上书言事，如许逖“献其文若干篇，得召试为汲县尉、冠氏主簿”。[④]

丘旭[⑤]曾在南唐以《厚德载物赋》状元登第，入宋以后仅为镇将。数年之后，丘旭入吏部南曹。此时吕蒙正判吏部铨，听闻丘旭之名，问道：“汝非能为赋者乎？”丘旭答道：“江南献赋，适为第一。”吕蒙正说：“久

① 王栐：《燕翼诒谋录》卷四《改江南官服色》，《全宋笔记》第 7 编第 1 册，大象出版社，2015，第 267 页。

② 《宋史》卷二九六《查道传》，中华书局，1977，第 9879 页。

③ 傅璇琮主编，龚延明、祖慧编撰《宋登科记考》，江苏教育出版社，2009，第 12~29 页。

④ 《欧阳修全集》卷三八《司封员外郎许公行状》，李逸安点校，中华书局，2001，第 558~560 页。

⑤ 某些版本或作“邱旭”，清代为避孔子讳，改“丘”姓为“邱”姓，参见楚庄《古代的避讳制度及其影响》，《河北学刊》1993 年第 2 期，第 109 页。

闻尔名，谓为古人，乃并世耶！”随后，丘旭得到吕蒙正的大力推荐，“荐授令，录迁京秩”。①

从丘旭的事例可以看出，南唐士大夫除了徐铉、张洎、潘佑等知名士人为中朝士大夫所熟知外，一些不知名的士人，凭借文章的流播也为中朝士大夫所知。因此，南唐士大夫作为一个整体，其擅长文章学术的形象在中原得到广泛认可。这正是众多南唐入宋士大夫可以为中朝士大夫所延荐的主要原因。

二　南唐士大夫入宋后期的政治境遇

随着时间的推移，入宋初期施于南唐入宋士大夫的区别和限制逐渐消减。他们也凭借吏干（如陈恕、魏羽等）或文才（如张洎、陈彭年等），得以升迁本官或担任重要差遣。

1. 终官

宋代前期（元丰改制以前）“官职差遣”制度中的“官”指本官，本官用来确定品级与俸禄。终官指官吏死亡之前所授的本官，一般情况下为此人所达到的最高官品。这里补充说明一点，在入宋之初，主动归顺对于南唐入宋士大夫的仕途助益很大，如樊知古在开宝三年（970）即投宋，在金陵陷落以后不久，即授江南转运使。但樊知古的后期发展很不顺利，甚至不如许多被动投降的降臣。从这一点也可以看出，随着宋廷逐渐完成对南唐入宋士大夫的整合，其评价标准不再是归降的主动与被动或者归降时间的先后，而是逐渐回归正常的评价标准——官员的综合能力与表现。

根据《宋史》、《续资治通鉴长编》、两种《南唐书》及《十国春秋》等文献，文臣终官情况如表 2 所示。

表 2　南唐入宋士大夫的终官

品级	姓名（本官）
正一品	王钦若（司徒）
正三品	林特（户部尚书）

① 马令：《南唐书》卷一九《邱旭传》，《南唐书（两种）》，胡阿祥、濮小南点校，南京出版社，2010，第 163 页。

续表

品级	姓名（本官）
从三品	汤悦（光禄卿）
正四品上	陈恕（尚书左丞）、谢泌（太常少卿）
正四品下	陈彭年（兵部侍郎）、魏羽（礼部侍郎）、张洎（刑部侍郎）、杜镐（礼部侍郎）、吕文仲（刑部侍郎）、张秉（礼部侍郎）、李虚己（工部侍郎）
从四品上	何蒙（光禄少卿）、查陶（秘书少监）
正五品上	张谔（右赞善大夫）、张佖（给事中）、樊知古（给事中）、潘慎修（右谏议大夫）
从五品上	张观（左司郎中）、舒雅（刑部郎中）、舒雄（都官郎中）、刁衎（兵部郎中）、查道（右司郎中）、蒯鳌（殿中丞）、曾致尧（户部郎中）
从五品下	陈大雅（太子洗马）
从六品上	郑文宝（兵部员外郎）、吴淑（职方员外郎）、许逖（司封员外郎）、周惟简（水部员外郎）、乐史（职方员外郎）、洪庆元（冤句县令）、吴仲举（零陵县令）、曾文照（蒙城县令）
从七品上	查元方（殿中侍御史）、冯伉（殿中侍御史）
从七品下	李寅（衢州司理参军）

宗室一般仍在环卫官内迁转，变动不大，维持在从三品与正三品。从表2可知，达到从四品上以上的高级别文臣有14位，为数不少。

2. 差遣

再来看差遣的情况。宋初差遣一般情况下对于本官的官品有一定的要求，如知府的官品一般略高于知州，但也并非有绝对的高低之分，因此，我们只能根据其职掌的重要程度做出大致的区分。王钦若在天禧元年（1017）八月、天圣元年（1023）九月两度入相，在大中祥符五年（1012）九月、八年（1015）四月两拜枢相（同平章事兼枢密使）。曾任参知政事（副相）的有4人。陈恕自淳化二年（991）四月至九月以给事中参知政事，为时5个月；张洎自至道元年（995）四月至三年（997）正月以给事中参知政事，为时21个月；王钦若自咸平四年（1001）四月至景德二年（1005）四月以左谏议大夫参知政事，为时4年；陈彭年自大中祥符九年（1016）九月至天禧元年（1017）二月以刑部侍郎参知政事，为时5个月。御史台作为最高监察机关，以御史中丞为实际长官。吕文仲曾任御史中丞，李虚己曾任权御史中丞。宋代前期，三司是最高的财政管理部门，其最高长官有“计相”之称。淳化四年（993）五月，魏羽以左谏议大夫判三司。大中祥符七年（1014）十一月，修玉清昭应宫成，林特迁工部侍郎，拜三司使。而陈恕在担任参知政事前后，曾两度出任三司盐铁使。在一些重要的中央机构，也有人曾担任主官，如查陶曾任知审刑院，张秉曾任知审官院。在地方上，一些重要的路、府也有许多人任职，如张观曾为广南西路转运使，郑文宝曾任京西路转运使，秦羲曾任知江陵府。

一些宗室也有任差遣的经历。李从善“雍熙初，再迁右千牛卫上将军。四年（987），出为通、许监军”；李从谦“历知随、复、成三州……淳化五年（994），上言贫不能自给，求外任，以本官充武胜军行军司马，月给俸钱三万”；李仲寓“求治郡，拜郢州刺史。在郡以宽简称”。[①] 因此，可以认为，南唐宗室并没有因为其更为特殊的身份而受到更多的限制，也有机会进入北宋政坛。

从以上统计可以看出，无论是本官还是差遣，南唐入宋士大夫这一群体都在北宋前期的政坛上达到了相当的高度，超越其他降臣群体。至于南唐入宋士大夫的后代，很多因父辈的身份得到荫补，也有一些参加科举取得功名，最终得以位至显宦。

三　“有限度区别”政策

通过以上分析可以发现，南唐士大夫在入宋初期遭遇了一定的区别对待，主要表现为本官品级有所降低，未获重要差遣。但他们中的有些人凭借吏干和文才较快地得到了升迁，也相继担任重要差遣。在人生的尽头，许多南唐入宋士大夫取得了品级很高的本官。因此，通过较长时段和动态的考察发现，所谓宋廷施行“猜防”政策的观点并不能成立。下文将针对以往学者常举的“猜防”史事进行辨正，说明以往学界对这些事例认知的偏颇。在此基础之上，笔者认为宋廷的政策可以归纳为“有限度区别”，并从“祖宗之

① 吴任臣：《十国春秋》卷一九《南楚国公（李）从善传》《鄂国公（李）从谦传》《清源郡公（李）仲寓传》，徐敏霞、周莹点校，中华书局，1983，第 280～283 页。南唐士大夫入宋前后，知州取代刺史为州郡长官的过程并未全部完成，故某些刺史实领州事，当视为差遣，具体可参见闫建飞《唐后期五代宋初知州制的实施过程》，《文史》2019 年第 1 期，第 139～162 页。

法”、宋初历史条件、宋政权建立方式三个角度分析这一政策的形成原因。

1. “猜防”史事辨正

学界普遍认为，北宋在安排南唐入宋士大夫担任地方官时，执行了超越普通官员的严格的避籍政策。如伍伯常认为，因为南唐旧地被时人视为“善地”，且无特殊的军事意义，因此宋廷可以相对较好地在江左贯彻避籍政策。但也存在相反的案例，如何蒙、潘慎修通判庐、寿二州，郭载兴任海州刺史。他的解释是，庐、寿、海州在周世宗征淮南之时已收归中原政权，不能与开宝九年（976）收复的南唐地域相提并论。[①] 但是，张秉于太平兴国五年（980）“擢至甲科第二，解褐将作监丞、通判宣州”，[②] 陈恕“太平兴国二年（977）进士，解褐大理评事、通判洪州”，虽然陈恕以“乡里辞”，[③] 但至少说明宋廷在任命之初并未考虑避籍政策的施行。而洪州（曾为南唐南都，具有重要的战略意义）与宣州是被宋军攻占的，并非周世宗征淮南时被占。笔者认为由于地方大量阙员的存在，以及大量中下级官吏被就地留用，所谓针对南唐降臣的避籍政策实际上很难严格执行。

关于宋廷对南唐降臣的猜疑，有一则史料被反复引用。[④]《续资治通鉴长编》卷一七记载，开宝九年“八月戊戌，以（张）佖权知荣州。初，伪朝官出领外任者，入辞，必戒饬再三。及（张）佖辞，上（宋太祖）谓曰：‘惟汝不必朕言，方擢用汝。’（张）佖在州，果有善政”。[⑤] 在以往学者的解读中，似乎只对降臣有诫饬。但事实上，外任官上任前由皇帝进行诫饬，一直是宋初惯例。据《燕翼诒谋录》，“祖宗留意民事，丁宁戒饬，虽州县小官，未尝少怠。太平兴国八年（983）三月丁未，诏应京朝官受任于外，并州县幕职官朝辞，并于阁门宣旨戒勖，以其词著之坐右。不知此制废于何时。苟州县小官并蒙皇恩宠绥，决知自重，思所以称上意，不

① 伍伯常：《北宋选任陪臣的原则：论猜防政策下的南唐陪臣》，《中国文化研究所学报》新第10期（总第41期），2001年，第16页。

② 程敏政辑撰《新安文献志》卷九四上《张密学秉传》，何庆善、于石点校，黄山书社，2004，第2342页。

③ 《宋史》卷二六七《陈恕传》，第9198页。

④ 参见伍伯常《北宋选任陪臣的原则：论猜防政策下的南唐陪臣》，《中国文化研究所学报》新第10期（总第41期），2001年，第17页；钟波《身份与秩序：对“南唐入宋”的一种考察》，第18页。

⑤ 《续资治通鉴长编》卷一七，开宝九年八月戊戌条，第374页。

敢自暴自弃矣。惜无能举行之者也”。[1] 而《宋大诏令集》卷一九一所录《出京朝官诫词》《幕职州县官诫词》可能就是所谓“著之坐右”的诫词，其所系时间为大中祥符元年（1008）四月丁丑，则这一制度在宋真宗朝仍在执行。[2] 因此，南唐入宋士大夫与中朝士大夫外任州县官所遭遇的皇帝诫饬，并非“有”与“无”的差别，而可能是“多”与“少”的差别。从这个意义上来理解，这则材料所蕴含的针对南唐入宋士大夫的“猜防”意味便减少很多。

《续资治通鉴长编》卷二一记载，太平兴国五年（980）三月，宋太宗在讲武殿复试进士，得进士科 119 人，诸科 533 人，其中张观、乐史、刘昌言、颜明远由于是以现任官参加科举，宋太宗“惜科第不与，特授近藩掌书记”。[3] 由于张观、乐史是南唐降臣，刘昌言曾仕于漳泉节度使陈洪进，因此一般观点认为是宋太宗有意刁难降臣。[4] 但如果仔细考察太平兴国五年榜进士，其中还有何蒙、蒯鳌、谢泌等 8 人是南唐降臣，此外还有状元苏易简、进士严储、王仲华等 6 人来自原后蜀地区，吕奉天来自原吴越地区，薛峦则来自原漳泉地区。[5] 宋太宗之所以当时不授予张观、乐史、刘昌言、颜明远四人科名，正如史书所载，宋太宗不想鼓励现任官员参加科举，而非出于对降臣的歧视。李心传亦认为宋初不鼓励现任官员参加科举，原因在于爱惜科名。[6] 张卫忠所举的寇准与萧贯的例子，其中蕴含的并非对降臣的歧视，而是寇准对南方人的地域歧视。而宋白与陈彭年的例子，宋白黜落陈彭年，主要是厌恶其轻浮躁竞，其中蕴含的是人格歧视，也并非降臣歧视。[7] 而从笔者在下文针对南唐入宋后 40 年（977～1016）中的原南唐地区人和南方人获得进士比例的统计可看出，两个比例在 40 年

① 王林：《燕翼诒谋录》卷三《朝辞宣旨戒饬》，《全宋笔记》第 7 编第 1 册，第 262 页。

② 参见《宋大诏令集》卷一九一《政事四四・诫饬二》，司义祖整理，中华书局，1962，第 700～701 页。

③ 《续资治通鉴长编》卷二一，太平兴国五年三月甲寅条，第 473 页。

④ 参见伍伯常《北宋选任陪臣的原则：论猜防政策下的南唐陪臣》，《中国文化研究所学报》新第 10 期（总第 41 期），2001 年，第 23～24 页；钟波《身份与秩序：对“南唐入宋”的一种考察》，第 45～46 页；张卫忠《江南士人与北宋前期政治》，第 50 页。

⑤ 参见傅璇琮主编，龚延明、祖慧编撰《宋登科记考》，第 16～19 页。

⑥ 李心传：《旧闻证误》卷一，《全宋笔记》第 6 编第 10 册，第 363 页。

⑦ 张卫忠：《江南士人与北宋前期政治》，第 54 页。

中稳步上升。他们并非难得一科名，而是比例非常大。这使得北方士人获取科名的难度大大增加，加剧了南北士人在科举中的竞争。

2. 有限度区别

通过对“猜防”史事的辨正，可以发现宋廷对待南唐入宋士大夫的政策很难简单地归纳为“猜防”。这正如赵翼所言，“角力而灭其国，角材而臣其人，未有不猜防疑忌而至于杀戮者，独宋初不然”。① 笔者认为宋廷对待南唐入宋士大夫的政策可以归纳为“有限度区别”。所谓“有限度”，即是给予南唐入宋士大夫一定的区别和限制，但同时给予其一定的机会融入北宋政权，不使其丧失对宋政权的信心。这从前述南唐入宋士大夫的重新授官即可以看出。所谓“区别”，首先是与中朝士大夫有所区别；其次是与南汉等未尝奉正朔政权的降臣有所区别，李煜等北上归阙后，宋太祖曾说“（李）煜尝奉正朔，非刘𬬮比也”，“乃封（李）煜为违命侯，而录用其子弟、大臣”。②

进行一定区别的目的在于平衡在朝官员各个群体间的政治势力，同时对南唐入宋士大夫施加一定的压力，激发其融入政治秩序的动力，并强化其对宋政权的忠诚。这一政策还有一个特点，就是对南唐入宋士大夫的区别随着其入宋年限的增长，逐渐弱化。官员服色的变化可以鲜明地体现这一点。“（降臣）至于服色，例令服绿，不问官品高下，以示别于中国也。太宗淳化元年（990）正月戊寅敕文：‘应诸路伪授官，先赐绯人止令服绿，今并许仍旧。其先衣紫人，任常参官亦许仍旧。’遂得与王朝官齿矣。”③

3. 形成原因

前人研究之所以会得出宋初对待降臣以“猜防”政策为主的结论，可能源于对宋初政治的固有印象。这一固有印象往往在各种通史著作中被表述为，宋廷采取了一系列“防制”措施限制宰相与地方长吏的权力，目的

---

① 赵翼撰，王树民校证《廿二史札记校证》卷二四《宋初降王子弟布满中外》，中华书局，2013，第520页。

② 陈均：《皇朝编年纲目备要》卷二，开宝八年十一月条，许沛藻等点校，中华书局，2006，第45页。

③ 王栐：《燕翼诒谋录》卷四《改江南官服色》，《全宋笔记》第7编第1册，第267页。

在于改革晚唐五代以后藩镇坐大、君权旁落的弊政。从这一固有印象出发，可能心怀异志的降臣自然也在“防制”之列。这一关于宋初政治的叙事本身并无问题，但过于强调可能会遮蔽历史的另一面。王夫之认为：“李煜、孟昶、刘铱以降王而享国封，受宾恪之礼，非其所赢得者也，宋之厚也……其降为皂隶，可无余憾。而优渥之礼加乎其身，故曰：宋之厚也……仁有不可施，义有不可袭，必如宋祖之优处降王而后可曰忠厚。”[①]王夫之三叹宋太祖仁厚，正是因为发现仁厚是宋初政治的重要内容。吕中也认为，“我朝治体之所以远过汉唐者，盖其仁意常浑然于纪纲整肃之中，而纪纲常粲然于仁意流行之地”。[②]因此，邓小南认为“立纪纲”与“召和气”是“祖宗之法”的核心内容，[③]“立纪纲”对应一系列加强中央集权的防弊之政，“召和气”则体现了宋初君主的宽厚大度。笔者提出的“有限度区别”政策，也鲜明地体现了“立纪纲”与“召和气”的结合。即在南唐士大夫入宋之初，给予其一定的限制与区别，这体现了“立纪纲”；随着入宋年限渐长，逐渐取消这种区别，使其融入宋朝士大夫群体，这体现了“召和气”。因此，“有限度区别”政策由祖宗之法中的“立纪纲”与“召和气”相结合的思想所决定，是这一政治思想自然的政策表现。

余英时认为，赵宋立国之初必须寻求以士阶层为代表的精英阶层的认同，这是由宋初的历史条件所决定的。“赵宋王朝建立时，一方面既不像李唐可以恃关陇集团和山东门第为其社会基础，另一方面又深恐唐末五代以来的骄兵悍将随时可以颠覆其政权。”[④]具体到南唐入宋士大夫，除了上述共同的历史条件使得宋廷需要取得他们的认同外，还有一些特殊的历史原因。首先，南唐政权在江南有广泛的民意基础，南唐入宋士大夫作为精英阶层的代表所获的待遇，对江南民心无疑有着风向标的意义。它代表了

① 王夫之：《宋论》卷一《太祖七》，第11~12页。

② 吕中：《宋大事记讲义》卷一《治体论》，《景印文渊阁四库全书》第686册，第188页。

③ 邓小南：《祖宗之法——北宋前期政治述略》，生活·读书·新知三联书店，2014，第534~537页；另见邓小南《“立纪纲”与“召和气”：宋代“祖宗之法”的核心》，《党建》2010年第9期，第46~47页。

④ 余英时：《朱熹的历史世界：宋代士大夫政治文化的研究》，生活·读书·新知三联书店，2011，第205页。

宋廷对江南的态度，是将江南作为被征服地，[①] 还是一个新王朝在恢复统一过程中的必要步骤，其间的微妙差别，无疑由宋廷对南唐入宋士大夫的态度所体现。其次，南唐入宋士大夫大多学养深厚，谙熟唐代以后的典章制度，是宋廷实现“文治”转型过程中必不可少的智力支持。

宋太祖以军事政变的方式夺得政权，并未如汉、唐、元、明、清经过长期战争而建立政权。对于赵匡胤、赵光义兄弟而言，没有经过长期战争而轻易取得政权，其缺陷就在于没有大量私人部署，所以立国之初面对的就是大量后周旧臣。这些人按儒家伦理划分，都是大节有亏的“贰臣”。周军认为，薛居正主修的《旧五代史》就是利用历史书写为自己的失节行为进行辩护，而这也得到同为后周“叛臣”的宋太祖的认可。[②] 因此，宋初的臣僚大多可以在某种意义上被认为是“贰臣”，而作为降臣的南唐入宋士大夫在其中就显得不那么突出了。所以，宋初君主抛弃严格刻板的儒家伦理，给予他们融入宋初政治秩序的机会，是符合历史逻辑的选择，也是符合大多数官吏利益的选择。

四　南唐入宋士大夫的身份认同转换

1. 认同危机

前述“有限度区别”政策的目的，在于使南唐入宋士大夫产生对宋廷的政治认同。这便是赵翼所言，因为“庙堂之上不闻操切猜防”，所以“入仕新朝者亦帖然各效其勤，无反侧不靖之意”。[③] 但是对于南唐入宋士大夫而言，始终有着一定的身份认同危机。这样的危机，也使得他们的认同不能止于政治层面，而需深化到身份层面。

对于南唐入宋士大夫的身份认同转换问题，前人的研究已有所触及，但所论皆不深入，仍有进一步讨论的必要。[④] 身份认同（identity）理论是

---

① 关于宋廷以征服者姿态对待新附之地而导致的统治失败，可以后蜀事例为证，参见陈振《宋史》，上海人民出版社，2016，第29~42页。

② 周军：《徐铉其人与宋初“贰臣”》，《历史研究》1989年第4期，第128页。

③ 赵翼撰，王树民校证《廿二史札记校证》卷二四《宋初降王子弟布满中外》，第520页。

④ 参见钟波《身份与秩序：对“南唐入宋”的一种考察》，第60~70页；张卫忠《江南士人与北宋前期政治》，第84~85页；林煌达《宋初政权与南方诸国降臣的互动关系》，《东吴历史学报》第12期，2004年，第129~157页。

20世纪在西方兴起的一套心理学和社会学相结合的分析方法。认同问题的分析主要有两种路径，分别为基于美国微观社会学或符号互动论的认同理论（identity theory）与基于欧洲社会心理学的社会认同理论（social identity theory）。前者注重角色认同或社会期望对个人的影响，后者注重群体认同或群际因素对个人的影响。[①] 考虑到研究问题的适用性，本文主要以社会认同理论作为分析依据。社会认同理论创始人亨利·泰弗尔（Henri Tajfel）认为，社会身份认同是“个体知晓他/她归属于特定的群体，而且他/她所获得的群体资格会赋予其某种情感和价值意义”。[②] 社会认同理论与以往社会心理学关注群体中的个体（individual in the group）不同，它更关注个体中的群体（the group in the individual）。换言之，个体产生对于群体身份的认同之后，其行为会受到群体身份的制约和引导。[③] 本文将以此为理论基础探讨南唐入宋士大夫的社会身份认同。一般认为，身份认同在社会互动中得以建构。[④] 有论者认为，“在自成一体的部族社会，或天人合一的封建宗法社会，姓氏、血缘、性别等共同构成了牢固不变的身份认同机制”。[⑤] 换言之，由于古代社会身份固定，因而不存在身份认同问题，身份认同问题是一个现代性问题。[⑥] 但中国帝制时代并不等同于西方中世纪的封建社会。自秦汉以降，中国建立了具备理性官僚制色彩的政治体制，身份世袭制逐渐式微。特别是自隋代创立科举制以后，中国建立了常态化的社会流动机制，而中古世家大族由于晚唐五代的战乱，也愈加衰落。可以说，宋

① 周晓虹：《认同理论：社会学与心理学的分析路径》，《社会科学》2008年第4期，第46~53页。

② H. Tajfel, “Social Categorization, English Manuscript of ‘La Catégorisation Sociale’,” in S. Moscovici, ed., *Introduction à la Psychologie Sociale*, Vol. 1, Paris, Larouse, 1972, p. 297.

③ 〔澳〕迈克尔·A. 豪格（Michael A. Hogg）、〔英〕多米尼克·阿布拉姆斯（Dominic Abrams）：《社会认同过程》，高明华译，中国人民大学出版社，2010，第4页。

④ 参见李友梅、肖瑛、黄晓春《社会认同：一种结构视野的分析——以美、德、日三国为例》，上海人民出版社，2007，第5页；刘杨《身份认同综述》，《跨文化研究论丛》2019年第2期，第139页。

⑤ 陶家俊：《身份认同导论》，《外国文学》2004年第2期，第38页。

⑥ 梅因（Henry Maine）在《古代法》（沈景一译，商务印书馆，1996）中亦认为，“在无数的事例中，旧的法律是在人出生时就不可改变地确定了一个人的社会地位，现代法律则允许他用协议的方法来为其自己创设社会地位”（第172页），因此，“所有进步社会的运动，到此处为止，是一个‘从身份到契约’的运动”（第97页）。但梅因所依据的仍然是西欧封建社会的情况。

初的社会身份流动性显著增强，这也就为使用身份认同理论研究南唐入宋士大夫群体提供了可能。

南唐入宋士大夫的身份认同转换是在一定的有利条件下得以实现的。上述宋初官僚大多是“贰臣”便是其一。其二，他们的身份认同转换无须背负“华夷之别”的压力。其三，南唐国亡之前已经奉北宋正朔，他们在与宋廷之间的关系中并非完全是敌对政权意义上的降臣，而是地方诸侯臣属意义上的“陪臣”。其四，北宋的“文治”策略与南唐相似，容易获得南唐入宋士大夫的政治认同与文化认同。其五，“宋朝士大夫”这一概念因宋初统一战争的进行，本身亦在建构之中。因此，南唐入宋士大夫的身份认同转换，是指在“降臣”“南方人”“宋朝士大夫”三重身份中，“宋朝士大夫”逐渐成为基础性和主导性的身份，即发挥主体作用。身份认同转换，是建立在南唐入宋士大夫对北宋的政治认同和文化认同基础之上的，但比后两者发挥着更为积极的作用。这是指身份认同转换实现之后，南唐入宋士大夫会以主体身份为基础，更为积极地投入新朝的政治、文化活动。这里体现了上述群体身份的建立，对于个体行为的引导和制约。

身份认同转换的必要条件是前述理论中的社会互动，自我与他者在互动之中逐渐寻求双方共同认可的身份，新的身份认同便在互动之中被建构。这一互动过程包含自我对群体身份的认同和他者对个体身份的认同两个层面，其中前者更为根本。具体而言，南唐士大夫在入宋之初，遭遇了宋初君主与中朝士大夫两种他者。经过几年的互动，二者逐渐认同南唐入宋士大夫，其标志便是前述取消服色的区别。南唐入宋士大夫也因此可以“与王朝官齿”。而与中朝士大夫的互动更多是通过私人交往来实现的。在这个过程中，南唐入宋士大夫的才学与品德逐渐得到中朝士大夫的认同。他者的认同无疑会强化自我的身份认同，南唐入宋士大夫正是在这样的良性循环中，逐渐确认自我属于“宋朝士大夫”这一群体。①

① 一般认为，“认同”是一个“求同”和“存异”并存的过程。但笔者认为南唐入宋士大夫与宋廷或者中朝士大夫在互动中建构“宋朝士大夫”身份认同的过程，更多的是一个“求同”的过程。若说有“存异”的话，便是地域差别的凸显，以及新的更大范围的身份建构之后，“华夷之别”愈加凸显，少数民族政权臣民成为新的“他者”。相关理论探讨可参见李友梅、肖瑛、黄晓春《社会认同：一种结构视野的分析——以美、德、日三国为例》，第2~4页。

南唐入宋士大夫对宋政权的政治认同、文化认同，具体指对于“有限度区别”政策的认同、对于“华夏”的认同以及对于宋初“文治”政策的认同。徐铉的“三论”（《君臣论》《持权论》《师臣论》）[①] 对南唐中后期的亡国之政和君臣关系进行了强烈批判，明确提出君臣之间应保持上下相维之“道”。[②] 在李煜墓志铭中，徐铉更是委婉地指出李煜的性格和施政是导致南唐亡国的主要原因。[③] 在《出处论》中，徐铉更是直接为自己和其他南唐入宋士大夫的入仕进行辩护。[④] 因此可见，徐铉并非愚忠之臣，而是具有强烈反思和批判精神的士大夫。而徐铉的一些诗文，也体现出他对宋政权的认同。[⑤] 再结合徐铉“江左文宗”的身份，他的文章和行为无疑为南唐入宋士大夫这一群体的身份认同转换提供了依据。

本节试图从科举、文化、政治、交游四条互动路径出发，来展现南唐入宋士大夫是如何在互动中实现与强化身份认同的。这一过程大致开始于宋太宗朝初年，完成于宋真宗朝中期。科举对于身份认同转换最为重要，且兼为政治与文化路径，因此将其单列。这里需要说明，南唐入宋士大夫对于“宋朝士大夫”身份的认同，并非指每一位士大夫都产生了认同，也并不意味着他们没有对故国的怀念，而是指身份认同是主流和趋势。

2. 科举路径

关于科举促进宋代社会流动，学界已多有讨论，以至于宋代被认为是

① 参见徐铉撰，李振中校注《徐铉集校注》补遗一，中华书局，2018，第4册，第1273~1282页。

② 笔者不同意周军对“三论”的解读，他认为其中阐述了“从道不从君”的思想，是为南唐降臣群体的选择进行辩护。首先，徐铉“三论”中所阐述的是“君臣相维”之“道”，将其解读为“从道不从君”之“道”，似有不妥。其次，“三论”行文具有强烈批判的感情色彩，不应写于宋初，徐铉不会如此议论宋初的君臣关系，而显然是针对南唐的君臣关系而发。最后，在《师臣论》中，徐铉称唐太宗为“太宗文皇帝”，亦可证写作时间为南唐时期。因此，“三论”的写作目的并非为降臣群体辩护。参见周军《徐铉其人与宋初“贰臣”》，《历史研究》1989年第4期，第123~125页。

③ 参见徐铉撰，李振中校注《徐铉集校注》卷二九《大宋左千牛卫上将军追封吴王陇西公墓志铭并序》，第4册，第1225~1231页。

④ 参见徐铉撰，李振中校注《徐铉集校注》卷二四《出处论》，第4册，第1112~1117页。关于此文的具体讨论，可参见张卫忠《江南士人与北宋前期政治》，第92页。

⑤ 如《杨府新建崇道宫碑铭并序》称“皇宋膺图，更造区夏，虽天实辅德，亦世而后仁”（徐铉撰，李振中校注《徐铉集校注》卷二六，第4册，第1151页）；《和李宗谔秀才赠蒯员外》称“圣君将就见，慎无买山居”（徐铉撰，李振中校注《徐铉集校注》卷二二，第4册，第1041页）。

"科举社会"。[①] 但科举在宋初除了促进社会流动外，还兼具在新附之地建立政治认同、文化认同的重要功能。换言之，科举对于宋初的政局稳定发挥了重要作用。对于宋太宗扩大取士规模，一般认为与收买人心、地方阙员、推动"文治"有关。[②] 但宋太宗开始扩大取士规模的太平兴国二年(977)，恰是南唐入宋的第一年，这可能并非仅是巧合。宋太宗希望通过扩大取士规模，给予南唐入宋士大夫和其他南方士人以更多的登科机会，从而促进新附之地政治认同、文化认同的建立。对南唐入宋士大夫而言，科举也是获得宋廷和中朝士大夫认同的一条捷径，"天子门生"身份的获取无疑会淡化"降臣"身份。此外，士人们只要参与科举这一高度程序化的考试，便已经开启了被"体制化"的过程。在这一过程中，原有的属国、地域、仕履、家世已不再那么重要，他们将以统一的宋朝士人身份被纳入既定的程序加以考量。因此，南唐入宋士大夫参与其中，便已经是对"宋朝士大夫"身份的追求和认可。

笔者以《宋登科记考》为资料来源，统计了南唐入宋后40年（977~1016）的南方人与原南唐地区人占历年科举进士（不含诸科与特科）总人数的比例，以及占有记载总人数的比例，如图1、图2所示。[③] 这里南方地区包括原南唐、漳泉、吴越、南汉以及后蜀统治区域。后蜀地区虽收复较早（965年收复），但统治相当不稳固，相继于乾德三年（965）、淳化四年（993）、咸平三年（1000）发生全师雄兵变、李顺王小波起义和王均兵变，故纳入统计范围。而乾德元年（963）收复的荆南和湖南，虽也在南方地区，但统治相当稳固，故不纳入统计范围。

图1、图2跨度40年，共得19次进士登科记录。图1的分子分别为当年进士中南方地区人数及原南唐地区人数，分母为当年进士总人数，横轴

① 这一提法最早可见于钱穆《中国社会演变》(1950年)，氏著《国史新论》，九州出版社，2012，第28~30页；另可参见梁庚尧编著《宋代科举社会》，东方出版中心，2017，第128~143页。

② 参见张其凡《论宋太宗朝的科举取士》，《中州学刊》1997年第2期，第113~117页。

③ 据傅璇琮主编，龚延明、祖慧编撰《宋登科记考》，第12~102页。宋初登科士人的原属国判定，依据李昌宪在《中国行政区划通史·宋西夏卷》第二编第一章"宋初（960~979）的州县"中的考订结果（周振鹤主编，李昌宪著《中国行政区划通史·宋西夏卷》，复旦大学出版社，2007，第115~133页）。

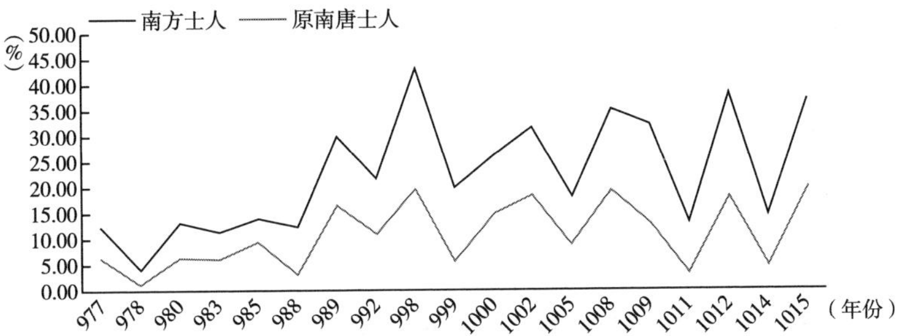

图 1　南方士人及原南唐士人占当年进士总人数的比例变化

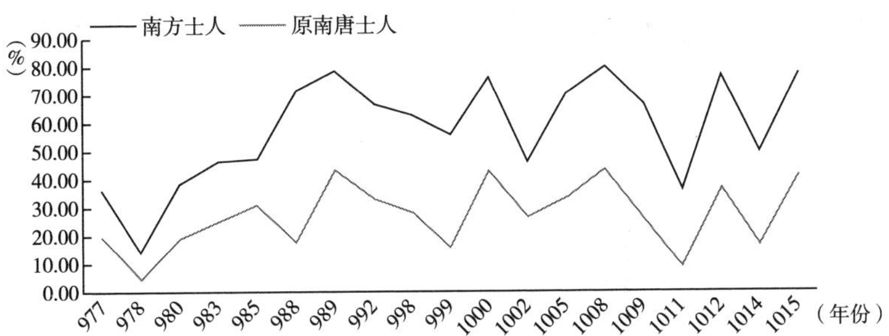

图 2　南方士人及原南唐士人占当年进士记载人数的比例变化

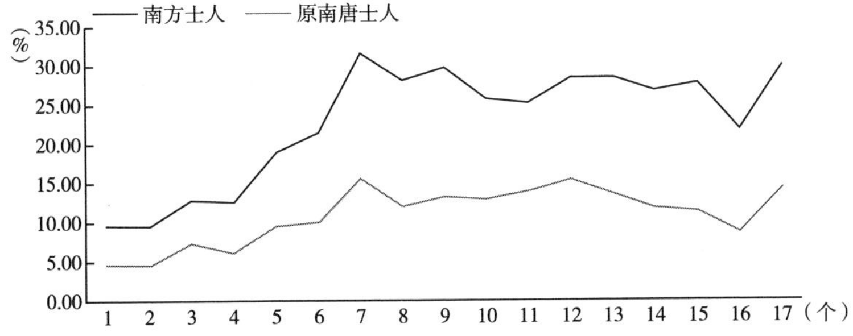

图 3　南方士人及原南唐士人占当年进士总人数的三年移动平均变化

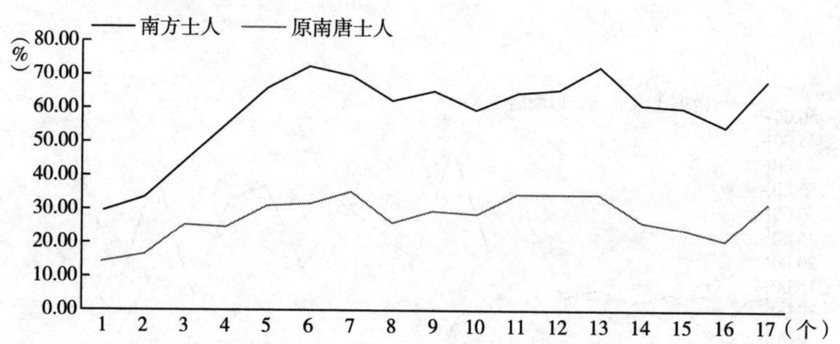

图4 南方士人及原南唐士人占当年记载人数的三年移动平均变化

为开科年份，纵轴为百分比。图2的分子分别为当年进士中南方地区人数及南唐地区人数，分母为当年有记载的总人数，横轴为开科年份，纵轴为百分比。比较图1与图2，可发现变化趋势大致相当，因此可以排除记载所带来的偏差，并确认趋势的可信性。通过观察图1和图2，可以推测，在各年中南方人占当年进士总人数的真实比例较高，许多年份可能超过了50%。相比真实比例，变化趋势更为重要。为了更好地分析变化趋势，笔者使用移动平均法将前后开科的三个年份连续取平均值，分别得到图3、图4两个移动平均变化图，各17个平均值。[①] 从图3、图4可以看出，南方人及原南唐地区人登科比例变化趋势大致相同，且在以总进士人数为分母和以有记载人数为分母的情况下有相同的趋势。这个趋势是自宋太宗初年至宋真宗初年南方人与原南唐地区人所占比例逐渐上升，并在宋太宗末年至宋真宗初年这一时间段内连续占比均值最高，此后逐渐下降，并趋于平稳。这一趋势表明，从宋太宗初年至宋真宗初年，是宋廷对南方地区进行政治整合的关键时期。在这一时期，南方各地的士人相继建立对于宋政权的认同，并不再认为自己是割据政权的士人。因此，由于南方新附之地的士人参与宋朝科举的人数逐渐增多，进士录取人数也增多，在图上表现为一个逐渐上升的趋势。当这一过程完成后，也即宋真宗初年之后，南方

① 移动平均法是统计学分析时间数列（又称“时间序列”）的常见方法之一，目的在于减少短期偶然因素带来的波动，揭示长期变化趋势。简单移动平均法是指从第一个值开始，取n个连续值的平均数，依次类推。本文取n=3，则为三年移动平均变化图，参见陈鸿雁主编《统计学》，北京理工大学出版社，2021，第160~163页。

人与原南唐地区人所占进士比例也趋于平稳，即这些新附地区的士人完成了对宋政权的认同，进入了常态化参与王朝科举的轨道。南方进士比例大幅上升的现象，正如王明清所言："至太宗朝浸多，所得率江南之秀。"[①]这无疑会对北方士人形成冲击。因而，南北双方围绕考试内容与程序发生了许多冲突。[②]但此时的争执是科举制下的地域冲突，南方是"降国"或者"新附之地"的色彩已大为淡化。换言之，南北双方对于对方同为宋朝士人已经相互认可。

总之，南唐入宋士大夫作为先导，通过参加科举实现了身份认同的转换。他们的示范意义，使得更多的南方年轻士人投身王朝科举。宋廷借此取得了南方精英阶层的政治认同，南方士人也确立了自我属于"宋朝士大夫"的身份认同。

3. 文化路径

宋初为了实现"文治"转型，进行了大量文化建设，其中多见南唐入宋士大夫的身影。笔者将宋初南唐入宋士大夫参与的文化工程大致分为四类，即校勘经籍、翻译佛经、编修四大书和纂修《江南录》。自"太祖、太宗朝收诸伪国图籍实馆阁"后，[③]大量图书的汇集为此后文化建设的推进准备了条件。吴淑、舒雅、杜镐、陈彭年等人多次参与校勘经籍的工作。译经鸿胪少卿、光梵大师惟净，为李煜之侄，通梵语，多次参与译经，[④]"迄今所译新经论学，凡五百余卷，自至道以后，多惟净所翻也"。[⑤]而徐铉、汤悦则主要进行译经之后的文字润色工作。他们二人还以降臣的身份编修了故国的史书，即《江南录》，今已失传。为了编修《册府元龟》《文苑英华》《太平御览》《太平广记》四大书，宋廷更是招揽了大量南唐入宋士大夫参与其中。

宋初的文化建设从以下三个层面有利于南唐入宋士大夫身份认同的转

① 王明清：《挥麈前录》卷三，《全宋笔记》第6编第1册，第32页。

② 张卫忠：《江南士人与北宋前期政治》，第46~69页。

③ 徐松辑《宋会要辑稿》崇儒四之一，刘琳、刁忠民、舒大刚、尹波等校点，上海古籍出版社，2014，第2815页。

④ 吴任臣：《十国春秋》卷一九《鄂国公（李）从谦传》自注，第281页。

⑤ 江少虞：《宋朝事实类苑》卷四三《佛经》，上海古籍出版社，1981，第565页。按：江少虞记惟净为李煜之子，当误。

换。首先，南唐入宋士大夫进入馆阁修书，本身就代表了宋廷与中朝士大夫对于他们学术水平的高度认同。宋代馆阁官历来为清要之选，“国朝馆阁之选，皆天下英俊，然必试而后命。一经此职，遂为名流”。[①] 而一些南唐入宋士大夫也凭借馆阁经历，得以位至显宦，如陈彭年、张洎等。其次，编修史书是南、北士大夫协力完成的。在修书的过程中，南唐入宋士大夫与中朝士大夫长期共处，难免发生观点的交流和碰撞，但最终仍然可以形成一个双方认可的文本。这样一个互动的过程，无疑会强化双方对于共同身份的认同。最后，编修工作形成的图书都是具有基础性和公共性的文本，这些图书除了庋藏于馆阁，相当一部分会进入民间。中唐以降，雕版印刷日渐发达，民间获取书籍的成本逐渐降低。宋代科举的兴盛，也刺激了民间对书籍的需求。因此，这些精心编纂校勘的图书无疑会为天下读书人所共同阅读。这样一种公共文本的塑造与传播，也是宋代可以形成强烈士大夫身份认同的必要条件。对于身与其事的南唐士大夫来说，这种参与公共文本塑造的经历会带来强烈的荣耀感和身份认同，而非“卒老于文字之间”的悲凉。

4. 政治路径

宋初的君主经常下诏求言，鼓励官民就时政得失提出意见。为了更好地接受各方意见，宋初开始建立各种制度化的上书言事渠道。在中央，以阁门、通进银台司、登闻鼓院、登闻检院为接受上书的主要机构；在地方，以进奏院为接受上书的主要机构。[②] 宋初广开言路之举是塑造自身政权合法性的重要举措，而上下官民也在这种扩大化的政治参与中强化了政治认同。前已述及，上书言事是南唐入宋士大夫升迁的重要渠道，乃至重新入仕的重要渠道。许多南唐入宋士大夫借此实现了个人命运的转折，如陈彭年“屡上疏言事，召试学士院，迁秘书丞、知阆州”。[③] 此外，对于南唐入宋士大夫而言，其在入宋之初具有相对边缘的身份，上书言事是他们直接参与政治的渠道。这意味着议论国朝大事不仅是宰执和台谏的特权，他们作为“宋朝士大夫”的一分子，也可以发表意见。当他们的意见被采纳，

① 洪迈：《容斋随笔》卷一六《馆职名存》，《全宋笔记》第5编第5册，大象出版社，2012，第205页。

② 李潇阳：《宋代皇帝诏求直言研究》，硕士学位论文，河南大学，2019，第31~35页。

③ 《宋史》卷二八七《陈彭年传》，第9662页。

乃至因此而受到奖励，会愈加激发他们的政治热情与认同。这样一种政治参与的过程和感受，也会强化他们属于“宋朝士大夫”的认同感。

陈恕便是其中的代表性人物。陈恕担任过地方州郡长官，但主要是在三司任职，主持中央财政工作，多次出任三司使副。田况认为“太宗任陈恕为三司使，心算详给。人有言茗榷遗利欲更法者，上以问（陈）恕，（陈）恕言：‘国家用度无所窘匮，恐此法一摇，则三十年不可再定。’上怒，起入禁中，（陈）恕不敢退，久之复坐，方可其议。后马元方主计，遂变前法。迄今三十余年，是非纷然无所归准，如其言焉”。[①] 宋真宗即位以后，陈恕迁户部侍郎，宋真宗命陈恕“条具中外钱谷以闻”。陈恕一直不上报，宋真宗则屡次下令。陈恕最后对宋真宗说：“陛下富于春秋，若知府库充实，恐生侈心，臣是以不敢进。”[②] 王曾评价说：“尚书左丞陈公恕，峭直自公，性靡阿顺……当时以言称者，公为之首。”[③] 从张詠对陈恕去世的反应，更可见当时士大夫对陈恕“忠直”的赞赏。“公（张詠）阅邸报，忽再言：‘可惜许！’门人李畋请问之，曰：‘参政陈中丞恕无也！斯人难得，唯公唯正，为国家敛怨于身。斯人难得！’退为诗哭之。”[④] 此外，张观、张佖、张洎等人也多有上书言事。如《宋史》评价张观，“广览汉史，雅好论事，辞理切直，有古人之风焉”，“若（张）观之献纳忠说，识达体要，则又可嘉者也”。[⑤]

从陈恕等人身上，可以发现他们不再是谨小慎微、日夜忧惧的“降臣”，而是敢于为国事直谏太宗、隐瞒真宗的“宋朝士大夫”。换言之，陈恕等人已经完成了身份认同的转换，并且在此基础上积极参与北宋政治的运作，产生了重要影响。

5. 交游路径

徐铉是唯一有完整文集传世的南唐入宋士大夫，其中后十卷为入宋后所作，这为我们窥探这一群体入宋后的思想和生活提供了宝贵资料。与上

① 田况：《儒林公议》，《全宋笔记》第1编第5册，大象出版社，2003，第98页。

② 《宋史》卷二六七《陈恕传》，第9202页。

③ 王曾：《王文正公笔录》，《全宋笔记》第1编第3册，第270页。

④ 张詠：《乖崖集》卷一二《语录》，《景印文渊阁四库全书》第1085册，第652页。

⑤ 《宋史》卷二七六《张观传》，第9402~9403页。

述官方渠道不同，私人交游所遗存的文本可以展现更为真实的心理状态和身份认知。徐铉甫一入宋，便以“江左文宗”的身份为北方士林所推重。此外，他还与僧人道士、应试举子、吴越宗室等不同群体多有交往。当然，不只徐铉，其他南唐入宋士大夫也与中朝士大夫展开了广泛的交游。前述多名南唐入宋士大夫为中朝士大夫所延荐，便是交游产生的结果。

首先，“华夏认同”是产生共同身份认同的基础。徐铉在《送吴郎西使成州》中对爱婿吴淑称，“中华垂尽处，别路正秋时”。[①] 显然，徐铉在诗中以成州（约辖今甘肃礼县等地）为“中华垂尽处”。换言之，他认为宋政权所辖处便是中华，或者说宋廷为中华之正统。他在《杨府新建崇道宫碑铭并序》中明确指出，“皇宋膺图，更造区夏”。[②] 因此，他对中朝士大夫的认知，便是双方同属于华夏的士阶层。其次，互动之中双方的相互认同促进了共同身份认同的产生。宋初宰相王溥，与徐铉“一见如旧相识”；兵部侍郎王祐，称徐铉“文质彬彬，学问无穷”。[③] 徐铉对于中朝士大夫也有认同，他向李昉称赞道，“京邑衣冠多胜赏，鲈鱼争敢道思乡”。[④] 最后，徐铉与一些中朝士大夫的关系已经突破了身份认同层面，而产生了深厚的感情。如吏部侍郎李至、翰林学士承旨苏易简，“皆当世英俊，奉公（徐铉）以师友之礼”。[⑤] 王溥于太平兴国七年（982）去世后，徐铉即作挽歌词二首深悼亡友。[⑥] 徐铉去世后，李昉、李至分别写了墓志铭、祭文与挽歌词。[⑦]

五 南唐入宋士大夫与士大夫政治

李振中在论及徐铉时指出，“徐铉的文学影响，主要通过其弟子及再

① 徐铉撰，李振中校注《徐铉集校注》卷二一《送吴郎西使成州》，第4册，第953页。

② 徐铉撰，李振中校注《徐铉集校注》卷二六《杨府新建崇道宫碑铭并序》，第4册，第1151页。

③ 李昉：《大宋故静难军节度行军司马检校工部尚书东海徐公墓志铭》（以下简称《徐公墓志铭》），徐铉撰，李振中校注《徐铉集校注》附录一，第4册，第1334~1338页。

④ 徐铉撰，李振中校注《徐铉集校注》卷二一《和翰长闻西枢副翰邻居夜宴》，第4册，第940页。

⑤ 李昉：《徐公墓志铭》，徐铉撰，李振中校注《徐铉集校注》附录一，第4册，第1337页。

⑥ 徐铉撰，李振中校注《徐铉集校注》卷二二《太师相公挽歌词二首》，第4册，第998~1000页。

⑦ 参见李昉《徐公墓志铭》、李至《祭文》、李至《东海徐公挽歌词》，徐铉撰，李振中校注《徐铉集校注》附录一，第4册，第1334~1340页。

传弟子的文学基因传承表现出来”，并进一步指出了一条传承路线，即“徐铉→陈彭年→晏殊→范仲淹、欧阳修、王安石”。[①] 如果考虑到五代宋初北方学术文化的凋落，可以认为，李振中指出的不仅是一条文学传承路线，而且是一条学术传承路线。晏殊、范仲淹、欧阳修、王安石是北宋中期践行士大夫政治的先锋人物，也是整个宋代最为杰出的士大夫。他们践行士大夫政治所必不可少的学术基础，正是从徐铉处传承而来。此外，应当注意，欧阳修、晏殊都来自原南唐统治区域。南唐地区浓厚的学术文化氛围，也孕育和滋养了他们。

徐铉在《师臣论》中指出：“（君臣）上下相维，乃无败事，非徒承其使令，供其喜怒而已。故曰师臣者王，友臣者霸……臣下唯知奉行，则役夫竖子可为卿相，何必劳于求贤哉！”最后，徐铉感叹：“斯道之不明也久矣！”[②] 徐铉之“道”，便是君主“师臣”“友臣”、“上下相维”之道。在此，可以与北宋士大夫政治成熟期的一些言论进行简单的比较。王安石称，“若夫道隆而德骏者，又不止此。虽天子，北面而问焉，而与之迭为宾主”。[③] 王安石将君臣关系归纳为“迭为宾主”，与“友臣”之道是同义语。程颐则称，“天下治乱系宰相，君德成就责经筵”。[④] 据此，余英时将王安石时代的君臣关系思想归纳为“天下大任划归宰相”与“皇帝北面以师经筵讲官”。[⑤] 而“皇帝北面以师经筵讲官”与“师臣”之道，基本是同义语。因此，可以认为徐铉的“三论”实发北宋士大夫“同治天下”思想之先声。这可能与晚唐五代“主弱臣强”的政治局面有密切的关系，而徐铉将其加以理论化写就了“三论”。这一思想的暗流，终在北宋中期成为明流，并通过士大夫政治得以充分展现。在政治行为上，也可以发现若干相似处。王安石在与宋神宗论事“有所争辩时，辞色皆厉。上辄改容，为之欣纳”。余英时认为与“人主”对话，可以“辞色皆厉”，颇为不易。

---

① 徐铉撰，李振中校注《徐铉集校注》，前言，第16~20页。

② 徐铉撰，李振中校注《徐铉集校注》补遗一《师臣论》，第4册，第1281~1282页。

③ 王安石：《临川先生文集》卷八二《虔州学记》，聂安福等整理，王水照主编《王安石全集》第6册，复旦大学出版社，2016，第1447页。

④ 《二程文集》卷五《论经筵第三札子·贴黄二》，《丛书集成初编》本，中华书局，1985，第69页。

⑤ 余英时：《朱熹的历史世界：宋代士大夫政治文化的研究》，第226页。

王安石的风范可以激励士大夫的胆气。① 上述陈恕与宋太宗争辩的情形，虽然陈恕未到“辞色皆厉”的地步，但他在宋太宗面前坚持不退让，也体现了士大夫敢于直言、坚持己见的精神。而陈恕“为国家敛怨于身”，② 也正是宋代士大夫“以天下为己任”精神的一种早期表现。

因此可以认为，南唐入宋士大夫通过学术传承和政治言行两种途径，有效地促进了北宋中期士大夫政治的成熟。

结　语

南唐士大夫在入宋之初通过直接授官、参加科举、推荐召试三种方式获得宋廷的任用。其本官有所降低，且大多未获重要差遣，因而遭遇了一定的限制与区别。但若从较长时段观察，南唐入宋士大夫逐渐获得重要差遣，本官品级也有所提升，服色差别也逐渐取消，因此限制与区别逐渐淡化。通过对学界流行的三种“猜防”史事的辨正，可以发现宋廷并未对南唐入宋士大夫实行“猜防”政策。基于以上理由，笔者将宋廷对南唐入宋士大夫所实行的政策概括为“有限度区别”政策。这一政策由“祖宗之法”、宋初历史条件和宋政权建立方式所决定。

宋廷实施“有限度区别”政策的目的在于获取南唐入宋士大夫的政治认同。但身份危机的凸显，使得南唐入宋士大夫不能仅停留在政治认同层面，而且要力图实现身份认同的转换。南唐入宋士大夫通过科举、政治、文化、交游四条路径与他者进行社会互动，从而建构起身份认同。这一互动过程包含了自我对群体身份的认同和他者对个体身份的认同两个层面，其中前者更为根本。从“五代入宋”到北宋中期士大夫政治成熟，是一个较长时段的历史过程。而宋初融合不同士大夫群体形成的共同身份认同是士大夫政治成熟的关键环节和重要基础。本文意在通过南唐入宋士大夫建立对“宋朝士大夫”身份认同的过程，来呈现“宋朝士大夫”这一具有重要政治、文化内涵的概念是如何融合不同身份群体动态生成的。此外，南唐入宋士大夫还通过学术传承和政治言行，有效地促进了北宋中期士大夫

① 余英时：《朱熹的历史世界：宋代士大夫政治文化的研究》，第227页。
② 张詠：《乖崖集》卷一二《语录》，《景印文渊阁四库全书》第1085册，第652页。

政治的成熟。因此，在北宋前期的历史进程中，南唐入宋士大夫并非被动的牺牲品，而是能动的参与者。

Towards Identity: New Perspectives on the Literati-officials from the Southern Tang to the Song Regime

Pu Sizhe

Abstract: When the literati-officials just entered the Song regime from the Southern Tang, they faced some restrictions and differentiations which gradually faded away afterwards. Song regime did not adopt the policy of suspicion and caution against the surrendered literati-officials from the Southern Tang. The policy should be called "limited differentiation". This policy was shaped by the ancestors' instructions, historical conditions of early Song, and the founding method of the Song regime. These literati-officials attempted to transform their identity through four channels including civil examinations, culture, politics, and friendship, which helped them construct their identity as the Song literati-officials. From the Five Dynasties to the mid-Song when the literati-official politics became fruited, this was a long historical process. The key of this historical change was to construct common identity that brought various literati-officials together, even though they came from different political backgrounds. The process for the literati-officials from the Southern Tang Dynasty to construct their identity reflected that the so-called "literati-officials in the Song" were produced from melting many different groups together. The literati-officials from the Southern Tang to the Song also efficiently enhanced the fruition of the literati-official politics of the mid-Song period, by their learning transmission and political words and behaviors. They were agents participated in the early history of Song actively, not the passive victims.

Keywords: Literati-officials from the Southern Tang to the Song; Literati-officials in the Song; Limited Differentiation; Identity; Literati-official Politics

北宋乾祐天书考辨*

吴铮强　胡潮晖

摘　要： 宋真宗天禧三年（1019）有两次永兴军乾祐山降天书事件，两次乾祐天书的政治意义有根本区别，并非大中祥符天书的简单延续。第一次乾祐天书宣称只有寇准重新掌权才能护佑宋朝安稳，并预言宋真宗"圣寿三万日"，实由周怀政一手策划，宋真宗事先可能毫不知情。如果宋真宗真的可以活到八十三岁，那么宋仁宗继位时已四十有余，宋真宗没有理由为刘皇后未来的垂帘听政做出相应安排，这就为周怀政与寇准清除刘皇后势力提供了可能。第二次乾祐天书宣称天之所佑将由宋真宗本人延及宋仁宗，应该是由宋真宗亲自策划，其目的在于维护天书权威的同时否定第一次乾祐天书的政治意涵，消除大臣们对于刘皇后加害宋仁宗之忧虑，为刘皇后掌权提供宗教与政治的保障。

关键词： 乾祐天书　周怀政　寇准　宋真宗　刘皇后

宋真宗天禧三年（1019）有两次永兴军乾祐山降天书事件。由于史籍记载的混乱与隐晦，乾祐天书至今仍有诸多问题没有讨论清楚。当代学者已经明确乾祐天书实有两次，一次在天禧三年三月，一次在同年八月前后，[①] 乾祐天书又与太子（仁宗）的政治地位问题密切相关。[②] 但学界对

* 本文系浙江省哲学社会科学重点研究基地浙江大学宋学研究中心课题"《宋史》列传文本来源与生成过程研究"（2022JDKTZD04）成果。

① 参见汪圣铎《宋代政教关系研究》，人民出版社，2010，第63~64页；杜乐《宋真宗朝中后期"神圣运动"研究——以"天书"和玉皇、圣祖崇拜为切入点》，硕士学位论文，北京大学，2011，第16页；赵冬梅《千秋是非话寇准》，电子工业出版社，2012，第206、242页；等等。

② 参见赵冬梅《千秋是非话寇准》，第242页。

乾祐天书与寇准、真宗的关系远没有达成共识。关于寇准所献第一次乾祐天书，除寇准献媚恋阙[①]与被迫献天书[②]两种解释外，新近又有寇准例行公事之说。[③] 与此相关，则是真宗是否参与甚至策划乾祐天书的讨论。[④] 然而两次乾祐天书的政治意义有何异同，为什么在短时间内连续两次降天书，这些基本问题并未得到澄清。其实史有明载，周怀政才是制造第一次乾祐天书的真正主谋，他也是解开乾祐天书奥秘的突破口。

一　第一次乾祐天书主谋周怀政及其与寇准的关系

周怀政实为制造第一次乾祐天书的主谋。《续资治通鉴长编》（以下简称《长编》）记述此事时，正文与注文中两次出现周怀政的名字，但又刻意将其排除在第一次乾祐天书直接参与者之外。根据《长编》的叙事，似乎朱能才是第一次乾祐天书的主谋，周怀政只是帮助朱能获得了

---

① 文莹：《湘山野录》卷中《寇忠愍罢相恋阙》，郑世刚、杨立扬点校，中华书局，1984，第 27 页；黎靖德编《朱子语类》卷一二九《本朝三·自国初至熙宁人物》，王星贤点校，中华书局，1986，第 3086 页。邓小南等研究者倾向于此种观点，参见邓小南《祖宗之法——北宋前期政治述略》，生活·读书·新知三联书店，2006，第 333 页。

② 朱熹：《五朝名臣言行录》卷四《丞相莱公寇忠愍公》引刘攽《莱公传》，朱杰人、严佐之、刘永翔主编《朱子全书》，上海古籍出版社、安徽教育出版社，2002，第 12 册，第 120~121 页。汪圣铎等研究者倾向于此种观点，参见汪圣铎《宋真宗》，吉林文史出版社，1996，第 268 页。刘攽称向真宗提议令寇准献天书者乃王旦，李焘认为："按王旦死于天禧元年正月，而准上天书乃三年三月，攽误甚矣。或（王）钦若实为此，非旦也。"见李焘《续资治通鉴长编》（以下简称《长编》）卷九三，天禧三年三月乙酉条小注，中华书局，2004，第 2142 页。后文引用《长编》凡未做说明者均据此版本。

③ 赵冬梅：《千秋是非话寇准》，第 206~218 页。

④ 汪圣铎认为："讲这次天书降全是周怀政、朱能等人策划的，甚至有的史书讲此事是朱能一个人一手策划的，这是令人持疑的。因为没有宋真宗的支持这些人未必有这样大的胆量。而且，周、朱二人都是或曾是宋真宗身边的人，宋真宗对这次天书降也持积极态度。所以，这次天书降事先应当曾得到过宋真宗的同意或默许。"（汪圣铎：《宋真宗》，第 268 页）汪圣铎的另一本著作以及赵冬梅的看法与《宋真宗》一书类似，见汪圣铎《宋代政教关系研究》，第 64 页；赵冬梅《千秋是非话寇准》，第 206~218、242 页。杜乐则认为"现存史料完全没有真宗参与的痕迹（相比而言，尽管大中祥符元年的'天书'终宋一代都被官方认定为真，并不妨碍关于真宗参与制造的传言被诸多笔记所记载），而且毕竟此'天书'最终由朝廷宣布为假，如果真宗直接参与了此'天书'的制作，恐怕无论是真宗，或者真宗病重时代行皇权的刘后，宣布'乾祐天书'为假，都多少会有所顾虑"，"就算真宗的确参与了'乾祐天书'的制作，这种参与也可能极为有限，可能只是提供一些暗示"（杜乐：《宋真宗朝中后期"神圣运动"研究——以"天书"和玉皇、圣祖崇拜为切入点》，第 64 页）。

职位的升迁：

> 入内副都知周怀政日侍内廷，权任尤盛，附会者颇众，往往言事获从。同辈位望居右者，必排抑之。中外帑库，皆得专取，而多入其家。性识凡近，酷信妖妄。有朱能者，本单州团练使田敏家厮养，性凶狡，遂赂其亲信得见，因与亲事卒姚斌等妄谈神怪事以诱之。怀政大惑，援引能至御药使，领阶州刺史，俄于终南山修道观，与殿直刘益辈造符命，托神灵，言国家休咎，或臧否大臣。时寇准镇永兴，能为巡检，赖准旧望，欲实其事。准性刚强好胜，喜其附己，故多依违之。是月，准奏天书降乾祐山中，盖能所为也。中外咸识其诈，上独不疑。①

注文所引刘攽《寇准传》（即《莱公传》）则称王旦向真宗提议教唆寇准降天书，而周怀政只是将真宗旨意传达给寇准：

> 刘攽作《寇准传》云：朱能献天书，上以问王旦，旦曰："始不信天书者，寇准也。今天书降准所，当令准上之，则百姓将大服。"乃使周怀政谕准。准始不肯，而准婿王曙居中与怀政善，曙固要准，准乃从之。按王旦死于天禧元年正月，而准上天书乃三年三月，攽误甚矣。或钦若实为此，非旦也。②

其实正文中"怀政大惑，援引能至御药使，领阶州刺史，俄于终南山修道观，与殿直刘益辈造符命，托神灵，言国家休咎，或臧否大臣"的主语就是周怀政，核心的谓语与宾语"造符命"即指制造第一次乾祐天书。只是这里又讲"准奏天书降乾祐山中，盖能所为也"，而朱能的确参与了第一次乾祐天书的制造，容易使人误认为"俄于终南山修道观，与殿直刘益辈造符命，托神灵，言国家休咎，或臧否大臣"的只有朱能而不包括周

① 《长编》卷九三，天禧三年三月乙酉条，第 2141~2142 页。

② 《长编》卷九三，天禧三年三月乙酉条，第 2142 页。

怀政。“周怀政日侍内廷……准性刚强好胜，喜其附己，故多依违之”这段叙述与《宋史·周怀政传》完全一致，《三朝国史·周怀政传》应该是两者共同的史源。《宋史·周怀政传》不但明指周怀政“与殿直刘益辈造符命”，而且点明了这次天书的内容是“托神言国家休咎，否臧大臣”。[①]“托神言国家休咎，否臧大臣”其实是借神灵之口宣称只有寇准重新掌权才能护佑宋朝安稳。

周怀政制造第一次天书更直接的记载出现在《长编》同卷六月甲午王钦若罢相条注文所引《真宗实录》记事：

> 《实录》云：初周怀政以上崇禋祀，遂与妖人朱能辈伪造灵命，冀图恩宠，且日进药饵。[②]

周怀政政变失败后，被一并查处的乾祐天书案也以周怀政为主谋，“（雷）允恭、（刘）从愿尝发周怀政天书妖妄事”，[③] 周怀政毫无疑问就是制造第一次乾祐天书的主谋。

周怀政制造第一次乾祐天书不但史有明载，而且也只有周怀政有条件凭借其特殊的身份制造天书。周怀政是大中祥符时期真宗降天书活动的核心人物，他不但是亲手捧奉天书的夹侍，[④] 还是王中正与真宗之间的传信人——刘承珪的继承人，即圣祖由王中正召致，并先后由内侍刘承珪、周怀政负责王中正与真宗之间的沟通。[⑤] 因此周怀政掌握着真宗制造天书的所有奥妙，而且在真宗奉天书活动中扮演着关键的角色。换言之，揭穿周怀政制造第一次乾祐天书的谎言也将危及大中祥符天书的合理、合法性

① 《宋史》卷四六六《宦者一·周怀政传》，中华书局，1985，第 13615 页。

② 《长编》卷九三，天禧三年六月甲午条，第 2149 页。

③ 《长编》卷九七，天禧五年十月戊申条，第 2255 页。

④ 《宋史》卷四六六《宦者一·周怀政传》载：“大中祥符初，真宗东封，命修行宫顿递。及奉泰山天书驰驿赴阙，转殿头。天书每出宫，与皇甫继明并为夹侍。”（第 13614 页）

⑤ 参见夏竦《文庄集》卷二八《故金紫光禄大夫检校礼部尚书右神武卫大将军致仕使持节康州诸军事康州刺史充本州团练使上柱国开国伯食邑七百户赠镇南军节度使太原王公墓志铭》，《景印文渊阁四库全书》，台湾商务印书馆，1986，第 1087 册，第 282~283 页；杜乐《宋真宗朝中后期“神圣运动”研究——以“天书”和玉皇、圣祖崇拜为切入点》，第 64~67 页。

质，这是周怀政敢于以第一次乾祐天书胁迫真宗的基本条件，不过真宗最终以第二次乾祐天书化解了周怀政的计谋。

周怀政制造第一次乾祐天书的动机也清晰可寻。杜乐已经指出真宗朝的天书活动与求子嗣以及仁宗的出生密切相关。① 周怀政正是以天书为中介而与仁宗形成密切关系，更有借仁宗排挤刘皇后的迫切需求。玉清昭应宫为奉天书而兴建，开工于大中祥符二年（1009）五月，丁谓曾言“今未有皇嗣，建宫于宫城之乾地，正可以祈福”。② 仁宗出生于大中祥符三年（1010）四月，据此推算，李宸妃受孕之时恰在玉清昭应宫开工后不久。仁宗封王时真宗又有谢玉皇之辞曰：“比者自天之祐，下庇于本枝，列壤之封，获颁于成命……孺子胜衣，早凭丕荫。”③ 仁宗成长过程中，周怀政被任命为资善堂都监。④ 资善堂是仁宗行冠礼之后读书之地，属于玉清昭应宫的一部分，位置在元符观之南，而元符观是由皇城司新司改建而成，皇城司新司是圣祖屡降之地。⑤ 仁宗的皇储地位明确后，周怀政又出任管勾左右春坊事，⑥ 而左、右春坊是比拟朝廷中书、门下省设置的东宫官司。有笔记小说记载仁宗以“哥哥”戏称周怀政，⑦ 也说明两人的私人关系十分亲密。天书是周怀政与仁宗构建特殊关系的政治依据，或者说周怀政在某种程度上获得了仁宗宗教庇护人的特殊地位。不过在仁宗已经被册立为太子而周怀政仍深得真宗信任的情况下，第一次乾祐天书如果不是真宗授意而是周怀政私自伪造，周怀政以此巩固仁宗地位岂非画蛇添足？这个问

① 杜乐：《宋真宗朝中后期“神圣运动”研究——以“天书”和玉皇、圣祖崇拜为切入点》，第77~78页。

② 《长编》卷七一，大中祥符二年四月己亥条，第1602页。

③ 宋真宗：《玉京集》卷三《谢皇子加恩表一道·玉皇》，明正统《道藏》影印本，文物出版社、上海书店出版社、天津古籍出版社，1988，第5册，第803页。

④ 司义祖整理《宋大诏令集》卷三五《建资善堂诏》，中华书局，1962，第183页。

⑤ 杜乐：《宋真宗朝中后期“神圣运动”研究——以“天书”和玉皇、圣祖崇拜为切入点》，第77页。

⑥ 《长编》卷九二，天禧二年八月庚戌条，第2123页。

⑦ 王巩《清虚杂著三编·闻见近录》“仁宗在春宫”条载：“仁宗在春宫，乘闲时画马为戏，内臣多乞之。张文懿（张士逊）为太子谕德，亦从乞之。上曰：‘师父岂可与马也?’乃大书‘寅亮天地，弼予一人’八字以遗之。文懿奏闻，内中交贺。要珰周怀政，上尝戏为哥哥，怀政走诣上乞书，上大书曰：‘周家哥哥，斩！斩！’时以为戏也。其后退傅，三入中书为相，怀政竟处极刑。”（张其凡、张睿点校，中华书局，2017，第254页）

题就涉及周怀政当时的政治处境及其与寇准的关系。

从时间点来看，周怀政制造第一次乾祐天书在刘美升任龙、神卫四厢都指挥使之前不久，而刘美这次升职是周怀政长期阻拦刘美在禁军中扩张势力失败的标志。刘美（龚美）由刘皇后前夫转变为外戚，《宋史》记载刘美在大中祥符八年（1015）“预修大内，以劳改南作坊使、同勾当皇城司。天禧初，迁洛苑使，领勤州刺史，与周怀政联职”，[①] 又记载周怀政于“天禧大礼，又为修奉宝册都监，加领长州刺史，是冬迁洛苑使”。[②] 表面上看，所谓“与周怀政联职”是指两人同为洛苑使，但洛苑使是武臣阶官，而周怀政与刘美分别于大中祥符六年与八年出任“勾当皇城司”与“同勾当皇城司”，“联职”实指同在皇城司任职。皇城司是禁军官司，掌宫城管钥、木契，所隶禁兵有三千余人，[③] 对宫廷政治具有特殊意义。关于周怀政与刘美的冲突，《长编》引《国史·刘美传》称：

> 先是美与周怀政联事，怀政奸恣，人多畏惮，美未尝附怀政，左右有过，必痛绳之。亲从卒侦逻者，多不时更易，美按籍分番次均使焉。上屡欲授美兵柄，以皇后恳让故，中辍者数四。[④]

李焘指明这段记载出自“美本传”，又认为这是“当时修史官以媚太后”的饰词故而“不取”。[⑤]“上屡欲授美兵柄，以皇后恳让故，中辍者数四”一语接在周、刘冲突的叙述之后，“以皇后恳让故”显然是“媚太后”的饰词，而“上屡欲授美兵柄”“中辍者数四”正是周怀政与刘皇后冲突的焦点，即刘皇后试图通过刘美掌握禁军兵柄，但遭到周怀政的强烈阻挠。

周怀政制造第一次乾祐天书之后，天禧三年（1019）五月，刘美由同勾当皇城司改为龙、神卫四厢都指挥使，前者一般由正七品以上

① 《宋史》卷四六三《外戚上·刘美传》，第 13549 页。
② 《宋史》卷四六六《宦者一·周怀政传》，第 13615 页。
③ 龚延明编著《宋代官制辞典》，中华书局，1997，第 414 页。
④ 《长编》卷九三，天禧三年五月己未条，第 2145 页。此处标点为笔者所加。
⑤ 《长编》卷九三，天禧三年五月己未条，第 2145 页。

官员充任，后者是从五品之职。[①] 同年七、八月刘美又迁马军都虞候，权领马军司事。[②] 在刘美步步高升、进一步掌握禁军兵权的同时，周怀政却在遭受无妄之灾。天禧三年七月因“翰林司药童挟刃入本署，杀其同类”事件，一批官员受到处分，包括“勾当皇城司韩守恩、周怀政、蓝继宗并罚金，悉依前充职”。[③]

刘美深入禁军系统当然是刘皇后势力扩张的重要途径，周怀政阻挠刘美的本质是他与刘皇后之间激烈的政治冲突，而两者矛盾的焦点是争夺仁宗作为太子的政治资源。大中祥符三年（1010），真宗唯一存活的儿子仁宗出生，大中祥符五年（1012）刘氏被册立为皇后。仁宗虽是李宸妃所生，但刘皇后将其冒认为己子。无论是被册立为皇后还是日后以太后身份听政，仁宗都是刘氏通向权力巅峰必须依凭的对象。而周怀政凭借其在天书活动中的特殊身份成为仁宗的宗教保护人，他的存在反而成为刘皇后权势扩张的严重障碍。周怀政与刘皇后在刘美进入禁军系统的问题上长期较量，并在“上屡欲授美兵柄”的情况下制造第一次乾祐天书，因此周怀政制造第一次乾祐天书很可能是在无力抵制刘美掌控禁军情况下采取的防止刘皇后专权的冒险之举。

周怀政制造第一次乾祐天书的动机是抵制刘皇后也为他与寇准联手提供了合理的解释，因为寇准坚定地站在反刘皇后的一边，也有通过扶立太子重返权力中枢的强烈动机。寇准等臣僚反对刘皇后的历史可以追溯到刘氏被册立为皇后之时。司马光《涑水记闻》记述丁谓与寇准矛盾始末时就指出“真宗将立刘后，莱公（寇准）及王旦、向敏中皆谏，以为出于侧微，不可”，[④]《东都事略·寇准传》直接将此作为周怀政政变的远因，称“初，刘后之立也，准及王旦、向敏中皆谏，以为出于侧微，不可，后衔

---

① 龚延明编著《宋代官制辞典》，第 410、415 页。

② 《长编》卷九三，天禧三年五月己未条载：“龙、神卫四厢都指挥使夏守恩为捧日、天武四厢都指挥使，依前泰州防御使。洛苑使、勤州刺史、同勾当皇城司刘美为龙、神卫四厢都指挥使，领昭州防御使。上不豫，中宫预政，以守恩领亲兵倚用之，故与美并命。守恩寻前迁殿前都虞候，美迁马军都虞候。守恩仍权领殿前步军司，美权领马军司事。（守恩、美等迁在七月壬申，权领二司在八月丁酉，今并书之……）”（第 2145 页）

③ 《长编》卷九四，天禧三年七月壬戌条所载“翰林司药童挟刃入本署，杀其同类”事（第 2160 页），或许又与前述周怀政“日进药饵”有关。

④ 司马光：《涑水记闻》卷七，邓广铭、张希清点校，中华书局，1989，第 132 页。

之……逾月，杨崇勋等告内侍周怀政谋废皇后”。[①] 反刘皇后的寇准、王旦与向敏中三人，天禧三年（1019）第一次降天书时王旦已经去世，向敏中是当朝宰相，同时也是寇准的重要支持者。在第二次乾祐天书事件后不久，即天禧三年重阳，向敏中“宴苑中，暮归中风眩，郊祀不任陪从”，然后于周怀政政变前的天禧四年三月去世，[②] 不禁令人遐想其病卒是否与当时白热化的权力斗争有关。除了以上三人，反对立刘氏为皇后的还有赵安仁、李迪与杨亿。立刘皇后时赵安仁是参知政事，“上议立皇后，安仁谓刘德妃家世寒微，不如沈才人出于相门”。[③] 赵安仁已于天禧二年（1018）去世，仍在世的李迪与杨亿则深度参与到天禧三年至四年寇准与刘皇后、丁谓的斗争中。直言刘氏“不可母天下”的李迪是寇准被贬之后确保太子地位的中坚力量：

> 及上将立章献后，迪为翰林学士，屡上疏谏，以章献起于寒微，不可母天下，由是章献深衔之。周怀政之诛，上怒甚，欲责及太子，群臣莫敢言，迪为参知政事，俟上怒稍息，从容奏曰：“陛下有几子，乃欲为此计？”上大寤，由是独诛怀政等，而东宫不动摇，迪之力也。[④]

而直接参与周怀政政变的杨亿当年曾拒绝为刘氏立后草诏：

> 及议册皇后，上欲得亿草制，使丁谓谕旨，亿难之。因请三代，谓曰：“大年勉为此，不忧不富贵。”亿曰：“如此富贵，亦非所愿也。”乃命它学士草制。[⑤]

寇准在真宗朝的显赫地位首先源自其在真宗立储过程中的定策之功，[⑥] 在所有反刘皇后的在世臣僚中以寇准政治地位最为崇高，因此寇准无疑是

① 王称：《东都事略》卷四一《寇准传》，孙言诚、崔国光点校，齐鲁书社，2000，第 328 页。
② 《宋史》卷二八二《向敏中传》，第 9556 页。
③ 《长编》卷七八，大中祥符五年九月戊子条，第 1786 页。
④ 司马光：《涑水记闻》卷八，第 146 页。
⑤ 《长编》卷八〇，大中祥符六年六月己巳条，第 1828~1829 页。
⑥ 参见吴铮强《寇准谋废东宫考》，《隋唐辽宋金元史论丛》第 11 辑，上海古籍出版社，2021，第 129~137 页。

周怀政制造第一次乾祐天书抵制刘皇后的首选政治盟友。

二 天书的政治意义

乾祐天书与仁宗继统存在某种宗教关联，其具体的含义首先应该参照大中祥符天书。大中祥符天书为封禅而行，传统观点以为天书封禅运动为“夸示外国”而行，[①] 或称只是真宗个人信仰之举。[②] 但天书封禅若只为“夸示外国”，之后的降圣祖运动又得另寻解释。降圣祖固然有模仿唐朝的因素，但宋朝崇道始于太宗而非真宗，太宗崇道又直接源于道士张守真降黑煞将军对太宗继统的特殊贡献。[③] 黑煞将军与太宗继统的宗教关系是借张守真之口说出“天上宫阙已成，玉锁开。晋王有仁心”，[④] 无论当时是否实有此语，或者此语是否完全是张守真原话，既被载入《国史》就说明宋廷曾经确认黑煞将军的政治与宗教意义。“天上宫阙已成，玉锁开。晋王有仁心”是以道教尊神的名义说出宋太祖的死亡预言并确认宋太宗君权神授。参照该先例，真宗朝空前规模的崇道运动与君权神授存在关系理应成为一种假设。佐证这个假设的记述相当丰富，只是当时崇道运动本身多有混乱，加之后世刻意掩饰，相关史料支离破碎，其含义也日益模糊莫辨。

首先，对真宗继统立有定策之功的人物除了寇准，还有一个神秘的王得一。王得一虽非道士，却“以方技进”，其身份与张守真相去不远。史载王得一比寇准更早提出以宋真宗为皇储：

> 乙丑，崇仪副使王得一求解官，优诏许之。得一，河南人，以方技进，起布衣，授使职，数召见，锡赉甚厚。未半载，上表自陈，不愿久当荣遇，并请舍所居宅为观，上悉嘉纳，赐观名曰寿宁。得一尝入对禁中，或至夜分，颇敢言外事，又潜述人望，请立襄王为皇太子焉。[⑤]

---

① 《宋史》卷二八二《王旦传》，第 9544 页。

② 如杜乐《宋真宗朝中后期“神圣运动”研究——以“天书”和玉皇、圣祖崇拜为切入点》等。

③ 参见韦兵《“张守真神降”考疑：术士与宋太祖太宗皇权更替》，《华东师范大学学报》（哲学社会科学版）2017 年第 3 期，第 161~171 页。

④ 《长编》卷一七，开宝九年十月壬子条，第 378 页。

⑤ 《长编》卷三六，淳化五年九月乙丑条，第 797 页。此事记在“以襄王元侃为开封尹，改封寿王，用寇准之言也”（《长编》卷三六，淳化五年九月壬申条，第 797 页）之前。

王得一的理由虽然是襄王（真宗）有“人望”，但方技之士会如何“潜述人望”，又为何立即“求解官”呢？有关王得一的记载甚少，但有一条笔记中的材料看似荒唐，却生动反映出王得一言论的模式：

> 晋公言：真宗即位，有彗星见于东方。真宗恐惧内愧：“凉德何以绍太祖、太宗之德业？是天祸也。”不敢询于掌天文者，唯俟命而已。忽有先生王得一入见，见圣容似有忧色，密诘于中贵。中贵述以圣上忧惧彗星之事，得一遂奏云：“此星主契丹兵动，十年方应。”至十年，果契丹兵寇澶渊，圣驾亲征。[①]

事实上澶渊之盟在真宗即位后七年，并无“十年方应”之理，但这条记载显示王得一所谓“方技”即是星占之术，而其“潜述人望，请立襄王为皇太子焉”的依据亦当是星占天命之言。

王得一“潜述人望”应该是依靠星占之术，但他随即“求解官”，星占之语亦无明载，这就导致真宗的君权神授有预兆而无占辞。那么真宗朝先后出现的天书封禅与降圣祖活动是否有内在联系？它们又是如何与君权神授关联起来的呢？其实天书封禅与降圣祖存在神秘的宗教联系，即两种崇道运动都与尊神“九天司命真君”相关。封禅之时“上出《登泰山谢天书述二圣功德铭》及九天司命保生天尊、周文宪王等赞、《玉女象记》示辅臣”，[②] 封禅之后真宗修葺会真宫而加封神灵，“九天司命上卿加号保生天尊，青帝加号广生帝君，天齐王加号仁圣”。[③] 这里的天齐王是东岳泰山，青帝当作为方位神出现，而在青帝、天齐王之前的“九天司命”似乎地位更加尊贵，应该就是会真宫奉祀的主神。那么从何种角度可以将天书封禅运动的目的理解为奉祀九天司命呢？线索在于《长编》注文“司命加号，以王中正之言故也”。[④] 王中正就是为宦官刘承珪相中而降圣祖的道

① 潘汝士：《丁晋公谈录》“真宗符命四事”条，杨倩描、徐立群点校，中华书局，2012，第9页。

② 《长编》卷七一，大中祥符二年五月戊午条，第1606页。

③ 《长编》卷七〇，大中祥符元年十月壬子条，第1572页。

④ 《长编》卷七〇，大中祥符元年十月壬子条，第1572页。

人，而圣祖就是“九天司命真君”：

> 先是，有汀州人王捷者，咸平初贾贩至南康军，于逆旅遇道人，自言姓赵氏。是冬再见于茅山，命捷市铅汞炼之，少顷成金。捷即随至和州诸山，得其术，又授以小镮神剑，密缄之，戒曰：“非遇人主，切勿轻言。”捷诣阙求见不得，乃谋以罪名自达。至信州，佯狂大呼，遂坐配隶岭南。未几，逃至京师，官司捕系，阁门祇候谢德权尝为岭南巡检，知捷有异术，为奏请得释，乃解军籍。刘承珪闻其事，为改名中正，得对龙图阁，且陈灵应，特授许州参军，留止皇城廨舍，时出游鄽市。常有道人偶语云：“即授中正法者，司命真君也。”承珪遂筑新堂，乃以景德四年五月十三日降堂之纱帱中，戴冠佩剑，服皆青色，自是屡降。中正常达其言，既得天书，遂东封，加号司命天尊，是为圣祖。凡瑞异，中正必先以告。辛卯，授中正左武卫将军致仕，给全俸，赐第通济坊，恩遇甚厚。①

真宗朝的天书封禅与降圣祖运动的宗教实质都是尊奉“九天司命真君”。②

① 《长编》卷七一，大中祥符二年二月辛卯条，第1593~1594页。

② 《长编》卷七九载：“（大中祥符五年十月）戊午，九天司命上卿保生天尊降于延恩殿。（按本志，九天司命上卿保生天尊，即圣祖也。《实录》于六年七月又书加上九天司命上卿保生天尊曰东岳司命上卿佑圣真君。初，封禅礼毕，诏上司命天尊之号。至是，以圣祖临降，名称相类，故改上焉。如此，则当别一司命矣。又据《降圣记》加上东岳司命上卿真君圣号敕但云东岳司命上卿真君，可加上东岳司命上卿佑圣真君，无‘九天’及‘保生天尊’字。然《封禅记》书元年十月壬子诏上卿九天司命真君增号九天司命保生天尊，实有此六字。二书皆丁谓所编，乃如此不同，当考。）先是八日，上梦景德中所睹神人传玉皇之命云：‘先令汝祖赵某授汝天书，将见汝，如唐朝恭奉玄元皇帝。’翌日夜，复梦神人传天尊言：‘吾坐西，当斜设六位。’即于延恩殿设道场。是日，五鼓一筹，先闻异香，少顷，黄光自东南至，掩蔽灯烛。俄见灵仙仪卫，所执器物皆有光明，天尊至，冠服如元始天尊。又六人皆秉圭四人仙衣，二人通天冠、绛纱袍。上再拜于阶下。俄有黄雾起，须臾雾散，天尊与六人皆就坐，侍从在东阶。上升西阶，再拜。又欲拜六人，天尊令揖不拜。命设榻，召上坐，饮碧玉汤，甘白如乳。天尊曰：‘吾人皇九人中一人也，是赵之始祖，再降，乃轩辕皇帝，凡世所知少典之子，非也。母感电梦天人，生于寿丘。后唐时，七月一日下降，总治下方，主赵氏之族，今已百年。皇帝善为抚育苍生，无怠前志。’即离坐，乘云而去。及曙，以语辅臣，即召至殿，历观临降之所，又召修玉清昭应宫副使李宗谔、刘承珪，都监蓝继宗同观。”（第1797~1798页）《长编》卷八一，大中祥符六年七月甲午条载：“改上九天司命上卿保生天尊曰东岳司命上卿佑圣真君。初，封禅毕，诏上保生天尊之号。至是，以圣祖肇临，名称相类，故改上焉。（据此，则保生天尊乃圣祖也，佑圣真君乃东岳也。祥符初，误以圣祖为东岳，及今方知其别，故改命。要是圣祖及东岳，皆有司命之号云。王中正事更详之。）”（第1837页）相关研究参见杜乐《宋真宗朝中后期“神圣运动”研究——以“天书”和玉皇、圣祖崇拜为切入点》，第67~71页。

问题是九天司命真君为何如此重要，以致真宗痴狂崇道呢？这就要联系到《长编》卷二三记载的首次出现“九天司命真君”的志公石事件：

> 先是，舒州怀宁县有老僧过民柯萼家，率萼诣万岁山取宝僧以杖于古松下掘得黝石，上刻志公记云：“吾观四五朝后，次丙子年，赵号二十一帝，敬醮潜山九天司命真君，社稷永安。”僧忽不见，萼以石刻来献。于是诏舒州修司命真君祠，黄门綦政敏往督其役，总成六百三十区，号曰“灵仙观”。①

“吾观四五朝后，次丙子年，赵号二十一帝，敬醮潜山九天司命真君，社稷永安”就是占辞，其中“赵号二十一帝”是政治预言，无非是说宋室的统治将延续二十一代——这其实是超越五代式短命王朝的朴素愿望而非秦始皇传之万世式的幻想。而宋太宗为此“诏舒州修司命真君祠”的时间点特别值得注意，这是赵廷美由秦王降为涪陵县公、房州安置的次月。赵廷美的准皇储身份被废，宋太宗之子才有继统机会，这时出现“赵号二十一帝”预言的现实意义首先体现在真正的皇位继承人身上。随着宋太宗长子赵元佐被废、次子赵元僖猝亡，宋真宗终得入继大统，由九天司命真君保佑的“赵号二十一帝”“社稷永安”也就应验在宋真宗身上。因此，九天司命真君就是宋真宗君权神授的证明。九天司命真君并非偶然出现在宋真宗的天书封禅及降圣祖运动中，相反，天书封禅与降圣祖运动是崇奉九天司命真君运动的不断升级。

既然大中祥符年间的降天书运动其实与真宗继统的合法性密切相关，天禧三年（1019）的乾祐天书涉及仁宗继统问题就变得顺理成章。周怀政制造、寇准奏报第一次乾祐天书理应理解为两人卷入仁宗继统相关政治斗争的一次重大行动。

三　两次乾祐天书内容考辨

由于政治局势的不断反复，宋代史籍对真宗晚年权力斗争的叙述有多重掩饰，对乾祐天书的本来面目更是讳莫如深。如果不查询原始史料，很难发

① 《长编》卷二三，太平兴国七年六月甲戌条，第522页。

现一般历史叙述中的乾祐天书其实有先后两次。刘攽《寇准传》记述此事时窜入王旦且不标明时间，[①] 存在将天禧三年（1019）的乾祐天书事件故意误导为大中祥符年间真宗降天书活动的后续从而将其与真宗晚年权力斗争切割的嫌疑。当代学者已经确认乾祐天书实有两次，但在讨论其性质及来龙去脉时未对两次天书做出区分。[②] 其实《长编》对两次乾祐天书的记述十分明确，第一次在天禧三年（1019）三月，“是月，准奏天书降乾祐山中，盖（朱）能所为也”，[③] 五月寇准已“自永兴来朝”，[④] 而第二次在同年秋，“（八月）丁亥，以天书再降于乾祐县，大赦天下”。[⑤] 传统的叙述对乾祐天书与真宗、寇准两人的关系争执不清，其实寇准五月已经入朝拜相，不可能再上奏第二次乾祐天书。而第一次乾祐天书在上奏之后就遭到臣僚的攻击，周怀政这时也在与刘美的斗争中落败，似无可能也无必要再制造第二次乾祐天书。真宗则更有可能是对第一次乾祐天书毫不知情却一手制造了第二次乾祐天书，而两次天书的不同政治意义就是揭开乾祐天书之谜的关键。

宋朝官修史书显然曾系统地掩饰乾祐天书的真相，所幸李焘曾经系统发掘南宋时尚存的相关史料。据《长编》，宋廷对两次乾祐天书态度迥异。《长编》对第一次乾祐天书的否定性叙述明显是事后倒叙，称周怀政“权任尤盛”“性识凡近，酷信妖妄”，朱能“性凶狡”，而寇准“中外咸识其诈，上独不疑”，[⑥] 但“上独不疑”的说法其实大可怀疑。虽然真宗恭敬地迎奉第一次乾祐天书，“备仪仗至琼林苑迎导天书入内”，但朝中对此次天

---

① 朱熹：《五朝名臣言行录》卷四《丞相莱公寇忠愍公》引刘攽《莱公传》，朱人杰、严佐之、刘永翔主编《朱子全书》，第12册，第120~121页。

② 汪圣铎认为两次乾祐天书均是“骗局”，“宋真宗为什么要已经有三次天书降后，又要搞第四、第五次，确是令人费解的”（汪圣铎：《宋代政教关系研究》，第63~64页）。杜乐虽明确乾祐天书有两次，但笼统地认为乾祐天书是“大顾皇储”“庆及元嗣”的新符命（杜乐：《宋真宗朝中后期“神圣运动”研究——以“天书”和玉皇、圣祖崇拜为切入点》，第16、74~78页）。赵冬梅认为两次乾祐天书均由真宗授意周怀政制作，是大中祥符天书的延续（赵冬梅：《千秋是非话寇准》，第206~218、242页）。

③ 《长编》卷九三，天禧三年三月乙酉条，第2142页。

④ 《长编》卷九三，天禧三年五月甲申条，第2148页。

⑤ 《长编》卷九四，天禧三年八月丁亥条，第2163页。《长编》卷九三明确指出天禧三年曾降天书两次：“按《李维集》有贺天书降两表，其一云四月四日迎奉入内，其二云八月二十四日迎奉入内，今并用此月日，载之长编。”（天禧三年四月辛卯条小注，第2143页）

⑥ 《长编》卷九三，天禧三年三月乙酉条，第2141~2142页。

书的质疑声非常大。太子右谕德鲁宗道直言“奸臣肆其诞妄，以惑圣听也”，知河阳孙奭更指“陛下崇信之，屈至尊以迎拜，归秘殿以奉安，上自朝廷，下及闾巷，靡不痛心疾首，反唇腹诽，无敢言者”，“天且无言，安得有书？天下皆知朱能所为，独陛下一人不知尔！乞斩朱能以谢天下”。对此真宗的态度十分暧昧，“上虽不听，然亦不罪奭也”。[①] 但类似鲁宗道与孙奭的质疑声在第二次乾祐天书中并未出现，放任这些质疑声的出现本身说明真宗对第一次乾祐天书的质疑，只是天书行之已久、周怀政“权任尤盛”故而不可遽然否定。在不能否定天书的形式但要否定第一次乾祐天书内容的情况下，真宗才有必要亲自制造第二次乾祐天书。

至于乾祐天书的内容，南宋李焘编撰《长编》时遍检《实录》《国史》而无所得：

> 且朱能等伪造天书，《实录》《正史》皆略之，惟此制辞差详，恐其亡逸，今特著于此……若乃未发其事，窜改其辞，使后人漫不可晓，既失史官之职，又没帝王改过之善，臣焘所不敢从也。[②]

不过《长编》记载真宗曾为第二次乾祐天书大赦天下，“寇准奏天书降乾祐山中，实三年三月，其年四月乃迎天书入内……又其年八月以天书再降，大赦”，[③] 则第一次乾祐天书并无“大赦”之礼。《宋会要辑稿》记宋廷天禧三年（1019）因天书降赦书也仅此一次。[④] 真宗为第二次乾祐天书而大赦天下，说明真宗对第二次乾祐天书的态度是信任与负责，相形之下对第一次乾祐天书则颇有困惑、质疑，而通过第二次乾祐天书的赦文或许也能推论第一次乾祐天书的取向与立场。李焘撰写《长编》时发现宋廷为第二次乾祐天书所下的赦文在《实录》《国史》《会要》中也“殊不及之”，但李焘还是“令于诸州所编录建隆以来赦文内寻出全本”，[⑤] 为今天

① 《长编》卷九三，天禧三年四月辛卯条，第 2142~2143 页。
② 《长编》卷九四，天禧三年八月丁亥条，第 2163~2164 页。
③ 《长编》卷一〇二，天圣二年六月壬申条，第 2359 页。
④ 徐松辑《宋会要辑稿》职官七六之六，刘琳、刁忠民、舒大刚、尹波等校点，上海古籍出版社，2014，第 5099 页。
⑤ 《长编》卷九四，天禧三年八月丁亥条，第 2163 页。

重新讨论乾祐天书留下了珍贵的史料：

> 制曰："朕寅奉丕基，抚宁中宇，庆灵积厚，高明博临。受河、洛之秘书，开圣真之鸿绪，陈嘉牲于崇巘，沈瑄玉于隆脽。顺拜文蜀之坛，恭荐镂琼之版。储精渊妙，敷化醇醲。矧惟咸、镐之区，是为神明之奥，名山之内，福地在焉。载严曲密之都，式伫鸿蒙之驾，清心昭格，璿极鉴观。由兹鹑首之封，荐锡龙绨之检。谕朕以辅德，勖朕以爱民。告临降之先期，述延洪之景祐；介子孙于千亿，保宗稷于大宁。而又乃顾皇储，继颁宝命，昭其仁孝之志，示以报应之祥。斋庄载披，惕厉弥至。考诸册牒，允谓殊尤。昔燧皇握机，但有苍渠之刻；虞舜负扆，止观河渚之文。岂若祚乃菲躬，庆及元嗣，膺兹繁祉，实冠皇图；思与万邦，共均纯嘏。仰答高旻之贶，用推肆眚之恩。"①

这些内容涉及对天书内容的描述，但不是天书的原文，其中关键之语是"又乃顾皇储，继颁宝命，昭其仁孝之志，示以报应之祥"以及"岂若祚乃菲躬，庆及元嗣"，都是护佑仁宗继统之语。

李焘同时发现，《实录》《国史》也有该赦书的记载，但内容与"诸州所编录建隆以来赦文"不同，"恭荐镂琼之版"以下是：

> 迨兹二纪，驯致小康，邦本既宁，天休允集。顾惟阴骘，奚独在予！思与万邦，共膺纯嘏。②

① 《长编》卷九四，天禧三年八月丁亥条，第 2163 页。

② 《长编》卷九四，天禧三年八月丁亥条称"及周怀政、朱能等败，史官讳之，遂改易制辞，自'恭荐镂琼之版'以下，但云'迨兹二纪，驯致小康，邦本既宁，天休允集。顾惟阴骘，奚独在予！思与万邦，共膺纯嘏'。遂大赦天下。臣焘初读《实录》《国史》，固疑此赦之必有所为也"（第 2163 页），言下之意，似乎"诸州所编录建隆以来赦文"是原本而《实录》《国史》"改易制辞"。然而这只是李焘的推测，事实上《实录》《国史》极少流传而建隆以后赦文为"诸州所编录"而遍及天下，就传播范围而言不能排除前者为原本而后者"改易制辞"。当然这只是另一种推测。无论如何，李焘记录了第二次乾祐天书两个版本的赦文，其中《实录》《国史》版为节本，而"诸州所编录建隆以来赦文"是全本，实有保存史料之无量功德。

《长编》中华书局点校本“奚独在子”一语，据《中华再造善本》影印辽宁省图书馆藏宋刻本、清光绪七年浙江书局刻本（中华书局点校本之底本）应该是“奚独在予”。[①]“顾惟阴骘，奚独在予”似乎对应“诸州所编录建隆以来赦文”版本中“岂若祚乃菲躬，庆及元嗣”之语，字面意思都是天之所佑由真宗本人延及仁宗，但是其具体的政治含义，又需要通过第一次乾祐天书的内容予以判断。

关于第一次乾祐天书的内容，《长编》提供了两处重要信息，一是孙奭攻击之辞中的描述：

> 唐明皇得《灵宝符》《上清护国经》《宝券》，皆王鉷、田同秀等所为，明皇不能显戮，怵于邪说，自谓德实动天，神必福我。夫老君，圣人也，傥实降语，固宜不妄。而唐自安、史乱离，乘舆播越，两都荡覆，四海沸腾，岂天下太平乎？明皇虽仅得归阙，复为李辅国劫迁，卒以馁终，岂圣寿无疆、长生久视乎……今朱能所为，或类于此。[②]

孙奭称“朱能所为”类似唐朝的王鉷、田同秀，又反问“岂圣寿无疆、长生久视乎”。“长生久视”一语出自《旧唐书·王鉷传》：

> 太白山人李浑言于金星洞见老人，云有玉版石记符，圣上长生久视。玄宗令鉷入山洞求而得之。[③]

据此推测，第一次乾祐天书中出现了类似“长生久视”之语。

《长编》天圣二年（1024）的记事中李焘引王皞《文正公言行录》对第一次乾祐天书的描述更透露出“长生久视”的具体内容：

---

① 《长编》卷六〇，天禧三年八月丁亥条，《中华再造善本》影印辽宁省图书馆藏宋刻本，北京图书馆出版社，2006，叶9b；《长编》卷九四，天禧三年八月丁亥条，清光绪七年浙江书局刻本，叶4b。

② 《长编》卷九三，天禧三年四月辛卯条，第2142~2143页。

③ 《旧唐书》卷一〇五《王鉷传》，中华书局，1975，第3230页。

> 司空王公（曾）召自江宁，再秉政，尝为宫观钦奉之礼，疏怠不若昔时，屡以为言，明肃依违未能决。一日，公于帘前奏曰："天道远，人道迩。且天禧中灵文降，言先帝圣寿三万日，时钦若率先庆忭曰：三万日八十三岁。臣时忝预国政，太后必亦记之，后仍无验。则今但遵典礼，不须过当。"冀公（王钦若）赧然而退，自是不言。①

这个记载因与王曾履历不符而被李焘判为"此必误，今不取"，② 但并不影响"钦若率先庆忭"之事的史料价值。王钦若于天禧三年（1019）六月出知杭州，他"率先庆忭"的"天禧中灵文"必是第一次乾祐天书。天书中出现的"先帝圣寿三万日"之语是对真宗阳寿的预言，王钦若还特意解释"三万日"相当于"八十三岁"。所以第一次乾祐天书的一个重要内容是预言真宗将"长生久视"并且可以一直活到八十三岁，这也为理解宋廷为第二次乾祐天书所下赦书中"顾惟阴骘，奚独在予"一语提供了线索。

另一条佐证材料是太子（仁宗）请于玉清昭应宫建长生崇寿殿：

> （十一月）甲戌，皇太子言，于玉清昭应宫建殿置经藏，以资圣算。功毕，有诏褒答，赐殿名曰"长生崇寿"。③

这里的殿名"长生崇寿"可能直接出自第一次乾祐天书。由此可以确认，第一次乾祐天书不但出现了真宗"圣寿三万日"的寿命预言，而且此语深藏政治意涵并引起各派政治势力的深切关注。

刘皇后临朝称制的前提是皇帝年幼不能亲政，如果真宗真的"圣寿三万日"，一直活到八十三岁，那么宋仁宗继位时已四十有余。即使真宗活到太子成年就去世，刘皇后也只有成为第二个武则天才能掌握政权。因

① 《长编》卷一〇二，天圣二年六月壬申条，第2358页。

② 李焘认为："按王曾天禧元年八月罢政，以礼部侍郎归班，二年正月判都省，三月出知应天，九月徙天雄，四年八月复参政。而寇准奏天书降乾祐山中，实三年三月，其年四月乃迎天书入内，此时曾罢政久矣。又其年八月以天书再降，大赦，时钦若亦先罢相矣。《言行录》所云'臣时忝预国政'，此必误，今不取。"（《长编》卷一〇二，天圣二年六月壬申条小注，第2358~2359页）

③ 《长编》卷九四，天禧三年十一月甲戌条，第2172页。

此，只要真宗相信第一次乾祐天书“圣寿三万日”的预言，他就没有理由为刘皇后未来的垂帘听政做出相应安排，这就为周怀政与寇准清除刘皇后势力提供了可能。由真宗主导的第二次乾祐天书宣称“顾惟阴骘，奚独在予”的重点在于消除了朝野上下对于刘皇后加害仁宗之忧虑，为刘皇后掌权提供了宗教与政治的保障。

四　周怀政天书案的查处

虽然第一次乾祐天书遭到臣僚的攻击，但真宗还是以礼迎奉，寇准也因此返朝拜相。真宗最初并未直接否定第一次乾祐天书，更没有宣告其是由周怀政指使朱能等人伪造。宋廷追究伪造天书案是在天禧四年（1020）七月二十五日，距第一次乾祐天书下降已一年有余，当时寇准已经罢相，周怀政因发动政变未遂而伏诛，稍早之前已拜相的丁谓正准备远贬寇准：

> 甲戌，昭宣使、英州团练使、入内副都知周怀政伏诛……怀政忧惧不自安，阴谋杀谓等，复相准，奉帝为太上皇，传位太子，而废皇后。与其弟礼宾副使怀信潜召客省使杨崇勋、内殿承制杨怀吉、阁门祇候杨怀玉议其事，期以二十五日窃发。[①]

周怀政伏诛的具体情形如下：

> 怀政时在殿东庑，即令卫士执之。诏宣徽北院使曹玮与崇勋就御药院鞫讯，不数刻，具引伏。上坐承明殿临问，怀政但祈哀而已。命载以车，赴城西普安佛寺斩之。[②]

周怀政事败是因为“与其弟礼宾副使怀信潜召客省使杨崇勋、内殿承制杨怀吉、阁门祇候杨怀玉议其事，期以二十五日窃发”，但“前是一夕，崇勋、怀吉夕诣谓第告变”，丁谓又以此“并发朱能所献天书妖妄事”，[③] 即

---

① 《长编》卷九六，天禧四年七月甲戌条，第 2208 页。

② 《长编》卷九六，天禧四年七月甲戌条，第 2209 页。

③ 《长编》卷九六，天禧四年七月甲戌条，第 2208~2209 页。

政变失败后，第一次乾祐天书作为妖妄案与政变并案处理。天书妖妄案牵连的人员包括永兴军朱能集团、宫内周怀政集团与前朝寇准集团三部分。

对于永兴军朱能集团，宋廷先是抓捕参与伪造天书的人员：

> 亟遣入内供奉官卢守明、邓文庆驰驿诣永兴军，捕能及其党乾祐观主王先、道士张用和，殿直刘益，借职李贵、康玉，殿侍唐信、徐原，并免死，黥面，配儋、梅、高、崖、雷、琼、万安、循州。①

结果朱能拒捕叛逸自缢而死：

> 朱能闻使者至，自度不免，衷甲以出，杀卢守明，帅所部兵，挈家属叛逸。永兴军奏其事，诏遣内殿承制江德明、入内供奉官于德润乘驿发兵捕之。应能党与分配岭表者，所至禁系，别俟朝旨。既而能众溃，势穷蹙，入桑林自缢死。永兴乾耀都巡检、供奉官李兴，牢城十将张顺断能及其子首以献，补兴閤门祗候，顺本城都头。②

朱能集团其他人员所受处罚包括：刘益（殿直）、康玉（借职）、徐原（殿侍）等十一人“并活钉令众三日讫，断手足，具五刑处死”；王光（或即乾祐观主王先）、李贵（借职）“并断手足处斩”；唐信（殿侍）“并处斩”；文思院画匠、军士、百姓十五人“杖脊、黥面，配沙门岛及广南牢城”；朱能仆使及道士、军士十二人“并杖脊，配江湖福建牢城”；朱文显（朱能弟）“黥面，配邓州本城”，高氏（朱能妻）、李氏（朱能母）、陈氏（朱能弟妇），女仆、家僮十二人“并决杖，分配湖南、京东西州军”，伴哥（朱能子）“黥面，配澧州牢城，听随母之配所”。③ 受朱能牵连者还有朱谔（朱能父，左武卫将军致仕）以及“与谔往来结社人”，他们受到赎铜、资产没官、决杖配诸州等不同的惩罚。④ 并不属于朱能集团

① 《长编》卷九六，天禧四年七月甲戌条，第 2209 页。
② 《长编》卷九六，天禧四年八月甲申条，第 2211 页。
③ 《长编》卷九六，天禧四年九月丙辰条，第 2216 页。
④ 《长编》卷九六，天禧四年七月甲戌条，第 2209 页。

但在伪造天书过程中失察、失职的永兴军各级臣僚以及与朱能结交的官员均受牵连，包括知永兴军府朱巽、陕西转运使梅询、陕西转运使刘楚、劝农使皇甫载、通判程绍忠、知凤翔府臧奎、永兴军都署李福、都监康文德、殿直穆介、军士封进、凤翔府孔目官朱日昌以及乾祐知县与蒲城、长安、万年、乾祐等县簿尉。①

受周怀政政变牵连的宫内人员周绍忠（周怀政养父，内殿承制）、周怀信（周怀政弟，礼宾副使）及其他周氏子侄，受决杖、发配、勒停、资产没官等不同惩罚。② 周怀政试图拉拢参与政变的供奉官杨怀玉没有及时告发，受降职处分。③ 周怀政曾召入内供奉官石承庆"欲有所议"，石承庆也被削职发配。④ 参与制造第一次乾祐天书的周怀政集团人员包括入内供奉官谭元吉、高品王德信、高班胡允则、黄门杨允文、右街僧录澄远以及周怀政的亲卒、仆使等，均被决杖、黥面及发配。⑤ 此外，受牵连者还有入内押班郑志诚，他因曾"纳朱能音问，及搜获表章，有请太子亲政之辞"而被"削两任，配隶房州"，⑥ 三班奉职王贵也因"尝赍朱能、周怀政音问往复"而"配隶汀州"。⑦

寇准集团除远贬的寇准之外，又有枢密直学士王曙（寇准婿）、翰林学士盛度、枢密副使周起、签署枢密院事曹玮、卫尉卿慎从吉、司封郎中杜尧臣以及寇准的亲吏张文质、贾德润等，他们都被贬谪或降职。⑧

就牵涉的人员来看，第一次乾祐天书至少在当时是被定性为由周怀政、寇准、朱能等集团共同参与的、与周怀政未遂政变关联的政治案件。周怀政未遂政变的计划是"阴谋杀谓等，复相准，奉帝为太上皇，传位太

① 《长编》卷九六，天禧四年九月壬戌条，第 2217 页。

② 《长编》卷九六，天禧四年七月甲戌条，第 2209 页。

③ 《长编》卷九六，天禧四年七月"是月"条，第 2210 页。

④ 《长编》卷九六，天禧四年八月丙午条，第 2214 页。

⑤ 《长编》卷九六，天禧四年七月甲戌、八月辛巳条，第 2209、2211 页。"右街僧录澄远"，《长编》误作"右街僧禄澄"，此据《宋史》卷四六六《宦者一·周怀政传》（第 13616 页）改。

⑥ 《长编》卷九六，天禧四年八月甲辰条，第 2213~2214 页。

⑦ 《长编》卷九六，天禧四年十月己丑条，第 2219 页。

⑧ 《长编》卷九六，天禧四年七月丁丑、八月癸未、九月己未条，第 2210、2213、2216 页。

子，而废皇后”，[①] 其核心目标是“废皇后”。第一次乾祐天书与周怀政未遂政变的政治目标有相似之处，尽管两者对真宗、太子（仁宗）的安排有所不同，但是“相准”并阻止刘皇后掌权是两者共同的目标。第二次乾祐天书应该是真宗（或许也有刘皇后）亲自策划，目的是在维护天书权威的同时，否定第一次乾祐天书的政治意涵，支持刘皇后掌权这一政治安排。

结　语

李焘的《长编》一方面保存、发掘了可以还原乾祐天书本来面目的稀见史料，另一方面也构建了具有误导性的乾祐天书历史叙事。在李焘的叙事中，究竟是寇准的贪权献媚还是真宗的专制迷信导致乾祐天书的降临成了这段历史的核心问题。在明代更为流行的《宋史纪事本末》中，乾祐天书已经成为大中祥符天书的一个尾声，而与记述天禧年间权力斗争的《丁谓之奸》一篇彻底分割。[②]《长编》在构建误导性历史叙述的同时，通过本事及其他相关事件的注释文本，既保存了大量可能触犯禁忌的原始史料，又驳斥了某些十分流行却难以成立的“传说”。就此而言，《长编》可以理解为史料、叙述与文学并行的超级历史文本，或者说开创了一种历史还原、历史构建与历史分析三个层次齐头并进的特殊历史叙事模式。就乾祐天书的考辨而言，关键当然在于发掘那些独具历史还原价值的原始史料，但区分《长编》特殊历史叙事模式的三个层次显然有利于把握对不同层次史料的辨析方法。

第一次乾祐天书的主谋周怀政，两次乾祐天书的具体内容及其与真宗、寇准的不同关系，第一次乾祐天书作为妖妄案的查处及其与周怀政政变的关系，这三方面构成破解乾祐天书之谜团的关键。通过考辨可以确认，第一次乾祐天书是周怀政与寇准试图联手阻止刘皇后掌权的重大举措，真宗通过第二次乾祐天书化解了第一次乾祐天书制造的政治困局，并在寇准短暂拜相后再次将其罢相。作为夺权行动的第一次乾祐天书行动的

---

① 《长编》卷九六，天禧四年七月甲戌条，第 2208 页。

② 陈邦瞻：《宋史纪事本末》卷二二《天书封祀》，河北师范学院历史系中国古代史组点校，中华书局，2015，第 175~176 页。

失败迫使周怀政铤而走险发动政变，政变的失败又导致第一次乾祐天书作为妖妄案被查处。周怀政、寇准第一次乾祐天书的核心内容“圣寿三万日”意味着宋朝不会出现幼主从而排除了刘皇后掌权的可能，真宗第二次乾祐天书称“顾惟阴骘，奚独在予”的重点在于消除大臣对于刘皇后加害仁宗之忧虑，为刘皇后掌权提供宗教与政治的保障。

乾祐天书历史书写的反复遮蔽又经历了不同的阶段。首先是事涉宫闱故而原始记录多有避讳，但周怀政、寇准最初均作为罪恶之人被写入历史。[①] 其次是仁宗亲政后出于对周怀政、寇准的感恩而为其赠官，[②] 寇准更被树立为忠臣楷模，[③] 两人制造第一次乾祐天书的过程在历史叙述中变得含糊不清。[④] 第三阶段是从熙丰变法至元祐更化时期，变法派与反变法派对寇准及真宗朝的历史书写展开竞争，结果形成了暴露与进一步遮掩、曲解寇准在乾祐天书中作为的冲突。[⑤] 第四阶段是李焘主要依据第三阶段的相关历史叙述书写乾祐天书的历史，寇准是否献媚恋阙取代其与刘皇后的权力斗争成为乾祐天书历史叙述的基本模式，与此同时，《长编》保存了丰富的、与正文叙述并不一致的乾祐天书的原始史料。

① 《宋史》卷四六六《宦者一·周怀政传》，第13615~13617页。《宋史·周怀政传》相关记载当袭自《三朝国史·周怀政传》。

② 《长编》卷一一三，明道二年十一月甲戌条，第2643~2644页。

③ 皇祐四年（1052），仁宗命翰林学士孙抃为寇准撰写神道碑，并“篆其首曰‘旌忠’”（《宋史》卷二八一《寇准传》，第9534页）。

④ 例如孙抃所撰寇准神道碑即未提到乾祐天书事件，见杜大珪编《新刊名臣碑传琬琰之集》上集卷二《寇忠愍公准旌忠之碑》，《中华再造善本》影印中国国家图书馆藏宋刻元明递修本，北京图书馆出版社，2003，叶1a~5b。

⑤ 《两朝国史》由变法派主导，“非寇准而是丁谓”（晁公武撰，孙猛校证《郡斋读书志校证》卷五《正史类》，上海古籍出版社，1990，第197页）。《宋史》卷二八一《寇准传》载：“天禧元年，改山南东道节度使，时巡检朱能挟内侍都知周怀政诈为天书，上以问王旦。旦曰：‘始不信天书者准也。今天书降，须令准上之。’准从上其书，中外皆以为非。”（第9532页）其中“天禧元年，改山南东道节度使，时巡检朱能挟内侍都知周怀政诈为天书……准从上其书，中外皆以为非”当袭自《两朝国史》。“上以问王旦。旦曰：‘始不信天书者准也。今天书降，须令准上之。’”一句则出自刘攽《寇准传》，当非《两朝国史》原文。反变法派的著作如《涑水记闻》等则将寇准与第一次乾祐天书切割开来，见司马光《涑水记闻》卷六，第113页。

A Study on the Heavenly Texts in Mountain Qianyou in the Northern Song Dynasty

Wu Zhengqiang, Hu Chaohui

Abstract: In 1019, the Heavenly Texts landed twice on Qianyou Mountain in Yongxing Military Prefecture. The political meanings of these two Heavenly Texts were very different, which could not be regarded as the simple continuation of the Heavenly Texts during the Dazhong Xiangfu period. The first Heavenly Texts claimed that only Kou Zhun ragained the power then the Song state would be stabilized and it also predicted Song Emperor Zhenzong would live a lifespan of 30000 days. This incident was actually manipulated by Zhou Huaizheng. Emperor Zhenzong might not know about it at all. If Zhenzong could really live up to 83 years old, by that time Emperor Renzong would have succeeded the throne at his 40s. Zhenzong would have no reason to make arrangements accordingly for the reign behind the curtain by Empress Liu, which provided the possibility for Zhou Huaizheng and Kou Zhun to clean up Liu's associates. The second Heavenly Texts claimed that the celestial blessings would extend from Zhenzong to Renzong, which might be manipulated by Zhenzong himself and the purpose was to preserve the authority of the Heavenly Texts but in the meantime it served to undermine the political implications of the first Heavenly Texts. So it would remove the anxiety of court officials for the possible harm of Empress Liu against Renzong. It would offer religious and political assurance for Empress Liu's reign.

Keywords: the Heavenly Texts in Mountain Qianyou; Zhou Huaizheng; Kou Zhun; Emperor Zhenzong; Empress Liu

宋代的桥市[*]

彭丽华　刘慧玲

摘　要： 桥渡附近区域因水陆交汇、商旅往来之利便而容易出现交易行为并逐渐形成桥市、渡市。随着商品经济的发展，桥（渡）市成为宋代城市、乡村最繁华、最有活力的区域之一。桥市的商业业态多样，包括行铺批发、店铺零售、摊位及行贩售卖等多种销售模式，尤其是活跃在桥市上的小摊小贩，让桥市展现出独特的活力。桥市尤其是桥面上交易活动的兴盛虽然也会影响会簠、妨碍车马往来、损坏桥身，但桥市是一个自发形成的经济场域，具有自身逻辑及客观必然性，这迫使北宋政府理性地管理桥市。先是仁宗诏令商户不准在桥上搭铺占栏，以保证桥上、桥下交通的顺利通行，到神宗时，又采用“市桥地课”的方式来管理桥市。桥市还是宋代征收商税的重要地点，不但拦截水路商货的河锁多有近桥而置者，而且收税的镇官、税务（场）也多有置于桥市者。桥市可以成为观察宋代社会经济发展的一个窗口。

关键词： 宋代　桥市　经济场域　商税

唐宋间的“市”尤其是城市市场形态的演变，是中国经济史上的一个重要话题。20世纪30年代加藤繁发表《宋代都市的发展》《唐宋时代的市》，主要根据长安、洛阳等规划性大都市的资料，认为唐代存在封闭性的坊市制，后来演变为宋代开放性的街市制。[①] 这一观点得到多数学者的

---

* 本文系湖南省教育厅人文社科重点项目“桥渡与宋代市、镇研究”（20A294）阶段性成果。

① 加藤繁：《宋代都市的发展》（《宋代の都市発達に就いて》），原载《桑原博士還曆紀念東洋史論叢》（弘文堂，1931）；《唐宋时代的市》（《唐宋时代の市》），原载《経済学研究：福田徳三博士追憶論文集》（森山书店，1933）。后两文收入氏著《中国经济史考证》第1卷，吴杰译，商务印书馆，1959，第239~277、278~303页。

认同，有人指出随着坊市制的瓦解，城市中临街开设店铺的现象日渐增多，到北宋中期已可自由临街开店，也有人关注到街在开放性街市制及城市社会公共空间中的重要角色。[①] 关于唐宋时期这一市场形态的演变特征，近年来也有研究指出了其不足之处。[②] 与此同时，对于城市、乡村中因交通便利而兴起的桥边集市，关注者却不多。杨宽虽提到临安沿河近桥街市甚为繁华，但关注点在街市。[③] 周宝珠讨论了“东京河市”，对《清明上河图》中商人在京诸河桥上搭建摊棚货卖商品的场景做了简述。[④] 王静《中古都城的桥市》从都城布局的角度，指出北魏洛阳、六朝建康、隋都洛阳、唐代扬州、北宋汴京均存在桥市，[⑤] 但并未展开。梁建国关注了东京城门、桥梁在北宋日常公共生活空间中占据的特殊地位，从城市书写的角度解读文献中的桥门市井，考察在桥门市井中活跃的不同人群，揭示北宋东京市民社会与日常公共空间的互动关系，但讨论的焦点在于探讨知识阶层书写中的桥市与历史中的桥市之间的关系，[⑥] 而不是经济活动中的桥市。桥市是宋代极为重要的一个经济场域，[⑦] 不但是宋代商品经济活跃、发展的一个体现，是极为突出的城市经济空间及城乡居民的活动空间，同时也是商税征收的重要地点。通过对桥市的历史进行考察，可以发现市场交易

① 如杨宽《中国古代都城制度史研究》，上海古籍出版社，1993，第256~264页；张泽咸《唐代工商业》，中国社会科学出版社，1995，第232页；宁欣《转型期的唐宋都城：城市经济社会空间之拓展》，《学术月刊》2006年第5期，第96~102页；宁欣《街：城市社会的舞台——以唐长安城为中心》，《文史哲》2006年第4期，第79~86页。

② 如包伟民《唐代市制再议》，《中国社会科学》2011年第4期，第179~189页。

③ 杨宽：《中国古代都城制度史研究》，第317、373~374页。

④ 周宝珠：《〈清明上河图〉与清明上河学》，河南大学出版社，1997，第22页；张建：《〈清明上河图〉中的虹桥市井——北宋东京研究》，《河南社会科学》2009年第3期，第122~124页。袁朝晖等人也探讨了《清明上河图》中的街市、河市及桥市，提出桥市热闹非凡，贸易空间一直延伸到桥两侧的街道，比旁边的街道展现出更大的人群集聚力及更强的商业氛围，见袁朝晖、钟灵毓《〈清明上河图〉中的市肆研究》，《建筑与文化》2016年第11期，第204~205页。

⑤ 王静：《中古都城的桥市》，《国学学刊》2018年第2期，第34~39页。

⑥ 梁建国：《桥门市井：北宋东京的日常公共空间》，《中国史研究》2018年第4期，第114~126页。

⑦ 这里的“场域”除了表示具体的地理空间之外，还有社会学上的含义，即在社会发展与分化的过程中，某些场域因为特殊条件和环境而产生了自主化特征，成为具有自身逻辑和必然性的客观关系的空间。参见〔法〕皮埃尔·布迪厄、〔美〕华康德《实践与反思——反思社会学导引》，李猛、李康译，中央编译出版社，1998，第134页。

活动早就广泛存在于交通利便之处。由于桥市、渡市的空间特性，即便是在严格的坊市制度下，也很难对其进行封闭式管理。因此，从桥市的发展脉络来看，唐宋时期的市场形态可能并不存在由封闭式转向开放式的演变，因为早在唐代乃至以前，很多桥市、渡市就是开放性的。

一　自发形成的桥市

桥梁、渡口作为水陆交通的汇聚点，是“舟车所聚，四方商贾孔道”之地，因交通便利而在桥上、桥头或桥梁、渡口附近区域产生商业交易行为，乃顺理成章之事。[①] 随着交易时间、空间的相对规律，在桥梁的附近区域（有时也在桥面上）会形成一个固定的贸易场所，这就是本文“桥市”的具体含义。桥市一开始是自发形成的草市，随着交易的频繁及规模的扩大，有可能引起官府的注意，为了维护治安、增加税收，官府可能会介入桥市的管理，如在桥市设置市官。在此情况下，桥市便被视作官市。

桥市存在于都城、州县治所等城市，也存在于乡村。但是，由于存世资料反映的大多是城市及其周边的桥市，所以本文的讨论也就详于城市而略于乡村。

桥市作为一个专有名词，数见于唐诗。如王建《寄汴州令狐相公》“水门向晚茶商闹，桥市通宵酒客行”；周繇《津头望白水》“城郭半淹桥市闹”；[②] 张乔《送友人归宣州》“暝火丛桥市，晴山叠郡楼”。[③] 又，杜荀鹤《送友游吴越》“夜市桥边火，春风寺外船”，[④] 所描绘的桥边夜市也是桥市。

虽然在传世文献中，“桥市”一词迟至唐代才出现，但可以想见发生在桥梁上或桥梁周边的商业交易行为应是早已有之。桥边的固定交易市场在史料中也早已有迹可循，如至晚在曹魏时，洛阳建春门外石桥已有马

① 由于渡口的资料较少，且渡市的情况与桥市存在差异，因此本文集中讨论桥市。

② 周振甫主编《唐诗宋词元曲全集·全唐诗》卷三〇〇、卷六三五，黄山书社，1999，第2242、4729页。

③ 彭定求纂《全唐诗》卷六三八，中华书局，1999，第7369页。

④ 周振甫主编《唐诗宋词元曲全集·全唐诗》卷六九一，第5121页。

市。《洛阳伽蓝记》载："出建春门外一里余，至东石桥。南北而行，晋太康元年造。桥南有魏朝时马市，刑嵇康之所也。"① 这一石桥并非始造于晋太康元年（280），而是汉顺帝阳嘉四年（135），② 因此桥南的马市可能在汉末就已出现。这个马市，应是交易马匹的固定场所。在石桥附近，或许不仅有马市，其他物品也在这一区域交易。既然此处可交易贵重的大型牲畜马匹，则这一桥市的规模应该不小。

又，北魏洛阳城南的四通市也是桥市，其别称即为永桥市。《洛阳伽蓝记》载：

> 宣阳门外四里，至洛水上，作浮桥，所谓永桥也。……永桥以南，圜丘以北，伊洛之间，夹御道，东有四夷馆：一曰金陵，二曰燕然，三曰扶桑，四曰崦嵫。道西有四夷里：一曰归正，二曰归德，三曰慕化，四曰慕义。吴人投国者，处金陵馆。三年以后，赐宅归正里。……北夷来附者，处燕然馆，三年以后，赐宅归德里。……东夷来附者，处扶桑馆，赐宅慕化里。……西夷来附者，处崦嵫馆，赐宅慕义里。自葱岭已西，至于大秦，百国千城，莫不款附。商胡贩客，日奔塞下，所谓尽天地之区已。乐中国土风因而宅者，不可胜数。是以附化之民，万有余家。门巷修整，阊阖填列。青槐荫陌，绿树垂庭。天下难得之货，咸悉在焉。
>
> 别立市于洛水南，号曰四通市。民间谓永桥市。伊洛之鱼，多于此卖，士庶须脍，皆诣取之。鱼味甚美，京师语曰："洛鲤伊鲂，贵于牛羊。"③

北魏洛阳都城在建造伊始便经过了严密的规划，综合采纳了建康、邺城、

① 杨衒之撰，周祖谟校释《洛阳伽蓝记校释》卷二《城东崇真寺》，中华书局，2010，第63页。

② 《洛阳伽蓝记校释》卷二《城东明悬尼寺》载："桥有四石柱，在道南，铭云：'汉阳嘉四年将作大匠马宪造。'逮我孝昌三年，大雨颓桥，南柱始埋没。道北二柱，至今犹存。衒之按刘澄之《山川古今记》、戴延之《西征记》并云'晋太康元年造'，此则失之远矣。"（第55页）

③ 杨衒之撰，周祖谟校释《洛阳伽蓝记校释》卷三《龙华寺》，第112~117页。

洛阳、长安等多个都城的优点，皇宫、官衙、市里分区而设，故而布局整齐而有条理。[①] 洛阳有三市，西郭城的大市（西市）、东郭城的小市（东市）都在城门以内，符合“面朝后市”的传统都城格局。但是，永桥市却设在城门外，离南边第二门宣阳门有四里之距，明显与“面朝后市”的制度设计背道而驰，[②] 可谓自乱其例，令人困惑。

然而，若从四通市原为草市、后来因市场规模扩大才被置市官变为官市这个角度来阐释，便解释得通了。四通市别名永桥市，是因北魏官府在洛水上所建浮桥而名。北魏洛阳在洛水北，洛水横亘都城之南，永桥正对着城墙正南宣阳门、南北中轴线铜驼街，[③] 是洛阳城中轴线的南向延伸。永桥这一位置的选择，必然是经过深思熟虑才被纳入洛阳的整体设计之中的。因此，背离“面朝后市”原则的永桥市并非与永桥同时出现，更可能是在浮桥搭建之后，永桥附近区域因为水陆两路的交通枢纽而逐渐发展为市。此地发展商业贸易的条件得天独厚。一是因为永桥之南有四夷馆及四夷里，百国千城的商胡贩客所携天下难得之货咸聚于此；二是洛水东西向流过，且东边有伊水注入洛河，近水则有水产鱼鳖之利，因此“伊洛之鱼，多于此卖”。有永桥沟通洛水南北，水运、陆运交汇于此，便利的交通带来了四方货物。永桥又正对御街，洛阳城内的达官贵人、平民百姓顺街南下，水陆交通便利、内外货物云集、人流摩肩接踵，这样的条件让永桥附近区域很快就发展成一个繁荣的商业市场。后来，北魏政府出于加强管理、增加税收的目的，才于此置市官，永桥市因此从草市变为官市，这应该是“别立市于洛水南”之所本。正是因为永桥置市晚于都城布局设计与建造，因此永桥市才不符合北魏“面朝后市”的都城布局。换言之，永桥市并非北魏都城设计中的一部分，而是因永桥交通便利、商胡贩客货物聚集、顾客云集而逐渐形成集市。北魏之所以于宫城、百官衙署之南置永桥市，是为了适应现实需要。回到历史场景，从事物的发展趋势来推测，

① 杨宽：《中国古代都城制度史研究》，第 139～142 页。

② 那波利贞：《支那首都計劃史上より考察したゐ唐の長安城》，《桑原博士還曆紀念東洋史論叢》，第 1203～1269 页；王静：《中古都城的桥市》，《国学学刊》2018 年第 2 期，第 34～39 页。

③ 杨宽：《中国古代都城制度史研究》，第 140～143 页。

就可以解释永桥市为何与北魏洛阳的其他官市不同。

中古时期被记载下来的桥市，基本都在都城之内，其类别也多是官市。如隋代洛阳通远市，在漕渠通远桥与洛水临寰桥之间，《大业杂记》载："傍渠西行三里，至通远桥。桥跨漕渠，桥南即入通远市，二十门分路入市。市东合漕渠，市周六里，其内郡国舟船舳舻万计。市南临洛水，跨水有临寰桥。"① 通远市至唐代，改名为北市，位置移至临德坊，规模也大为缩小，② 但南市与北市之间，依然有利涉桥沟通往来。参考永桥市的演变过程，在置市官之前，通远桥、临寰桥附近或许已然出现了一定规模的交易场所。由于这些交易场所位于交通要道，有地利之便，随着人口的增加，工商业活动的增多，其交易规模也迅速扩大，因而引起了政府的注意。为了管埋出入这些市场的人群以维护都城治安，也为了获取赋税收入，政府设置市官，永桥市、通远市因而也就变为官市。一旦成为官市，则须严格遵守相应的市制，如市籍准入、与里坊分离、分行列市、定时启闭、时估等制度。③

到北宋，开封商店不仅设在限定的市内，也设在别的坊里，营业时间也不受什么限制。④ 整个城区都被视作经营区域，收税范围不再局限在市内，而是通过在城门等地设置的机构向所有进出城区的货物（除某些免征税的物品外）征收商税。⑤ 在交通便利的州桥附近，也有固定的贸易场所。州桥，又称天汉桥，在宣德门和朱雀门之间，横跨汴河之上，乃是御街与汴河相会处，水陆两线交通交汇于此，因此州桥附近不但白天商贾贩客往来不绝，即便是晚上，也是人流涌动买卖不歇，夜市极为繁华。《东京梦华录》载：

州桥夜市出朱雀门，直至龙津桥。自州桥南去，当街水饭、爊

① 杜宝撰，辛德勇辑校《大业杂记辑校》，《两京新记辑校·大业杂记辑校》，三秦出版社，2006，第15页。

② 马德志：《唐代长安与洛阳》，《考古》1982年第6期，第640~646页。

③ 包伟民：《唐代市制再议》，《中国社会科学》2011年第4期，第184~189页。

④ 加藤繁：《宋代都市的发展》，《中国经济史考证》第1卷，第266页。

⑤ 刘森：《宋代"门税"初探》，《中国史研究》1988年第1期，第36~38页；李合群：《再论宋代城门税》，《社会科学》2016年第11期，第157~164页。

> 肉、干脯……煎角子、猪脏之类，直至龙津桥须脑子肉止，谓之杂嚼，直至三更。①

州桥夜市北起居汴京之中的州桥，南至横跨蔡河之上的龙津桥，中间夹御街，南北长一里有余。② 州桥之北是各级官员、公干吏役聚集的官衙所在地，州桥东西乃汴河两侧，商业繁盛，汴河带来了天下舟客，州桥以南则各色店铺林立。龙津桥邻近朱雀门，蔡河是汴京第二大河，“贯京师，南历陈、颍，达寿春，以通淮右，舟楫相继，商贾毕至，都下利之”。③ 因交通便利、各色人员及商旅货物往来、突出的区位优势等，州桥至龙津桥段发展为汴京极具商业活力的桥市。

虹桥市也是因水陆交通之利吸引了四方来客而自发形成的交易空间。《清明上河图》中的市桥是一座没有柱脚、以巨木架空而状如飞虹的桥梁，而东京汴河上只有虹桥、下土桥、上土桥是这样的结构。多数研究者认为《清明上河图》中的市桥是东水门外七里的虹桥，描绘的是虹桥桥市景象。④

除此之外，汴京的朱家桥、金梁桥、新桥、浚仪桥等地的桥市，⑤ 情况也大致与州桥、虹桥桥市类似，是因为交通位置优越形成并发展起来的，并向街道延伸，形成街市。

于交通利便、人口汇聚之桥梁附近形成交易场所也是南宋都城桥市的特点。具有水网优势的南宋临安桥梁甚众，其数目是汴京横跨在汴河、蔡

① 孟元老撰，伊永文笺注《东京梦华录笺注》卷二《州桥夜市》，中华书局，2006，第115~116页。

② 李克修、董祥：《开封古州桥勘探试掘简报》，原载《开封文博》1990年第1、2期合刊，后收入开封市文物工作队编《开封考古发现与研究》，中州古籍出版社，1998，第189~193页。

③ 徐松辑《宋会要辑稿》方域一六之二二，刘琳、刁忠民、舒大刚、尹波等校点，上海古籍出版社，2014，第9599页。

④ 杨宽：《中国古代都城制度史研究》，第317页。他还列举了臧华云、徐邦达、张安治、木田知声等人的观点，他们均认为《清明上河图》中的市桥便是虹桥，见《中国古代都城制度史研究》，第328页。

⑤ 孟元老撰，伊永文笺注《东京梦华录笺注》卷二《潘楼东街巷》，第164页；卷三《大内西右掖门外街巷》，第275页；卷四《食店》，第430页。

河、五丈河及金水河上桥梁的数倍,[①] 桥市亦多。杨宽指出，沿小河（市河)、大河（盐桥运河)、西河（清湖河）的近桥街市是临安城中极为繁华的地方。[②] 据《梦粱录》，小河上的熙春桥、金波桥、宝祐桥、平津桥(猫儿桥)、水巷桥、李博士桥、鹅鸭桥附近都有各种店铺。大河上的通江桥、望仙桥、荐桥、盐桥附近，也都有繁华的桥市。[③] 西河的三桥，更是旅客聚集的地方，“三桥等处，客邸最盛”。[④] 检《咸淳临安志》所附《京城图》可知，三桥所在之地，是呈“丁”字形的三条水道交汇之处，是临安闹市中心，旅邸云集，文人骚客也留下了诸多记载。[⑤] 此外，梅家桥至白洋湖、方家桥直到法物库市舶前，“富豪内侍诸司等人家，于水次起造塌房数十所，为屋数千间”，塌房，即邸店也，供商旅租赁、寄存货物。[⑥] 塌房近河及桥，除了交通的考虑，还与防火有关。此外，还有黑桥头、草桥下南街的米市,[⑦] 炭桥药市，水冰桥、坝子桥的鱼市等。[⑧] 临安的这些桥市，也是临安城内最重要的商业市场。

都城之外，关于桥市的记载虽然不多，但桥市应广泛存在。随着商业经济的发展，城区内的交易日渐频繁，交易空间也因之拓展，诚如包伟民先生所言，唐代封闭性的官市仅是城市市场形态的一种，是服务于大宗商品交易的批发市场，兼有零售服务。一旦商品交换的需求超出了官市能够

① 孟元老撰，伊永文笺注《东京梦华录笺注》卷一《河道》载蔡河自陈蔡由西南戴楼门入京城，辽绕自东南陈州门出，河上有桥 11 座，汴河上 14 座，五丈河上 5 座，金水河上 3 座，共 33 座桥梁（第 24~25 页）。而南宋临安的桥梁，据统计，在 1170 年，城中共有由官府修建的桥梁 71 座；到 1250 年，增至 100 座；而到 1271 年，则多达 117 座，另外当时在市郊还有 230 座，参见〔法〕谢和耐（Jacques Gernet）《蒙元入侵前夜的中国日常生活》，刘东译，江苏人民出版社，1995，第 25 页。

② 杨宽:《中国古代都城制度史研究》，第 373~375 页。

③ 吴自牧:《梦粱录》卷七《小河桥道》《大河桥道》,《东京梦华录（外四种）》（本文以下所引《梦粱录》均收于此书，不再一一注出)，古典文学出版社，1956，第 184~185 页。

④ 周密:《武林旧事》卷二《元夕》,《丛书集成初编》本，中华书局，1991，第 41 页。

⑤ 潜说友纂修《咸淳临安志》所附《京城图》描绘三桥据临安城中，西湖水东流，经此分为三条水道，分西、东、北三向呈“丁”字形，三座桥梁分别架于三条水道上，故称三桥（《宋元方志丛刊》第 4 册，中华书局，1990，第 3354 页）。

⑥ 吴自牧:《梦粱录》卷一九《塌房》，第 299 页。

⑦ 周密:《武林旧事》卷六《诸市》，第 125 页。

⑧ 周密:《武林旧事》卷六《诸市》，第 125 页。

承担的程度，就会在合适的地点自发地产生新的市场。[①] 近桥区域因有水陆交汇之利而容易成为商品交易场所，这应是唐中后期之后史籍中关于桥市记载大为增加的原因。蓬勃发展的草市在唐代已广泛存在于大小城市、乡村，唐中宗景龙元年（707）十一月的敕令“诸非州县之所不得置市”可能与唐政府裁省市令官吏、控制官吏员额、减轻地方财政压力有关，[②] 而并不是为了取消设在州县之外的草市。这些自发形成的交易场所，或在城门外，或在津渡要道，也有草市自发地在桥边发展壮大起来，如宗州永济县有张桥行市（有时也写作张桥店），[③] 应是在张桥附近的草市。

桥市也是宋代许多地方州县治所最为繁华的贸易场域，这在河流、水网分布更为密集的南方地区尤其明显。如无锡的甘露市，便是以市桥、蔡师桥、蔡桥、师姑桥、唐巷桥、虹桥为核心的一个交易区域。[④] 平江府昆山县有二市，均在桥边，“县以市名者二，曰市心，曰后市。市心在宝月桥之南，后市在后桥之西”。[⑤] 金陵城南长干桥下有市，以长干桥为界而称东口市、西口市。[⑥]

从有限的资料记载里可以发现有许多桥名曰“市桥”，如开封五丈河上有“蔡市桥”，[⑦] 吴郡有“谷市桥”“小市桥”“利市桥”“西市门桥”等，[⑧] 这些桥名暗示着这些桥梁或许与集市毗邻。镇江丹阳县宝庆桥在县南 35 里大河上，俗呼延陵市石桥。[⑨] 又如，松江县西市近西亭桥。[⑩]

桥与市之间的密切关系，在桥梁之乡的绍兴地区体现得更加突出。根

① 包伟民：《唐代市制再议》，《中国社会科学》2011 年第 4 期，第 186 页。

② 包伟民：《唐代市制再议》，《中国社会科学》2011 年第 4 期，第 186~187 页。

③ 王溥：《唐会要》卷七一《州县改置下》河北道德州归化县条，中华书局，1990，第 1264 页。

④ 佚名纂修《无锡志》卷一《津梁》，《宋元方志丛刊》第 3 册，第 2199 页。

⑤ 项公泽修，凌万顷、边实纂《淳祐玉峰志》卷上《坊陌桥梁》，《宋元方志丛刊》第 1 册，第 1063 页。

⑥ 张铉纂修《至正金陵新志》卷四上《镇市》，《宋元方志丛刊》第 6 册，第 5513 页。

⑦ 孟元老撰，伊永文笺注《东京梦华录笺注》卷一《河道》，第 25 页。

⑧ 范成大纂修《吴郡志》卷一七《桥梁》，《宋元方志丛刊》第 1 册，第 814 页。

⑨ 脱因修，俞希鲁纂《至顺镇江志》卷二《地理》“桥梁”，《宋元方志丛刊》第 3 册，第 2632 页。

⑩ 杨潜修，朱端常、林至、胡林卿纂《绍熙云间志》卷上《桥梁》，《宋元方志丛刊》第 1 册，第 13 页。

据《嘉泰会稽志》，绍兴府共有九市，其中有六市设在桥边，清道桥市在城西清道桥，城南大云桥边有东、西二市，古废市在都亭桥南，龙兴寺前市在城北二里，旁有市门桥，江桥市毗邻江桥。[①] 正因为桥与市之间的这种关系，越地乃有“无桥不成市”的民谣。[②]

南宋柯桥市可视为市因桥而兴的一个典型例子。柯桥建在山阴县西北25里的柯水之上，[③] 柯桥边有柯桥驿、柯桥馆[④]及僧人所建的慈善接待院灵秘院[⑤]。因交通便利，人员、货物往来不绝，在柯桥附近形成了集市。陆游《送苏召叟秀才入蜀效宛陵先生体》有诗云：“檥舟柯桥市，一榼手自倾。”[⑥] 其中的柯桥市正是在柯桥附近形成的商品交易场所。

不独城市如此，乡村亦然。随着宋代税收制度的严密，乡村的草市通过纳税获得了合法身份，从而进一步蓬勃发展，成为富有活力的商品集散地。[⑦] 那些依托桥梁、渡口发展起来的草市，有些便被称为“某桥市”“某渡市”，如会稽清道桥市、江桥市，光州光山县中渡市，奉化县县东25里的南渡市。[⑧] 随着人口的增加，聚落的扩大，桥、渡附近的草市也可能发展为镇市或市镇。[⑨]

在经济发展与社会分化的过程中，桥渡附近地区因为特殊的条件和环境成为具有自身逻辑和必然性的客观关系的特殊经济场域，市场因而在桥、渡附近出现并发展起来。中古时期设有市官的桥市被视为官市，与此

① 沈作宾修，施宿等纂《嘉泰会稽志》卷四《市》，《宋元方志丛刊》第7册，第6781页。

② 王敏红：《越地民间歌谣研究》，安徽文艺出版社，2013，第144页。

③ 沈作宾修，施宿等纂《嘉泰会稽志》卷一一《山阴县桥梁》，《宋元方志丛刊》第7册，第6918页。

④ 沈作宾修，施宿等纂《嘉泰会稽志》卷四《馆驿》，《宋元方志丛刊》第7册，第6780页。

⑤ 沈作宾修，施宿等纂《嘉泰会稽志》卷七《寺院》，《宋元方志丛刊》第7册，第6837页。按，《嘉泰会稽志》卷一三《社仓》载，庆元二年，提举李大性复以常平米150石增置社仓，“在山阴则有梅山之本觉、柯桥之灵秘”。由此可知，智性所建灵秘院至庆元时期仍然存在（第6950页）。

⑥ 张春林编《陆游全集·诗集》卷三一，中国文史出版社，1999，第493页。

⑦ 周宝珠：《试论草市在宋代城市经济发展中的作用》，《史学月刊》1998年第2期，第80页。

⑧ 沈作宾修，施宿等纂《嘉泰会稽志》卷四《市》，第6781页。按，《宋史》卷一八六《食货志》载：“乾道元年，襄阳邓城镇、寿春花靥镇、光州光山县中渡市皆置榷场，以守臣措置，通判提辖。”（中华书局，1977，第4565页）胡榘修，方万里、罗濬纂《宝庆四明志》卷一五《奉化县志》所载亦同，《宋元方志丛刊》第5册，第5188页）。

⑨ 傅宗文：《宋代草市镇研究》，福建人民出版社，1988，第369~372页。

同时，也存在大量规模较小的被视为草市的桥市、渡市。宋代以前政府如何管理草市，由于材料的限制，难以探究，推测很可能是放任自流，不做干涉。北宋时期，由于税收制度的严密，商税征收机构的增加，兼有交通之便与税收之利的大量桥市、渡市成为引人注目的场域。

二　宋代桥市的商业业态

商业业态亦称“销售业态”或“零售业态”，即零售业的经营形态或销售形式。考察宋代桥市的商业业态，有助于我们了解宋代桥市的基本特征。宋代桥市既沿袭了前朝分行列市、行铺批发等做法，也有单个店铺、摊位营业，还有行贩的挑担、提篮零售等，这些都是桥市上的销售模式。

第一，行铺批发。行铺指的是贩卖同类商品的店铺聚在一起，规模大者占满一条或数条街道坊巷，规模小者也有数家比邻而设。这在汴京、临安甚是常见，如汴京宫城东华门外，“市井最盛，盖禁中买卖在此。凡饮食、时新花果、鱼虾鳖蟹、鹑兔脯腊、金玉珍玩衣着，无非天下之奇”，而医铺则聚集在马行街北。[①] 行铺也同样出现在汴京桥市，州桥西食店林立，南食店集于寺桥，最受欢迎者乃金家南食。还有果子行、肉行、鱼行等，“如果木亦集于朱雀门外及州桥之西，谓之果子行”，“坊巷桥市，皆有肉案”。[②] 南宋临安观桥附近行铺众多，商业氛围极盛，“大抵杭城是行都之处，万物所聚。诸行百市，自和宁门杈子外至观桥下，无一家不买卖者”。[③] 又，临安黑桥头、草桥下南街有米市，“米市，北关门外黑桥头”。[④]“新开门外草桥下南街，亦开米市三四十家。”[⑤] 规模小的米行也有三四十家，由此可以想见黑桥头米行规模之大。此外，临安炭桥有药行，

① 孟元老撰，伊永文笺注《东京梦华录笺注》卷一《大内》，第 40 页；卷三《马行街北诸医铺》，第 268 页。

② 孟元老撰，伊永文笺注《东京梦华录笺注》卷三《大内前州桥东街巷》《马行街铺席》《天晓诸人入市》，第 283、312、357 页；卷四《肉行》《鱼行》，第 440、447 页。

③ 吴自牧：《梦粱录》卷一三《团行》，第 239 页。

④ 周密：《武林旧事》卷六《诸市》，第 125 页。

⑤ 吴自牧：《梦粱录》卷一六《米铺》，第 269 页。

水冰桥有鱼行，坝子桥则有鲜鱼行。[①]

州、县治所的桥市也有行铺，最常见的是与民众生活休戚相关的米行，及与桥梁近水相关的鱼行。如“湖州米市桥、黑桥，俱是米行”。[②] 米市桥在地方志中常见，如《茅亭客话》载成都南有米市桥，《云间志》《吴郡志》等中亦载有米市桥，或因桥梁附近有米市而得名。杨备用“渔市花村夹酒楼”来描绘吴郡长桥景象，应是桥边有鱼行。平江子城西北市街中心有乐桥，乐桥之东的西市有鱼行街，推测当是鱼行一条街。此外，平江还有鱼行桥、丝行桥，[③] 或指桥临近鱼行、丝行。桥市行铺尤其是南方州县桥市的行铺大多为米行与鱼行。这是因为，民众对米的需求量大、水运成本低而效率高，桥头自然而然成为米的批发、零售市场。桥市的鱼行则是因为鱼类产品因贴近水域而常设在兼有水陆之便利的桥头。

第二，店铺零售。与行铺规模化、同类化销售不同，店铺零售的同类商品规模小，经营同一类商品的通常仅有数家或一两家店，每家店铺售卖不同类的商品，甚至同一家店铺销售多种商品，呈现出小规模、多样化经营的特征。这应与桥市规模有关。行铺通常出现在诸如汴京、临安、成都等大城市中连接重要交通要道的桥梁附近，而小规模、多样化的店铺经营则广泛存在于全国各地的桥梁附近。这些店铺很多是商住一体式，即店主的住房与商铺合一，如汴州西板桥三娘子经营的兼营住宿、餐饮、典卖与抵押等多种业务的板桥店便是这种类型。[④]

店铺的经营业务十分广泛，有逆旅、邸店，酒肆酒家等餐饮类及各色食品类店铺。汴京城内相国寺桥附近有大量客店，“东去沿城皆客店，南方官员商贾兵级，皆于此安泊”。[⑤] 宋庆历四年（1044），陈留移桥一案震惊朝野，导致案件反复的重要原因便是陈留土桥附近原有大户卢士伦的邸店，若土桥桥址改移他处，卢氏邸店再无交通便利之优势，甚至还有可能与桥一道被拆毁。因为此故，卢士伦积极活动，发动所有关系请托朝廷官

① 周密：《武林旧事》卷六《诸市》，第125页。

② 吴自牧：《梦粱录》卷一六《米铺》，第269页。

③ 《吴郡志》卷六《坊市》载乐桥东北有干将坊（东市门）、富仁坊（鱼行桥东），卷一七《桥梁》载有谷市桥、丝行桥，第734、814页。

④ 李昉等编《太平广记》卷二八六《幻术三》，中华书局，1961，第2279页。

⑤ 孟元老撰，伊永文笺注《东京梦华录笺注》卷三《大内前州桥东街巷》，第284页。

员，希望能够阻止陈留桥的桥址更改。[①]《大宋宣和遗事》记“上清宝箓宫成，浚濠深水三丈，东则景龙门桥，西则天波门桥。二桥之下……又为村居、野店、酒肆青帘于其间”。[②] 酒肆（或酒垆）专职卖酒，但有些酒肆兼卖吃食，还有些酒家、酒楼不但经营餐饮业，还兼营住宿业，甚至其他业务。

桥市还有医药铺。如《异闻总录》载人“至众安桥左侧，扣内医张防御门谒药”。[③] 卖卜者也多见，[④] 岳珂载两宋朝野见闻的《桯史》记“中都有谈天者，居于观桥之东，日设肆于门，标之曰‘看命司’”。[⑤] 史料中关于桥边医药、卖卜等的记载之所以常见，或许与出门在外的行客对身体状况及陌生地方未知事件的密切关注有关。

第三，摊位售卖。桥市上的摊位可分为固定、移动摊位两种。汴京每日交五更之后，商人便在桥市上摆摊设点，吆喝吟唱，货卖商品。《清明上河图》中的虹桥上，各式摊贩沿着桥梁两侧一字排开，有的还搭着遮阳伞棚，摊位上的商品名目繁多。除了桥上，桥头及水岸两侧、路边也摆满了货摊，来往于两侧摊位之间的行人摩肩接踵，摊贩与驻足在摊位前的顾客谈着买卖。《青琐高议》载“吴大者卖鞋于虹飞桥，邻人王二叔以掌鞋为业，二人甚相得”，[⑥] 这里的售履修鞋应是摊位式经营。

桥市上的临时摊位有时会变成固定摊位，而固定摊位在机会合宜时还可转化为店铺。需要指出的是，移动摊位与行贩不易区分。如北宋淳化年间，益州锦江桥市有道士黎海阳卖丹，周处士鬻卖十香丸，引得人“常聚睹叹赏之”。[⑦] 其经营形态，便不易断定。

第四，行贩叫卖。除了在固定地点销售外，桥市上还有大量的流动行

---

① 李焘：《续资治通鉴长编》卷一四八，庆历四年四月庚子条，中华书局，2004，第3583~3589页。具体研究见彭丽华、崔荣君《移桥案与北宋重要桥梁的位置勘定与更改》，《国学学刊》2018年第2期，第10~17页。

② 佚名：《新刊大宋宣和遗事》，古典文学出版社，1954，第22页。

③ 丁丙：《武林坊巷志》卷五《众安桥》，浙江人民出版社，1987，第16页。

④ 李昉等编《太平广记》卷七七《钱知微》，第487页。

⑤ 岳珂：《桯史》卷五《看命司》，黄益元、孔一校点，上海古籍出版社，2012，第44页。

⑥ 程毅中：《〈青琐高议〉补遗》，刘斧：《青琐高议》，施林良校点，上海古籍出版社，2012，第168页。

⑦ 黄休复：《茅亭客话》卷五《黎海阳》，中华书局，1991，第28页。

贩，他们挑担卖油、肉、果子、糕点、瓜、羹，提瓶卖茶、饮子等，其所售商品几乎涉及民众日常生活所需的一切。北宋东京“每日交五更……诸门桥市井已开……更有御街州桥至南内前，趁朝卖药及饮食者，吟叫百端”。[①]《清明上河图》中所绘王员外家门前有一货郎放担歇息，可见虹桥上亦有挑担行贩。人来人往的桥头是行贩歇担的好去处。桥市上的行贩提供的这些小规模餐饮服务业，在时间上迎合顾客需求，每天五更就开始营业，小吃花样繁多，价格低廉，走平民化路线，可满足广大市民的不同需求。[②]

行贩不仅在街市桥头活动，也会串入乡村。宋代绘画中流行起来的《货郎图》直观地展现了当时走街串巷吆喝叫卖的货郎形象，透露出其给乡村带来的商业气息。现存于“台北故宫博物院”的苏汉臣《货郎图》轴，描画了五六个孩童围绕着货郎及琳琅满目的商品的欢乐场面，货郎的推车上有糖葫芦、帽子、花灯笼、拨浪鼓、各种配饰等物品，就连腰间、身后也挂满了待售的商品，实际上就是一个移动的百货商铺。这些深入乡间的货郎，给乡村民众带来了日常所需的各式物品，满足了底层民众的生活需要。他们沟通了城乡的商品交流，把偏远的山村也串拉进全国性的大市场中。

总而言之，宋代桥市商业业态多样，不仅包括被视作官市常态的分行列市制度下的行铺批发，还有经营灵活、规模小但商品种类丰富的各类店铺、摊位及行贩等多种售卖方式。相比行铺，小规模但商品多样的店铺、摊位及行贩售卖才是桥市的主要商业业态类型，尤其是经营成本少、门槛低、要求低的摊位及行贩经营。小手工业者、小商人及下层民众因此也能够进入卖方市场。即便是在汴京，摊贩、行贩也大量存在，推测小摊小贩也同样存在于地方桥市。

而且，桥市还是人力市场。出赁或雇佣劳动力者也前往桥市等待雇主或寻求劳工，“早辰桥市街巷口，皆有木竹匠人，谓之‘杂货工匠’，以至杂作人夫、道士僧人，罗立会聚，候人请唤”。[③] 也有人租赁鞍马，“寻常

① 孟元老撰，伊永文笺注《东京梦华录笺注》卷三《天晓诸人入市》，第 357 页。

② 梁建国：《桥门市井：北宋东京的日常公共空间》，《中国史研究》2018 年第 4 期，第 114~126 页。

③ 孟元老撰，伊永文笺注《东京梦华录笺注》卷四《修整杂货及斋僧请道》，第 413~414 页。

出街市干事，稍似路远倦行，逐坊巷桥市，自有假赁鞍马者，不过百钱”。[①] 这既给城市生活提供了便利，也为下层无业民众提供了就业机会，使民众有机会摆脱身份、地域与职业束缚，促进社会流动，宋代社会因此呈现出较强的流动性与活力。

三　桥市的问题与管理

桥市可以为居住在桥梁附近的人带来商机与利益，乃至桥梁未建，而人已期待其“市利”。《宋史·乔执忠传》载：“时河役大兴，部役者不得人，一夕，噪而溃，因致大狱。执中往代，终帖然。富民赂吏，将创桥所居以罔市利。”[②] 富民们之所以贿赂吏人希望“创桥”，正是因为桥梁建成之后，富民可以因居于桥梁附近的地利而坐收商业交易所带来的利益。这便是经济学上的预期收益在发挥功用。

随着桥市的繁荣，在桥梁上及其附近从事商业贸易之人逐渐增多，出现了一些问题，尤其是在都城汴京，桥面及桥头上的开店、推车、货摊、地摊、挑担、挎篮、提瓶等交易活动及熙熙攘攘的人群涌动，在一定程度上影响了桥梁沟通两岸的原始功能，还影响到桥下行船，导致水陆两线交通都受影响。仁宗天圣三年（1025）正月，巡护惠民河的田承说奏云：

> 河桥上多是开铺贩鬻，妨碍会篷及人马车乘往来，兼损坏桥道。望令禁止，违者重置其罪。[③]

由此来看，桥上的商业贸易带来了三个问题。第一，妨碍会篷。“篷”，意为拉船的纤索，或称篷索，乃行舟必备之物。所谓“会篷”，指的是船在水道里行驶时，依靠人力或畜力拉动篷索促使船前行。周必大乘船过下驿矶时，“舟人放篷稍缓，几触石觜，赖永新客舟舣岸以蒿拒之而过，其势甚危”。[④]

① 孟元老撰，伊永文笺注《东京梦华录笺注》卷四《杂赁》，第410页。

② 《宋史》卷三四七《乔执中传》，第11017页。

③ 徐松辑《宋会要辑稿》方域一三之二一，第9543~9544页。

④ 周必大：《文忠集》卷一六八，《景印文渊阁四库全书》，台湾商务印书馆，1986，第1147册，第29页上栏。

因舟人未及时松开簟索导致周必大所乘之船差点撞上石矶嘴，表明拉纤的角度、力道及收放会影响行船的安全。船在过桥时，会簟尤为紧要。因桥身所阻，需将提供动力的桅杆上的风帆放倒，或将风帆、桅杆倾斜调整到合适的高度，船只才能顺利通过桥下。没有了风力的推动，载重量大的货船在过桥时需依靠人力或畜力方能顺利通过，这时便需要依靠桥上、桥下或两岸的人力或畜力用纤索将船拉过桥去。有一些桥，在桥底下建有纤道，此时拉纤者便可从桥孔两侧的纤道拉动船只。若桥下没有留出纤道，那么便需要先将簟索从桥底下的一头抛到另一头，拉纤者从桥面、边路上走过，再接着拉。《清明上河图》所绘虹桥片段，清晰地展示了两人在桥下一侧的纤道上用簟索拉船往前行的景象，此外船头还有一人举杆朝向桥面，桥面下似有坠下的绳索，或在船行至桥下之前，亦有人在桥上拉索使力。此外，在桥南的两侧立有很高的华表，接近华表顶部处，有一条横木，其与立在地面上的木柱形成一个“十字”。立这个木柱有可能是为了提醒水中的船只，以便提前做好放帆倒杆过桥的准备。

会簟拉纤其实是船只尤其是大型载重货船过桥时的普遍做法，不仅经过虹桥（飞桥）、梁桥（包括木梁桥、石梁桥）时需要，就是过浮桥时，也同样需要。借助会簟拉纤，能够有效减小船只损折桥柱、桥面的概率。架设浮桥时，为了方便河道中过往船只的通行，往往会设置专门的通航孔。北宋之前浮桥的通航孔如何设计，史虽无载，但从后世的记载及技术的延续性反推，应也是采取撤板式和拆浮桥船节法。[①] 撤板式与拆浮桥船节法通航技术的一个共同弱点是，水道船只通航与桥上交通不能同时进行。为了解决这个问题，大中祥符八年（1015）六月，石普上奏真宗，建议改进浮桥通航孔技术，通过铺放高、低脚船，在高脚船之间架设距离水面较高的虹桥，这样不需拆解浮桥就可让过往船只通行，从而实现桥面及桥下两路交通同时并行。不过，船只经过这种通航孔时，也需要合宜的空间以便会簟。

第二，损坏桥梁。这有两方面的因素。一是桥面上的店铺、货摊、商

① 谢杰、汪嘉铨：《浮桥》，茅以升主编《中国古桥技术史》，北京出版社，1986，第166~167页；唐寰澄：《中国科学技术史·桥梁卷》，科学出版社，2000，第603页。

品及为了交易而来的人群增加了桥梁的负重，从而致桥易坏；二是拥挤的人群与货摊影响了会篷，从而增加了船只碰撞桥身的概率。

第三，妨碍人马车乘往来。从《清明上河图》虹桥部分可以看到，桥上人满为患，尤其是桥面两侧，不但有人摆摊设点售卖货物，还有靠着桥栏看船穿桥而过的看热闹者。桥上的货摊，除了临时摊位，如铺地货卖者、张盖大阳伞者，还有在桥头搭盖凉棚以贩卖商品者。虽然画中桥梁中间留出了空间供往来的行人、车马通过，但看得出来，这条过道极为狭窄。

因为桥市带来了这些问题，所以巡护惠民河的田承说上奏仁宗，请求禁止百姓在河桥上“开铺贩鬻”，“违者重置其罪”。仁宗因此下诏曰：“在京诸河桥上，不得令百姓搭盖铺占栏，有妨车马过往。”[①] 试图对在桥梁上搭建店铺、占地摆摊的行为进行控制以保障桥梁的通行功能。但对于桥梁周边的商业行为，因为并不影响桥面车马及桥下舟船的通行，故未加干涉。仁宗时期对于桥市的管理，主要针对的是有妨会篷及车马往来的桥上搭铺占栏的货卖行为，对占地空间较小、移动叫卖的商业行为则未做限制，事实上是承认车水马龙、人来人往的桥梁所具有的经济与商业功能。交易具有双向性，消费者与生产者、供应商缺一不可。桥市的存在与繁荣，既是因为小摊小贩提供了各种商品，也是因为附近居民及过往行人存在消费需求。仁宗天圣三年管理桥市的诏令，正是因为认识到桥市经济的内在理性及客观必然性，所以仅对搭盖铺占栏行为进行限制，而对桥梁上挑担、托盘、挎篮等平民化、小数额交易不予约束，小手工业者、小商贩等下层民众的生存空间因此得以维护。据熙宁年间汴京的人口统计，可知“杂贩破铁、小贩绳索等贫下行人，共八千六百五十四人”，[②] 从事杂贩、零卖等贫下行人的实际数字恐怕比这还多。这体现出北宋汴京城市社会的包容性。

因为仁宗此诏既恢复了桥梁的通行功能，又认可了桥市小额流动经营的合法性，在桥梁的交通功能与以桥梁为中心的经济场域之间形成了良性

① 徐松辑《宋会要辑稿》方域一三之二一，第 9544 页。
② 李焘：《续资治通鉴长编》卷三〇八，元丰三年九月甲子条，第 7479 页。

循环，桥市贸易因此进一步发展。但诏令规定与制度执行之间往往存在差距，桥梁上的人流量所带来的商机对商人有着天然的吸引力，占栏搭铺货卖商品不久又渐成常态，这从成于北宋末年的《清明上河图》所绘虹桥桥市的情景也可看出来。其实，对于桥面上的这些问题，早在元丰八年（1085）七月，官府就有所举措，因而出现了“市桥亦有地税”。所谓“市桥地税”，又称“市桥地课”，[1] 指的是对桥上及桥梁周围的商业交易征收“摊位费”。殿中侍御史黄降上奏曰：

> 伏见沿汴狭河堤岸空地，先有朝旨，许人断赁。而宋用臣挟持恣横，风谕沿汴官司拘拦牛马，果子行须就官地为市交易。并其余诸色行市，不曾占地，亦纳课钱，以至市桥亦有地税。残民损国，无甚于此！虽今例废罢，改正施行，缘近降朝旨，不曾该载，人户至今未得自便。臣欲乞朝廷详酌指挥。[2]

包伟民指出黄降上奏中的“市桥亦有地税”者，大概就如《清明上河图》所描绘的那种桥栏两侧摆满摊贩的市桥。这些摊贩虽摆设在桥面上，并未占“地”，宋用臣也对他们征以“地税”，其实就类似“摊位费”。而这种地税，显然有异于一般的据有屋宅地基者，既然专供商贾经营之用，利之所在，它的税率应该更高。[3]

联系仁宗前诏，对于神宗改革时期所征收的市桥地课，或许可以有不同的理解。宋用臣并非理财敛税之人，其所精擅者在建筑、水利工程上。史载宋用臣“为人有精思强力”，神宗朝“建东、西府，筑京城，建尚书省，起太学，立原庙，导洛通汴，凡大工役，悉董其事”。[4] 所谓“导洛通汴”，指的是元丰年间宋用臣主持的重大水利工程，针对黄河水入汴给汴河带来了大量的泥沙导致汴河淤积严重之问题。为了改善汴河水运以保障

---

① 宋哲宗诏曰：“沿汴官司拘拦牛马果子行并磨团户斛斗、菜纸等诸色行市及市桥地课，并罢。”李焘：《续资治通鉴长编》卷三五八，元丰八年七月庚戌条，第8568页。

② 李焘：《续资治通鉴长编》卷三五八，元丰八年七月庚戌条，第8568页。

③ 包伟民：《宋代城市税制再议》，《文史哲》2011年第3期，第148～162页。

④ 《宋史》卷四六七《宦者·宋用臣传》，第13641～13642页。

京都漕运，从仁宗时期就有议论要改引洛水入汴，但具体怎么操作却一直不得要领。元丰二年，宋用臣接受重任，前往调查并评估导洛通汴的可行性。经过实地勘察及工程评估，他设计出了一套方案，既具操作性，又兼具全局性、长远性，在被委任为都大提举导洛通汴后，他成功引洛水入汴，大大改善了汴河的水文情况与通航能力。此后，汴口不再“冬闭春启”，而是“四时行流不绝”，[①] 长年通航，汴河漕运条件大为改善。

前文黄降所斥“市桥亦有地税”，即宋用臣所为。此举其来有自，其初衷恐怕并非为了征收些许摊位费以扩充国家税收来源，而是有着更加实用的目的——对桥市进行管理，以便桥上及桥下通行无碍。按，宋用臣“风谕沿汴官司拘拦牛马，果子行须就官地为市交易。并其余诸色行市，不曾占地，亦纳课钱，以至市桥亦有地税”。此处“官地”谓甚？“其余诸色行市”如何才能“不曾占地”？笔者推测宋用臣针对的应是开设在汴河沿岸尤其是桥梁所在处的果子行及其他诸色行市。[②] 因为诸色行市开在桥面上，所以曰“不曾占地”。果子行近桥，或在堤岸空地，有妨会簟，不利行舟，因此要求“须就官地为市交易”。因果子行及诸色行市近桥或设在桥面上，其畜力牛马也一并上桥，影响了交通，因此被沿汴官司拘拦。由于没有更详细的资料，我们没有办法弄清楚所有细节。但考虑到宋用臣对汴河航运的上心，判断其上述举措与汴河桥梁或桥下舟船通航相关，应该无问题。因此，或可说，“市桥地课”其实是神宗时期管理桥市的一种手段。考虑到天圣年间，为了便于桥面上“车马过往”，仁宗曾下诏禁止“百姓搭盖铺占栏”，但效果似乎并不明显，在禁而不止的情况下，神宗时期通过“市桥地课”这种征税方式来调控桥梁上的市卖行为，至少可以将在桥梁上搭铺占栏的部分固定商铺或摊位驱除出去，也可有效控制桥面上移动摊位的数量。通过税收手段控制桥面上的非通行人口，从而维护桥梁的通行功能，便于桥下船只的会簟及其顺利通行，并减轻桥梁的承重，延长桥梁的使用寿命。

但是，由于在桥面上交易的除了诸色行铺之外，还多有生活艰辛的小

① 《宋史》卷九四《河渠志四》，第 2327 页。

② 孟元老撰，伊永文笺注《东京梦华录笺注》卷三《大内前州桥东街巷》，第 283 页。

摊小贩，且又不曾“占地”，向他们征收“市桥地课”便显得名不正而言不顺。适逢神宗去世，其子哲宗即位，反对新政的高太后主政，作为神宗宠臣的宋用臣被清算，其所采取的“市桥地课”也被废除。

四 桥市与商税的征收

近桥、渡区域发展起来的交易市场，让桥市、渡市成为宋代政府征收商税的地点。

以北宋汴京为例，官府于汴河、蔡河上设置河锁进行“船筏之征”，即对过往船只征收过税，而拦船的河锁多近桥市。《宋会要辑稿·职官》“太府寺卿”条载，宋哲宗时太府寺统官司二十四个，其中有四个为：

> 内汴河上、下锁，蔡河上、下锁，分四局……商贾之赋则归都商税务（掌京城商旅之算以输十左藏），船筏之征则归汴蔡河锁。①

“内汴河”指的是汴京内汴河，上设二锁，其中上锁设在虹桥处，亦即虹桥市所在地。日本僧人成寻于熙宁五年（1072）十月十一日乘船自陈留行至汴京，“卯一点从东京陈留县拽船，申一点过三十八里到着鏁头，去洛阳城（当为汴京之误）七里，停船……见数百大小船，并着河左右边”。②鏁头即锁头，负责在河锁处查验、收税等事务。③虹桥距汴京城七里，故又称七里桥，因此可以推定成寻等人停舟处应在虹桥附近。《清明上河图》所绘虹桥一处可见大小数百只船停在汴河两侧，等候锁头查验、收税后放行。虹桥市所置河锁即为内汴河上锁。下锁的位置尚未考证出，有可能在西水门便桥处，或在东水门处。

汴京蔡河上所置二锁，其一在下水门戴楼门处“四里桥”附近。④宋代汴京的商业格局为南河北市，四里桥位于南河商业核心圈内，该处商铺

① 徐松辑《宋会要辑稿》职官二七之三，第3710页。

② 成寻著，王丽萍点校《新校参天台五台山记》卷四，上海古籍出版社，2009，第273页。

③ 漆侠：《宋代经济史》下册，上海人民出版社，1987，第1002页；苗书梅：《宋代县级公吏制度初论》，《文史哲》2003年第1期，第127页；吴晓亮：《对宋代“拦头”与市镇管理关系的思考》，《江西社会科学》2011年第11期，第129~131页。

④ 徐松辑《宋会要辑稿》方域一三之三〇，第9548页。

林立、人声鼎沸，是聚众欢宴、游乐之地。[①] 另一锁在段家直，位置应近上水门陈州门外观桥段，该地也是汴京极为繁华的一处市场。由于上、下锁都设在南河商业区域的蔡河上，进出城的舟船因为河锁阻滞而减慢了转运物质的速度，从而导致汴京薪炭等价格上涨。为保障薪炭等物资供应，天圣三年（1025），有人建言废除蔡河河锁。然而，三司以二锁收税甚丰为由拒绝了这一建议，史载：

> 大中祥符八年，都大提点仓场夏守赟相度，于蔡河上下地名四里桥、段家直置锁，至今岁收课利六千余缗，废之非便。[②]

汴京四大河锁与虹桥、四里桥等附近桥市在空间上的关系，显示出北宋汴京商税征收机构所在地与桥市之间的紧密联系。桥市因桥梁控扼水陆交通之利便而发展起来，官府于此置锁收税，是取其地利之便。

在南宋临安，税务机构近桥、桥市的特征也极为明显。淳祐年间临安有八大税务，其中北郭税务近北郭市，附近有余杭桥、下堰桥、糖饼桥等，[③] 都税务在灞头市东大和桥之北，红亭税务近荐桥市，江涨桥税务则近江涨桥市。[④]

不但都城汴京、临安如此，场务、税务等机构设在桥渡、桥市、渡市附近的情况也同样出现在天下各州。《宋会要辑稿》中记载的场务，多有名“某桥务（场）”“某渡务（场）”者，如汴京地区有崔桥务、马栏桥务、张家渡务、李家渡务，[⑤] 北京大名府、密州、齐州、郑州、沧州、太平州、杭州、韶州、化州等地有商家桥口务、黄河南泊水渡务、商家桥务、北新桥务、宋家渡务、陈桥务、郭桥务、峨桥务、渌东桥务、吴桥

① 孟元老撰，伊永文笺注《东京梦华录笺注》卷六《收灯都人出城探春》、卷八《重阳》，第 612、817 页。

② 徐松辑《宋会要辑稿》方域一三之三〇，第 9548 页。

③ 潜说友纂修《咸淳临安志》卷一九《疆域》、卷二一《桥梁》，《宋元方志丛刊》第 4 册，第 3549、3565 页。

④ 施谔纂修《淳祐临安志》卷七《诸务》，《宋元方志丛刊》第 4 册，第 3288 ~ 3289 页。按，卷七《桥梁》条载有楼店务桥，或是桥因务而名。又，余杭门外余杭桥近北郭税务（第 3284、3286 页）。

⑤ 徐松辑《宋会要辑稿》食货一五之一，第 6293 ~ 6294 页。

场、曹桥场、浙桥场、东桥场等。宋元时期，金陵上元县宣义乡东流市有桥曰东流桥，桥、市均“以水流自东”而名，金陵乡龙湾市亦金桥，并设有税务。[①] 这些场务、税务凭借桥梁作为控扼水陆两线的天然优势，设置拦锁对过往商品征税。[②]

而且，宋代的桥市常建有镇，乃至镇与市连称，或互指，如熙宁十年（1077）开封府祥符县的陈桥镇也被称作“陈桥市”，[③] 表明陈桥镇其实也是贸易场所。金陵上元县有土桥市、土桥镇及土桥，[④] 市、镇均因桥而名，可知三者之间必有联系。又如临安江涨桥、江涨桥镇与江涨桥市，它们之间的关系能很好地诠释桥、市及税务之间的关系。江涨桥位于临安仁和县北关外，该桥始建年代已难以考证。江涨桥在杭州城北面，是北宋时沟通杭州运河之通道、杭州城北边的门户，也是重要的商品集散中心，推测应是先有江涨桥（建桥之前，此处也是一个重要渡口），而后才有江涨桥市与江涨桥镇。江涨桥镇始置于宋太宗端拱元年（988）。[⑤] 虽然无法确定江涨桥近旁是先有镇还是先有市，但可以明确的是北宋时仅有一个江涨桥镇市。至迟在熙宁十年，江涨桥镇市已设有务。至南宋时，临安人口急剧增加，以江涨桥为中心的贸易较之北宋时期也大为发展，市场以江涨桥为界分为“江涨东市”和“江涨西市”。[⑥] 由于市场规模的扩大与交易数额的增加，南宋政府于江涨桥市设置了江涨桥税务，其位置在江涨桥西。[⑦] 官府于此设置税务机构，是为了对从北关出入临安的行商及在江涨桥东、西二市售卖货物的坐贾征税。

关于宋代的镇，其性质与唐代及以前负责军事防御、稽查行旅、维护治安的军事性的镇已有不同，宋人高承指出，“宋朝之制，地要不成州而

① 张铉纂修《至正金陵新志》卷四上《镇市》，《宋元方志丛刊》第6册，第5512~5513页。

② 彭丽华：《桥与宋代的场务》，《史学月刊》2020年第4期，第32~44页。

③ 王安石：《临川先生文集》卷五《陈桥》，王水照主编《王安石全集》第5册，复旦大学出版社，2016，第209页。

④ 张铉纂修《至正金陵新志》卷四上《镇市》，《宋元方志丛刊》第6册，第5512~5513页。

⑤ 徐松辑《宋会要辑稿》方域一二之一八，第9528页。

⑥ 吴自牧：《梦粱录》卷一三《两赤县市镇》，第238页。

⑦ 吴自牧：《梦粱录》卷七《倚郭城北桥道》，第187~188页。

当津会者则为军，以县兼军使；民聚不成县而有税课者则为镇，或以官监之”,[①] 其性质是县以下负责征税的单位。以往设置于桥梁、渡口近旁的军镇，由于交通优势带来的红利，工商业逐渐发展起来，军镇在稽查行旅之外，又逐渐增加了经济功能，至唐末、五代，军镇附近的工商税一般由驻军代收，许多军镇便渐渐转化为以经济职能为主的新型镇。[②] 至北宋太祖时，此前设置的很多军镇已演变为经济性的镇，成为介于城市与乡村之间的一级地方经济中心与市场，有学者干脆将其称为镇级市场。[③] 就桥市而言，既有桥梁控扼水陆交通之便利，官府可于桥头两岸、近桥水面置锁拦截水陆两道商货征收过税，又可向市场坐贾征收住税。于桥市置镇官课税，实为两便。

结　语

中古时期，桥梁、渡口附近区域因为交通之便、人员货物往来而自发形成了桥市、渡市，其性质初为草市。随着交易活动的频繁、时间的规律化及贸易规模的扩大，官府为了加强管理并增加税收，有可能在一些规模较大的桥市、渡市设置市官，这样的市常被称为官市。洛阳等城的桥市在被置为官市后，为了管理、征税的方便与需要，采取启闭有时的封闭式管理。但这并不等于说封闭性的市是唐代市场的唯一或普遍形态。在官市之外，自然还应存在大量在桥渡等易于兴起贸易活动的空间里自发形成的草市。在桥渡附近的草市多被称作桥市、渡市，由于其空间特性，这些市场具有鲜明的开放性特征。这在唐宋乃至整个中国古代并无大的差异。

在经济、商业发展的背景下，因为交通便利、人员聚集带来商机而自发形成的桥市、渡市成为宋代社会中令人瞩目的经济场域。宋代桥市商业

① 高承：《事物纪原》卷七《镇》，李果校订，金圆、许沛藻点校，中华书局，1989，第357~358页。

② 李令福：《北宋关中小城镇的发展及其类型与分布》，《中国历史地理论丛》2004年第4期，第95~106页。

③ 讨论这一问题者较多，如傅宗文《宋代草市镇研究》，第20~21页；龙登高《宋代城乡市场等级网络分析——以东南四路为例》，吴晓亮、林文勋编《宋代经济史研究》，云南大学出版社，1994，第394、404页；李景寿《宋代商税问题研究》，云南大学出版社，2005，第148~152页。

业态类型多样，销售结构完整，从规模宏大的行铺批发到随时移动的摊位，从位置固定的店铺到挑担叫卖的行贩，都有迹可循。需要注意的是，由于大量挑担、提瓶、挎蓝等小摊小贩活跃在桥市上，因此桥市商业呈现出种类多、规模小、移动性强、低端化、平民化的特征。城市下层民众、外来人员、无业人员因桥市而获得生存空间，通过出售小商品、个人技术、劳力等换取生活所需，这不但有利于保障下层民众的生存空间，并给过往行人、客商及本地市民提供生活便利，为城市增加烟火气，也有利于促进社会流动，让桥市及桥市所在的城市展现出特别的包容性与活力。

然而桥市上熙熙攘攘的人群以及开在桥面上的店铺、占栏的货摊等，会影响到桥梁的通行功能及桥梁的寿命，不利于桥面上的车马顺利往来，也有碍于桥梁下的舟船过桥时的拉纤会饘。面对桥市引发的这些问题，朝廷先后采取了两种措施。宋仁宗时期是禁止在桥面上“搭盖铺占栏”，限制店铺、大货摊开在桥上，但并不干涉小行贩及桥头、桥侧的商业行为；到神宗时期，则采取“市桥地课”的办法，通过对桥市征收摊位费提高经营成本，利用经济手段来调控桥市，控制桥面上的交易行为。

桥（渡）市的发展，以及桥梁（渡口）控扼水陆交通的地理优势，也让桥（渡）市成为宋代设锁征税的重要选择，桥渡处也多置有过锁以拦截往来船只与陆路商货，许多税务、税场的地理位置与桥（渡）市在空间上高度吻合。市因桥而名，不少桥市也被称作市镇或镇市，其地置有镇官收税。这些表明宋代桥（渡）市的发展与宋代商品经济的繁荣、商税的增加有着不可分割的关系。因此，桥（渡）市是观察当时社会发展的一个重要窗口。

The Bridge Markets in the Song Dynasty

Peng Lihua, Liu Huiling

Abstract: The areas near bridges and ports could easily appear the markets became passengers from both land roads and waterways often interacted with each other and engaged with commercial and trade activities. With the development of business economy, bridge (port) markets became some of the most prosperous and vigorous areas in the urban and rural regions in the Song dynasty. The commercial activities in bridge markets were diverse, including warehouse trade, shop sales, and small booths selling, etc. Those small salespeople active on bridge markets especially brought the extraordinary vigor to the markets. These trade activities on markets might block the transportation of the chariots and horses or even damaged the bridges; however, the bridge market itself was an economic zone developed by itself, which exited with its own logic and necessity. Then the Song government managed these markets with rationality. Emperor Renzong first ordered for preventing traders from setting up their shops on the bridges in order to keep the transportation flaw smoothly. Emperor Shenzong developed a tax policy for traders to manage these markets. These markets became the crucial sites for the Song government to take in commercial taxes. The government established the town officials and tax stations in the markets. Therefore, these markets became the windows for us to observe the socio - economic development of the Song dynasty.

Keywords: Song Dynasty; Bridge Markets; Economic Zone; Commercial Tax

《金史》史源研究组稿

编者按：

近年来，以厘清文献生成过程和文本批判为视角的史源学研究逐渐成为学术热点，特别是针对“二十四史”的文本解析和编纂研究尤受关注。元修《金史》是我们系统了解金源一朝历史最基本、最重要的文献，本辑聚焦于这部正史的史源研究，推出三篇相关的专题论文。杨瑞《〈金史·五行志〉探源——兼论中古以降正史〈五行志〉书写传统之转变》考察《金史·五行志》的史料来源和编纂体例，并探究中古以降正史《五行志》书写的“变”与“常”。陈晓伟《〈金史·百官志〉三等国号制及其渊源》追踪《金史·百官志》所载三等封国之号条的史源，指出元朝史官的改纂与杂糅，并论证金、宋两朝王爵封号制度的承袭关系。邱靖嘉《〈金史·赵秉文传〉的史源与史事发覆》对《金史·赵秉文传》做了细致的史源考索和史事分析，揭示元朝史官剪裁、拼合、杂糅史料的纂修过程及存在的问题，以此窥探元修金末人物列传的一些基本编纂特点。这三篇论文皆是由时兴的史源学研究出发，对《金史》各卷进行深入探源的作品，尽管其中有些观点尚属一家之言，有待商榷，但其对相关问题的讨论仍有助于我们更好地认识《金史》各部分的史料来源、文本构成以及元人的编纂手法，故于此集中刊发。

《金史·五行志》探源*

——兼论中古以降正史《五行志》书写传统之转变

杨　瑞

摘　要： 通过分类梳理可见，《金史·五行志》的主要史源与《金史》本纪部分一致，同出于金朝实录。此外，《金史·五行志》中包含了部分同《金史》其他志、传互见的条目，亦在金代后期实录、《国史》不备的情况下征引了宋、金以降笔记、文集、碑刻和私修史书中留存的灾祥记录。依此而论，《金史·五行志》并不具备专记祥瑞灾异之独立的史料来源。《金史·五行志》的征应记录虽然在很大程度上延续了正史《五行志》的书写传统，然不按五行、五事而以时间顺序排列的编纂体例，以及完全穿插散乱的灾祥并书方式则为其所独有。这种"变"与"常"交叠的状态，展现了中古以降正史《五行志》书写传统的变化。

关键词：《金史·五行志》　史源　体例　征应

一　问题缘起

《金史》各部分史源的探讨，自清以降学者多有措意。但关于《金史·五行志》的史源情况，现有研究大多将其视为《天文志》的附属，鲜见深入讨论。[①] 学界对于《金史·五行志》史源的一般意见，主要分为两

* 本文系国家社会科学基金青年项目"知识社会史视野下的唐宋草木知识体系研究"（23CZS020）的阶段性成果。

① 例如，张博泉先生在讨论《金史》的史料来源时说，"王鹗《金史》为百官志、食货志、地理志、天文志、礼乐志、刑法志、兵志等所本"，便未涉及《金史·五行志》部分，参见张博泉等《金史论稿》第1卷，吉林文史出版社，1986，第9页。

种：一种认为其源自金朝实录的本纪部分；[①] 另一种则认为金实录仅是其史源之一绪，《天文志》与《五行志》还存在专记祥瑞灾异之独立的史料来源。[②] 持后一种观点的代表学者邱靖嘉认为，“王鹗修《天文志》（附五行）向前司天台提点张居中求得系统的金代天变灾异史料，后元末修《金史》又分立天文、五行二志，然皆以张居中记录为本”，[③] 主要的依据，即是《金史·卫绍王纪》赞语中所言张居中曾“写灾异十六条”，[④] 但邱氏亦发现《金史·五行志》的体例较为特殊，他据其小序给出的解释是，“当时使臣并非完全照抄全文，而是在某些体例上有所删削”。[⑤] 实际上，《金史·五行志》的编纂情况远非前人推测的那样简单，它的史源和体例关系着《金史》史料来源以及《五行志》这一正史志书的演变过程，有着十分特殊的地位。故笔者拟从《金史·五行志》史源入手，对上述问题逐一进行分析，以求教于方家。

二 《金史·五行志》的史源分析

据笔者统计，在通行的中华书局原点校本和新修订本中，《金史·五行志》现存内容六成以上与《金史》本纪部分所载几乎完全相同。[⑥] 这种

---

① 陈学霖较早考察了《金史》各部分的史源情况，认为《金史·五行志》的史源主要来自实录，亦引用了私人撰述的材料，参见 Hok-lam Chan, “The Compilation and Sources of the *Chin-Shi*,” in *The Historiography of the Chin Dynasty: Three Studies*, Wiesbaden: Franz Steiner Verlag Gmbh, 1970, pp. 24-25。该文初刊于 1967 年，见 Hok-lam Chan, “The Compilation and Sources of the *Chin-Shi*,” *Journal of Oriental Studies*, Vol. 6, 1967, pp. 125-163。曾震宇认为《金史·五行志》的记录最有可能来自金朝实录和《国史》，但也可能来自《续夷坚志》等保留灾祥记录的书籍，但此仅为作者的猜测，缺乏论证过程，参见曾震宇《〈大金国志〉研究》，硕士学位论文，香港大学，2002，第 785 页。

② 例如，王明荪先生据《金史·五行志》小序“乃汇其史氏所书，仍前史法，作《五行志》”一句，认为《金史·五行志》是“据金代所记五行之资料而成”，参见王明荪《金修国史及〈金史〉源流》，《书目季刊》1988 年第 1 期，第 52 页。

③ 邱靖嘉：《〈金史〉纂修考》，中华书局，2017，第 165 页。

④《金史》卷一三《卫绍王纪》，中华书局点校修订本，2022，第 324 页。关于中华书局原点校本和新修订本内容的正误与补充，以及《金史》史源、纂修等诸问题最为全面的研究可参见陈晓伟《金史丛考》，中华书局，2022。该书作者亦同意本文关于《金史·五行志》并不具备专记祥瑞灾异独立的史料来源、大宗史料摘取自金朝实录的观点，参见氏著《金史丛考》，第 581、597 页。

⑤ 邱靖嘉：《〈金史〉纂修考》，第 165 页。

⑥ 笔者根据时间与事件两条标准进行统计，《金史·五行志》共可分为 233 条，其中与本纪部分所载几乎完全一致的有 147 条，约占总数的 63%。

情况的出现存在两种可能，其一是《金史·五行志》在编纂过程中直接取材于《金史》诸本纪，另一种则是《金史·五行志》与《金史》本纪部分拥有共同的史源。今本《金史》本纪依次有《世纪》、太祖、太宗、熙宗、海陵、世宗、章宗、卫绍王、宣宗、哀宗诸帝以及《世纪补》19卷，学界历来不乏对其史源情况的探求。[①] 根据现有研究，《金史》本纪部分的史源应来自金朝诸帝实录，又在王鹗《金史稿》的基础上，兼采其他宋、金史料文献以及文集、笔记、碑刻等材料。虽然金朝实录、《国史》以及王鹗《金史稿》皆不存，无法直接进行判断，但通过对比《金史·五行志》与《金史》本纪两大部分的内容，仍可发现《金史·五行志》史源的蛛丝马迹。

第一种情况上文已经说到，即《金史·五行志》中的条目与本纪内容完全一致或几乎完全一致，此类情形出现频次最多。即便《金史·五行志》抄撮自本纪，究其根本，其史源应为金朝实录中本纪的相关部分。

第二种情况，是《金史·五行志》中的部分内容与本纪记载相近，但在具体细节上又超出本纪。此类情况亦不在少数，试举两例（见表1）。

表1　《金史·五行志》与《金史》本纪内容对照

序号	《金史·五行志》内容	《金史》本纪内容
1	（大定）十四年（1174）八月丁巳朔，次乣里舌。日午，白龙见于御帐之东小港中，既而乘雷云而上，尾犹曳地，良久北去。（第578页）	《金史·世宗纪》：“（大定十四年）八月丁巳，次乣里舌。日中，白龙见御帐东小港中，须臾，乘云雷而去。”（第179页）
2	（大定）十六年（1176）三月戊申，雨豆于临潢之境，其形上锐而赤，食之味颇苦。（第578页）	《金史·世宗纪》：“（大定十六年三月）戊申，雨豆于临潢之境。”（第182页）

不难发现，《五行志》与本纪未画线部分的内容几乎完全相同，但是在《五行志》画线部分，往往能见到对于灾异或祥瑞事件更为详细的描述，其内容之细致应非后来捏造黏合。造成这些区别的原因，应是基于《五行志》与本纪的撰作意图不同，从而使得史官在编纂过程中对原始史料的去取有所变动。

① 除上所举陈学霖、张博泉、王明荪等学者的研究外，还可参见王继光《有关〈金史〉成书的几个问题》，《社会科学》1981年第2期，第62~67页；邱靖嘉《王鹗修〈金史〉及其〈金史稿〉探赜》，《史学史研究》2016年第4期，第106~115页，又见氏著《〈金史〉纂修考》，第157~163页；牛润珍、卢鹏程《金代修史机构与史注纂辑》，《史学史研究》2017年第1期，第18~32页。

《五行志》部分注重渲染灾祥事件的灵异性，包含了更多生动的细节；而本纪部分则侧重于记叙灾害（或异常）发生的时间、地点，描写趋于平实客观。

同样的，当《金史》本纪与《五行志》所记为同一事时，亦不鲜见本纪内容溢出《五行志》的范围。比如《金史·五行志》载："（明昌）五年（1194）七月丙戌，天寿节，先阴雨连日，至是开霁，有龙曳尾于殿前云间。"① 而《金史·章宗纪》："（明昌五年七月）丙戌，以天寿节，宴枢光殿。凡从官及承应人遇覃恩迁秩者，并受宣敕于殿前。时久雨初霁，有龙曳尾于殿前云间。"②《五行志》重点突出"有龙曳尾于殿前"的神异效果，而《章宗纪》中多出的部分侧重于交代朝廷政事。同样的情况还见于明昌二年（1191）秋旱灾的记录。《五行志》中仅交代"秋，山东、河北旱，饥"，③ 而《章宗纪》中则详细记录了朝廷应对旱灾的种种举措，"（明昌二年八月）己亥，敕山东、河北阙食等处，许纳粟补官"；④ 又"（明昌二年冬十月）壬寅，以河北、山东旱，应杂犯及强盗已未发觉减死一等，释徒以下"。⑤ 整体的接近与细节的不同亦能说明，《金史·五行志》并不是直接从本纪部分脱胎而来，而应与其有共同的史源，只是因志、纪的体例和撰作意图相区别而导致了取舍的分殊。

关于这一点，《金史·五行志》中既见于《金史》本纪部分，又与《金史》其他志、传内容相重合的条目，似乎更能印证笔者的推测（见表2）。

表2 《金史·五行志》与《金史》本纪及其他志、传内容对照（1）

序号	《金史·五行志》内容	《金史》本纪内容	《金史》其他志、传内容
3	（大定二十九年，1189）五月，曹州河溢。（第579页）	《金史·章宗纪》："（大定二十九年五月戊午）河溢曹州。"（第230页）	《金史·河渠志》："（大定）二十九年五月，河溢于曹州小堤之北。"（第719页）
4	（明昌五年，1194）八月，河决阳武故堤，灌封丘而东。（第579～580页）	《金史·章宗纪》："（明昌五年八月）壬子，河决阳武故堤，灌封丘而东。"（第255页）	《金史·河渠志》："（明昌五年）八月，以河决阳武故堤，灌封丘而东，尚书省奏，都水监、行部官有失固护。"（第724页）

① 《金史》卷二三《五行志》，第579页。

② 《金史》卷一〇《章宗纪二》，第254～255页。

③ 《金史》卷二三《五行志》，第579页。

④ 《金史》卷九《章宗纪一》，第239页。

⑤ 《金史》卷九《章宗纪一》，第239～240页。

第3条中，《五行志》与《章宗纪》所记基本一致，《河渠志》更为详尽，明确记载河溢的位置为“曹州小堤之北”；第4条中，《五行志》记载最为简略，《章宗纪》明确记载为“（明昌五年八月）壬子”，《河渠志》中又补充了朝廷对都水监等监管水务部门的追责，但此条记录的主体是“八月，以河决阳武故堤，灌封丘而东”，三处记载几乎完全一致，推测其史源应出于一处。另外，还有一条记录较为特殊（见表3）。

表3 《金史·五行志》与《金史》本纪及其他志、传内容对照（2）

序号	《金史·五行志》内容	《金史》本纪内容	《金史》其他志、传内容
5	［哀宗正大元年（1224）正月戊午］是日，大风飘端门瓦，昏霾不见日，黄气塞天。仁圣又梦乞丐万数踵其后，心恶之，占者曰：“后为天下母，百姓贫寠，将谁诉焉。”遂敕京城设粥与冰药以应之，人以为壬辰、癸巳之兆。（第584页）	《金史·哀宗纪》：“（正大元年正月戊午）是日，大风飘端门瓦。”（第406页）	《金史·后妃传》：“初，王氏姊妹受封之日，大风昏霾，黄气充塞天地。已而，后梦丐者数万踵其后，心甚恶之。占者曰：‘后者，天下之母也。百姓贫寠，将谁诉焉?’后遂敕有司，京城设粥与冰药。及壬辰、癸巳岁，河南饥馑。大元兵围汴，加以大疫，汴城之民，死者百余万，后皆目睹焉。”（第1631页）

在表3中，可以清楚看到《五行志》前半段“大风飘端门瓦”的记载和《哀宗纪》相同，后半段仁圣皇后占梦的故事，则显然参考了《后妃传》的内容，但这不能说明《五行志》具有独立的史料来源。《哀宗纪》之所以不采后半段，不是因为史官修《哀宗纪》时未能得见这一段曾两次出现于《金史》其他部分的材料，而是因为占梦的内容不符合本纪的取舍标准，这与上文所举之事例反映的事实基本相同。

第三种情况，则是《金史·五行志》中的内容不见于《金史》本纪，或与本纪出入较大。在这类情况中又需细分。

首先，是不见于《金史》本纪而见载于《金史》的其他志、传部分。根据笔者统计，此类例子在《金史·五行志》中仅见7条。其中4条来自列传，如“穆宗攻阿疎日”见载于卷六七《阿疎传》，[1] “太祖尝往宁江”

① 《金史》卷二三《五行志》，第574页；卷六七《阿疎传》，第1685页。

见载于卷六五《完颜斡带传》,[①]“海陵问司天马贵中”见载于卷一三一《马贵中传》,[②]“御史中丞董师中”部分见载于卷九五《董师中传》。[③]另有见载于其他志书的条目，如“八月丁丑策试进士于悯忠寺”又见载于卷五一《选举志》,[④]“（大定二十年）秋河决卫州”并见载于卷二七《河渠志》,[⑤]“有龙起于浑仪鳌趺”则见载于卷二二《历志》。[⑥]对比可以发现，在这一情况中,《五行志》部分的内容没有超出志、传的范围，或与志、传部分完全相同，或是经过简单删削而来。虽然《金史》诸志、传的史源情况较为复杂，但至少可以说明《金史·五行志》这一类的条目并不具备独立的史料来源。

其次，是《金史·五行志》内容与《金史》其他部分皆无重合，而来自他书。根据笔者统计,《金史·五行志》有部分条目见于洪皓《松漠纪闻》、周密《癸辛杂识》、刘祁《归潜志》、赵秉文《滏水集》、王鹗《汝南遗事》以及题为宇文懋昭所撰《大金国志》等书，不足10条,[⑦]主要集中于金末卫绍王、宣宗和哀宗时期。卫绍王和哀宗朝本无实录，因而在编

① 《金史》卷二三《五行志》，第574页；卷六五《完颜斡带传》，第1646页。

② 《金史》卷二三《五行志》，第577页；卷一三一《马贵中传》，第2969页。

③ 《金史》卷二三《五行志》，第579页；卷九五《董师中传》，第2242~2243页。对比《五行志》与《董师中传》的内容，则会发现《五行志》此条前半部分与本传基本吻合，但是，“上问：‘所言天象何从得之?’师中曰：‘前监察御史陈元升得之于一司天长行。’上曰：‘司天台官不奏固有罪，其以语人尤非。朕欲令自今司天有事而不奏者长行得言之，何如?’师中曰：‘善。’”这一部分内容则不见于本传中，可见《五行志》与本传在截取史料方面，侧重点有所不同。

④ 《金史》卷二三《五行志》，第578页；卷五一《选举志一》，第1221页。

⑤ 《金史》卷二三《五行志》，第578页；卷二七《河渠志》，第717页。

⑥ 《金史》卷二三《五行志》，第580页；卷二二《历志》“步五星第七”条，第564页。

⑦ 《金史·五行志》中“天眷元年（1138）夏有龙见于熙州野水”条，见于《松漠纪闻》，洪皓《松漠纪闻续》，张剑光、刘丽整理,《全宋笔记》第3编第7册，大象出版社，2008，第129页；“（大定）十三年正月尚书省奏”条与“泰和二年（1202）八月丙申”条同见于周密《癸辛杂识·别集》卷下“假尸还魂”条、“凤凰见”条，吴企明点校，中华书局，1988，第283~284页；“初卫王即位改元大安”条与“初南京未破一二年间”条见于刘祁《归潜志》卷一〇，崔文印点校，中华书局，1983，第116页；“十月邠州进白兔”条见于赵秉文《滏水集》卷一六《圣德颂》,《景印文渊阁四库全书》，台湾商务印书馆，1986，第1190册，第244页上栏；“（天兴）二年六月上迁蔡”条见于王鹗《汝南遗事》卷一“上入蔡”,《景印文渊阁四库全书》第408册，第936页上栏；“时又有童谣云易水流汴水流”条见载于旧题宇文懋昭撰《大金国志》卷二四《纪年·宣宗皇帝上》，崔文印校证《大金国志校证》，中华书局，1986，第334页。关于《大金国志》的真伪以及成书时间等问题，可参见刘浦江《再论〈大金国志〉的真伪——兼评〈大金国志校证〉》,《文献》1990年第3期，第96~108页。

撰此二朝史实时需多方检扩史料。正如《金史·卫绍王纪》赞语中所交代的那样："卫绍王政乱于内，兵败于外，其灭亡已有征矣。身弑国蹙，记注亡失，南迁后不复纪载。"[①] 迨及王鹗致力于编纂《金史稿》时，已经难以获知大安、崇庆年间的故事，于是"采摭当时诏令"，又从当年幸存故人中广搜博取，结合《章宗实录》《宣宗实录》才勾勒出大概面貌：

> 故金部令史窦祥年八十九，耳目聪明，能记忆旧事，从之得二十余条。司天提点张正之写灾异十六条，张承旨家手本载旧事五条，金礼部尚书杨云翼日录四十条，陈老日录三十条，藏在史馆。条件虽多，重复者三之二。惟所载李妃、完颜匡定策，独吉千家奴兵败，纥石烈执中作难，及日食、星变、地震、氛祲，不相背盭。今校其重出，删其繁杂。《章宗实录》详其前事，《宣宗实录》详其后事。又于金掌奏目女官大明居士王氏所纪，得资明夫人援玺一事，附著于篇，亦可以存其梗概云尔。[②]

实录既无，寄希望《天文志》《五行志》在动荡之时能够保留独立的详尽记录亦不现实，所以这一时段的祥瑞灾异记录之来源较为复杂。虽然以现存的情况来看，在增补《五行志》的过程中文集、碑志一类的材料所占比重不大，但亦有襄助之功，而且能够补充说明部分《金史·五行志》内容的史源出处。不仅如此，如果进一步考察文集中所载史事的来源，则会发现其亦有所本，比如表 4 中大定年间宛平县张孝善子死而复生的记录。

表 4 《金史·五行志》与笔记、小说内容对照

序号	《金史·五行志》内容	笔记、小说内容
6	（大定）十三年（1173）正月，尚书省奏："宛平张孝善有子曰合得，大定十二年三月旦以疾死，至暮复活，云是本良乡人王建子喜儿。而喜儿前三年已死，建验以家事，能具道之，此盖假尸还魂，拟付王建为子。"上曰："若是则奸幸小人竞生诈伪，渎乱人伦。"止付孝善（第 578 页）	《癸辛杂识·别集》卷下："金大定中宛平县张孝善男名合得，病死复活，云是良乡王建男喜儿，盖是假尸还魂者。部拟付王建为子，世宗曰：'若然，则吾恐奸诈小人竞生诈伪，有乱人伦。既身是合得，止合付合得家。'前一段王山有云，后一段《世宗实录》云。"（"假尸还魂"条，第 283 页）

① 《金史》卷一三《卫绍王纪》，第 324 页。

② 《金史》卷一三《卫绍王纪》，第 324 页。

周密交代这一段记载源出于《世宗实录》。邱靖嘉认为，以周密的经历来看，他虽无缘得见藏于秘府的金朝实录，却有机会接触到当时史官誊录出的流传于民间的实录节本，[①] 故此处记载较为可信。再如《大金得胜陀颂》中明确交代“臣谨按《实录》（此指《太祖实录》——笔者注）及《睿德神功》碑云”，亦不难看出《五行志》改写于此的痕迹（见表5）。

表5 《金史·五行志》与石刻资料内容对照

序号	《金史·五行志》内容	石刻材料
7	他日军宁江，驻高阜，撒改仰见太祖体如乔松，所乘马如冈阜之大，太祖亦视撒改人马异常，撒改因白所见，太祖喜曰：“此吉兆也。”即举酒酹之曰：“异日成功，当识此地。”（第575页）	《大金得胜陀颂》：“太祖率军渡涞流水，命诸路军毕会，太祖先据高阜，国相撒改与众仰望，圣质如乔松之高，所乘赭白马亦如冈阜之大。太祖顾视撒改等人马，高大亦悉异常。太祖曰：‘此殆吉祥，天地协应吾军胜敌之验也！诸君观此，正当勠力同心。若大事克成，复会与此，当酹而名之！’后以是名赐其地云。云时又以禳禬之法行于军中，诸军介而序立，战士光浮万里之程，胜敌刻日，其兆复见焉。”［道尔吉、和希格：《女真文〈大金得胜陀颂〉碑校勘释读》，《内蒙古大学学报》（哲学社会科学版）1984年第4期，第82~83页］

虽然已经无从知晓实际的情形，但以上所举之事例仍可为我们提供一种思路，即《五行志》中不见于《金史》各部分记载的条目，亦有出自金朝实录的可能，而非拥有独立的史料来源。而文集等其他史料，亦为《五行志》的扩充提供了足资采摭的内容。

最后一种情形，则是《金史·五行志》中的部分内容孤悬，不见于他处。《金史·五行志》中有一些记载，完全不见于本纪部分，亦不见于《金史》其余部分或其他史籍。还有一些虽然与本纪所载的事件相同，但是从细节中亦能察觉出史源有异。比如《金史·五行志》言，“是岁四月，山东、河北大旱，至六月，雨复不止，民间斗米至千余钱”，[②] 这里的“是岁”，联系上文应是大安二年（1210）。而翻检《卫绍王纪》却记载“（大安二年）六月，大旱”，[③] 明显与《五行志》所载“至六月，雨复不止”

① 邱靖嘉：《〈金史〉纂修考》，第237~238页。

② 《金史》卷二三《五行志》，第581页。

③ 《金史》卷一三《卫绍王纪》，第318页。

不合，未知何者为是，亦存在误系时间的可能。但在大安三年（1211）二月风折门关的条目中，《金史·五行志》记为，“三年二月乙亥夜，大风从西北来，发屋折木，吹清夷门关折”；[①]《金史·卫绍王纪》则记作，“（大安三年）二月，荧惑犯房宿。有大风从北来，发屋折木，通玄门重关折，东华门重关折”。[②]虽然志与本纪所系年月相同，但志中的时间更为明确，为“二月乙亥夜”，且记录吹折门关时前者为“清夷门”，后者为“通玄门”和“东华门”，此处显然不是讹误，而是两条记录的史料来源确属不同。以如此严苛的标准考察，此类情况的比重也仅有不到两成，即便完全排除它们源于实录、《国史》或者其他未能流传下来的史籍之可能，据此认为《五行志》具有独立的史料来源，也是值得怀疑的。

以上，以与《金史·五行志》内容重合最多的《金史》本纪部分作为参照，讨论了《五行志》与本纪部分完全重合、与本纪部分有所出入以及完全不见于本纪这三种情况。其中，最后一种又分为不见于本纪但见于《金史》其他志、传，不见于《金史》但见于他书和《五行志》为孤例的几种特例。基本已经涵盖《金史·五行志》史源的所有可能情形。分析发现，《金史·五行志》的史源较为复杂，但主要来源应与本纪部分一致，同出于金朝实录。除此之外，《五行志》中包含了部分同《金史》其他志、传互见的条目，亦在金代后期实录、《国史》不备的情况下征引了部分宋、金以降笔记、文集、碑刻和非官方史书中所留存的灾祥记录，这对《金史·五行志》的细节有所扩充，成为其又一重要史料来源。值得注意的是，通过对《金史·五行志》史源的追溯，并没有证据显示其具有专记祥瑞灾异的独立史源。虽然现存一些条目的出处已经不明，有可能如王鹗所言来自张居中等人的回忆，但其占比很小，且无明证，仅可作为一说以备参考。至此，从《金史·五行志》的史源方面已基本能够看出其编修的方法。但在内容之外，《金史·五行志》的书写体例在所有正史《五行志》中亦显得极为特殊，对其书写体例的考察，对于我们理解它的编纂情况亦具有一定裨益。

---

① 《金史》卷二三《五行志》，第581页。

② 《金史》卷一三《卫绍王纪》，第319页。

三 《金史·五行志》的体例特点

关于正史《五行志》的书写体例，前辈学者已经提出了较为充分的见解。[①] 而之所以说《金史·五行志》的体例特殊，是因为它具有几个极少出现于其他正史《五行志》或者为其所独有的特点。一是不按五行、五事、皇极的顺序而完全按照时间顺序分类排列；二是采取祥瑞、灾异并书的形式，且灾祥不加区隔；三是正文与序言内容不合，序言中虽对灾祥休咎之说提出了质疑，但在正文中亦常见“征—应”对应的记载。这些特点，不仅对进一步考察《金史·五行志》的史源情况有所帮助，而且对了解正史《五行志》书写传统的发展演变亦具有重要意义。

首先，《金史·五行志》的灾异排列与分类问题。在此之前，有必要简要介绍《五行志》的渊源与一般排列、分类方法。《五行志》之所以如此命名，是因为在古人的世界观中，五行相生相克构成了万事万物的运行规律，而人类世界与天地也是通过五行进行沟通的。人世间的所作所为如果顺应五行的规律，就会风调雨顺、祥瑞并臻；反之，则会灾异频现。《尚书·洪范》言：“五行：一曰水，二曰火，三曰木，四曰金，五曰土。水曰润下，火曰炎上，木曰曲直，金曰从革，土爰稼穑。”[②] 五行具有润下、炎上、曲直等性质，如若五行变性，则会发生水不润下、火不炎上、木不曲直、金不从革和稼穑不成（土）的现象，从而导致灾害的发生。与之相应，人间亦有五事与五行一一对应。五事分别为貌、言、视、听、思，同样具备各自的特性，“貌曰恭，言曰从，

---

① 对《五行志》书写模式进行深入分析的研究不多，但已经有比较成熟的讨论。相关研究可参见缪凤林《〈汉书·五行志〉凡例》，《史学杂志》（南京）第1卷第2期，1929年，第1~4页；高木理久夫《正史五行志の基础の研究》，《早稲田大学大学院文学研究科紀要別冊》第17集（哲学·史学编），1991，第237~251页。近十几年来，涉及这一问题较为重要的研究可参见游自勇《天道人妖——中古〈五行志〉的怪异世界》，博士学位论文，首都师范大学，2006；陈侃理《儒学、数术与政治：灾异的政治文化史》，北京大学出版社，2015；胡祥琴《怪异的叙事：南北朝正史“五行”“符瑞”诸志研究》，中国社会科学出版社，2018；梅军校疏《汉书五行志校疏》，中华书局，2022；游自勇《“弃常为妖”：中古正史〈五行志〉的灾异书写》，《历史研究》2022年第2期，第55~77页。

② 孔安国撰，孔颖达正义《尚书正义》卷一二《洪范第六》，阮元校刻《十三经注疏》，清嘉庆刊本，中华书局，2009，第399页上栏。

视曰明，听曰聪，思曰睿”。[①] 若五事失常，则会发生貌之不恭、言之不从、视之不明、听之不聪与思心不睿的现象，从而导致人事异常。“皇极”为《洪范》“九畴”中的一畴，特别强调君主在天人感应中的特殊地位，君主若言行失当则会招致灾异。笔者以正史中出现的第一部《五行志》——《汉书·五行志》[②] 为例，尝试概括《五行志》的一般结构。

从表6可以看出，《汉书·五行志》中五行、五事和皇极虽然还没有完全相配，但它的顺序是十分谨严的，先叙五行，再叙五事，最后言皇极，五行、五事、皇极不相统属，顺序绝无混乱。而随着汉末以后五行与五事相配的观念渐渐被接受，《五行志》中亦形成了两者相互搭配的顺序，这在《宋书·五行志》中得到了完美展现，先叙五行，然后搭配叙述相应的五事。[③] 另一类则如李淳风所撰《晋书·五行志》和《隋书·五行志》，虽然五行、五事分开，然而叙述的顺序也是按照木—貌、金—言、火—视、水—听、土—思心的搭配前后对应的，体现了鲜明的秩序性。[④] 除此之外，《五行志》中怪异的类型，则依据妖、孽、祸、痾、眚、祥、沴的分类进行排列。《汉书·五行志》引“说”曰：“凡草物之类谓之妖。妖犹夭胎，言尚微。虫豸之类谓之孽，孽则牙孽矣。及六畜，谓之祸，言其著也。及人，谓之痾。痾，病貌，言浸深也。甚则异物生，谓之眚；自外来，谓之祥。祥，犹祯也。气相伤，谓之沴。沴犹临莅，不和意也。”[⑤] 七种分类级别由低到高，怪异的程度逐渐加深；每一类型又与五事相匹配，从而产生名目繁多的各种怪异。如果以五事和七种怪异一一对应，其排列

---

① 孔安国撰，孔颖达正义《尚书正义》卷一二《洪范第六》，阮元校刻《十三经注疏》，第400页上栏。

② 关于《汉书·五行志》的内容来源，程苏东认为班固主要是纂合董仲舒、京房、刘向、刘歆诸人的灾异学著作，尤其倚重刘向、刘歆父子所纂的两部《洪范五行传论》。《汉书·五行志》在纂合二书时，以刘向《洪范五行传论》作为陈述五行学理论的主要依据，而以刘歆《洪范五行传论》作为灾异事例分类的主要依据。参见程苏东《〈汉书·五行志〉体例覆核》，《中国史研究》2020年第4期，第49~68页，后收入氏著《汉代洪范五行学：一种异质性知识的经学化》，北京大学出版社，2023，第100~133页。

③ 参见《宋书》卷三〇至卷三四《五行志》，中华书局点校修订本，2019，第961~1117页。

④ 在这一类《五行志》中，五行的先后顺序虽不尽相同，但五行与五事对应的原则没有变化。参见《晋书》卷二七至卷二九《五行志》，中华书局，1974，第799~914页；《隋书》卷二二至卷二三《五行志》，中华书局点校修订本，2020，第687~743页。

⑤ 《汉书》卷二七中之上《五行志七中之上》，中华书局，1962，第1353页。

之严谨甚至近似“元素周期表”。虽然自《汉书·五行志》以下，诸本《五行志》具体的怪异名目各有变化，还经常出现空缺的情况，但基本沿用《汉书·五行志》的排列和分类体系是显而易见的。

表 6 《汉书·五行志》书写结构

	五行							五事					皇极
基本性质	木	火	土	金	水	基本性质		貌（木）	言（金）	视（火）	听（水）	思（土）	
性质变化	木不曲直	火不炎上	稼穑不成	金不从革	水不润下	性质变化		貌之不恭	言之不从	视之不明	听之不聪	思心不睿	
						怪异↓（程度递增）		恒雨	恒阳	恒奥	恒寒	风	恒阴
灾害	雨木冰	火灾（人火曰火，天火曰灾）	大亡麦禾	冶铸金铁，金铁冰滞涸坚，不成者众	大水		妖	服妖	童谣、歌谣	草妖	鼓妖	夜妖	射妖
							孽			羽虫之孽	鱼孽、介虫之孽	裸虫之孽	龙蛇之孽
							祸	鸡祸、牛祸	犬祸		豕祸	牛祸	马祸
							痾		人痾			心腹之痾	下人伐上之痾
							眚			赤眚	青眚、黑眚		
							祥	青祥	白祥	白黑祥、青祥			
								鼠妖				妖鼠	
							沴	金沴木	木沴金		火沴水	金木水火沴土者	日月乱行，星辰逆行

而在《金史·五行志》中，所有条目的排序与五行、五事、皇极毫无关系，完全按照时间顺序进行排列，这在正史《五行志》中绝无仅有。因此，《金史·五行志》中所记述的灾异种类并没有集中分类，常常需要依赖《五行志》的惯例进行推测。比如《金史·五行志》载兴定四年(1220)，“是岁，华州渭南县民裴德宁家伐树，破其中有赤色‘太’字，表里吻合。有司言与唐大历中成都瑞木有文‘天下太平’者其事颇同，盖太平之兆也。乞付史馆”。①《册府元龟》中将“唐大历中成都瑞木”事归

① 《金史》卷二三《五行志》，第 583~584 页。

在《帝王部·符瑞》,[①] 因此与此事“颇同”的《金史·五行志》中的记载也应归为“祥瑞”,一般视为“瑞木”。再如大定五年(1165)“十一月癸酉,大雾,昼晦”和“宣宗贞祐元年(1213)八月戊子夜,将曙,大雾苍黑,跬步无所见,至辰巳间始散”。[②] 此二条虽然没有明确说明为何种怪异类型,但根据《汉书·五行志》中的释义和《宋书·五行志》《隋书·五行志》等相关记载示例,[③] 应当将其归为“思心不睿”引起的“夜妖”。然而《金史·五行志》中没有任何分类的信息,其他条目亦复如是。甚至还有一些条目,完全不见于此前《五行志》所涵盖的怪异类型,显得十分突兀。比如海陵正隆中,“是时,临潢府闻空中有车马声,仰视见风云杳霭,神鬼兵甲蔽天,自北而南,仍有语促行者。未几,海陵下诏南征”。[④] 神使、鬼兵的记载已近于道家传说,而《金史·五行志》直接“拿来”,并未做进一步的改写以使其符合《五行志》的书写传统。由此可见,《金史·五行志》在排序与分类上完全不按照《五行志》的一般原则。从时间线看,几乎与《金史》本纪部分一一对应,此亦间接证明了笔者的猜测,即《金史·五行志》主体史源应与《金史》本纪部分相同,并不具备独立的史料来源。

《金史·五行志》在体例方面的第二点特殊之处,是其灾祥并书的书写模式。《金史》设《五行志》不设《符瑞志》,采取祥瑞、灾异并书的形式,且祥瑞和灾异的篇幅相当。概览《金史》之前的正史《五行志》,仅有《旧唐书·五行志》是祥瑞、灾异并书的形式,且其中祥瑞部分占比非常少,不到全志体量的10%。《旧唐书·五行志》编纂匆忙且品质较差,正如杜希德(Denis Twitchett)所说,“显然,在此个案(指《旧唐书·五行志》——笔者注)中,《旧唐书》的作者们既不特别关注这个题目,也未认真从事这项工作。因为他们不仅未能汇集充足的信息加载此志……而且他们甚至不想费心去利用随手可得的《唐会要》与《续会要》中的相对

① 王钦若等编《册府元龟》卷二五《帝王部·符瑞四》,中华书局,1960,第268页下。

② 《金史》卷二三《五行志》,第578、582页。

③ 参见《汉书》卷二七下之上《五行志七下之上》,第1441~1442页;《宋书》卷三四《五行志五》,第1074页;《隋书》卷二三《五行志下》,第728~729页。

④ 《金史》卷二三《五行志》,第577页。

丰富的资料”。[①] 如其所言，《旧唐书·五行志》未收录《会要》中大量的祥瑞灾异记录，且在《唐会要》中，祥瑞灾异是清楚区隔的。[②] 参考中古时期其他《五行志》《符瑞志》以及唐代萨守真《天地瑞祥志》、刘庚《稽瑞》和敦煌出土的《瑞应图》等材料，中古时期祥瑞、灾异区隔才是主流，《旧唐书·五行志》乃是偶然。

反观《金史》，虽然与《金史·五行志》几乎同时编纂的《宋史·五行志》也采用了祥瑞、灾异并书的形式，但是在这种书写模式中，《金史·五行志》仍最为特殊。比如在《宋史·五行志》中，祥瑞、灾异首先被归为不同的五行变性，然后各类目集中出现。如祥瑞“嘉禾”条集中记载在“火不炎上”，而灾异如旱灾集中记载于“金不从革”，[③] 绝不交叉重叠；每一种灾祥内部再各自按照时间顺序排列，秩序井然。然而，《金史·五行志》则是完全打散，祥瑞也好，灾异也罢，全然依据时间次序交叠出现，没有任何进行分类的尝试。与其说这是编纂《金史·五行志》时史官有意为之，倒不如说这是将《五行志》简化了，甚至可以说现存的《金史·五行志》更类似编纂《五行志》的史料长编，而不是一个经过史官精心修撰的“完成品”。

需要留意的是，祥瑞与灾异能够在《五行志》这一文本中共处，却并非如《旧唐书·五行志》那般偶发，而是受到了彼时灾祥观念的影响。《宋史·五行志》的序言，已经明确提出了对于《五行志》只记灾异、不记祥瑞的质疑，“且于庶征惟述灾眚，而休祥阙焉，亦岂无所见欤”。[④] 其后《元史·五行志》也选择了灾祥并书的书写模式。这种将灾祥均视为“物异”的倾向，在马端临《文献通考》中已经有所表露，“窃尝以为，物之反常者，异也。其祥则为凤凰、麒麟、甘露、醴泉、庆云、芝草，其

---

① 〔英〕杜希德：《唐代官修史籍考》，黄宝华译，上海古籍出版社，2015，第201页。

② 王溥：《唐会要》卷二八《祥瑞上》，卷二九《祥瑞下》，卷四二《地震》《日蚀》《月蚀》，卷四三《彗星》《五星凌犯》《星聚》《流星》《山摧石陨》《水灾上》，卷四四《水灾下》《火》《木冰》《螟蜮》《杂灾变》，上海古籍出版社，1991，第618~628、885~931页。

③ 《宋史》卷六四《五行志二下》，中华书局，1977，第1399~1408页；卷六六《五行志四》，第1438~1446页。

④ 《宋史》卷六一《五行志一上》，第1318页。

妖则山崩、川竭、水涌、地震、豕祸、鱼孽。妖祥不同，然皆反常而罕见者，均谓之异可也”。[①] 祥瑞、灾异均是事物反常的表象，无论向好成为祥瑞抑或向坏变为灾异，均应等而视之。这种思想导向即是灾祥并书，其在正史《五行志》中的广泛实践正始自宋、辽、金三史编纂时。《金史·五行志》灾祥并书的现象应置于此背景之下考虑。虽然现在已经无从知晓王鹗《金史稿》的状况，仅能从只言片语中了解到他曾经为撰写《五行志》做了一些收集史料的准备。若这一过程确实发生过，现存《金史·五行志》则更近似筹备过程中灾、祥资料的汇编，灾祥并书的理念虽已经得到认同，但囿于正式编修《金史》时间仓促，没有经过仔细排布就匆忙问世了。

除上述两点外，《金史·五行志》在事应和占辞的书写方面也别具特色。《五行志》最重要的一个特点，是休征、咎征与事应相对应的写法。游自勇认为《五行志》书写具有两种基本形式，一种是“‘五行志’模式”，另一种是“灾害异物志”模式，而它们的根本区别是“有无事应”。[②] 有事应，则是将灾害怪异和人事相验证的“‘五行志’模式”；没有事应，则是以单纯记录各种灾害和怪异为主的“灾害异物志”模式。这种分类本身或许过于绝对，但确实指出了“事应”在区别《五行志》书写模式中的重要意义。而在《金史·五行志》中，“有无事应”并不能一概而论，“事应”的删削实际与《五行志》书写传统的变化息息相关。

四　正史《五行志》书写传统的“变”与“常”

宋儒在学理层面对祥瑞灾异理论进行了重塑，其中最为明显的变化，即是对汉儒征应机械对应说的批判。而这种变化在祥瑞灾异书写载体《五行志》中的直观体现，即是“事应”被删削，只书“征”，不书“应”。

直接促成这一转变的是欧阳修。北宋仁宗至和元年（1054），欧阳修接受任命负责编修《新唐书》，直至嘉祐五年（1060）秋七月，“戊戌，翰

① 马端临：《文献通考》卷首“自序”，上海师范大学古籍研究所、华东师范大学古籍研究所点校，中华书局，2011，第20页。

② 游自勇：《天道人妖——中古〈五行志〉的怪异世界》，第29页。

林学士欧阳修等上所修《唐书》二百五十卷”。[①] 在《新唐书·五行志》的小序中，欧阳修详尽阐述了他对于阴阳五行的认识，又极力打破传统的祥瑞灾异与人事比附的观念：

> 盖君子之畏天也，见物有反常而为变者，失其本性，则思其有以致而为之戒惧，虽微不敢忽而已。至为灾异之学者不然，莫不指事以为应。及其难合，则旁引曲取而迁就其说。[②]

在欧阳修看来，灾异说的目的是让“君子”有所畏惧，从而反躬自省以合规矩。但是汉代研究灾异的学者如董仲舒、刘向、刘歆等人则突出“征”与“应”的对应，即便不合，也要曲意附会以使得祥瑞灾异说灵验，这已经乖离了圣人本意。欧阳修认为：“考其所发，验以人事，往往近其所失，而以类至。然时有推之不能合者，岂非天地之大，固有不可知者邪?”[③] 在他看来，即便一时出现不合，也仅仅是因为天高地迥，必然有隐情不能为人所悉察，而无所谓怪，更不应牵强附会。因而在序言末尾，欧阳修提出了《新唐书·五行志》的书写原则，“故考次武德以来，略依《洪范五行传》，著其灾异，而削其事应云”。[④] 这一编撰原则，在《新五代史·司天考》部分有淋漓尽致的表现。欧阳修认为天地鬼神是不可知的，但可以“因其着于物者以测之”；[⑤] 人的言行好恶是直观的，参照考察就可以明晰，因此了解“天道”和“人事”的方法在本质上是相一致的。只要“人事”合于“天道”，就可以体现天意，所以不必对天道妄加揣测，“修吾人事而已”。[⑥] 他强调“人事”的意义，至于“而占之有中有不中，不可以为常者”，[⑦] 则是有司之事，并不足以为怪。欧阳修直接否定了事应占验的必要

① 李焘：《续资治通鉴长编》卷一九二，嘉祐五年秋七月戊戌条，中华书局，2004，第4635页。

② 《新唐书》卷三四《五行志一》，中华书局，1975，第872页。

③ 《新唐书》卷三四《五行志一》，第872页。

④ 《新唐书》卷三四《五行志一》，第873页。

⑤ 《新五代史》卷五九《司天考二》，中华书局点校修订本，2016，第794页。

⑥ 《新五代史》卷五九《司天考二》，第794页。

⑦ 《新五代史》卷五九《司天考二》，第794页。

性，在其私人撰著的《新五代史》中亦没有设立《五行志》。[①]

从上述史料来看，《新唐书》中即便设立《五行志》，其内容也应当只有“征”，而与占辞和事应彻底切割。但实际上，《新唐书·五行志》中仍保留了相当数量的事应，[②] 这一方面缘于真正执笔负责编写《新唐书·五行志》主体内容的是刘羲叟，[③] 他对祥瑞灾异说的认识并不像欧阳修一样激进；另一方面，祥瑞灾异说在北宋仍然处于一个转变过程中，时人并没有从根本上否认天人感应说，而仅仅对汉儒机械化地对应解说有所不满。作为官修史书一部分的《新唐书·五行志》，则仍然保持了自《汉书·五行志》以来强大的历史书写惯性，阴阳五行、天人感应的观念贯穿始终。

《新唐书·五行志》中“征”与“应”藕断丝连的情况，在《金史·五行志》中同样有所表现。《金史·五行志》中出现了数量不少的占辞和事应。比如，“太祖之生也，常有五色云气若二千斛囷廪之状，屡见东方。辽司天孔致和曰：‘其下当生异人，建非常之事，天以象告，非人力所能为也。’”[④] 此条记录中，“休征”为五色云，“占辞”为辽朝司天监官员孔致和的判断，“事应”则显然是金太祖出生并建立金国之不朽功业。征、占、应俱在，结构完整，体例标准，是一则非常典型的《五行志》条目。再如前举哀宗正大元年（1224）正月戊午，“是日，大风飘端门瓦，昏霾不见日，黄气塞天。仁圣又梦乞丐万数踵其后，心恶之，占者曰：‘后为天下母，百姓贫窭，将谁诉焉。’遂敕京城设粥与冰药以应之，人以为壬辰、癸巳之兆”。[⑤] 其中咎征清楚明白，占辞虽然不能确知，但有“占者”出现是无疑的，所谓“壬辰、癸巳之兆”则指向事应。“壬辰”指金哀宗天兴元年（1232），“癸巳”指金哀宗天兴二年（1233）。《金史·哀宗纪》

① 关于欧阳修反对汉儒征应说的原因和背景，寺地遵曾结合当时的思想状况和科举选士，着重就宋代士大夫注重现世的知识积累、个人才干和后天努力等方面加以论述，参见寺地遵《欧陽修における天人相関説への懐疑》，《広島大学文学部紀要》第28卷第1号，1968年，第161~187页。

② 《新唐书》卷三四《五行志一》开篇的“木不曲直”部分，即保存大量“占曰”（第874~884页）。其他诸如“火不炎上”“金不从革”等亦复如是。

③ 《宋史》卷四三二《刘羲叟传》，第12838页。

④ 《金史》卷二三《五行志》，第574页。

⑤ 《金史》卷二三《五行志》，第584页。

载，“汴京大疫，凡五十日，诸门出死者九十余万人，贫不能葬者不在是数”;[①] 又载，“（天兴元年十一月），壬子，京城人相食。癸丑，诏曹门、宋门放士民出就食”。[②] 此处的“壬辰、癸巳之兆”，即指在天兴元年汴京被蒙军围城期间发生的大疫以及疫后所造成的百姓饥寒之状，亦是此条记录的事应。还有一些则是直接出现休征（咎征）和事应，忽略占辞，此亦是《五行志》中非常普遍的形式。如“温都部跋忒畔，穆宗遣太祖讨之，入辞，奏曰：‘昨夕见赤祥，往必克。’遂与跋忒战，杀之”，[③]“赤祥”为休征，太祖杀跋忒为事应，却没有占辞。再如“天兴元年正月丁酉，大雪。二月癸丑，又雪。戊午，又雪。是时，钧州、阳邑、卢氏兵皆大败”，[④]“大雪”与“战败”相对应。整体来看，虽然数量上事应与占辞在《金史·五行志》中出现的比重不大，但是其书写模式与中古时期的其他《五行志》别无二致。

关于这种书写模式的趋同与承续，《金史·五行志》较为集中地体现在由五事变性“言之不从”引起的“诗妖”上。“诗妖”实际上是谶言的一种，即谶谣，“谶谣是把谶的神秘性、预言性与谣的通俗流行性结合起来的一种具有预言性的神秘谣歌，是以通俗形式表达神秘内容并预言未来人事荣辱祸福、政治吉凶成败的一种符号，或假借预言铺陈的政治手段”。[⑤] 在民间流传的一些谣言、评论、诅咒或批判等信息，一旦其指向的结果与事态发展相符，就成了带有预言和占卜特点的谶言、谶谣而被收入《五行志》，转变为“诗妖”或“谣妖”。《金史·五行志》中被纳入“诗妖”的谶谣同样具备上述特点。比如，泰和八年（1208）“时又有童谣云：‘易水流，汴水流，百年易过又休休。两家都好住，前后总成留。’至贞祐中，举国迁汴”。[⑥] 这一童谣预言了金朝贞祐南迁的事件，“两家”指金与北宋皆以汴京为都城，却都没能保住祖宗基业，最终“百年易过又休休”。再如贞祐元年（1213）“十二月乙卯，雨，木冰。时卫州有童谣曰：‘团圞

① 《金史》卷一七《哀宗纪上》，第419页。

② 《金史》卷一七《哀宗纪上》，第428页。

③ 《金史》卷二三《五行志》，第574页。

④ 《金史》卷二三《五行志》，第585页。

⑤ 谢贵安：《中国谶谣文化研究》，海南出版社，1998，第5页。

⑥ 《金史》卷二三《五行志》，第581页。

冬，劈半年。寒食节，没人烟。’明年正月，元兵破卫，遂丘墟矣”，[1]同样以“没人烟”来预言身死城破，卫州城化作一片废墟，具有鲜明的“征—应”特点。有些“诗妖”的解读则比较复杂。“初，南京未破一二年间，市中有一僧不知所从来，持一布囊贮枣，日散与市人无穷，所在儿童百十从之。又有一人拾街中破瓦，复以石击碎之。人皆以为狂，不晓其理，后乃知之，其意盖欲使人早散，国家将瓦解矣。”[2]虽然这一则“诗妖”中并没有出现童谣或者歌谣，但却运用了语词的谐音和象征手法，以僧人散枣来寓意“早散”，以瓦片被击破寓意国家即将“瓦解”，这同样是“诗妖”解读的常见手法。吕宗力先生对两汉时期的谶谣进行过详尽分析，他总结道：“谶言、谶谣独特之处，在于借助汉字的特殊性，以谐音、离合、双关等修辞方式，增加语言的模糊性和抽象性，令‘破译’者和受众有足够的想象空间，从而释读出他们所期待的天启信息。”[3]不难发现，《金史·五行志》中的“诗妖”无论是解读方法还是预言性方面都与前代颇为类似，在其他具备占辞和事应的条目中，这一点也是成立的。笔者之所以选择“诗妖”，是因为它与其他由自然灾害或者怪异所引发的灾异不同，“诗妖”本质上是一种非官方渠道的信息传播行为，信则有不信则无，但哪些信息被澄汰、哪些信息被保留绝不是偶然发生的，那些最终能够验证而成为谶谣的条目，往往代表了时人所期待的事态发展方向。为了增加谶谣的可信度，史家又需要以后见之明对谶谣进行加工以使其符合“诗妖”的一般书写模式。在这个过程中，进一步强调了“征—应”的对应，因而能够更为清晰地体现《五行志》的编纂意图和书写特点。

以往对于《五行志》的演变一般强调其“变”的部分，却往往忽略“常”的因素。除却《金史·五行志》，如果以有无事应为标准来考察《新唐书·五行志》以后的正史《五行志》，则会发现虽然事应出现的数量大幅缩减，但没有一部官修正史《五行志》完全摆脱了占辞或者事应。需要说明的是，《五行志》的撰作者们对于事应的态度是十分暧昧的。《金史·五行志》小序中说：

---

① 《金史》卷二三《五行志》，第582页。

② 《金史》卷二三《五行志》，第585页。

③ 吕宗力：《汉代的谣言》（修订本），四川人民出版社，2023，第275~276页。

> 两汉以来，儒者若夏侯胜之徒，专以《洪范五行》为学，作史者多采其说，凡言某征之休咎，则以某事之得失系之，而配之以五行。谓其尽然，其弊不免于傅会；谓其不然，“肃，时雨若”“蒙，恒风若”之类，箕子盖尝言之。金世未能一天下，天文灾祥犹有星野之说，五行休咎见于国内者不得他诿，乃汇其史氏所书，仍前史法，作《五行志》。至于五常五事之感应，则不必泥汉儒为例云。①

可见，《金史·五行志》的撰作者并没有否认阴阳五行、天人感应学说本身，甚至对汉儒的解说仍保持怀疑态度，认为不可尽信也不可不信，故不拘于汉儒故例。在与《金史》几乎同时编纂的《宋史》中，史家同样认为五行五事之说虽然不足取，但是班固《汉书·五行志》和南朝刘昭据司马彪《续汉书》抽补的《后汉书·五行志》中，已经确立了《五行志》写作的目的及本质，那就是以天人感应之说来“示人君之戒深矣”，还特别强调了欧阳修的《新唐书·五行志》亦采纳了这一观点。②《元史》同样设立《五行志》，采取的态度亦是折中的，“后世君不建极，臣不加省，顾乃执其类而求之，惑矣。否则判而二焉，如宋儒王安石之论，亦过也”。③《明史·五行志》《清史稿·灾异志》所秉承的书写原则亦复如是。④实际上，即便对“征”“应”的态度并不明确，但这种对天人感应学说的普遍接受以及对正史《五行志》的一贯保留，则恰恰体现了《五行志》书写传统的“常态”。⑤

由上述分析可以看出，占辞和事应在区分《五行志》书写模式中具有十分重要的作用，但这一标准并非绝对。《新唐书·五行志》之后的诸正史《五行志》中，虽然对汉儒以降五行五事与人事附会的做法颇多讥议，并且在《五行志》中大幅删减事应，但没有一部正史《五行志》彻底否定天人感应、阴阳五行之说，对于事应的否定，也紧紧止步于“验”与“不

① 《金史》卷二三《五行志》，第573页。

② 《宋史》卷六一《五行志一上》，第1317~1318页。

③ 《元史》卷五〇《五行志一》，中华书局，1976，第1050页。

④ 《明史》卷二八《五行志一》，中华书局，1974，第425~426页；《清史稿》卷四〇《灾异志一》，中华书局，1977，第1487页。

⑤ 关于正史《五行志》小序的深入考察，参见游自勇《试论正史〈五行志〉的演变——以“序”为中心的考察》，《首都师范大学学报》（社会科学版）2006年第2期，第1~6页。

验”，若未能验证，则是人事不察，而绝没有否认事应的存在。种种迹象表明，这种《五行志》的书写模式与宋代以后祥瑞灾异论的变动相合，即否定征应机械对应，却不否定其原理。《金史·五行志》一方面继承了这种模式，另一方面，采取不按五行、五事而以时间顺序排列的原则，以及灾祥并书以至于完全交叠散乱的书写方式则为其所独有。这种“变”与“常”交叠的状态，正体现了《金史·五行志》在正史《五行志》书写模式变化中的特殊地位。

结　语

清人章学诚对《五行志》的书写方法提出过独到见解，他认为《五行志》应“据事直书，不分门类，不注征应，一以年月为次”。[①] 如果以“倒放电影”的视角去观察，则会发现《金史·五行志》的书写原则恰恰符合后世的撰作理念。这一方面固然囿于元末编修《金史》之际史料亡失、时间仓促的窘迫状况，另一方面亦反映了《五行志》这一史志书写体例的变化。自北宋中期以后盛行的对阴阳五行、灾祥休咎之说的反思思潮，最终呈现为其书写载体《五行志》体例的一次激变。但毫无疑问，《金史·五行志》乃至此后的各正史《五行志》，均是在阴阳五行、天人感应之说的范围内进行修正，未能完全跳脱出基本的框架，同时，其目的也始终是发挥对君上“戒惧修省”的功用。

由前文分析可知，《金史·五行志》并不具备专记祥瑞灾异的独立史料来源。其征应记录虽然在很大程度上延续了正史《五行志》的书写传统，然不按五行、五事而以时间顺序排列的编纂体例，以及灾祥并书以至于完全散乱的方式又呈现鲜明个性。这种“变”与“常”交叠的状态，体现出《金史·五行志》在正史《五行志》书写模式变化过程中独一无二的地位。与其几乎同时撰作的另外二史，《辽史》中没有《五行志》可以参照，《宋史·五行志》则几乎成为宋代《国史》中数量庞大的灾祥记录的堆砌，唯有《金史·五行志》给予了史官发挥空间，亦为后人溯源其纂修

① 章学诚撰，叶瑛校注《文史通义校注》卷八《外篇二·天门县志五行考序》，中华书局，2014，第996页。

过程留下了线索。对《金史·五行志》史源的详细分析以及对正史《五行志》书写体例演变的呈现，能够反映出祥瑞灾异在政治实践和学理层面的变化对其造成的深刻影响，并为我们了解汉代以降祥瑞灾异书写模式的变化提供切实可知的凭借。

Investigating the Source Origins of the Five-Phase Treatise in *the History of the Jin Dynasty*: Also Manifesting the Changes of Writing Tradition on the Five-Phase Treatises since the Medieval Period

Yang Rui

Abstract: By a classification, it seems that the original source for the Five-Phase Treatise in *The History of the Jin Dynasty* was the same as the Basic Annals of *The History of the Jin Dynasty*, which all came from the Vertical Records of the Jin Dynasty. Besides this, the Five-Phase Treatise also contained some entries that appeared in other treatises and biographies. Due to the lack of some vertical records from the late Jin Dynasty and the National History of the Jin Dynasty, the Five-Phase Treatise cited many records about the disasters and auspicious omens in Miscellaneous Notes (Biji), collections of personal writings, stele inscriptions, and privately compiled histories. Given this situation, the Five-Phase treatise does not offer the independent original sources on the disasters and auspicious omens. Some of its sections on verifications and responses, though to a great extent continued the tradition of traditional treatises of Five Phases, did not follow the categories of Five Phases and five affairs, but compiled records chronologically. It was unique in terms of its writing about disasters and auspicious omens in turns without particular order. This method of taking turns to record both changes and normality manifests the changes of writing tradition on the Five-Phase Treatises since the medieval period.

Keywords: Five-Phase Treatise in *the History of the Jin Dynasty*; Historical Sources; Conventions; Verifications and Responses

《金史·百官志》三等国号制及其渊源[*]

陈晓伟

摘　要：《金史·百官志》详载大、次、小三等封国之号，但并没有标明时间断限。经与《大金集礼·亲王》封国条例比较，《百官志》上述内容最接近大定十四年颁布的制度。本文结合相关记载总结志书封国制条的编纂模式：元朝史官以“大定格”为基础，根据金实录中的相关记载相应改纂，最终杂糅整合而成。所谓“明昌格”并不存在。关于这项制度的创制，《金史·熙宗纪》天眷元年十月辛未条记“定封国制”，此属天眷改制的一项重要内容。本文从金初汉制改革的总体背景下探寻封国制度起源的线索，发现其仿效自北宋景祐三年（1036）首创的三等国制。从前后时代制度演进脉络中考察金制无疑具有重要意义，在金承宋制的主题下，这体现了秦汉以降传统的王爵制度到宋金时代发展成三等国号制的典型特征。

关键词：《金史·百官志》　三等国号　隋王　金承宋制

相较于其他朝代的王爵制度，金朝官修文献中关于金代大、次、小三等国号及其调整过程的记载颇为系统。近年来，金代封爵制度开始受到关注，[①] 孙红梅对最高等级的封国之号有较为深入的研究，[②] 但尚未论及这项制度的起源。本文谨以《金史·百官志》（简称《百官志》）为缘起详细

* 本文系复旦大学人文社会学科传世之作学术精品研究项目“西北中国疆域化的历史进程”（2020CSZZ002）及国家社科基金重大项目“辽宋西夏金元族谱文献整理与研究”（19ZDA200）的阶段性成果。

① 孙红梅：《金代汉制封爵研究》，博士学位论文，吉林大学，2014。

② 孙红梅：《金代封国之号与国号王爵类型》，《史学月刊》2015 年第 5 期，第 43～51、126 页。

考证金代三等国号制度问题。

一 《金史·百官志》封国制探析

若要考释制度源流，厘清有金一代三等封国制的来龙去脉，必须解决《百官志》封国制条编纂问题。兹将志书全文引述如下：

> 凡封王：大国号二十，曰：恒、旧为辽，明昌二年以汉、辽、唐、宋、梁、秦、殷、楚之类，皆昔有天下者之号，不宜封臣下，遂皆改之。邵、旧为梁。汴、旧为宋。镐、旧为秦。并、旧为晋。益、旧为汉。彭、旧为齐。赵、越、谯、旧为殷。郢、旧为楚。鲁、冀、豫、绛、旧为唐。兖、鄂、旧为吴。夔、旧为蜀。宛、旧为陈。曹。
>
> 次国三十，曰：泾、旧为隋。郑、卫、韩、潞、豳、沈、岐、代、泽、徐、滕、薛、纪、昇、旧为原。邢、翼、丰、毕、邓、郓、霍、蔡、瀛、按金格，葛当在此。沂、荆、荣、英、寿、温。
>
> 小国三十：濮、遂、旧曰济。道、定、景、后改为邹。申、崇、宿、息、莒、邺、郜、舒、淄、郕、莱、旧为宗，以避讳改。郧、郯、杞、向、管、旧曰郇，兴定元年改。密、胙、任、戴、巩、蒋、《士民须知》云，旧为葛。萧、莘、芮。[①]

这段文字中“并”“息”“戴”原来分别讹作“汉”“昔”“载”，中华书局点校本《金史》已校正，今从之。[②] 此条“凡封王”以下内容采用正文加小注的方式呈现整个金代大国、次国、小国三等封号的变化线索（见图1），不过除小国“管”字注“旧曰郇，兴定元年改”外，整个条目并没有标明时间断限。

孙红梅指出，“《金史·百官志》中的封国名号主要以明昌之制为准，并以注的方式对明昌改制所依据的大定之制的国号名称做了交代，同时对明昌以后个别国号的更改情况也做了说明”。总之，志书所载整体内容属

① 《金史》卷五五《百官志一·吏部》，中华书局，1975，第1229页。

② 《金史》卷五五《百官志一》校勘记四、五、六，第1250页。

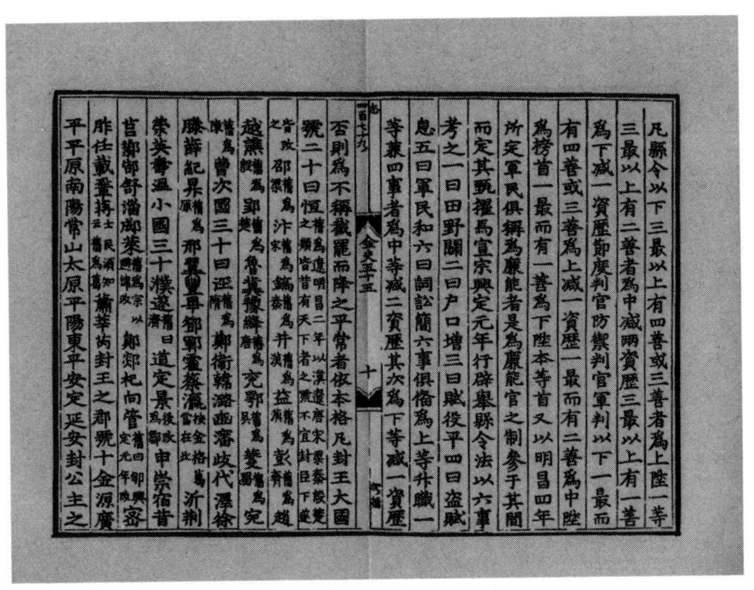
凡縣令以下三最以上有四善或三善者為上等一
三最以上有二善者為中減兩資歷三最以上有一善
為下減一資歷節度判官防禦判官軍判以下一最而
有四善或三善為上減一資歷一最而有二善為中陞
為榜首一最而有一善為下陞本等首又以明昌四年
所定軍民俱稱為廉能者是為廉能官之制參于其間
而定其甄擢焉宣宗興定元年行辟舉縣令法以六事
考之一曰田野闢二曰戶口增三曰賦役平四曰盜賊
息五曰軍民和六曰詞訟簡六事俱備為上等升職一
等兼四事者為中等減二資歷其次為下等減一資歷

金史五十五　十

否則為不稱職罷而降之平常者依本格凡封王大國
號二十曰恒（舊為遼明昌二年以漢遼唐宋梁秦殷楚皆昔有天下者之號不宜封臣下遂改之）邵（舊為宋）汴（舊為梁）鎬（舊為秦）并（舊為漢）益（舊為[illegible]）彭（舊為[illegible]）趙
越冀（舊為殷）鄆（舊為楚）魯[illegible]豫[illegible]（舊為唐）兗鄂（舊為吳）夔（舊為蜀）宛
（舊為隋）曹次國三十曰[illegible]（舊為陳）鄭衛韓潞豳瀋岐代澤徐
滕薛紀昇（舊為原）邢[illegible][illegible]鄧鄆霍蔡瀛（[illegible]）沂荊
榮英壽溫小國三十濮遂（舊曰道）定景（[illegible]）申崇宿普
宮鄒郇舒潞鄗萊（[illegible]）鄭郯杞向管（[illegible]）密
胙任戴鄧莘（[illegible]）蕭莘芮封王之郡號十金源廣
平平原南陽常山太原平陽東平安定延安封公主之

图1　至正五年刻本《金史》

资料来源：《金史》，《中华再造善本》。

于章宗时期的“明昌格”。[①] 此说根据有二：第一，日本学者三上次男曾有一著名论断，谓《百官志》系明昌之制；[②] 第二，《章宗纪》明昌二年三月癸亥条改定国号内容与《百官志》有所印证。[③] 笔者则认为上述理由需要仔细斟酌，故对“明昌格”说提出质疑。

关于封国制条的来源，应从志书整体编纂背景下予以考虑。然而问题的症结在于，元末纂修《金史·百官志》所依据的史料来源是什么？邱靖嘉提出，该志有可能以王鹗《金史稿》为蓝本修成，而王鹗或据金修纪传体《国史》之《百官志》。[④] 这一论断疑点颇多，所谓《金史稿》和《国

① 孙红梅：《金代封国之号与国号王爵类型》，《史学月刊》2015 年第 5 期，第 43 页。

② 〔日〕三上次男：《金代政治制度の研究》，《金史研究》第 2 卷，东京：中央公论美术出版，1970，第 64~66 页。

③ 孙红梅：《金代封国之号与国号王爵类型》，《史学月刊》2015 年第 5 期，第 46 页。

④ 邱靖嘉：《〈金史〉纂修考》，中华书局，2017，第 169~173 页。

史》是否实有其书仍存疑问。[①] 有学者指出，《大金国志》（简称《国志》）与《金史》颇有渊源，该书“千官品列”条中的“宫师府”“詹事院”“亲王府属官”“诸驸马都尉公主府府名”“内命妇品”“文官”“武官”“司天”“太医”“内侍”“教坊”具有与《百官志》相同的内容，[②] 但两书并非抄袭关系，而是有着共同的文献源头。[③] 从《国志·千官品列》《百官志》整体关系中具体考察“封国制”的记载，前书“诸国王府号”条云：

> 赵王府，大府，名二十。豳王府，次府，名三十。诸王府，小府，名三十。[④]

后者记述“大国号二十”“次国三十”“小国三十”，其中“赵”列大国第8位，“豳”处在次国第6位。对比可知，两书相一致，《国志》仅举例而省略具体内容。这里需要注意的是，《国志》称“府”的这种表述方式，可参考“诸驸马都尉公主府府名”条。该条列：“金源、广平、平原、南阳、常山、太原、平阳、东平、安定、延安。”[⑤]《百官志》则从内容乃至次序完全相同，题作“封王之郡号十”。[⑥] 对于这两条题目不同的原因，笔者从《大金集礼》（简称《集礼》）中找到了答案。其谓：

> 大定七年二月二日，敕旨：“今后封郡王及宗室女封公主者，只于郡名内封，拣十个好名内用；封县主者，只于县名内封；封王、封长公主或皇公主，于国字内封。已后不须奏，便做例封。”十三日，奏定下项：“郡名：金源、广平、平原、南阳、常山、太原、平阳、

---

① 参见陈晓伟《〈金史〉本纪与〈国史〉关系再探——苏天爵“金亦尝为国史”辨说》，《内蒙古师范大学学报》（哲学社会科学版）2021年第4期，第34~45页。

② 曾震宇：《〈大金国志〉研究》，硕士学位论文，香港大学，2002，第1137~1154页。

③ 冯盛：《金代官制研究——基于文献与典制形成脉络的考察》，未刊稿。

④ 旧题宇文懋昭撰，崔文印校证《大金国志校证》卷三四《千官品列》，中华书局，1986，第483页。

⑤ 旧题宇文懋昭撰，崔文印校证《大金国志校证》卷三四《千官品列》，第487页。

⑥《金史》卷五五《百官志一·吏部》，第1229页。

东平、安定、延安。”①

这份“敕旨”言明郡王、宗室女封公主共享相同郡名，次后便拟制出“金源”等十个郡号，可见《国志》《金史》题名虽有差异但记述对象实则相同。由此提示，关于金代封国制记载之来源，《国志》《金史》与《集礼》所载制度关系密切。

《集礼》载有一份封国等第的详细资料，无疑有助于我们判断《百官志》封国制条的性质和形成年代。该书卷九《亲王》云：

> 天眷元年，定到国封等第：大国二十，辽、燕、梁、宋、秦、晋、汉、齐、魏、赵、越、许、楚、鲁、冀、豫、御名、兖、陈、曹；次国三十，蜀、隋、郑、卫、吴、韩、潞、豳、沈、岐、代、虞、徐、滕、薛、纪、原、邢、翼、丰、毕、邓、郓、霍、蔡、瀛、沂、荣、英、温；小国三十，濮、济、道、定、景、申、崇、宿、息、莒、邺、郜、舒、淄、郕、宗、郧、谭、应、向、郇、密、胙、任、戴、巩、葛、萧、莘、芮。
>
> 皇统五年十二月二十九日，奏定大国从上，添唐、殷、商、周，为二十四，余仍旧。
>
> 大定格：大国二十，辽、梁、宋、秦、晋、汉、齐、赵、越、许、楚、鲁、冀、豫、唐、兖、吴、蜀、陈、曹；次国三十：隋、郑、卫、韩、潞、豳、沈、鄂、代、虞、徐、滕、薛、纪、原、邢、翼、丰、毕、邓、郓、霍、蔡、瀛、沂、荆、荣、寿、温；小国三十：濮、济、道、定、景、申、崇、宿、息、莒、邺、郜、舒、淄、郕、宗、郧、谭、杞、向、郇、密、胙、任、戴、巩、葛、萧、莘、芮。②

以上内容记述天眷元年（1138）、皇统五年（1145）及“大定格”三次封

① 《大金集礼》卷九《亲王》，任文彪点校，浙江大学出版社，2019，第155页。

② 《大金集礼》卷九《亲王》，第151~152页。

国等序内容及制度变化。孙红梅将《集礼》与《百官志》综合比勘，校正讹误，还指出大定格“次国三十”实有 29 个国号，当缺载“英”国。[①] 此说可从。

不妨先考证《集礼》“大定格”的具体颁行时间。值得注意的是，该书天眷元年大国第 17 位用小字写作“御名”，此封号原本作“雍”。[②] 但是由于该书编纂于大定末年，[③] 须避讳金世宗汉名，故不书该国号，而到“大定格”中，此位置则改成“唐”。从这条线索可推测改制时间。据《金史・世宗纪》，大定十四年（1174）三月甲辰，“上更名雍，诏中外”。[④] 意味着凡犯“雍”讳者均须回避。《集礼・御名》记述“大定十四年三月四日，礼部尚书张景仁进入下项更名典故。……十七日，颁下，仍遣官分告天地、宗庙、社稷、五岳”时明确提到：

> 四月二十七日，拟奏官制国号，大国内有一字犯御名，送学士院检定到，《史记》周武王之子虞封于唐，其地在今太原，若以代合避国名，似为允当。从之。[⑤]

“有一字犯御名”系“雍”，大国号“唐”即由此而来。据此可知，“大定格”应颁布于大定十四年。笔者以《百官志》封国制条注文旧号为准，据此复原改动前的国号，经全面比较，结果它与《集礼・亲王》“大定格”最为接近（见表 1），判断其即元修《百官志》所据“蓝本”。大定十四年颁布新制以后，章宗至金末的改易之号全部据此修改完成。

表 1 《集礼》《金史》所载封国之号对比

大国	天眷	《集礼》	辽	燕	梁	宋	秦	晋	汉	齐	魏	赵	越	许	楚	鲁	冀	豫	雍	兖			陈	曹
	大定	《集礼》	辽		梁	宋	秦	晋	汉	齐		赵	越	许	楚	鲁	冀	豫	唐	兖	吴	蜀	陈	曹
		《金史》	辽		梁	宋	秦	晋	汉	齐		赵	越	殷	楚	鲁	冀	豫	唐	兖	吴	蜀	陈	曹

① 孙红梅：《金代封国之号与国号王爵类型》，《史学月刊》2015 年第 5 期，第 46 页。
② 孙红梅：《金代封国之号与国号王爵类型》，《史学月刊》2015 年第 5 期，第 44 页。
③ 任文彪：《〈大金集礼〉研究》，《大金集礼》，第 480~489 页。
④ 《金史》卷七《世宗纪中》，第 161 页。
⑤ 《大金集礼》卷二三《御名》，第 235~236 页。

续表

<table>
<tr><td rowspan="3">次国</td><td>天眷</td><td>《集礼》</td><td>蜀 隋 郑 卫 吴 韩 潞 豳 沈 岐 代 虞 徐 滕 薛 纪 原 邢 翼 丰 毕 邓 郓
霍 蔡 瀛 沂   荣 英   温</td></tr>
<tr><td rowspan="2">大定</td><td>《集礼》</td><td> 隋 郑 卫   韩 潞 豳 沈 鄂 代 虞 徐 滕 薛 纪 原 邢 翼 丰 毕 邓 郓
霍 蔡 瀛 沂 荆 荣 英 寿 温</td></tr>
<tr><td>《金史》</td><td> 隋 郑 卫   韩 潞 豳 沈 岐 代 泽 徐 滕 薛 纪 原 邢 翼 丰 毕 邓 郓
霍 蔡 瀛 沂 荆 荣 英 寿 温</td></tr>
<tr><td rowspan="3">小国</td><td>天眷</td><td>《集礼》</td><td>濮 济 道 定 景 申 崇 宿 息 莒 邺 部 舒 淄 郕 宗 郧 谭 应 向 郇 密 胙
任 戴 巩 葛 萧 莘 芮</td></tr>
<tr><td rowspan="2">大定</td><td>《集礼》</td><td>濮 济 道 定 景 申 崇 宿 息 莒 邺 部 舒 淄 郕 宗 郧 谭 杞 向 郇 密 胙
任 戴 巩 葛 萧 莘 芮</td></tr>
<tr><td>《金史》</td><td>濮 济 道 定 景 申 崇 宿 息 莒 邺 部 舒 淄 郕 宗 郧 郯 杞 向 郇 密 胙
任 戴 巩 葛 萧 莘 芮</td></tr>
</table>

最大一次改动当数明昌二年（1191）。据《章宗纪》，是年三月癸亥：

> 有司议，以辽为恒，宋为汴，秦为镐，晋为并，汉为益，梁为邵，齐为彭，殷为谯，唐为绛，吴为鄂，蜀为夔，陈为宛，隋为泾，虞为泽。制可。①

《百官志》若干注文与此若合符契：大国号恒“旧为辽”、邵“旧为梁”、汴“旧为宋”、镐“旧为秦”、并“旧为晋”、益“旧为汉”、彭“旧为齐”、谯“旧为殷”、绛“旧为唐”、鄂“旧为吴”、夔“旧为蜀”、宛“旧为陈”；次国号泾“旧为隋”，唯“泽”未注旧名。以上诸封号均以明昌规制为准，虽占很大比例，但并不能据此判定此系“明昌格”。理由是，《百官志》尽管有底本参考但并无统一断限，尤其是改纂所准年代不一，较为混乱。具体释例如下：

第一条，小国号莱“旧为宗，以避讳改”。这是避睿宗“宗尧”名讳。有证据表明，此次避讳于泰和六年（1206）彻底执行，是年“宗州”改用唐代旧名“瑞州”，②“大宗正府”改为“大睦亲府”。③第二条，同等第的

① 《金史》卷九《章宗纪一》，第 217 页。

② 《金史》卷二四《地理上》北京路条，第 559 页。

③ 《金史》卷五五《百官志一》，第 1240 页。

遂“旧曰济”，应系避讳卫绍王“永济”。按，至宁元年（1213）九月即采新制“封皇子守礼为遂王”。[①] 第三条，管“旧曰郇”已迟至兴定元年（1217）。以上三号乃采用明昌二年以后制度。与上述国号遵从新制相反者，是小国景“后改为邹”条，此因避讳章宗嫌名。大定二十六年五月甲申，“大兴尹原王麻达葛为尚书右丞相，赐名璟”。[②] 然而《百官志》仍采旧称加小注的形式，正文并未改成新号“邹”，乃准旧制。这些案例明显与所谓“明昌格”的结论抵牾。

结合《金史》相关记载不难总结出《百官志》封国制条的编纂模式。关于明昌二年改易国号事，《百官志》与《章宗纪》相吻合：志书“明昌二年以汉、辽、唐、宋、梁、秦、殷、楚之类，皆昔有天下者之号，不宜封臣下，遂皆改之”；[③] 本纪是年三月癸亥条云：“敕有司，国号犯汉、辽、唐、宋等名不得封臣下。”[④] 根据《金史》整体纂修思路判断，志、纪均本同一条史料，共同出自《章宗实录》。另一个证据是，《宣宗纪》兴定元年十月壬申曰：“改郇国号为管，避上嫌名。”[⑤]《百官志》小国管“旧曰郇，兴定元年改”条也与之相合，均取《宣宗实录》是条。以上两条证据都非常典型。由此可见，元朝史官以“大定格”为基础，根据金实录中的相关记载相应改订，最终杂糅整合而成《百官志》封国制条。

颇有说服力而比较棘手的是，《百官志》所引“金格”问题。以往学者未关注此事。按，该志小国“蒋”下引《士民须知》云“旧为葛”，是因世宗曾封葛王，不再封赐。不过次国“瀛”有条小注谓：“按金格，葛当在此。”[⑥]“金格”指什么？曾震宇考察元修《金史》引用书目，认为它是一部具体文献。[⑦] 按，与志书此条内容有关者，今检《金史·后妃传》有记载说，泰和二年，皇子忒隣“诏赐名，封为葛王。葛王，世宗初封，大定后不以封臣下，由是三等国号无‘葛’。尚书省奏，请于瀛王下附葛

① 《金史》卷一四《宣宗纪上》，第 302 页。
② 《金史》卷八《世宗纪下》，第 193 页。
③ 《金史》卷五五《百官志一·吏部》，第 1229 页。
④ 《金史》卷九《章宗纪一》，第 217 页。
⑤ 《金史》卷一五《宣宗纪中》，第 333 页。
⑥ 《金史》卷五五《百官志一·吏部》，第 1229 页。
⑦ 曾震宇：《〈大金国志〉研究》，第 794~795 页。

国号，上从之”。此系九月事。[①]《武隣传》内容基本相同。[②] 根据《章宗纪》泰和二年九月庚午“封皇子为葛王”条，[③] 可知这些史文均抄自《章宗实录》。[④] 揆诸文义，此中尚书省奏言恰好与志书史官按语引“金格”旨意相合，意谓泰和二年尚书省奏请“葛”附于“瀛”下，将此号等级提升，重新启用来封册皇子忒隣。

此处需要在金代语境下论证“格”的含义，结合《百官志》方能判定“金格”的具体指称对象。《金史》一书记载有各种形式的“格”，笔者共统计出 9 个典型案例，它们的特点是，本纪与志书相互印证（见表 2）。具体可细分为三种类型：第一类，第 6 条本纪中具备“格”的内容概要；第二类，第 1、2 条本纪只存名目不署“格”，志书中载有具体内容；第三类，第 3、4、5、7、8、9 条本纪简略而志文详细。毫无疑问，以上这些条目均抄撮自金实录。元人根据《金史》纪、志纂修特点加以改编，按专题将其拆分于诸篇。细绎诸条文义，“格”泛指政府颁布的法式，[⑤] 并不是特指，大多载于实录之中，亦非单独成文。据此分析，元修《百官志》引据《章宗实录》泰和二年尚书省奏“请于瀛王下附葛国号，上从之”的原始内容，但因受注文体例限制不宜大段搬引文字，故于此处简称“金格”，此处作为泛称未必实指具体文献。[⑥]

表 2 《金史》中“格”内容的对比

编号	本纪内容	志书内容
1	（大定十六年十二月）庚寅，定榷场香、茶罪赏法。（卷七《世宗纪中》）	世宗大定十六年，以多私贩，乃更定香茶罪赏格。（卷四九《食货志四·茶》

① 《金史》卷六四《后妃传下》，第 1528 页。

② 《金史》卷九三《忒隣传》，第 2059 页。

③ 《金史》卷一一《章宗纪三》，第 259 页。

④ 陈晓伟：《〈金史·宗室表〉再探》，《民族研究》2021 年第 1 期，第 112~113 页。

⑤ 孙红梅指出：“‘格’具有标准、制度、规格之义，这在《金史》中较为常见。”（氏著《金代封国之号与国号王爵类型》，《史学月刊》2015 年第 5 期，第 44 页）另参见黄正建《唐代的两种格及其演变》，《史学月刊》2022 年第 5 期，第 26~35 页。

⑥ 《百官志》除引金实录中“金格”外，邱靖嘉指出，元朝史官仍用《泰和令》及《总格》校注官制（邱靖嘉：《〈金史〉纂修考》，第 171~172 页）。

续表

编号	本纪内容	志书内容
2	（大定二十年）四月丁亥，定冒荫罪赏。（卷七《世宗纪中》）	（大定）又更定冒荫及取荫官罪赏格。（卷五二《选举志二·文武选》）
3	（大定二十六年）四月壬子，尚书省奏定院务监官亏兑陪纳法及横班格。（卷八《世宗纪下》）	（大定）二十六年四月，奏定院务监官亏永陪偿格。（卷五八《百官志四·百官俸给》） （大定）二十六年，省奏盐铁酒曲自定课后，增各有差。上曰："……若恢办增羡者酬迁，亏者惩殿，仍更定并增并亏之课，无失元额。如横班祗亏者，与余差一例降罚，庶有激劝。且如功酬合办二万贯，而止得万七八千，难迭两酬者，必止纳万贯，而辄以余钱入己。今后可令见差使内不迭酬余钱，与后差使内所增钱通算为酬，庶钱可入官。及监官食直，若不先与，何以责廉。今后及格限而至者，即用此法。"（卷四九《食货志四·酒》）
4	（明昌五年二月）丁酉，初定长吏劝课能否赏罚格。（卷一〇《章宗纪二》）	（明昌五年）二月，陈言人乞以长吏劝农立殿最，遂定制"能劝农田者，每年谋克赏银绢十两匹，猛安倍之，县官于本等升五人。三年不怠者猛安谋克迁一官，县官升一等。田荒及十之一者笞三十，分数加至徒一年。三年皆荒者，猛安谋克追一官，县官以升等法降之"。为永格。（卷四七《食货志二·田制》）
5	（泰和元年七月）乙丑，更定右选注县令丞簿格。（卷一一《章宗纪三》）	泰和元年，以县令见阙，近者十四月，远者至十六月，盖以见格，官至明威者并注县令，或犯选并亏永人，若带明威人亦注，是无别也。遂令曾亏永及犯选格，女直人展至广威，汉人至宣武，方注县令。又以守阙簿丞，近者十九月、远者二十一月，依见格官至宣武、显武、信武者合注丞簿，遂命但曾亏永，直至明威方注丞簿。（卷五三《选举志三·右职吏员杂选》） 泰和元年，上以县令见守阙，近者十四月，远者十六月，又以县令丞簿员阙不相副，敕省臣，"右选官见格，散官至明威者注县令，宣武者注丞簿，虽曾犯选格及亏永者亦注，是无别也"。遂定制，曾犯选格及亏永者，广威注令，明威注丞簿。（卷五四《选举志四·部选》）
6	（泰和三年三月）庚寅，定职官应迁三品格，刺史以上及随朝资历在刺史以上身故者，每半年一次敷奏。（卷一一《章宗纪三》）	泰和三年，制凡文资右职官应迁三品职事者，五品以上历五十月，六品以下及门荫杂流职事至四品以上而散官应至三品者，皆历六十月，方许告迁。（卷五四《选举志四·省选》）
7	（泰和七年九月）甲申，定西、北京，辽东盐司判官诸场管勾增亏升降格。（卷一二《章宗纪四》）	（泰和）七年九月，定西北京、辽东盐使判官及诸场管勾，增亏升降格，凡文资官吏员、诸局署承应人、应验资历注者，增不及分者升本等首，一分减一资，二分减两资、迁一官，四分减两资、迁两官，亏则视此为降。如任回验官注拟者，增不及分升本等首，一分减一资，二分减一资、迁一阶，四分减两资、迁两阶，亏者亦视此为降。（卷四九《食货志四·盐》）

续表

编号	本纪内容	志书内容
8	（贞祐四年八月）甲寅，三原县僧广惠进僧道纳粟多寡与都副威仪及监寺等格，从其言鬻之。（卷一四《宣宗纪上》，按，三原县属于耀州）	（贞祐）四年，耀州僧广惠言："军储不足，凡京府节镇以上僧道官，乞令纳粟百石。防刺郡副纲、威仪等，七十石者乃充，三十月满替。诸监寺十石，周年一代，愿复买者听。"诏从之。（卷五〇《食货志五·入粟鬻度牒》）
9	兴定元年三月壬午，定民间收溃军亡马之法，及以马送官酬直之格。（卷一五《宣宗纪中》）	宣宗兴定元年，定民间收溃军亡马之法，及以马送官酬直之格，"上等马一匹银五十两，中下递减十两。不愿酬直者，上等二匹补一官，杂班任使，中等三匹，下等四匹，如之。令下十日陈首，限外匿及杀，并绞"。又遣官括市民马，立赏格以示劝，五百匹以上钞千贯，千匹以上一官，二千匹以上两官。（卷四四《兵志》）

研究表明，元末编修《百官志》时多采金实录无疑，[①] 以上明昌二年三月癸亥、兴定元年十月壬申及泰和二年九月庚午这三条即属此例。这充分说明，元修《百官志》以"大定格"为底本杂糅相关记载编成封国制条，所谓经过"明昌格"统一整饬的封国等第并不存在。

二 天眷元年"定封国制"的制度摹本

在确定《百官志》封国制条非明昌定制之后，仍有两个问题需要进一步追问：金代亲王封国制度从何而来？编制大国、次国、小国的历史根据是什么？

关于这项制度的始创，是《集礼》所载天眷元年"定到国封等第"，《金史·熙宗纪》有相应记事：天眷元年十月辛未，"定封国制"。[②] 这说明，此属金熙宗天眷改制的一项重要内容。那么，不妨从金初汉制改革的总体背景下探寻封国制度的起源线索。洪皓《松漠纪闻》收录的《天眷二年奏请定官制札子》云：

臣等谨按当唐之治朝，品位、爵秩、考核、选举，其法号为精

① 冯盛：《金代官制研究——基于文献与典制形成脉络的考察》，未刊稿。

② 《金史》卷四《熙宗纪》，第73页。

> 密，尚虑拘牵，故远自开元所记，降及辽、宋之传，参用讲求，有便于今者不必泥古，取正于法者亦无徇习。今先定到官号、品秩、职守，上进御府，以尘乙览。恭候圣断，曲加厘定。①

论者指出，金初政治制度有三大源头——唐、宋、辽制，熙宗时期议礼制度引用前朝典故，是以唐制为主，兼采辽、宋之制。② 具体到天眷改革创制，绍兴十三年（1143）九月洪皓撰《又跋金国文具录札子》明确提到："其官制、禄格、封荫、谥讳皆出宇文虚中，参用国朝及唐法制而增损之。"③ 宇文虚中本系南宋使节，天会六年（1128）被金廷羁留，"朝廷方议礼制度，颇爱虚中有才艺，加以官爵，虚中即受之，与韩昉辈俱掌词命"，天眷间"累官翰林学士知制诰兼太常卿"。④ 根据这些背景知识，可将金代"定封国制"与唐宋制度做一比较。

从整个中国古代封爵制度发展脉络看，唐、宋前后传承因袭。⑤ 据孙红梅考证，有金一代仍踵传统汉制的五等封爵，设有国公、开国郡公、开国县公、开国郡侯、开国县侯、开国郡伯、开国县伯、开国郡子、开国县子、开国郡男、开国县男共11个爵称。其中，开国县公、开国县侯只见于太宗时期。⑥ 由此可见，金代本着从简实用的原则稍做增损（见表3）。至于最高等级的亲王制度，汉唐以后相沿不废。⑦ 大体上，唐制，最高一等曰"王"，"皇兄弟、皇子皆封国，谓之亲王"。⑧《唐六典》《唐会要》等唐代典志文献详载诸王封国之号，然未见有等级之区分。⑨ 直到宋代发生重大改变，《宋史·职官志》称"列爵九等"，同时"分国三等：大国二

① 洪皓：《松漠纪闻》卷下，《阳山顾氏文房小说》本，叶9a。
② 任文彪：《〈大金集礼〉研究》，《大金集礼》，第588~590页。
③ 洪皓：《鄱阳集》卷四《又跋金国文具录札子》，《景印文渊阁四库全书》，台湾商务印书馆，1986，第1133册，第420页上栏。
④ 《金史》卷七九《宇文虚中传》，第1791~1792页。
⑤ 参见陈希丰《再谈宋代爵的等级》，《文史》2016年第3期，第235~255页。
⑥ 参见孙红梅《金代五等封爵的爵称与爵序》，《渤海大学学报》2014年第2期，第50~53页。
⑦ 参见杨光辉《汉唐封爵制度》，学苑出版社，2002，第16~28页。
⑧ 李林甫等：《唐六典》卷二《尚书吏部》，陈仲夫点校，中华书局，1992，第37页。
⑨ 李林甫等：《唐六典》卷一六《宗正寺》，第465~466页；王溥：《唐会要》卷五《诸王》，上海古籍出版社，1991，上册，第59~63页。

十七，次国二十，小国二百二十”。[①] 从中可见，金代天眷元年“定到国封等第”所记“大国二十”“次国三十”“小国三十”与此项规制颇为相似，由此提示宋、金制度具有很强的关联性。

表3　唐、宋、金爵等

《唐六典》《旧唐书·职官志二》	《新唐书·百官志一》	《宋史·职官志九》	《宋史·职官志三》《神宗正史·职官志》	《职官分纪》载《元祐官品令》	《庆元条法事类·官品令》《宋史·职官志八》	《金史·百官志》
王	王	王	王	王	王	王
	嗣王	嗣王		嗣王	嗣王	
郡王	郡王	郡王	郡王	郡王	郡王	郡王
国公	国公	国公	国公	国公	国公	国公
		郡公				
		开国公				
（开国）郡公	开国郡公	开国郡公	（开国）郡公	开国郡公	开国郡公	郡公
						郡侯
（开国）县公	开国县公	开国县公	（开国）县公	开国县公	开国县公	
（开国）县侯	开国县侯	开国侯	（开国）侯	开国侯	开国侯	
（开国）县伯	开国县伯	开国伯	（开国）伯	开国伯	开国伯	县伯（郡伯）
（开国）县子	开国县子	开国子	（开国）子	开国子	开国子	县子
（开国）县男	开国县男	开国男	（开国）男	开国男	开国男	县男

资料来源：唐宋部分采自陈希丰《再谈宋代爵的等级》所附《史籍所载唐宋爵等表》，《文史》2016年第3期，第239～240页。

可惜《宋史》“分国三等”缺漏整项制度细节，并且时间断限不明。马端临总结历代“封建之制”，叙及宋代情况时谈道：

> 又采秦制，赐民爵曰“公士”，其王公以下封国之名，旧有大、次、小三等，以为进封之叙，然每或封拜，又有权升次、小国为大国

① 《宋史》卷一六三《职官志三·吏部》，中华书局，1977，第3837页。

者。淳化五年九月，诏升寿为大国，羽于晋之下、燕之上。咸平六年八月，故兖王追封安王，升安为大国。景德二年八月，故雍王追封郓王，仍升郓为大国。大中祥符七年五月，故舒王追封曹王，仍升曹为大国。乾兴元年三月，进封邓、申、冀三大长公主，并升为大国。景祐中，诏春秋、秦、汉以来，下及皇朝所封旧名，别分大、次、小三等，以为定制焉。①

他指出，宋初对国号等级陆续调整，直到仁宗景祐年间统一整合封国之名，参酌古制首创封国三等进制。《续资治通鉴长编》（简称《长编》）景祐三年正月戊子条记述此事云：

翰林学士承旨章得象等上所定王公国名，请自今封建王公，自小国升次国，次国升大国，其宋、赵、梁、寿如旧制，不以封，从之。②

知《宋史·职官志》“分国三等”即指这项制度，由章得象等人创制。笔者从宋代文献中找到关于景祐三等封国较为完备的资料，从而为断定金承宋制提供了有力证据。

章如愚《山堂先生群书考索》（简称《考索》）后集卷一八《官制门》载有“三等国”条。该条亦云：“旧有大、次、小三等，以为进封之叙，然每或封拜又有权升次、小国为大国者。景德（当作‘景祐’）中，诏分三等，以为定制，今著于后。”兹摘录如下：

赵、晋、秦、齐、魏、韩、燕、楚、越、夏、商、周、汉、唐。新添。已上大国十八。

卫、郑、蔡、曹、许、代、徐、邓、岐、隋、蜀、邠、邢、冀、寿、郓、荆、昇、雍、豫、梁、扬。新添。已上次国二十四。

江、滕、向、黄、纪、谯、原、弦、郝、剑、耿、舒、介、道、

① 马端临：《文献通考》卷二七七《封建考一八》，上海师范大学古籍研究所、华东师范大学古籍研究所点校，中华书局，2011，第11册，第7579页。

② 李焘：《续资治通鉴长编》卷一一八，景祐三年正月戊子条，中华书局，2004，第5册，第2773页。

> 相、酆、蒋、萧、郕、谭、霍、夔、莱、郇、鄅、芮、薛、郧、莒、郭、罗、郜、郿、戴、桐、遂、管、沈、虞、应、息、英、任、崇、荣、扈、濮、密、巢、安、观、申、虢、宿、邾、杞、贾、鄫、邳、巴、夷、榖、顿、麋、黎、葛、蓼、项、聃、邦、茅、胙、庸、毕、滑、鄀、牟、权、甘、祭、尹、温、毛、樊、成、单、刘、巩、邵、邶、鄘、卫、鬲、宁、杜、吕、皖、留、郐、鄠、郿、焦、宛、鄮、穰、叶、郢、缗、剧、费、鄫、鄀、陇、范、程、鄱、郇、潜、涪、辽、羸、绛、汲、棓、轵、营、翕、秺、广、蔺、易、定、镐、纯、昌、翟、陆、缁、下、纶。已上皆春秋秦汉以来公侯。潞、卢、邹、房、褒、康、沛、邳、彭、寔、鄂、邺、蓟、颍、汧、沔、沂、肃、岷、瀛、郕、鄯、莘、顺、渝、郸、蒲、鄺、丰。已上周、唐已来封公。棣、光、仪、怀、永、延、盛、济、信、襄、均、陆、丹、简、益、忻、韶、嘉、端、循、恭、原、雅、通、虎、资、昭、钦、珍、淑、集、和、郢、衡、会、福、岳、表、桂、蕲、澧、深、洋、建、鄜、琼、婺、茂、衢、澶、昌、庆、吉、景、郴、传、贺、惠。已上唐及五代封王。夏、苏、潭、镇、润、华。已上皇朝封王。已上小国二百。

以上有些封号下附录亲王臣工的封爵案例，今从略。这段文字末尾“寿、梁、赵、宋四国更不得封臣”与《长编》景祐三年正月戊子条相同，此段系移录诏书旧文，具体出处注明引自《会要》。[①] 不过“大国十八”“次国二十四”“小国二百”与其所列封国的具体数目不合，应该有所疏漏。另外，王应麟《玉海》也多次记述。如《官制·封爵》“景祐封国三等”条云：“赵至唐为大国，相至凉为次国，江、滕至润、华为小国。”[②] 只有关于大国、小国的记载与《考索》一致。《地理》“宋朝郡国名”亦谓“景祐三年正月，翰学承旨章得象等评定三等国名”，编者则是“以司封格参

---

① 章如愚：《山堂先生群书考索》后集卷一八《官制门》，《中华再造善本》影印延祐七年圆沙书院刻本，北京图书馆出版社，2006，叶 6b～8a。

② 王应麟：《玉海》卷一三四《官制·封爵》，京都：中文出版社影印本，1977，第 5 册，第 2578 页上下栏。

订”，较为详细具体，[1] 可以与上述《考索》三等国条相参考。这些记载，呈现宋代爵位系统三等国制度的基本面目及诸国号的由来根据。

根据金宋文献，笔者将金代“定封国制”与宋制的共同特征总结如下。

第一，关于三等国号的名称，天眷元年“封国制”除辽、豳、宗外，其余都能在宋制中找到原型，诸号仅仅在大、次、小等级以及前后次序方面有所差别。这是因为这套封爵制度本身就处在不断调整之中，国号等第并非一成不变，时升时降。谨以宋制为例，如元祐三年（1088）七月，“诏升次国徐、镇、益、邓、郐为大国，小国定、相、瀛、庆、密为次国”。[2] 对比可知，在景祐三年（1036）制度中，徐、邓、郐列于次国，而镇、益本为小国，后来调整升次国，至此时改作大国。《玉海》国号下注文“以上旧大”、“以上旧次，今升”及“以上旧次，今小”等等，即反映了这一制度变化的动态过程。[3] 另外，章氏《考索·官制门》三等国条还附载右承议郎李攸再编“国二百七十四”——“大国二十二”，“次国二十一”，“小国二百三十一”及具体内容，同样与景祐之制有别。[4] 再如，《景定建康志·地所属国名》昇国条引《国朝会要》：“大国二十有四，昇其一也。”[5] 景祐制度中的“昇”原本在次国，后升到大国。金代同样也是多有调整。具体来说，天眷到大定间封国的差异如下。首先，数目方面。皇统五年十二月，“大国从上添唐、殷、商、周为二十四，余仍旧”，但到“大定格”又恢复到天眷旧时的“大国二十”。[6] 其次，国号等序。到“大定格”中，天眷旧制大国“燕”“魏”已被取消，而将次国中的“吴”“蜀”递补为大国，次国空缺位置则新增“荆”“寿”。

第二，景祐三年创制三等国的目的是，在最高的亲王等级中进一步做

① 王应麟：《玉海》卷一八《地理》，第1册，第396页下栏~398页上栏。

② 李焘：《续资治通鉴长编》卷四一二，元祐三年七月丙寅条，第17册，第10031页。

③ 王应麟：《玉海》卷一八《地理》，第1册，第396页下栏、第397页上栏。

④ 章如愚：《山堂先生群书考索》后集卷一八《官制门》，叶8a~8b。

⑤ 马光祖修，周应合纂《景定建康志》卷一五，《宋元方志丛刊》影印清嘉庆六年金陵孙忠愍祠刻本，中华书局，1990，第2册，第1521页上栏。

⑥ 《大金集礼》卷九《亲王》，第151页。

出区别。这实际废弃了唐代以后的“嗣王”制度,[①] 前引《文献通考》《考索》明言“以为进封之叙”，此外《玉海》亦称“学士承旨章德象上封国名三等，皆递升”。[②] 通过复杂的制度设计来体现晋升之道，以示地位有别。孙红梅指出，金代不仅大、次、小三等国号之间具有等级差别，每一等级内的国号也依据其排序先后存在高下之别。正常情况下，金代国号王爵均从不同时期的大、次、小三等封国名号中选择。[③] 据此可知，宋、金封国制在现实中作为“进封之叙”的政治作用并无二致。

第三，具体制度运行中的一大特点是，历任皇帝在潜邸时的旧封国号不再颁赐。《玉海·地理》就记载有赵、晋、梁、宋、寿、昇、韩、襄、庆、蜀、宁、光、均、端、嘉、颍、康、恭、定、建、英、延二十二个“不封”国号,[④] 同书《辞学指南·国名》注明具体缘由。[⑤] 金代也是如此。前文指出，金世宗曾封葛王，后改为“蒋”。章宗麻达葛于大定二十五年十二月封“原王”,[⑥] 后来将此位置替代作“昇王”。

综上所述，将金源封爵制度置于金初汉制改革整体脉络中，以宋制为参考样本，结合相关资料对两者的共同特征进行分析，可以确认天眷元年“定封国制”仿效自景祐三年首创的“三等国”制度。

三　金代“隋王”封号问题

前文对金代封爵制度的权威记载《金史·百官志》封国制条进行探源，考证天眷元年“定封国制”的制度渊薮与景祐创制有关。要之，在前后时代制度演进脉络中考察金制无疑具有重要意义。《金史》所见同一封号“隋王”“随王”记载不同，若要解决这一争议，就需要在这一背景下探讨。

《百官志》记述“次国三十”，“隋”位列次国首位。[⑦] 其制度运作的

① 参见陈希丰《再谈宋代爵的等级》，《文史》2016年第3期，第250~252页。

② 王应麟：《玉海》卷一三四《官制·封爵》，第5册，第2578页上下栏。

③ 孙红梅：《金代封国之号与国号王爵类型》，《史学月刊》2015年第5期，第47页。

④ 王应麟：《玉海》卷一八《地理》，第1册，第396页下栏。

⑤ 王应麟：《玉海》卷二〇二《辞学指南》，第7册，第3797页下栏~3799页上栏。

⑥ 《金史》卷八《世宗纪下》，第190页。

⑦ 《金史》卷五五《百官志一·吏部》，第1229页。

实践案例主要集中于世宗、章宗两朝。

第一，永功，本传曰："大定四年，封郑王。七年，进封隋王。十一年，进封曹王。"[①]《世宗纪》大定九年五月戊辰提到："尚书省奏越王永中、隋王永功二府有所兴造，发役夫。"[②]《世纪补·显宗》又载大定九年五月，"世宗命避暑于草泺，隋王惟功从行"。[③]"惟功"即"永功"，系避讳改名。三者均称"隋王"。

第二，永升，本传谓："章宗即位，加恩宗室，徙封隋王，除定武军节度使。"[④]《章宗纪》中凡两见：明昌元年十一月己卯"判定武军节度使隋王永升来朝"；二年正月戊寅"吴王永成、隋王永升以闻国丧奔赴失期"。[⑤]后一条并载于《永中传》，亦谓"隋王永升"。[⑥]

第三，大定二年，"追封宗固鲁王、宗雅曹王、宗顺隋王、宗懿郑王、宗美卫王、宗哲韩王、宗本潞王、神土门豳王、斛孛束沈王、斡烈鄂王，胡里改、胡什赉、可喜并赠金吾卫上将军"。[⑦]此叙追赠太宗诸子情况，宗顺被封为"隋王"。

以上《永功传》《世宗纪》《世纪补·显宗》《永升传》《章宗纪》《永中传》《宗本传》关于皇子封号皆作"隋王"。孙红梅指出，金代王爵按照国号位次由低向高依次递进，如永功先后进封郑王（次国第2位）、隋王（次国第1位）、曹王（大国第20位），这与《百官志》所叙封国等级制度吻合。[⑧]此外，据《章宗纪》，明昌二年三月癸亥，有司议以"隋为泾"。[⑨]这与《百官志》相合，亦为"隋"。[⑩]综上，各条史料所见永升、永功和宗顺的封号次国"隋"相互印证，尤其有《百官志》作为根据，这种记载似无疑问。

---

① 《金史》卷八五《永功传》，第1902页。
② 《金史》卷六《世宗纪上》，第144页。
③ 《金史》卷一九《世纪补·显宗》，第412页。
④ 《金史》卷八五《永升传》，第1908页。
⑤ 《金史》卷九《章宗纪一》，第216、217页。
⑥ 《金史》卷八五《永中传》，第1899页。
⑦ 《金史》卷七六《宗本传》，第1734页。
⑧ 孙红梅：《金代封国之号与国号王爵类型》，《史学月刊》2015年第5期，第50页。
⑨ 《金史》卷九《章宗纪一》，第217页。
⑩ 《金史》卷五五《百官志一·吏部》，第1229页。

不过应该注意的是，《金史》中还有作“随王”者。上引《永功传》谓大定七年“进封隋王”事，而《世宗纪》大定七年闰七月戊辰条则作“郑王永功封随王”。[①] 尚未有人指出大定七年永功所获封号其实存在“隋王”“随王”的分歧。笔者还检到，《世宗纪》大定十一年十二月辛酉条曰：“进封越王永中赵王，随王永功曹王，沈王永成豳王，徐王永升虞王，滕王永蹈徐王，薛王永济滕王。”[②] “随王永功”乃与大定七年闰七月戊辰条相一致。中华书局修订本《金史》将此处正文“随王”校改作“隋王”，该条校勘记解释说：

> “隋王”，原作“随王”，据南监本、北监本、殿本、局本改。按，《集礼》卷九《亲王》，大定格封号无“随”，次国封号三十，第一个即“隋”。[③]

永升的封号也存在同样问题：《永升传》称章宗即位之初，永升“徙封隋王”；《章宗纪》大定二十九年闰五月丙子条却说进封“虞王永升随王”。[④] 这样，传、纪关于永升王封的记载也出现了“隋”“随”的歧异。修订本《金史》采取相同思路修改正文作“隋王”，校勘理由仍与上条相同。[⑤] 论者认为“随”当作“隋”，方方面面的证据较为充分，看似成立。

据此统计，《金史》全书“随王”只有3条，而“隋王”多达9处，数量占据绝对优势。须知，此二字因字形相近，版刻易混，首先应该复核《金史》各版本情况。以上涉及的《金史》各卷，唯有《百官志》今存至正初刻本残卷，经核实确作“隋”；其余诸卷的最早版本是洪武二十三年（1390）复刻本，具体详情如下：《世宗纪》大定九年五月戊辰条、《章宗纪》明昌元年十一月己卯条和二年正月戊寅条、三月癸亥条及《世纪补·显宗》《宗本传》《永中传》《永功传》《永升传》同作“隋”；《世宗纪》

① 《金史》卷六《世宗纪上》，第139页。
② 《金史》卷六《世宗纪上》，第150页。
③ 《金史》卷六《世宗纪上》校勘记三一，中华书局点校修订本，2020，第167、172页。
④ 《金史》卷九《章宗纪一》，第210页。
⑤ 《金史》卷九《章宗纪一》校勘记三，中华书局点校修订本，第230、246页。

大定七年闰七月戊辰条和十一年十二月辛酉条、《章宗纪》大定二十九年闰五月丙子条写作“随”（南监本据洪武复刻本翻刻，第一条、第三条从之仍作“随”，第二条作“隋”，显系臆改）。从版本和记述系统上看，《百官志》作“隋”无疑具有权威性，但不宜遽下结论，彻底否定关于“随王”的异文。换言之，“隋”“随”究竟孰是孰非不能归咎于《金史》版刻问题，根据两者在全书中出现数量多寡而简单论定，这是因为：“隋”“随”作为历史上的政权称号渊源不同，实际各有所指，后代若用作封国之号，其所体现出的地位等级悬殊。因此，需要具体结合金朝亲王封爵制度详加讨论。

具体情况是，《百官志》载次国“泾”，其下小注“旧为隋”。今考《集礼·亲王》天眷元年“定到国封等第”和“大定格”次国“隋”，[①] 知此后才改作“泾”。论及更名缘起，大国号“恒”字有段小注云：“明昌二年以汉、辽、唐、宋、梁、秦、殷、楚之类，皆昔有天下者之号，不宜封臣下，遂皆改之。”[②] 此事亦见于《章宗纪》明昌二年三月癸亥条，其中便改“隋为泾”。[③] 从中推知，隋曾有天下，故犯名不再封赐从而易名，据此逻辑，“隋”当指中古时期的杨氏政权。然而吊诡的是，此中“隋”却与“郑”至“温”等二十九个春秋时期的小国位于同一序列，属次国等级，在金时政治地位尚不及大国号中的“夔”“宛”“曹”等。尚需注意，金代封国之号全部仿古创设，这次易改国号的新旧之名间仍有些瓜葛，或以历史上该政权的都城替代，或改换成相近地位的国号，然“隋”“泾”之间很难找到某种关联。由此质疑，《金史》中的“隋”字是否能够成立？根据次国等序分析，若为“随”字，则有可能与西周封国随国（今湖北省随县）相关。[④] 要解决上述疑问，须在金承宋制的背景下，厘清最初制度设计时三等国号的根据。

上文指出，金代封国制因袭宋人创制，具体名号也基本相同。若从源头追溯，始于景祐三年“诏春秋秦汉以来，下及皇朝所封旧名，别分大、

① 《大金集礼》卷九《亲王》，第151~152页。

② 《金史》卷五五《百官志一·吏部》，第1229页。

③ 《金史》卷九《章宗纪一》，第217页。

④ 参见杨宽《古史探微》卷三《西周列国考》，上海人民出版社，2016，第256~257页。

次、小三等，以为定制焉”。[①] 章氏《考索》三等国条详细列出制定各个名号的历史由来，具体分为四类：从大国“赵”至小国“纶”，“皆春秋秦汉以来公侯”；小国“潞”至“丰”，皆“周、唐已来封公”；“棣”至“惠”，皆“唐及五代封王”；“夏”至“华”，皆“皇朝封王”。经过比较，知金代的这些封号全在第一组范围内。《考索》次国二十四，其中有作“隋”者。《玉海·地理》“宋朝郡国名”条注释封国的地望所在，次国中作“随，汉东”，其下还有“泾，泾水”。[②] 据此可证，当以“随”为是。金朝封国之号仿效宋制乃以春秋诸国为名，天眷到“大定格”中的“隋”始终在次国，明昌二年改作“泾”，此因属同等相近地位，这也与宋制相同。最关键的一点，从“汉东”位置推断，金代封国“随”当指西周所封随国无疑。[③]

以上从《金史》“随”“隋”记载差异中考察三等封国制度的缘起，结合金初汉制改革的整体背景讨论封爵制的形成过程。在金承宋制的主题下，这体现了秦汉以降传统的王爵制度在宋金时代发展为三等国号制的典型特征。

The Institution of Three-class Kingdoms and its Origins in the Hundred-Official Treatise of *the History of the Jin Dynasty*

Chen Xiaowei

Abstract: The Hundred-Official Treatise of *the History of the Jin Dynasty* recorded in details the titles of kingdoms in great, second, and small classes, but no periodization. With a comparison with the entries about these kingdoms in the “princes” section of *the Collected Rites of the Great Jin*, the record in the Hundred-Official Treatise seems to be mostly close to the institution issued in the

① 王应麟：《玉海》卷一三四《官制·封爵》，第5册，第2578页上下栏。

② 王应麟：《玉海》卷一八《地理》，第1册，第397页上栏。

③ 中古时期曾存在“随”“隋”互用的现象，隋代石刻材料中还有少量以“随”称隋朝的，但北宋以后一般用“隋”，并强调其意义。参见叶炜《隋国号小考》，《北大史学》第11辑，北京大学出版社，2005，第210~218页。

fourteenth year of the Dading period. Combining with other sources, we can conclude that the compilation mode of entries about the princely kingdoms in the treatises as follows: the official historians in the Yuan Dynasty based their records on the Dading Code, compiling the sources from the related records from the vertical records from the Jin Dynasty, eventually mixed with various sources. The so - called the Mingchang Code did not exist. On the creation of this institution, the entry from the first year of the Tianjuan period under the entry "xinwei" in the Xizong Basic Annal of *the History of the Jin Dynasty* recorded the Decision on the Princely Kingdoms, which belonged to the crucial content of the Tianjuan reform. While examining the clues about the institutional origins of the princely kingdoms from the background of the Han institution reform in the early Jin dynasty, we found that this institution modeled the Three - class Kingdom Institution created in 1036. Examining the Jin institutions in the evolution context of the dynasties is important. Given the theme that the Jin dynasty actually inherited the Song institutions, it reflected the greatest characteristics that since the Qin and Han dynasty, the princely granting system was transformed into the institution of three-class princely kingdoms.

Keywords: the Hundred-official Treatise of *the History of the Jin Dynasty*; Three-class Kingdom Titles; Sui Prince; Jin Inherited the Song Institution

《金史·赵秉文传》的史源与史事发覆*

邱靖嘉

摘　要：元修《金史》所载金末人物列传的史料来源与编纂方式，是《金史》纂修研究中的重要课题。本文以《金史·赵秉文传》为例，进行深入细致的史源考索和史事分析，研究表明，《赵秉文传》应是以元好问《遗山集》所载《闲闲公墓铭》为蓝本，在其基础上参考《中州集》赵秉文小传进行删节处理，并依据金实录、刘祁《归潜志》、赡思《金哀宗记》、元好问《壬辰杂编》及《中州集》杨云翼小传等其他文献记载补充相关史事，以使本传内容更为丰满。逐条钩稽史源，并重点考辨赵秉文的两个"污点"事件，有助于了解元朝史官在剪裁、拼合、杂糅史料的过程中可能出现的问题。通过这一个案剖析，能够窥探元修金末人物列传的一些基本特点。

关键词：《金史》　列传　赵秉文　史料来源　编纂方式

赵秉文，号闲闲居士，是金代后期的文学巨擘，长期主盟文坛，享有盛名。金元时期有关赵秉文的传记资料主要有元好问撰《闲闲公墓铭》、元好问《中州集》和刘祁《归潜志》所载赵秉文小传以及《金史·赵秉文传》。① 其中，《金史》本传因载于正史，故流传最广，后人欲了解赵秉文生平，

* 本文为中国人民大学科学研究基金（中央高校基本科研业务费专项资金资助）项目（21XNA014）成果。

① 元好问：《遗山先生文集》（简称《遗山集》）卷一七《闲闲公墓铭》，《四部丛刊初编》景印明弘治十一年刊本，叶 1a~7b；元好问：《中州集》丙集第三"礼部闲闲赵公秉文"小传，中华书局排印本，1959，第 151~153 页；刘祁：《归潜志》卷一"赵学士秉文"小传，崔文印点校，中华书局，2007，第 5~6 页；《金史》卷一一〇《赵秉文传》，中华书局，1997，第 2426~2429 页。以下引述这几篇传记中的内容记载，若无特别版本说明，皆出于此，不复注页码。

无疑都会首先参阅《金史》，如明汲古阁抄本《闲闲老人滏水文集》即将这篇本传冠于全书之首，[①] 今人研究亦多依从《金史》记载。然而《金史》修成于元末至正四年（1344），其《赵秉文传》就产生年代而言远远晚于元好问、刘祁两位金朝故老之所撰。关于《金史·赵秉文传》的史源，早有学者注意到其内容主要采自元好问《遗山集》中的《闲闲公墓铭》，[②] 另有少数记事取材于刘祁《归潜志》。[③] 不过，这仅仅是前人针对《赵秉文传》的整体情况而做出的大致判断，并未具体考察其内容记载究竟哪些出自《遗山集》、哪些源于《归潜志》，抑或还有没有其他可能的史料来源；同时也缺乏对元朝史官修传手法的关注，元人怎样剪裁史料，改编文字时会不会出现问题，甚至产生错误，从而影响我们对史事的理解。本文将剖析《金史·赵秉文传》的史源，指出其中的记载问题，并对赵秉文一生中两个不大光彩的事件加以考辨。通过这一个案剖析，希望我们可以进一步了解元修金末人物列传的特点，从而更好地利用这些传记资料。

一 《金史·赵秉文传》的史料来源

《金史·赵秉文传》（以下简称《赵秉文传》）主要采自元好问《遗山集》卷一七《闲闲公墓铭》（以下简称《墓铭》），早已为学界所知，不过对于该传取材于元文的内容占比，各家说法不一，陈学霖认为它全部取自元文，[④] 王明荪则称一半以上大体与元文相同，[⑤] 而程妮娜又说它一半取自元文，另一半源于他处。[⑥] 笔者将《赵秉文传》与元好问所撰《墓铭》进行了仔细核校，逐条钩稽史源，可以肯定的是，该传完全是以元文为蓝本，在其

① 赵秉文：《闲闲老人滏水文集》（简称《滏水集》）卷首，《四部丛刊初编》景印明汲古阁精写本，叶 1a~5a。

② Hok-Lam Chan, "The Compilation and Sources of the *Chin-Shih*," *The Historiography of the Chin Dynasty: Three Studies*, Wiesbaden: Franz Steiner Verlag GMBH, 1970, p. 32. 王明荪：《金修国史及金史源流》，《书目季刊》1988 年第 1 期，第 54 页；程妮娜：《〈遗山文集〉与史学》，《史学集刊》1992 年第 2 期，第 67 页；邱靖嘉：《〈金史〉纂修考》，中华书局，2017，第 182 页。

③ 刘祁：《归潜志》，"点校说明"，第 2 页。

④ Hok-Lam Chan, "The Compilation and Sources of the *Chin-Shih*", *The Historiography of the Chin Dynasty: Three Studies*, p. 32.

⑤ 王明荪：《金修国史及金史源流》，《书目季刊》1988 年第 1 期，第 54 页。

⑥ 程妮娜：《〈遗山文集〉与史学》，《史学集刊》1992 年第 2 期，第 67 页。

基础上删节、增补、改编而成的。本传开篇云："赵秉文字周臣，磁州滏阳人也。幼颖悟，读书若夙习。登大定二十五年（1185）进士第，调安塞簿，以课最迁邯郸令，再迁唐山。丁父忧，用荐者起复南京路转运司都勾判官。"《墓铭》介绍赵秉文字号、籍贯及早年经历曰："公讳秉文，字周臣，姓赵氏。闲闲，其自号也。世为磁州滏阳人。……公幼颖悟，读书若夙习。弱冠，登大定二十五年进士第。调安塞簿，以课最，迁邯郸令，再迁唐山。丁郡侯（按其父追赠天水郡侯）忧。用荐者及提刑廉举，起复，充南京路转运司都勾判官。"① 两相对照可知，两者显然有着明确的因袭关系，《金史》本传此段即径取自《墓铭》，仅稍做删改。自此以下，本传的叙事顺序和赵秉文的仕宦履历均与《墓铭》一致，很多文字记载都能看出是直接来源于元文，这大约占到全传内容的一半以上。由于篇幅所限，不在此逐一胪举。

《赵秉文传》除主体部分来自《墓铭》之外，其实还有一些具体内容取材于其他多种文献记载，以下分别展开论证。

（一）《中州集》小传

元好问于天兴元年（1232）五月赵秉文死后，受其子赵似之托，撰《闲闲公墓铭》详细记述赵秉文的生平经历。后来元好问编《中州集》，又据《墓铭》删略成一篇赵秉文的简略传记。有证据表明，元朝史官在编修《赵秉文传》时亦参考了《中州集》中的这篇赵秉文小传，具体情况见表1。

表1 赵秉文《金史》本传与《中州集》小传史源关系

序号	《金史·赵秉文传》	《闲闲公墓铭》	《中州集》赵秉文小传
1	承安五年冬十月，阴晦连日，宰相张万公入对，上顾谓万公曰："卿言天日晦冥，亦犹人君用人邪正不分，极有理。若赵秉文曩以言事降授，闻其人有才藻、工书翰，又且敢言，朕非弃不用，以北边军事方兴，姑试之耳。"	承安五年冬十月，阴晦连日，宰相万公入对，上顾谓万公言："卿昨言天日晦冥，亦犹人君用人邪正不分者，极有理。赵秉文曩以言事降授，闻其人有才具，又且敢言，朕非弃不用，直以北边军兴，姑试之耳。"	承安五年冬十月，阴晦连日，宰相万公入对，上顾谓万公曰："卿昨言天日晦冥，亦犹人君用人邪正不分者，极有理。赵秉文曩以言事降授，闻其人有才藻、工书翰，又且敢言，朕非弃不用，以北边军兴，姑试之耳。"

① "充南京路转运司都勾判官"，"勾"原作"句"，据狄宝心校注《元好问文编年校注》（中华书局，2012）改。

续表

序号	《金史·赵秉文传》	《闲闲公墓铭》	《中州集》赵秉文小传
2	泰和二年，召为户部主事，迁翰林修撰。十月，出为宁边州刺史。三年，改平定州。	泰和二年，改户部主事，迁翰林修撰。考满，留再任。卫绍王大安初，北兵入边，召公与待制赵资道论边备。……十月，出为宁边州刺史。二年，改平定州。	泰和二年，召为户部主事，翰林修撰。出为宁边州刺史。二年，改平定州。
3	《资暇录》一十五卷，所著文章号《滏水集》者三十卷。	生平文章号《滏水集》者前后三十卷，《资暇录》十五卷。	《资暇录》一十五卷，所著文章号《滏水集》者前后三十卷。
4	仕五朝，官六卿，自奉养如寒士。	仕五朝，官六卿，自奉如寒士，而不知富贵为何物。	仕五朝，官六卿，自奉养如寒士，而不知富贵为何物。
5	正大九年正月，汴京戒严。	开兴改元，北兵由汉中道袭荆襄，京师戒严。	开兴正月，京师戒严。
6	秉文自幼至老未尝一日废书。		自幼至老未尝一日废书不观。

表1所举各条在《赵秉文传》、《墓铭》和《中州集》小传中都有文字雷同的记载。其中，例1和例4两条画线句《赵秉文传》与《中州集》相同，而与《墓铭》有异。例3记赵秉文著作，《赵秉文传》将《资暇录》列于《滏水集》之前，其语序与《墓铭》相反，而同于《中州集》。例5正大九年正月改元开兴，《墓铭》无“正月”二字，而《中州集》则有。例6条仅见于《中州集》。这五例皆可直接反映出《赵秉文传》与《中州集》小传之间存在一定因袭关系。例2的情况略显复杂，《墓铭》谓泰和二年，赵秉文为户部主事，迁翰林修撰，“考满，留再任”，至卫绍王大安元年“十月，出为宁边州刺史。二年，改平定州”。元好问撰《中州集》小传删节不当，将“考满，留再任”及“大安初，北兵入边”事删去，而以“出为宁边州刺史。二年，改平定州”接续于泰和二年事后。元朝史官在编修《赵秉文传》时，对于此段记事大概首先移录的是《中州集》小传的文字叙述，但又察觉到其记载有误，既称“泰和二年，召为户部主事，翰林修撰”，则其后“改平定州”不当重出“二年”，所以元朝史官又去核查了《墓铭》。然而吊诡的是，元人并未彻底改正《中州集》小传的错误，仅据《墓铭》，于“翰林修撰”及“出为宁边州刺史”前分

别补了“迁”字和“十月”，并将“改平定州”的年份由“二年”改为“三年”，同时又将“大安初，北兵南向，召秉文与待制赵资道论备边策”云云置于出任平定州刺史的治绩之后。这样一来，至少就语义而言可以自洽，但只要查看《墓铭》的原始记载，即可知本传谬误殊甚。[①] 因此，例2此条《赵秉文传》应是兼采《墓铭》与《中州集》小传而来。总之，以上诸例皆可说明元朝史官修传时一定参考过《中州集》所载赵秉文小传，并采录了若干文字。

在此需要附带澄清一个问题。元好问为赵秉文撰写的墓志铭其实有两个传世文本：其一是元好问《遗山集》收录的《闲闲公墓铭》，此最为人熟知；其二是赵秉文《滏水集》附录之《赵公墓志铭》，[②] 此本以往学者不大注意。经笔者仔细核对，其实这两个文本内容并不完全相同，《遗山集》本应是元好问在其原稿基础上修订后收入文集的本子，而《滏水集》本则是赵家最终刻碑上石的文本，故两者内容存有一些差异。如表1中例1、例4、例5三处画线部分，《滏水集》本文字与《赵秉文传》和《中州集》小传相同，而有别于《遗山集》本《墓铭》，那么这就带来一个问题：元朝史官参看的究竟是哪个墓志文本，抑或两者兼而有之？笔者注意到，《滏水集》本《赵公墓志铭》有一些记载乃《遗山集》本《墓铭》所无，而这些内容皆未见于《赵秉文传》。例如《遗山集》本记赵秉文祖、父称“祖讳某，用公贵，赠正议大夫、上轻车都尉、天水郡伯。考讳某，赠中奉大夫、上护军、天水郡侯”，未载名讳，而《滏水集》本则由赵氏家人填讳作“祖隽”“父甫”。按元人修《金史》列传的习惯，一般会介绍传主的先世情况，如同样主要取材于元好问文集的《杨云翼传》谓“其

① 清人施国祁《金史详校》已具体指出了这一错误，云：“大安元年十月，竟作泰和二年十月；大安二年，竟作泰和三年矣，有是理乎！”（详见《金史详校》卷九“赵秉文传”条，《续修四库全书》影印清光绪六年会稽章氏式训堂刻本，上海古籍出版社，2002，第293册，第309~310页）

② 赵秉文：《闲闲老人滏水文集》附录《故翰林学士承旨、资善大夫、知制诰、兼同修国史、上护军、天水郡开国侯、食邑一千户、实封一百户赵公墓志铭》，叶1a~8b。按，《滏水集》二十卷初由赵秉文自择，编订于元光二年（1223），今传本则是赵秉文或其后人重编之本，最早由金末平阳张存惠晦明轩刊行（参见刘畅、魏崇武《赵秉文〈闲闲老人滏水文集〉版本考》，《民俗典籍文字研究》第10辑，商务印书馆，2012，第74页），这篇《赵公墓志铭》大概是刻印时附入的。

先赞皇檀山人，六代祖忠客平定之乐平县，遂家焉。曾祖青，祖郁、考恒皆赠官于朝”，[①] 这些内容均见于其所依据的元好问撰《内相文献杨公神道碑铭》。[②] 故照理说，若元朝史官见到赵秉文墓志铭中有其祖、父的名讳、赠官，应当会在《金史》本传中提及，但今本《赵秉文传》却无，其原因恐怕是他们所见之赵秉文墓志铭当为《遗山集》本，缺其祖、父之名，所以只好略而不言。又如《滏水集》本《赵公墓志铭》提到“年十七，预乡试”这一记事及“章宗明昌初，调安塞主簿”提供的年代信息，《遗山集》本《墓铭》皆无，故《赵秉文传》亦无。尤其是上引《金史》本传“调安塞簿，以课最迁邯郸令，再迁唐山”句，文字与《遗山集》本完全一致，而《滏水集》本作“章宗明昌初，调安塞主簿，以课最，迁邯郸令，再迁唐山令”，除多出时间信息外，“安塞主簿”“唐山令”之官称亦有所不同。从这些迹象来看，元人修《金史·赵秉文传》依据的应该只是《遗山集》本《墓铭》，当未参阅《滏水集》本《赵公墓志铭》。因此，表1中例1、例4、例5三处画线文字不会源出《滏水集》本《赵公墓志铭》，而只可能袭自《中州集》赵秉文小传。

除《中州集》赵秉文小传外，元朝史官还采录了《中州集》其他人物小传的材料。《赵秉文传》末尾提到“杨云翼尝与秉文代掌文柄，时人号杨赵”，此句即来源于《中州集》杨云翼小传：“南渡后二十年，与礼部闲闲公代掌文柄，时人号‘杨赵’。”[③]

（二）金实录

元代史馆所藏金朝官修诸帝实录是元修《金史》最重要的史源，有不少大臣列传很可能直接来源于实录附传。但金实录最晚仅及于宣宗朝，金末哀宗并无实录，故许多亡于哀宗时期及其后的金末人物无实录附传可据，只能求诸元好问《遗山集》《中州集》和刘祁《归潜志》等其他私人

① 《金史》卷一一〇《杨云翼传》，第2421页。

② 元好问：《遗山先生文集》卷一八《内相文献杨公神道碑铭》：“其先赞皇之檀山人。六代祖忠，客乐平，遂占籍焉。曾祖处士君青，嗜读书，而不事科举。……祖郁，用公贵，赠正议大夫。祖妣宋氏，追封弘农郡太君。考恒，累赠中奉大夫。妣李氏，弘农郡太夫人。”（叶2a~2b）

③ 元好问：《中州集》丁集第四“礼部杨公云翼”小传，第214页。

著作中的传记资料。[①] 不过，这并不意味着元朝史官仅仅依凭私家碑传，其实他们是以那些现成的传记文本为主体框架，再往里填充内容记事，其中若涉及传主在哀宗以前的经历事迹，元朝史官会从金实录中摘录相关记载，增补入传。如《赵秉文传》有以下四条记事当取材于金实录。

例 1："明昌六年，入为应奉翰林文字，同知制诰。上书论宰相胥持国当罢，宗室守贞可大用。章宗召问，言颇差异，于是命知大兴府事内族膏等鞫之……坐是久废。"核之元好问《墓铭》，此处"入为应奉翰林文字，同知制诰。上书论宰相胥持国当罢，宗室守贞可大用"句采自《墓铭》无疑，[②] 但《墓铭》并没有交代赵秉文为应奉翰林文字的具体时间，亦无"章宗召问"以下内容。关于此段文字详细的史源解析，将在下文论述。《归潜志》提到赵秉文"入翰林，既受职，遽上言"，谏章宗"进君子，退小人"，褒完颜守贞而贬胥持国。[③] 据《章宗实录》编成的《金史·章宗纪》记有此事，明昌六年十二月"丁卯，应奉翰林文字赵秉文上书论奸欺"。[④] 由此可知，赵秉文确于明昌六年"入为应奉翰林文字"，任职后不久即上书言事，因而获罪。《赵秉文传》"命知大兴府事内族膏等鞫之"云云，不见于他处，且"内族"乃是金朝官方避"宗室"讳而改的称法，[⑤] 这是断定其事必出自《章宗实录》的明证，而在此之前的一句"宗室守贞可大用"因源自元好问私作《墓铭》，故未避讳。

例 2："明年，上书愿为国家守残破一州，以宣布朝廷恤民之意，且曰：'陛下勿谓书生不知兵，颜真卿、张巡、许远辈以身许国，亦书生也。'又曰：'使臣死而有益于国，犹胜坐縻廪禄为无用之人。'上曰：'秉文志固可尚，然方今翰苑尤难其人，卿宿儒当在左右。'不许。"此事在《墓铭》中记作"明年，上书请为朝廷守残破一州。上以公宿儒，当在左

---

① 参见邱靖嘉《〈金史〉纂修考》第三章"《金史》史源研究"。

② 《墓铭》："丁太夫人某氏忧。又用荐者，起复应奉翰林文字、同知制诰。上书论宰相胥持国当罢，宗室守贞可大用。"

③ 刘祁：《归潜志》卷一〇，第 111 页。

④ 《金史》卷一〇《章宗纪二》，第 237 页。

⑤ 《金史》卷五九《宗室表序》云："大定以前称'宗室'，明昌以后避睿宗讳称'内族'，其实一而已。"（第 1359 页）又卷二四《地理志上》谓宗州"泰和六年以避睿宗讳"改为瑞州（第 559 页），知避讳事当在泰和六年。

右，不宜补外，不许”。此处“明年”据其上文可知当为宣宗贞祐二年(1214)，《墓铭》仅言其事之梗概，而《赵秉文传》则记有较为详细的君臣言论，他处不载，当出自《宣宗实录》。

例3：“（贞祐）四年，拜翰林侍讲学士，言：‘宝券滞塞，盖朝廷初议更张，市肆已妄传其不用，因之抑遏，渐至废绝。臣愚以为宜立回易务，令近上职官通市道者掌之，给以银钞粟麦缣帛之类，权其低昂而出纳。’诏有司议行之。”查《墓铭》仅谓“四年，除翰林侍讲学士”，并无进言内容。按，以上赵秉文建言亦见于《金史·食货志》，[①] 其记载较《赵秉文传》为详，但又互有字句出入，显然是元朝史官编撰志、传时文字处理不同，它们的共同史源必为《宣宗实录》。

例4：“兴定元年，转侍读学士。拜礼部尚书，兼侍读学士，同修国史，知集贤院事。又明年，知贡举，坐取进士卢亚重用韵，削两阶，因请致仕。……五年，复为礼部尚书。”《墓铭》原文为：“明年，转侍读。兴定中，拜礼部尚书，兼前职，同修国史、知集贤院事。又明年，知贡举，坐为同官所累，夺一官，致仕。……复起为礼部尚书，兼官如故。”此处“明年，转侍读”据其上文当指贞祐五年，是年九月改元兴定，故元朝史官据以编撰《赵秉文传》时径称“兴定元年，转侍读学士”云云，如此则“又明年，知贡举”似指兴定二年（1218）事。但若按《墓铭》原文，则“又明年，知贡举”的具体年份并不明确。更大的差异是，《墓铭》谓赵秉文知贡举时“坐为同官所累，夺一官，致仕”，而《赵秉文传》却说“坐取进士卢亚重用韵，削两阶，因请致仕”，其史源显然不是《墓铭》。

早有学者注意到《赵秉文传》此段存在的问题。《金史·哀宗纪》载正大四年（1227）六月“赐词赋经义卢亚以下进士第”，[②] 则卢亚应试恐不在兴定中，而《金史·李复亨传》记云：

---

① 《金史》卷四八《食货志三》：“（贞祐四年）三月，翰林侍讲学士赵秉文言：‘比者宝券滞塞，盖朝廷将议更张，已而妄传不用，因之抑遏，渐至废绝，此乃权归小民也。自迁汴以来，废回易务，臣愚谓当复置，令职官通市道者掌之，给银钞粟麦缣帛之类，权其低昂而出纳之。仍自选良监当官营为之，若半年无过，及券法通流，则听所指任便差遣。’诏议行之。”（第1085页）

② 《金史》卷一七《哀宗纪上》，第379页。

（兴定）五年三月，廷试进士，复亨监试。进士卢元谬误，滥放及第。读卷官礼部尚书赵秉文、翰林待制崔禧、归德治中时戬、应奉翰林文字程嘉善当夺三官降职，复亨当夺两官。赵秉文尝请致仕，宣宗怜其老，降两阶，以礼部尚书致仕。[①]

兴定五年科举，进士卢元廷试“谬误”，以致监试李复亨及赵秉文等读卷官皆受牵连降职，秉文“降两阶，以礼部尚书致仕”，当即指《赵秉文传》所谓“知贡举，坐取进士卢亚重用韵，削两阶，因请致仕”之事。故清人施国祁指出，本传“又明年，知贡举”实指兴定五年，“坐取进士卢亚重用韵”中“卢亚”当作“卢元”，[②] 而“重用韵”应该就是卢元所犯的“谬误”。施氏的这一判断看似合理，其实有待商榷。清末学者王树枏编《闲闲老人年谱》言：“《金史·杨云翼传》兴定四年杨云翼由礼部尚书改吏部，[③] 则公之拜礼部即此时矣。”[④] 故《赵秉文传》于“拜礼部尚书”后言“又明年，知贡举”，的确是指兴定五年，如此则下文“五年，复为礼部尚书”恐有误。《墓铭》并未明言起复时间，据王树枏考证，赵秉文官复礼部尚书当在兴定六年（八月改元元光，1222），[⑤] 元朝史官补“五年”不确。至于“进士卢亚”是否有误字则尚需讨论。按，卢元字子达，《中州集》小传称其“年未二十，试于长安，为策论魁。擢第后，又中策魁。明昌初，章庙设宏词科，命公卿举所知，子达与郭黻、周询、张复亨就试。凡七日，并中选，遂入翰苑。累迁至待制”。[⑥] 知卢元早在世宗朝即已进士及第，《金史·交聘表》有大定二十六年十二月礼宾少卿卢元出使高丽的记录，[⑦] 章宗初卢元又中宏词科，入翰林院为官，所以绝不可能晚至宣宗兴定五年参加廷试，而且也没有证据表明金朝另有一“进士卢元”。

① 《金史》卷一〇〇《李复亨传》，第 2218~2219 页。

② 施国祁：《金史详校》卷九“赵秉文传”条，《续修四库全书》第 293 册，第 310 页。中华书局点校本《金史》卷一一〇校勘记五即因袭施国祁之说（第 2437 页）。

③ 《金史》卷一一〇《杨云翼传》，第 2422 页。

④ 王树枏：《闲闲老人年谱》卷上“兴定四年”条，清光绪至民国初王氏刻《陶庐丛刻》本，叶 16a~16b。

⑤ 王树枏：《闲闲老人年谱》卷上“元光元年”条，叶 17b~18a。

⑥ 元好问：《中州集》辛集第八“卢待制元”小传，第 421 页。

⑦ 《金史》卷六一《交聘表中》，第 1446 页。

而正大四年卢亚高中状元，除见于《哀宗纪》外，金末立于京兆府的进士题名碑亦可为其佐证，[①] 那么《赵秉文传》中又为何会出现兴定五年“进士卢亚”呢？这看似矛盾，其实很好解释，王树枏已指明“卢亚是年以误（用韵）被黜，至（正大）四年复中第也”。[②] 因此，《赵秉文传》此处不误，反而是《李复亨传》中的“卢元”当作“卢亚”，施国祁的判断并不可取。以上澄清了《赵秉文传》“坐取进士卢亚重用韵，削两阶，因请致仕”句可能存在的文字问题，很明显，它与上引《李复亨传》的记载同源，应该也是来自《宣宗实录》。

（三）《归潜志》

刘祁《归潜志》十四卷，其中前六卷皆为金代人物传略，自卷七以后杂记各种金朝遗事。元人修《赵秉文传》亦采录了《归潜志》的内容，不过并非出自书中的赵秉文小传，而是其所载金朝杂事部分。

如《赵秉文传》在兴定五年“坐取进士卢亚重用韵，削两阶，因请致仕”后，紧接着说：“金自泰和、大安以来，科举之文其弊益甚。盖有司惟守格法，所取之文卑陋陈腐，苟合程度而已，稍涉奇峭，即遭绌落，于是文风大衰。贞祐初，秉文为省试，得李献能赋，虽格律稍疏而词藻颇丽，擢为第一。举人遂大喧噪，诉于台省，以为赵公大坏文格，且作诗谤之，久之方息。俄而献能复中宏词，入翰林，而秉文竟以是得罪。”这段内容完全采自《归潜志》卷一〇。[③] 金后期文风益衰，科举程文日益僵化，赵秉文因拔擢文词奇异的李献能（字钦叔）而为举子所讥谤，此乃贞祐三

---

① 王昶：《金石萃编》卷一五九金六《改建题名碑》见“正大四年卢亚下”云云，《续修四库全书》影印清嘉庆十年刻同治钱宝传等补修本，第891册，第85页。

② 王树枏：《闲闲老人年谱》卷上“兴定五年”条，叶17b~18a。括号中系笔者为便于理解而增补的文字。

③ 《归潜志》卷一〇：“泰和、大安以来，科举之文弊。盖有司惟守格法，无育材心，故所取之文皆萎弱陈腐，苟合程度而已。其逸才宏气、喜为奇异语者往往遭绌落，文风益衰。及宣宗南渡，贞祐初，诏免府试，而赵闲闲为省试，有司得李钦叔赋，大爱之。盖其文虽格律稍疏，然词藻庄严绝俗，因擢为第一人，擢麻知幾为策论魁。于是举子辈哗然，诉于台省，投状陈告赵公坏了文格，又作诗讥之。台官许道贞奏其事，将复考，久之方息。俄钦叔中宏词科，遂入翰林，众始厌服。”（第108~109页）

年事。[①] 元朝史官于此段末谓“秉文竟以是得罪”，大概意思是此前贞祐中秉文知贡举亦受累被谤，然未获责罚，而兴定中的这次科场案却仅因卢亚重用韵而得罪削官，故发此感慨。[②]

又如，“（正大间）又因进讲，与云翼共集自古治术，号《君臣政要》为一编以进焉”。此事源出《归潜志》卷七：“杨公又与赵学士秉文采集自古治术，分门类，号《君臣政要》，为一编进之。”[③]

此外，《赵秉文传》末称“然晚年颇以禅语自污，人亦以为秉文之恨云”，此句亦与《归潜志》的记载有关，详见下文分析。

（四）其他文献

赵秉文在哀宗时期的事迹，《墓铭》记述十分简略，且无金实录可供取资，所以元朝史官须从其他记载金末史事的文献中择取史料。具体来说，有如下四条记事可能源出赡思《金哀宗记》、元好问《壬辰杂编》等书。

《赵秉文传》云：“哀宗即位，再乞致仕，不许。改翰林学士，同修国史，兼益政院说书官。”然《墓铭》仅称“今天子即位，公再以年乞身。改翰林学士、修国史”，并未提及“兼益政院说书官”之事。益政院是哀宗正大三年设置的内廷经筵机构，[④]《金史·哀宗纪》正大三年八月“辛卯，诏设益政院于内廷，以礼部尚书杨云翼等为益政院说书官，日二人直，备顾问”，[⑤] 赵秉文应是当时任命的说书官之一。[⑥] 又《赵秉文传》谓“正大间，同杨云翼作《龟鉴万年录》上之”，此事《墓铭》不载，而

① 《金史》卷一二六《李献能传》：“贞祐三年，特赐词赋进士，廷试第一人，宏词优等。”（第2736页）

② 施国祁指出：“此文乃作者漫引《归潜志》一条以助波澜，而不知年代之误。试问秉文以是得罪为卢亚乎，为李献能乎？无谓之甚。”（施国祁：《金史详校》卷九“赵秉文传”条，第310页）清修《续文献通考》卷三四《选举考一》有纂修史臣按语曰：“献能之中在贞祐，秉文之得罪在兴定，事本风马牛，传以二事牵合，非也。”（商务印书馆影印万有文库《十通》本，1936，第3149页）盖皆未完全读懂元朝史官此处史料编排之用意。

③ 刘祁：《归潜志》卷七，第73页。

④ 《金史》卷五六《百官志二》，第1280页。

⑤ 《金史》卷一七《哀宗纪上》，第378页。

⑥ 参见王树枏《闲闲老人年谱》卷上“正大三年”条，叶19b~20a。

《金史·哀宗纪》言正大二年十月“诏赵秉文、杨云翼作《龟镜万年录》”。[①] 按，哀宗朝无实录，《金史·哀宗纪》实本自元文宗朝史臣赡思所撰《金哀宗记》。[②] 以上《赵秉文传》的两条记载都见于《金史·哀宗纪》，说明元朝史官修传时当采录了赡思《金哀宗记》的记事。

正大九年正月，蒙古军围攻汴京，金朝改元开兴，内外交困，四月向蒙古乞和，蒙军暂时退师。《赵秉文传》云：“及兵退，大臣欲称贺，且命为表，秉文曰：‘《春秋》“新宫火，三日哭”。今园陵如此，酌之以礼，当慰不当贺。’遂已。”此事《墓铭》未载，而《金史·赤盏合喜传》记其原委甚详：

> （四月）壬戌，合喜以大兵退，议入贺，诸相皆不欲，独合喜以守城为己功，持论甚力，呼令史元好问曰：“罢攻已三日而不入贺，何也。速召翰苑官作表。”好问以白诸相，权参政内族思烈曰：“城下之盟，诸侯以为耻，况以罢攻为可贺欤。”合喜怒曰：“社稷不亡，帝后免难，汝等不以为喜耶。”明日，近侍局直长张天任至省，好问私以贺议告之，天任曰：“人不知耻乃若是耶。”因谓诸相曰：“京城受兵，上深以为辱。闻百官欲入贺，诚有此否。”会学士赵秉文不肯撰表，议遂寝。[③]

时相赤盏合喜欲以蒙古退兵入贺，遭到群臣反对，引文末尾提到“会学士赵秉文不肯撰表，议遂寝”，具体指的就是《赵秉文传》的上述记载。《赤盏合喜传》与《赵秉文传》有关兵退称贺的记事当同出一源，元朝史官根据不同传主将其割裂分置于两处。那么，它们来源于哪部文献呢？值得注意的是，《赤盏合喜传》提到“令史元好问”参与了此次议入贺事件。元好问于哀宗正大初为权国史院编修官，后“诏为尚书都省掾。居无何，除

---

① 《金史》卷一七《哀宗纪上》，第377页。《遗山先生文集》卷一八《内相文献杨公神道碑铭》提及此书作《万年龟镜录》（叶6a）。

② 参见邱靖嘉《〈金史〉纂修考》，第162~163页。赡思《金哀宗记》的史料来源较为复杂，容另文探讨。

③ 《金史》卷一一三《赤盏合喜传》，第2497页。

左司都事"。[①] 据学者编年考证，元好问任尚书省掾在正大八年，次年除为左司都事，[②] 但具体的迁官月份不明。而"令史元好问"显示其时任尚书省令史，正为尚书省掾属，故升左司都事应在开兴元年四月议入贺事件之后。[③] 元好问在金亡之后致力于编纂金史，"采摭遗逸，有所得辄以寸纸细字亲为记录，虽甚醉不忘，于是杂录近世事至今百余万言"，[④] 除《遗山集》《中州集》外，还著有《金源君臣言行录》和《壬辰杂编》。其中《壬辰杂编》专记开兴元年壬辰汴京被围至次年城破期间的史事，皆为元好问的亲身见闻，史料价值很高，此书后入藏元朝翰林院，为元修《金史》所利用。[⑤] 上引《赤盏合喜传》与《赵秉文传》所记议入贺事件的史源应当就是元好问《壬辰杂编》。[⑥]

《赵秉文传》同年又云："三月，草《开兴改元诏》，闾巷间皆能传诵，洛阳人拜诏毕，举城痛哭，其感人如此。"这里涉及一处文字疑问，据《金史·哀宗纪》，正大九年正月庚子"改元开兴"，四月甲子又"改元天兴"。[⑦] 中华书局点校修订本《金史》有校勘记谓正月既已改元"开兴"，则"断无三月始草《开兴改元诏》之理"，故判断此处"开兴"当为"天兴"之误。[⑧] 然而改元天兴乃是因四月蒙军退兵，汴京解严，不可能早在三月就已草拟了改元诏书，那么以上这条记事当如何解释呢？按上

① 李侃修、胡谧纂《（成化）山西通志》卷一五集文陵墓类《遗山先生墓铭》，《四库全书存目丛书》影印民国22年影抄明成化十一年刻本，史部第174册，齐鲁书社，1996，第555页。

② 缪钺：《元遗山年谱汇纂》，原载《国风》（半月刊）第7卷第3、5期，1935年，见姚奠中编、李正民增订《元好问全集》附录五，山西古籍出版社，2004，下册，第1393~1398页。

③ 这属于金朝正常的升迁路径，如《金史》卷九五《程辉传》"皇统二年，擢进士第，由尚书省令史升左司都事"（第2110页）。

④ 李侃修、胡谧纂《（成化）山西通志》卷一五集文陵墓类《遗山先生墓铭》，《四库全书存目丛书》，史部第174册，第555页。

⑤ 参见陈学霖《元好问〈壬辰杂编〉探赜》，《晋阳学刊》1990年第5期，第82~88页。另见同氏《〈壬辰杂编〉与〈金史〉史源》，《台湾大学历史学系学报》第15期，1990年，第185~195页；《元好问〈壬辰杂编〉与〈金史〉》，《金宋史论丛》，香港中文大学出版社，2003，第241~254页。

⑥ 狄宝心《元好问年谱新编》指出上引《赤盏合喜传》一段疑采自《壬辰杂编》（中国文联出版公司，2000，第157页），但未注意到《赵秉文传》的记载亦与之相关。

⑦ 《金史》卷一七《哀宗纪上》，第385~386页。

⑧ 《金史》卷一一〇校勘记六，中华书局点校修订本，2020，第2576页。

文《赵秉文传》提到正大九年正月汴京被围戒严，“上命秉文为赦文，以布宣悔悟哀痛之意。秉文指事陈义，辞情俱尽”，此句内容采自《墓铭》，而《归潜志》记此事称“京师大震，下诏罪己，改元开兴”。[①] 由此可知，哀宗命赵秉文所撰“赦文”其实就是《罪己诏》，故其主旨便是“以布宣悔悟哀痛之意”，且哀宗因悔过罪己而改元开兴，所以在《罪己诏》中应包含改元的内容。换言之，这道《罪己诏》同时也是《开兴改元诏》。[②] 由于赵秉文草拟的诏文“指事陈义，辞情俱尽”，读之不禁令人泣涕，所谓“三月，草《开兴改元诏》，闾巷间皆能传诵，洛阳人拜诏毕，举城痛哭，其感人如此”，实际描述的应是三月此诏书流传至京师以外市井闾巷之间感动百姓的情况，而不是说草拟诏书的时间。本传此处叙事虽容易产生歧义，但文字无误。这条记载的史源尚不能确定，有可能出自《壬辰杂编》，抑或源于元朝史官搜集的其他金末史料。

以上对《金史·赵秉文传》的史料来源和编排问题做了详细的解析，与前人简单的泛泛观察不同，本文研究表明：《赵秉文传》应是以元好问《遗山集》所载《闲闲公墓铭》为蓝本，在其基础上参考《中州集》赵秉文小传进行删节处理，并依据其他文献记载补充相关史事，这些文献包括金实录、刘祁《归潜志》、赡思《金哀宗记》、元好问《壬辰杂编》及《中州集》杨云翼小传等。由此可见，元朝史官的取材对象并非只有赵秉文的传记资料，而又从多种文献中拣选了若干事迹增补入传，糅合为一体，这为我们深入了解元修金末人物列传的方式提供了一个比较典型的案例。此外，细致的史源稽索，亦有助于我们明确《赵秉文传》各条记事的原始出处、史料价值和存在问题，以便研究者利用。

二　赵秉文的两个人生“污点”

《金史·赵秉文传》中，记载了两个对赵秉文来说似乎不大光彩的事件，不见于元好问所撰《墓铭》和《中州集》小传。对于这两件事，前人

① 刘祁：《归潜志》卷一一《录大梁事》，第122页。

② 王庆生教授即指出“《改元诏》与《罪己诏》或乃同一诏书”（《金代文学家年谱》卷五《赵秉文》，凤凰出版社，2005，第297页）。

有关赵秉文的研究较少提及，抑或语焉不详，[1] 实有必要从史源的角度加以考辨申说，看看《赵秉文传》所言是否属实，以及赵秉文在文坛盟主的光环之下是否另有为人所耻的一面。

《赵秉文传》记云：

> 明昌六年，入为应奉翰林文字，同知制诰。上书论宰相胥持国当罢，宗室守贞可大用。章宗召问，言颇差异，于是命知大兴府事内族膏等鞫之。秉文初不肯言，诘其仆，历数交游者，秉文乃曰："初欲上言，尝与修撰王庭筠、御史周昂、省令史潘豹、郑赞道、高坦等私议。"庭筠等皆下狱，决罚有差。有司论秉文上书狂妄，法当追解，上不欲以言罪人，遂特免焉。当时为之语曰："古有朱云，今有秉文，朱云攀槛，秉文攀人。"士大夫莫不耻之。坐是久废。

前文已指出，赵秉文入为应奉翰林文字，言"宰相胥持国当罢，宗室守贞可大用"，此句出自《墓铭》，据《金史·章宗纪》此事发生在明昌六年十二月。章宗召问，秉文"言颇差异"，但具体召对内容不详，于是命知大兴府事完颜膏等审问，"秉文初不肯言"，后从其仆人口中得知其交游者，秉文遂交代在上书之前曾与王庭筠、周昂、潘豹、郑赞道、高坦等人私议的情况，"庭筠等皆下狱，决罚有差"，而秉文却得以特免。时人遂以西汉攀槛直谏的朱云做比，讽刺赵秉文临难"攀人"，"士大夫莫不耻之"。

元朝史官在"上书论宰相胥持国当罢，宗室守贞可大用"之后，接续源出《章宗实录》的"章宗召问"云云，以补充说明此次上书事件的后续发展和影响，但个中细节仍有不明。其实，《归潜志》对此事有更详细的记载，可与以上引文相互参证。

> 屏山又谈赵闲闲初上言，诸公坐诗讥讽得罪事云……初，赵秉文由外官为王庭筠所荐，入翰林。既受职，遽上言云："愿陛下进君子，退

[1] 前人（主要是文学界）有关赵秉文的研究颇多，可参见王昕《赵秉文研究述评》，《古籍整理研究学刊》2011年第3期，第107~113页；常小兰《金末文坛领袖赵秉文研究综述》，《忻州师范学院学报》2016年第3期，第15~23页。

小人。"上召入宫，使内侍问："当今君子、小人为谁?"秉文对："君子，故相完颜守贞；小人，今参政胥持国也。"上复使诘问："汝何以知此二人为君子、小人?"秉文惶迫不能对，但言："臣新自外来，闻朝廷士大夫议论如此。"时上厌守贞直言，由宰相出留守东京。向持国谄谀，骤为执政，闻之大怒，因穷治其事。收王庭筠等俱下吏，且搜素所作讥讽文字，复无所得，独省掾周昂《送路铎外补》诗有云："龙移鳅鳝舞，日落鸱枭啸。未须发三叹，但可付一笑。"颇涉讥讽。奏闻，上怒曰："此政谓世宗升遐而朕嗣位也。"大臣皆惧，罪在不可测。参知政事孙公铎从容言于上曰："古之人臣亦有拟为龙、为日者，如孔明卧龙、荀氏八龙，赵衰冬日、赵盾夏日，宜无他。"于是上意稍解。翌日，有旨："庭筠坐举秉文，昂坐讥讽，各杖七十，左贬外官。秉文狂愚，为人所教，止以本等外补。"初，秉文与昂不相识，被累。已而，昂杖卧，秉文谢焉，大为昂母所诟，秉文但曰："此前生冤业也。"故人为之语曰有"不攀栏槛只攀人"之句。其后，赵公以文章翰墨著名，位三品，主文盟，然此少时事终不能掩。大安中，出刺宁夏，屏山以诗送之，有云："明昌党事起，实夫子为根。黄华文章伯，抱恨入九原。槃槃周大夫，不得早调元。株逮及见黜，公独拥朱幡。"盖讦其旧事也。①

据《墓铭》，赵秉文于大定二十五年中进士后，先在地方任官，又相继丁父母忧，赋闲归乡，后"用荐者，起复应奉翰林文字、同知制诰"，此次升迁即在明昌六年。所谓"用荐者"，由《归潜志》可知乃是"为王庭筠所荐"。赵秉文入翰林后不久，上书谏言"愿陛下进君子，退小人"，章宗召入宫问以详情，赵秉文遂指明故相完颜守贞为君子，参政胥持国为小人。当时完颜守贞被罢，胥持国受宠得势，故赵秉文此语引起章宗不满，这大概就是《赵秉文传》所说的"言颇差异"。"上复使诘问"，即《赵秉文传》所记"命知大兴府事内族膏等鞫之"，主要审问赵秉文甫入京何以知完颜守贞为君子、胥持国为小人。赵秉文"惶迫"，于是吐露乃"闻朝廷士大夫议论如此"，这才牵扯出审讯官员追查赵秉文究竟与哪些士大夫

① 刘祁：《归潜志》卷一〇，第111~112页。

有过往来，《赵秉文传》称“秉文初不肯言，诘其仆，历数交游者”，指的就是这一侦讯环节。既已有人证，赵秉文不得不承认，在上书之前尝与王庭筠、周昂、潘豹、郑赞道、高坦等私议。《赵秉文传》其下仅记此事结果为“庭筠等皆下狱，决罚有差”，但其实在此期间经历了胥持国“穷治其事”的过程。据《归潜志》，执政胥持国得知赵秉文上书斥己及审讯结果后大怒，欲穷治涉事诸人之罪，不仅“收王庭筠等俱下吏”，而且还兴文字之狱，搜罗这些人的“讥讽文字”，最后只勉强找到周昂的一首《送路铎外补》诗，“颇涉讥讽”。章宗怒，虽有孙铎劝解，但仍下旨“庭筠坐举秉文，昂坐讥讽，各杖七十，左贬外官”。《金史·王庭筠传》称其本为翰林修撰，“承安元年正月，坐赵秉文上书事，削一官，杖六十，解职，语在《秉文传》。二年，降授郑州防御判官”，[①] 此条内容当与《赵秉文传》记事一并源自《章宗实录》。知王庭筠因赵秉文上书事件定罪被罚已在次年正月，当杖六十，先解职，后贬外，《归潜志》出于金亡后刘祁的记录，其谓“庭筠坐举秉文”“杖七十”稍有不确。此案事发皆由赵秉文上书，但赵秉文却侥幸“特免”，《归潜志》称其“止以本等外补”。然而王庭筠、周昂等人则因赵秉文的招认而受到重罚。[②] 《归潜志》言“秉文与昂不相识，被累”，此处尚需存疑。《赵秉文传》明确说赵秉文的交游者中有周昂，故两人自当相识，不过《归潜志》载周昂被杖责之后，赵秉文自觉愧疚登门谢罪，“大为昂母所诟”，这应是实有其事。而“故人为之语曰有‘不攀栏槛只攀人’之句”，对应的正是《赵秉文传》中所言：“当时为之语曰：‘古有朱云，今有秉文，朱云攀槛，秉文攀人。’”不过，尽管两者语义相同，但文字明显有出入，《赵秉文传》此句当非采自《归潜志》。据笔者推断，它可能来源于另一部金人著作——李纯甫《故人外传》。[③] 李纯甫号屏山居士，卒于正大末，上引《归潜志》起首称“屏山又谈赵闲闲初上言，诸公坐诗讥讽得罪事云”，可见刘祁的记载是根据李纯甫的叙述转录而来的，说不定他参看的就是《故人外传》。

---

① 《金史》卷一二六《王庭筠传》，第 2731 页。《遗山先生文集》卷一六《王黄华墓碑》：“坐为言事者所累，出为郑州防御判官。”（叶 11a）《中州集》丙集第三“黄华王先生庭筠”小传：“承安中为言事者所累，谪郑州幕官。”（第 146 页）

② 元好问《中州集》丁集第四“常山周先生昂”小传仅言“坐谤讪停铨”（第 166 页）。

③ 李纯甫其人详见《归潜志》卷一“李翰林纯甫”小传（第 6～7 页）。元好问《中州集》屡引李纯甫《故人外传》。

通过以上梳理可知，《赵秉文传》与《归潜志》所记赵秉文上书攀人事件始末可以相互印合补充，其事当无可疑。而且借此可以弄清《赵秉文传》此段记事的史料拼接情况：“入为应奉翰林文字……宗室守贞可大用”源出《墓铭》，“章宗召问……遂特免焉”出自《章宗实录》，“当时为之语曰……士大夫莫不耻之”可能取自李纯甫《故人外传》，元朝史官将三种来源的史料拼接在了一起。至于末句“坐是久废”，实为元人在糅合过程中产生的错误。如上所述，赵秉文在上书事件中被赦免，“止以本等外补”而已，并未免官。《墓铭》在此事件后云：“又言：‘刑狱、征伐，国之大政，自古未有君以为可、大臣以为不可而可行者。’坐讥讪，免官。”指的是赵秉文另一次进言，语涉讥讪，因而免官。元朝史官估计是误将此当成了前次上书事件的结果，遂有“坐是久废”之语。

明昌六年十二月的赵秉文上书攀人事件，由于赵秉文的揭发自保，王庭筠、周昂等多位同僚皆被牵连下狱，受到惩处，尤其是王庭筠乃赵秉文入翰林之举主，有知遇提携之恩，却又因赵秉文而遭杖刑、贬黜。对于此事，赵秉文难辞其咎，引以为恨，自叹“此前生冤业也”，世人亦皆以之为耻。即便多年以后，赵秉文之文章翰墨已身居高位，主盟文坛，但其早年间事“终不能掩”。《归潜志》载赵秉文“大安中，出刺宁夏”，盖指大安元年出为宁边州刺史，李屏山赠诗云：“明昌党事起，实夫子为根。黄华文章伯（指王庭筠），抱恨入九原。槃槃周大夫（指周昂），不得早调元。株逮及见黜，公独拥朱幡。”“盖讦其旧事也。”元朝史官在《金史》卷一一〇的赞语中评论，其时杨云翼与赵秉文齐名，皆为“金士巨擘”，“其文墨论议以及政事皆有足传”，然“云翼《谏伐宋》一疏，宣宗虽不见听，此心何愧景略”，而“庭筠之累，秉文所为，兹事大愧高允”，[①] 两人之行迹格调高下立判，可见元人对赵秉文亦有訾议。至于赵秉文为何“上书论宰相胥持国当罢，宗室守贞可大用”，这涉及章宗明昌年间完颜守贞和胥持国两派之间的党争，[②] 李屏山的诗中也有“明昌党事起，实夫子

① 《金史》卷一一〇“赞曰”，第2429页。

② 参见关树东《金朝明昌党事考实》，姜锡东、李华瑞主编《宋史研究论丛》第7辑，河北大学出版社，2006，第284~296页；《金代的“冷岩十俊”——〈金朝明昌党事考实〉补遗》，姜锡东主编《宋史研究论丛》第14辑，河北大学出版社，2013，第662~666页。

为根”之语。此外恐怕也与赵秉文初入京城急于立名有关。但无论起因为何，赵秉文上书攀人事件所造成的恶果，无疑是足以令其抱恨终生、为士大夫所耻的一大污点。

《赵秉文传》末尾还提到他晚年间事恐亦有损其声名：“然晚年颇以禅语自污，人亦以为秉文之恨云。”此句语义暧昧，不见于《墓铭》，在其他文献中也找不到与此雷同的文字记载，不过《归潜志》中有一段记事可能与此相关：

> 赵闲闲本喜佛学，然方之屏山，颇畏士论，又欲得扶教传道之名，晚年自择其文，凡主张佛老二家者皆削去，号《滏水集》，首以中、和、诚诸说冠之，以拟退之《原道性》，杨礼部之美为序，直推其继韩、欧。然其为二家所作文，并其葛滕诗句另作一编，号《闲闲外集》。以书与少林寺长老英粹中，使刊之，故二集皆行于世。余尝与王从之言：“公既欲为纯儒，又不舍二教，使后人何以处之?”王丈曰：“此老所谓藏头露尾耳。”……
>
> 然公以吾家父子不学佛，议小不可，且屡诱余，余亦不能从也。……已而，余亦归淮阳，公又与余书曰：“慎不可轻毁佛老二教，堕大地狱则无及矣。闻此必大笑，但足下未知大圣人之作为耳。”余答书曰：“若二教，岂可轻毁之?自非当韩、欧之世，岂可横取谤议哉?自非有韩、欧之智，岂可漫浪为哉?君子者，但知反身则以诚，处事则以义，若所谓地狱则不知也。”然公终于余有所恨。①

赵秉文的学术思想主要以儒学立名，但他同时也喜好佛老之说。②《归潜志》谓“赵闲闲本喜佛学，然方之屏山，颇畏士论”，指的是李纯甫亦喜佛学，且崇佛贬儒，“大为诸儒所攻”，③ 晚年“自类其文，凡论性理及关佛老二家者号‘内藁’，其余应物文字如碑志、诗赋，号‘外藁’，盖拟《庄子》内外篇。又解《楞严》《金刚经》《老子》《庄子》，又有《中庸

① 刘祁：《归潜志》卷九，第106~107页。

② 参见方旭东《儒耶佛耶：赵秉文思想考论》，《学术月刊》2008年第12期，第51~57页。

③ 刘祁：《归潜志》卷九，第105页。

集解》《鸣道集解》，号为‘中国心学，西方文教’，数十万言”，[①]“为名教所贬”。[②]赵秉文为维持其儒者形象，“得扶教传道之名”，遂以李纯甫喜佛为前车之鉴，反其道而行之，晚年自编文集“凡主张佛老二家者皆削去，号《滏水集》”，[③]宣讲儒家学说。杨云翼（字之美）作序，推其为自韩愈、欧阳修以来道学的继承者。[④]然而与此同时，赵秉文又将“其为（佛老）二家所作文，并其葛滕诗句另作一编，号《闲闲外集》”，交给时任少林寺住持的著名诗僧性英（字粹中）刊印，[⑤]“故二集皆行于世”。《墓铭》谓赵秉文“生平文章号《滏水集》者前后三十卷”，乃是合《滏水集》二十卷与《闲闲外集》十卷而言。[⑥]对于赵秉文编订文集阳儒阴释的做法，时人颇为不屑，刘祁称其“欲为纯儒，又不舍二教”，王若虚（字从之）更轻蔑地说“此老所谓藏头露尾耳”。赵秉文的《闲闲外集》收录其所作佛、老二家文章以及“葛滕诗句”，此处“葛滕”当作“葛藤”，“葛藤诗句”其实指的就是禅语。[⑦]兴定五年赵秉文因“坐取进士卢亚重用韵”而致仕，《滏水集》本《赵公墓志铭》记载“公家居，上所以

---

① 刘祁：《归潜志》卷一“李翰林纯甫”小传，第7页。

② 《金史》卷一二六《李纯甫传》，第2735页。

③ 元好问《墓铭》亦云：“公究观佛、老之说，而皆极其指归，尝著论，以为害于世者其教耳。又其徒乐从公游，公亦尝为之作文章，若碑志、诗颂甚多。晚年录生平诗文，凡涉于二家者，不在也。”

④ 元光二年杨云翼《闲闲老人滏水文集引》：“学以儒为正，不纯乎儒，非学也；文以理为主，不根于理，非文也。自魏晋而下，为学者不究孔孟之旨，而溺异端，不本于仁义之说而尚夸辞，君子病诸。今礼部赵公实为斯文主盟。近日择其所为文章，厘为二十卷，过以见示。予披而读之，粹然皆仁义之言也。盖其学一归诸孔孟，而异端不杂焉，故能至到如此。所谓儒之正、理之主，尽在是矣。天下学者景附风靡，知所适从，虽有狂澜横流障而东之，其有功吾道也大矣。”（见国家图书馆藏明抄本赵秉文《闲闲老人滏水文集》卷首）

⑤ 关于诗僧性英其人，参见刘晓《金元之际诗僧性英事迹考略》，《中国社会科学院历史研究所学刊》第3集，商务印书馆，2004，第369~384页。

⑥ 参见《四库全书总目》卷一六六集部别集类一九《滏水集》提要，中华书局，2008，第1420页。今《滏水集》二十卷尚存，而《闲闲外集》十卷已佚。

⑦ 如《归潜志》卷九载李屏山喜佛，“因以禅语解‘《中庸》那著无多事，只怕诸儒认精神’……大抵皆如此葛藤语”（第105~106页），可知“禅语”与“葛藤语”系同义语。又南宋俞文豹称“杨慈湖夫子言性与天道……此全是禅家葛藤语”（俞文豹撰，张宗祥校订《吹剑录全编》之《吹剑四录》，古典文学出版社，1958，第99页）。

礼遇公者不少衰，时命公以禅语为歌诗”,[①] 可见赵秉文应是作禅语的高手。因此《赵秉文传》所谓“禅语自污”，可能就是指晚年赵秉文故意将其所作语涉佛老之诗文另编为《闲闲外集》，以与其纯儒著作《滏水集》相区别，但此举反而遭人厌恶，颇有“自污”之效。

至于“人亦以为秉文之恨云”，也可以从上引《归潜志》中找到相对应的内容。刘从益、刘祁父子与赵秉文为世交,[②] 据《归潜志》赵秉文时常劝导刘祁学佛，但刘祁不从，后赵秉文又寄书言“慎不可轻毁佛老二教”云云，刘祁回书讥之。文末称“公终于余有所恨”，盖意谓赵秉文终以刘祁不肯学佛而感到遗憾。《赵秉文传》中的“人亦以为秉文之恨云”句可能就是根据《归潜志》“公终于余有所恨”句改编而来的。

如此看来，《赵秉文传》末所记“然晚年颇以禅语自污，人亦以为秉文之恨云”，其史源或即《归潜志》。然由上可知，“禅语自污”意指赵秉文欲做纯儒，却阳儒阴释，为人不够磊落坦荡，而“秉文之恨”乃是针对刘祁学佛一事而言，两者毫不相干，元朝史官在概括处理史料时不及细辨，径以两句相衔接，是故令人读之不解。与赵秉文早年上书攀人大节有亏相比，他晚年自编文集阳儒阴释，虽无伤大体，但毕竟有损于其文坛领袖、道学儒宗的光辉形象，亦不啻为有失晚节的一点污迹。以上两条具体史事的分析，亦可补证上文有关《赵秉文传》史源和编纂方式的论述。

余论：元修金末人物列传的特点

元修《金史》是了解金源一朝历史最基本、最重要的文献，而弄清元修《金史》的史料来源和编纂方式又是利用此书的基础。尽管前人对《金史》史源的研究已有一定积累，但仍有很大的研究空间。例如《金史》中的金末人物列传，此前学者仅很粗略地指出它们的内容记载有多大比例来自元好问《遗山集》《中州集》或刘祁《归潜志》,[③] 而缺乏针对个案的细

① 赵秉文:《闲闲老人滏水文集》附录《故翰林学士承旨、资善大夫、知制诰、兼同修国史、上护军、天水郡开国侯、食邑一千户、实封一百户赵公墓志铭》，叶 5a。“时命公以禅语为歌诗”句，元好问《遗山集》本《墓铭》无。

② 参见于东新、魏华倩《金源文宗赵秉文交游活动述考——兼论赵秉文与金末文坛建设》，《殷都学刊》2018 年第 1 期，第 89~90 页。

③ 参见邱靖嘉《〈金史〉纂修考》第三章“《金史》史源研究”。

致剖析。这些列传究竟有哪些内容出自上述各书，又呈现出什么样的特点，除此之外还有没有其他史源，元朝史官又是怎样把各种来源不同的史料糅合在一起的，编纂过程中会不会产生讹误。这些都是我们尚不清楚、有待解答的问题，只有明晰了这些列传的史源构成和编纂手法，才能在研究中充分利用其传记资料。

本文对《金史·赵秉文传》的史源与史事解析，或可为元修金末人物列传的研究提供一个具有典型性的案例。从《赵秉文传》的情况来看，元朝史官的修传手法有如下三个特点。

第一，《赵秉文传》是以元好问《遗山集》所载《闲闲公墓铭》为蓝本，在其基础上进行删节、补充和改编而成。以往学者只注意到某些人物列传或全部或大半或部分采自《遗山集》，而未能抓住问题的根本，那就是元人修传常需要有一个现成的传记文本为主体框架。至于它采录这一原始传记文本记事内容的比重是多少，则牵涉到其他文献有关该传主记载的丰富程度。

第二，史官修《赵秉文传》，从金实录、《金哀宗记》、《归潜志》、《中州集》、《壬辰杂编》等多种文献中搜讨出有关赵秉文的记载，并将其填充到已有的列传框架之中，以使本传内容更为丰满。这说明元人修传并非照抄私家著作中的传记资料，而是做了较为广泛的史料搜集工作。明晰传内各条记事的史源有助于充分估量其史料价值，特别是那些出自金实录、《金哀宗记》、《壬辰杂编》等已佚文献的记载尤其值得高度重视。

第三，史官在剪裁、拼合、杂糅史料的过程中，因辨析不细很容易产生讹误。这就提示我们元修金末人物列传由于其史源庞杂、编纂不精，留下了许多文字陷阱，若轻易引用很可能会导致对史事的错误解读。

以上根据对《赵秉文传》的研究而总结出的三个修传特点，在《金史》所载金末人物列传中应当具有一定的代表性。不过，每个列传都有其自身的特殊性，有待研究者像本文所展示的那样进行深入细致的史源考索和史事分析，然后在逐个解剖、了解详情的基础上，综合归纳起来，探究元人修史的方式和操作流程，这应是《金史》史源研究的题中应有之义。

The Historical Source of the Biography of Zhao Bingwen in *the History of the Jin Dynasty* and the Uncovering of the Historical Events

Qiu Jingjia

Abstract: The sources and compilation method of the biographies of late Jin figures in the *History of Jin Dynasty* compiled in the Yuan Dynasty are important for studying the compilation of *the History of the Jin Dynasty*. This paper will use the Biography of Zhao Bingwen as an example to analyze its historical sources and related historical events. This paper suggests: The Biography of Zhao Bingwen was based on the tombstone inscription of the Xianxiangong preserved in Yuan Haowen's *Collection of Yishan*. And it also consulted the short biography of Zhao Bingwen in the *Collection of Zhongzhou* for shortening some details. Other sources for adding historical events include the vertical records of the Jin Dynasty, Liu Qi's *Guiqian Record*, Shansi's *Record of Jin Emperor Aizong*, Yuan Haowen's *Miscellaneous Compilation in the Renchen Period*, and short biograohy of Yang Yunyi in the Collection of Zhongzhou. These sources helped enrich the biography of Zhao Bingwen. Through collecting sources entry by entry on historical events and focusing on two "dirty" events about Zhao, this study helps understand how the Yuan historians edited, combined, and mixed historical sources and what issues might appear during this process. By this case study, this paper aims to find some features of compiling biographies of late Jin figures in the Yuan dynasty.

Keywords: *the History of the Jin Dynasty*; Biographies; Zhao Bingwen; Historical Sources; Compilation Method

札 记

唐太宗朝的功臣政策

孙延政

功臣群体与王朝政治相伴相随。自西汉以后，功臣现象在许多朝代的开国初期都非常明显，像唐朝这种通过战争实现政权更迭的王朝，自然不会例外。李世民经由玄武门之变登基，所以唐太宗朝的功臣情况十分特殊。政变成功之后，政变群体也成了新朝臣子的重要组成部分，由此出现了贞观时期开国功臣与政变功臣共存的独特局面。唐太宗是如何对待两种不同出身的功臣，妥善处理两者之间的关系的？又是如何根据王朝发展的需要，将功臣政治逐步修正为贤臣政治的？太宗朝的功臣政策成为一项值得研究的历史课题。

一　太宗即位初期的功臣政策

《唐律》中有“八议”之法，指八类人即使犯了死罪也要先奏请天子议其所犯，“曹司不敢与夺”，其中第五议即为“议功”。至于什么样的“功”可以纳入“议”的范畴，《唐律》有明确规定：“谓有大功勋。【疏】议曰：谓能斩将搴旗，摧锋万里，或率众归化，宁济一时，匡救艰难，铭功太常者。”[①] 中古时期的“制定法运动”在唐初走向顶峰，彼时各部门政务和法律体系持续围绕高度重视法典作用这个轴心变得更加严密有序，[②]《唐律》的重要性不言而喻。法律中既有此规定，说明并非所有参与战争或立下功绩之人都可被称作“功臣”，非有“大功勋”不可。而在实际操作中怎样认定达到“大功勋”的标准，关键在于“铭功太常”，即受到政治最高

① 刘俊文：《唐律疏议笺解》卷一，中华书局，1996，第105页。

② 楼劲：《魏晋南北朝隋唐立法与法律体系》下册，中国社会科学出版社，2014，第647~655页。

统治者的正式确认。唐代，褒奖勋劳不再如上古时期勒石铸鼎，王言成为确认功臣的必要条件。所谓王言，《唐六典》中有清晰的论述，中书令所执掌的是“军国之政令”，军国政令实际上就是七种“王言之制”，在三种王言册书、制书和敕书中，制书有“行大赏罚，授大官爵，厘年旧政，赦宥降虑”之用。[①] 在唐代的律、令、格、式所构成的法律体系之外，王言是政治当局的最高指示，也是国家最高的法律形式，其至高地位受到法律保护。作为王言的“制敕”，其法律地位明显高于官文书，[②] 其权威性是由皇权的权威性决定的。在论功行赏的政治传统下，朝廷通过“行大赏罚，授大官爵”的制书认定功臣，是一项稳定的制度，而这很充分地反映了太宗朝的功臣政策。

第一次表彰功臣。武德九年（626）八月九日，李世民正式登基；九月二十四日，太宗下诏褒奖功臣：

> 诏曰：褒贤昭德，昔王令典；旌善念功，有国彝训。吏部尚书上党县公长孙无忌、中书令临淄县侯房元龄、右武候大将军尉迟敬德、兵部尚书建平县男杜如晦、左卫将军全椒县子侯君集等，或夙预谟谋，绸缪帷幄，竭心倾恳，备申忠益；或早从任使，契阔戎麾，诚著艰难，绩宣内外。义冠终始，志坚金石，誓以山河，实允朝议。无忌封齐国公，元龄封邢国公，敬德封鄂国公，如晦封莱国公，君集封潞国公，其食邑各三千户。[③]

这是新皇登基的第一份功臣名单，昭示着未来一段时间内的政治走向，其重要性不必多言。入选这份名单的功臣有两个特点：“夙预谟谋”和“早从任使”。所谓“夙预谟谋”，是指参与了玄武门之变的谋划和行动，而“早从任使”则是指秦王府旧人。虽然两《唐书》长孙无忌本传中均记载他年轻时便与李世民交好，但他在开国阶段并没有立下多少功劳，[④] 他之

① 李林甫等：《唐六典》卷九，陈仲夫点校，中华书局，1992，第273~274页。

② 黄正建：《唐代官文书辨析》，《魏晋南北朝隋唐史资料》第33辑，上海古籍出版社，2016，第31~39页。

③ 王溥：《唐会要》卷四五《功臣》，中华书局，1960，第800页。

④ 刘敏：《两朝良佐——长孙无忌》，《历史教学》（下半月刊）2002年第8期，第47~50页。

所以能名列功臣首位，还是因为玄武门之变。房玄龄和杜如晦在太原起兵时只是微末小官，他们与长孙无忌一样，真正的功绩是在政变时立下的。[①] 尉迟敬德与侯君集都是武将，在六月四日当天，尉迟敬德先是在李元吉手中救下李世民，又亲手杀死李元吉，最后还控制了高祖李渊；[②] 侯君集"诛隐太子尤力"。[③] 所以，这份名单的实质是奖赏玄武门政变功臣，使用"夙预谟谋""早从任使"字样是模糊概念，当时人应该皆知缘于玄武门政变。再结合当年七月五人职事官的擢拔，[④] 可见此次功臣表彰是对政变功臣政治地位和待遇的整体提升。

可以对比的是九年前高祖即位时的第一份褒功臣诏。武德元年（618）五月二十日李渊即位，八月六日即宣布功臣及其待遇，《唐会要》记载如下：

> 诏曰：朕起义晋阳，遂登皇极，经纶天下，实仗群材。尚书令秦王、右仆射裴寂，或合契元谋，或同心运始……其罪非叛逆，可听恕一死。其太原元谋勋效者，宜以名闻，及所司进簿。尚书右仆射裴寂、纳言刘文静，加恕二死。左骁卫大将军长孙顺德，右骁卫大将军刘宏基，都水监赵文恪，右屯卫大将军窦琮，卫尉少卿刘政会，鸿胪卿刘世龙，吏部侍郎殷开山，左翊卫大将军柴绍，内史侍郎唐俭，库部郎中武士彟，骠骑将军张平高，左骁卫长史许世绪、李思行、李高迁等，并恕一死。[⑤]

《旧唐书·刘文静传》、《新唐书·裴寂传》和《册府元龟》中也保留了相似的记载。[⑥] 在这十七人中，秦王李世民自不用多说，余下众人或参与了

① 《旧唐书》卷六六《房玄龄传》《杜如晦传》，中华书局，1975，第2459~2468页。

② 司马光：《资治通鉴》卷一九一，唐高祖武德九年六月庚申条，中华书局，1975，第6010~6011页。

③ 《新唐书》卷九四《侯君集传》，中华书局，1975，第3825页。

④ 《旧唐书》卷二《太宗本纪》，第30页；卷六八《尉迟敬德传》，第2499页；卷六九《侯君集传》，第2509页。

⑤ 王溥：《唐会要》卷四五《功臣》，第799页。《唐会要》记载此诏为武德元年八月六日颁布，黄永年先生认为此时间或有误，见氏著《唐史十二讲》，中华书局，2009，第7页。

⑥ 《旧唐书》卷五七《刘文静传》，第2294页；《新唐书》卷八八《裴寂传》，第3739页；王钦若等编《册府元龟》卷一三三《帝王部》，凤凰出版社，2006，第1465页。

太原起兵的早期工作，或在唐军攻克长安的过程中战功彪炳，是当之无愧的开国功臣。[①] 此外，以上十七人除刘世龙外，其余十六人都与李渊的大将军府有关。《大唐创业起居注》记载："以世子为陇西公，为左领军大都督，左三统军等隶焉；二郎为敦煌公，为右领军大都督，右三统军等隶焉……命裴寂、刘文静为大将军府长史、司马；以殷开山、刘正会、温大雅、唐俭、权弘寿、卢阶、思德平、武士彟等为掾属、记室参左等官；以鹰扬王长阶、姜宝谊、杨毛，京兆长孙顺德、窦琮、刘弘基等分为左右统军、副统军。"[②] 此处有十人；余下六人也都在两《唐书》各人本传中明确记载他们分任左三统军、右三统军、右一府司马等职。可见这份"太原元谋功臣"名单所表彰的均是在李渊起兵之初便追随左右的干将，为大唐的建国立下过汗马功劳。他们既是以往军事政权的班底，也是未来朝廷重臣的备选，是纯粹的"经纶天下"之功臣。

九年之间虽然开国功臣有所凋零，但裴寂等人不仅健在，且仍在朝中有极高名望，太宗却完全没有提及他们的过往功绩，反而大张旗鼓地表彰助其政变登基的功臣，还在爵位以外给予了丰厚的经济赏赐。就在武德九年八月，即太宗发布《封吏部尚书长孙无忌等诏》之前的一个多月，高祖发布了他作为皇帝的最后一份诏书《神尧命皇帝正位诏》，主要内容是让皇太子李世民正式即位。其中有这样一句话："百辟卿士等，或晋阳从我，同披荆棘；或秦邸故吏，早预腹心。并以德举言扬，进忠显效，保乂社稷，天平地成。惟当带砺山河，与国休戚。"[③] 李世民在政变之后已经掌握了国家大权，这份诏书是李世民通过高祖之口，将"秦邸故吏"与"晋阳从我"两类功臣并列起来，希望达到"与国休戚"的高度。所以这段文字已经有了表彰政变功臣的含义，且将其与太原功臣并列。但一个月之后，唐太宗首先表彰了政变功臣，并没有提及太原功臣。

敬重功勋、论功行赏是帝制中国的传统，太宗频繁地抬升政变功臣地

---

① 学界对于武士彟是否为太原元谋功臣曾有争议，但近来孟宪实先生对此已有考证，武士彟确实参加了太原起义，是太原起义功臣。参见孟宪实《武则天研究》，四川人民出版社，2021，第47~49页。

② 温大雅：《大唐创业起居注》卷一，上海古籍出版社，1983，第13页。

③ 宋敏求编《唐大诏令集》卷三〇《传位》，中华书局，2008，第116页。

位，在政治权力的再分配中开国功臣感觉被忽略了，这自然引起了他们的不满，于是朝中很快就爆发了“诸将争功”事件。《资治通鉴》记载，在《封吏部尚书长孙无忌等诏》发布当天，太宗命陈叔达于殿前唱名公示，并就此征求大臣意见，“且曰：‘朕叙卿等勋赏或未当，宜各自言。’于是诸将争功，纷纭不已。淮安王神通曰：‘臣举兵关西，首应义旗，今房玄龄、杜如晦等专弄刀笔，功居臣上，臣窃不服。’”丘师利等人也“咸自矜其功，或攘袂指天，以手画地”。太宗对此的回应则颇令人玩味：“上曰：‘义旗初起，叔父虽首唱举兵，盖亦自营脱祸。及窦建德吞噬山东，叔父全军覆没；刘黑闼再合余烬，叔父望风奔北。玄龄等运筹帷幄，坐安社稷，论功行赏，固宜居叔父之先。叔父，国之至亲，朕诚无所爱，但不可以私恩滥与勋臣同赏耳！’”[①] 李神通在李渊晋阳起兵时率先响应，攻占长安时亦有功劳，武德元年以后又出击宇文化及，从平窦建德、刘黑闼，战功赫赫；[②] 与他相比，房玄龄几乎没有任何军功，不仅是在义军入关之后才通过温彦博结识李世民，任渭北道行军记事参军时也只是做些善后工作，“贼寇每平，玄龄独先收人物，致之幕府”。[③] 中国古代的功臣传统和功臣政治，往往表现为军功崇拜和暴力政治，[④] 所以表彰功臣的原因也多集中在军功，此时的太宗却强调政变功臣的功劳，李神通的“不服”也就在情理之中了。太宗于殿上公开征求众人意见，显然是对推行这份名单有充分的自信和决心。[⑤] 在他看来，此次封

---

① 司马光：《资治通鉴》卷一九一，唐高祖武德九年九月己酉条，第6022页。

② 《旧唐书》卷六〇《淮安王神通传》，第2340~2341页。

③ 《旧唐书》卷六六《房玄龄传》，第2460页。

④ 王子今：《中国古代的功臣政治及其文化背景》，《学术界》1990年第2期，第55页。

⑤ “诸将争功”事件在《唐会要》卷四五《功臣》、《册府元龟》卷一二八《帝王部》、《旧唐书·房玄龄传》、《旧唐书·李神通传》、《贞观政要》卷三《论封建》中都有记载。张耐冬和刘后滨老师考证，前三者史源本自同一系统，即唐朝本朝所修国史、实录，后两者是在前一系统基础上的删节，故前三者更接近唐代史官记述之原貌。与《资治通鉴》相比，《唐会要》等所记仅有一处细节存在差异，即丘（邱）师利“自矜其功”事，《唐会要》记载发生于诏书颁布之前，而补记于太宗训诫李神通之后，《资治通鉴》则将其置于李神通论功的情形之中。张、刘二位老师认为，《资治通鉴》与《唐会要》对此事的记载本自同一史源，是司马光做了改动，但这一改动缺乏直接的文献证据。由于本文的目的在于说明《封吏部尚书长孙无忌等诏》确实引发了开国功臣的不满，太宗与李神通就功臣封爵授食邑确有君臣对话，这是所有史料共同呈现的，所以无论丘师利矜功之事发生在唱名之前还是当时，都不影响此结论。具体研究参见张耐冬、刘后滨：《〈资治通鉴〉叙事中的史事考订与历史重述——基于唐太宗即位之初“诸将争功”事件书写的个案分析》，《中国人民大学学报》2017年第1期，第2~10页。

赏功臣的原因不在于战功，而在于决策之功，也就是“夙预谟谋，绸缪帷幄”。这很明显地表现出他已将功臣分为了两类，类似汉高祖刘邦将披坚执锐攻城略地的军人比作功狗，将文墨议论发踪指示的萧何比作功人。[①]长孙、房、杜等人是因为谋划了玄武门之变、拥戴太宗上台而受赏，他们与军功功臣一样都“安社稷”，这是对政变功臣地位的有力抬升。

为什么太宗要抬升政变功臣的地位呢？一是能力，二是忠诚。政变功臣的这两方面在多年的战争环境下，得到了充分考验。政变前夕，太子与秦王阵营互挖墙脚，最后的事实证明，秦王府阵营的内在凝聚力明显更高，在整体条件不利的情况下，秦王府没有人叛变，这一点尉迟敬德、张亮等人的传中都有具体记载。此外，秦王府在战争过程中有独立的官员系统并且可以独自任命，因此集中了很多文臣武将。这些人才是贞观时期朝臣的基本班底。太宗即位前后，也重用了原来东宫、齐王府的人才，如魏徵、王珪等，[②] 这是展现太宗开明的一面，对于治国大有益处，但从信任的深浅程度来看，此时秦王府旧部势必排在首位。

相较而言，高祖钦定的太原元谋功臣与唐太宗之间却没有类似紧密的关系。太原起兵以高祖为核心，所以功臣自然也是以高祖身边的人为主。太原功臣的首位是秦王李世民，而裴寂紧随其后。裴寂是李渊隋朝时的挚友，谋划太原起兵的关键人物。唐朝建立前后，高祖最倚重的大臣非裴寂莫属。从《旧唐书·裴寂传》中可见武德年间裴寂所享的恩宠，武德四年（621）高祖改铸钱币“特赐寂令自铸造”，与秦王享受同等待遇。[③] 李世民政变夺权，取代高祖，在政权的过渡期还保留着裴寂的宰相之位，但最终将其抛弃是必然之事。从武德九年末到贞观元年（627），政变功臣的仕途可谓平步青云。例如长孙无忌在一年内由太子左庶子迁吏部尚书，后又任尚书右仆射，位列宰相；杜如晦由太子右庶子迁兵部尚书，后又以检校侍中摄吏部尚书；房、侯、尉迟也屡有超擢，身居高位。从这个意义上来看，唐太宗表彰政变功臣，是一朝天子一朝臣的必然表现。

---

① 《史记》卷五三《萧相国世家》，中华书局，1982，第 2015 页。

② 孟宪实：《论玄武门事变后对东宫旧部的政策——从〈张弼墓志〉谈起》，《唐研究》第 17 卷，北京大学出版社，2011，第 199~220 页。

③ 《旧唐书》卷五七《裴寂传》，第 2287~2288 页。

第二次表彰功臣。武德九年八月太宗表彰功臣，明显偏向政变功臣，故遭到其他功臣的反对，争功事件很能说明问题。不过，李世民很快就调整了政策。两个月之后，太宗又发布了另一份全面的功臣名单，如今这份王言名为《赐裴寂等食实封敕》。据《旧唐书·刘文静传》，这份功臣名单包括四十三位功臣：

> 武德九年十月，太宗始定功臣实封差第，文静已死，于是裴寂加食九百户，通前为一千五百户，长孙无忌、王君廓、尉迟敬德、房玄龄、杜如晦等五人食邑一千三百户，长孙顺德、柴绍、罗艺、赵郡王孝恭等四人食邑一千二百户，侯君集、张公谨、刘师立等三人食邑一千户，李勣、刘弘基二人食邑九百户，高士廉、宇文士及、秦叔宝、程知节四人食七百户，安兴贵、安修仁、唐俭、窦轨、屈突通、萧瑀、封德彝、刘义节八人各食六百户，钱九陇、樊兴、公孙武达、李孟尝、段志玄、庞卿恽、张亮、李药师、杜淹、元仲文十人各食四百户，张长逊、张平高、李安远、李子和、秦行师、马三宝六人各食三百户。①

这是太原功臣与政变功臣的一次“集合”。把裴寂当作第一功臣，充分表达了太宗对太原功臣的尊重。本来，太原起兵的首位功臣是秦王李世民，但李世民已经成为皇帝，必然从功臣的队伍中退出。那么，这个功臣名单如何划分主次呢？首先，从受封人来看，长孙无忌等五位已经被表彰过的政变功臣此次全部再次受赏；而十六位太原功臣却只有七位进入这份名单，② 九位未封者中有六人被赐死、除名或病故，自然不会被列入，但有三人仍在世且没有犯罪记录，③ 此时却被忽略了。既非太原功臣又在武德九年八月未被表彰者有三十一人，这批新增功臣中有十九人参与了政变或

① 《旧唐书》卷五七《刘文静传》，第2294~2295页。

② 即裴寂、长孙顺德、柴绍、刘弘基、唐俭、刘义节（按《旧唐书》卷五七、《新唐书》卷八八，刘义节即刘世龙）、张平高。

③ 刘文静、赵文恪已被赐死，窦琮、殷开山、许世绪皆病故，李高迁被除名徙边。武士彟、李思行、刘政会在世并无处分。详见《旧唐书》卷五七、卷五八、卷六一各人本传。

与秦王府有密切关联，占据大多数。[①] 其次，从封赏目的来看，《赐裴寂等食实封敕》与《封吏部尚书长孙无忌等诏》相同，以褒扬策划之功为主，军功处于次要地位。试以李靖为例，他在武德二年（619）初降唐时就被李世民召入幕府，从此跟随秦王东征西讨，攻王世充、灭萧铣、平辅公祏、抵御东突厥，[②] 他是唐朝统一天下过程中最为重要的武将之一，但此次受赏仅食封四百户，在第八档，根源还是在于他没有参加玄武门政变。所以总体而言，这份名单虽然包括了部分开国功臣，但政变功臣依然是绝对主角。有研究者认为这份敕书很可能没有得到真正的确立和认同，[③] 但从现有传世文献和石刻资料来看，此说恐不成立。[④]

值得注意的是，唐太宗即位当年，两个月内连续两次表彰功臣，第二次表彰功臣更是超出前次表彰的范围，更多的人被确认为功臣。虽然来自李世民身边的新功臣占据多数，但扩大功臣范围，显然有利于朝廷政治基础的巩固，统战的意味也更加明显，体现了新皇帝的政治敏感度和政策的灵活性。

二　贞观前期的功臣政策

贞观三年（629）前后，太宗对政变功臣的态度发生了转变。《贞观政要》载：

> 中书令房玄龄奏言：“秦府旧左右未得官者，并怨前宫及齐府左右处分之先己。”太宗曰：“古称至公者，盖谓平恕无私。丹朱、商均，子也，而尧、舜废之。管叔、蔡叔，兄弟也，而周公诛之。故知君人者，以天下为心，无私于物。昔诸葛孔明，小国之相，犹曰‘吾心如秤，不能为人作轻重’，况我今理大国乎？朕与公等衣食出于百

① 黄永年：《唐史十二讲》，第9~11页。

② 《旧唐书》卷六七《李靖传》，第2475~2479页。

③ 冯涛：《唐初功臣群体与贞观政治》，硕士学位论文，武汉大学，2019，第7页。

④ 详见司马光《资治通鉴》卷一九二，唐高祖武德九年十月庚辰条，第6024页；王溥《唐会要》卷九〇《食实封数》，第1638~1642页；《尉迟敬德墓志》，周绍良主编《唐代墓志汇编》，上海古籍出版社，1992，上册，第291页；吴刚编《全唐文补遗》第1辑，三秦出版社，1994，第30页。

> 姓，此则人力已奉于上，而上恩未被于下。今所以择贤才者，盖为求安百姓也。用人但问堪否，岂以新故异情？凡一面尚且相亲，况旧人而顿忘也！才若不堪，亦岂以旧人而先用？今不论其能不能，而直言其怨嗟，岂是至公之道耶？”①

这段对话发生的时间按《资治通鉴》记载和房玄龄的任职情况，应当在武德九年末至贞观三年。② 秦府旧人认为太宗在提拔官员时不够偏向他们，反而起用了一些旧东宫、齐王府之人，因此颇有意见。太宗回答用人只看是否有才干，不能考虑新故人情。在武德九年九月和十月的两份功臣名单中，凡是与玄武门政变相关而入选的功臣，绝大多数出自秦王府，所以此处心生怨言的秦府故旧很可能来自政变功臣，可见太宗对政变功臣的态度正在发生改变。此阶段宰相的任职情况为这种改变提供了佐证：根据《新唐书·宰相表》，武德九年六月至贞观元年，新任宰相有高士廉、房玄龄、萧瑀、宇文士及、封德彝、长孙无忌、杜淹，全部与玄武门政变相关；从贞观二年（628）到四年，新任宰相中除了杜如晦和侯君集，李靖、王珪、魏徵、温彦博、戴胄均非政变功臣，王、魏还都是李建成旧属。政变功臣的第一人长孙无忌被罢相后长期赋闲，杜如晦任相不足十个月亦被罢，萧瑀在四年七月转任太子少傅，离开了政治中心。③ 即便任相多年的房玄龄，也时常被太宗批评，史载他“时以事被谴，则累日朝堂，稽颡请罪，悚惧踧踖，若无所容”。④

贞观三年发生的庞相寿案可算作太宗对功臣政策转变的标志性事件。《资治通鉴》载：“濮州刺史庞相寿坐贪污解任，自陈尝在秦王幕府；上怜之，欲听还旧任。魏徵谏曰：‘秦王左右，中外甚多，恐人人皆恃恩私，足使为善者惧。’上欣然纳之。”⑤ 庞相寿并非玄武门之变的参与者，只以秦府旧人的身份就险些换取太宗的谅解，足以说明此前太宗对亲旧多有纵

① 吴兢撰，谢保成集校《贞观政要集校》卷五《论公平》，中华书局，2009，第278～279页。

② 房玄龄在武德九年末任中书令，贞观三年转任尚书左仆射。

③ 《新唐书》卷六一《宰相表》，第1631～1632页。

④ 《旧唐书》卷六六《房玄龄传》，第2461页。

⑤ 司马光：《资治通鉴》卷一九三，唐太宗贞观三年十二月末条，第6070页。

容，更可想见他对政变功臣的优待。面对非勋非旧之人魏徵的劝谏，太宗这次选择了“欣然纳之”，似可表明他将不再优崇政变功臣。这与贞观元年的刘师立案形成了鲜明对比：彼时刘师立因“交通罗艺”被除名，作为与谋反大案牵涉颇深的罪臣，他却很快因政变功臣的身份得以“检校岐州都督”。[①] 政变功臣的优越性可见一斑。

太宗为何会出现如此转变？这仍与功臣能力有关。太宗初登基时，政变功臣相较开国功臣人才更多样，且对太宗更忠诚，更符合君主的用人标准。但随着时间的推移，王朝的用人需求更加多元化，政变功臣毕竟是小团体，数量和质量都无法支撑一个庞大王朝的长期治理。太宗不能再拘泥于臣子的功臣身份来决定是否重用，必须择人唯贤、用人唯才。由于政变的特殊性，政变功臣在三省或中央禁军的各个机构中都以领导者的身份出现，加之功臣极易凭借与皇帝的私人情感和功臣身份在政治上造成排他性和垄断性，他们有着当然参与执政以及功勋具有永久政治效力的传统观念，[②] 这就与皇帝的想法产生了冲突。因此，太宗既要努力地将功臣政治修正为贤臣政治，做到人尽其用；又要妥善安置功臣，尽力摆脱和消除功臣的束缚和潜在的反噬，新的功臣政策也就应运而生了。

此阶段的功臣政策可以概括为对不满足用人需求的过往功臣“尊而不用”。贞观五年（631），太宗封九位功臣之子为郡县公，诏文如下：

> 惟王建国，厚礼备于元勋；惟帝念功，茂赏隆于延世……开府仪同三司齐国公无忌、尚书右仆射邢国公玄龄、故尚书左仆射蔡国公如晦、灵州都督吴国公尉迟敬德、左光禄大夫吏部尚书许国公士廉、兵部尚书潞国公侯君集、右武卫大将军郢国公宇文士及、左武卫大将军翼国公秦叔宝、泸州都督宿国公程知节等……咸委质藩朝，陈力王室……无忌、玄龄、如晦、敬德各封一子郡公；士廉、君集、士及、叔宝、知节各封一子县公。[③]

① 《旧唐书》卷五七《刘师立传》，第2298~2299页。

② 王子今：《中国古代的功臣政治及其文化背景》，《学术界》1990年第2期，第58页。

③ 宋敏求编《唐大诏令集》卷六五《大臣·录勋·长孙无忌等九人各封一子郡县公诏》，第358页。

这九位功臣都曾参与政变。太宗赏赐他们后代爵位，是表达尊敬，但他们本人的任官却没有实质性提升。根据之前几次表彰功臣的经验，入选名单的功臣往往意味着在此前后已有或将有职事官的擢拔和权力的提升，名单的出台既可以是总结，也可以是预告。例如武德元年高祖在表彰太原元谋功臣前后，李世民、裴寂、刘文静等就分别入相；武德九年九月和十月太宗在表彰政变功臣前后，长孙无忌、房玄龄、杜如晦同样入相，其余人等也多居朝中显要，可算作名利和政治地位的双重赏赐。但贞观五年前后，九人中除了杜如晦已逝，只有侯君集在贞观四年十一月壬戌以兵部尚书参与朝政，其余七人仍在原位，与前例相差甚远。

对于这种安排，政变功臣自然不满，于是在几个月后的贞观六年（632）展开反弹。先是在闰七月，“乙卯，上宴近臣于丹霄殿，长孙无忌曰：‘王珪、魏徵，昔为仇雠，不谓今日得此同宴。’”[①] 其时魏徵、王珪已经为相三年，长孙无忌仍提及二人曾为隐太子东宫幕僚的身份，将他们视为仇雠，言下之意是这种没有政变功臣身份的人不配在朝中居高位。且在《长孙无忌等九人各封一子郡县公诏》发布后，这种非政变功臣压过政变功臣的现象也未有改观，长孙无忌作为政变功臣领袖要为群体利益发声。面对长孙无忌的发难，太宗回答：“魏徵、王珪，昔在东宫，尽心所事，当时诚亦可恶。我能拔擢用之，以至今日，足为无愧古人。”[②] 他将论事重点转移到作为帝王的自己身上，表示重用前敌是可比先贤明君的表现，又对魏徵就政事展开问答，算是巧妙地化解了此事。但很快，九月己酉，“同州刺史尉迟敬德预宴，有班在其上者，敬德怒曰：‘汝何功，坐我上！’任城王道宗次其下，谕解之。敬德拳殴道宗，目几眇”。尉迟敬德是太宗最早表彰的五位政变功臣之一，排位比杜如晦和侯君集还要靠前，但贞观三年功臣政策调整后便再未得重用，先是出为襄州都督，如今又仅任同州刺史。此时他挟功自重，对没有政变功臣身份的“班在其上者”出言不逊，还对前来劝解的任城王李道宗拳脚相加。一个多月内接连发生两起政变功臣针对新晋官员的公开挑战，太宗的反应不再宽和，“上不怿而罢，

① 司马光：《资治通鉴》卷一九四，唐太宗贞观六年闰七月乙卯条，第6097页。

② 《旧唐书》卷七一《魏徵传》，第2549页。

谓敬德曰：‘朕见汉高祖诛灭功臣，意常尤之，故欲与卿等共保富贵，令子孙不绝。然卿居官数犯法，乃知韩、彭菹醢，非高祖之罪也。’”① 太宗此话极为严厉，表露出杀意，可见态度转变之剧烈。

面对政变功臣的普遍强势和一再攻讦，新晋官员经常流露出对身份的不自信。同样在贞观六年，太宗擢韦挺任御史大夫，“挺陈谢曰：‘臣驽下，不足以辱陛下高位。且臣非勋非旧，而超处藩邸故僚之上，臣愿后之，以劝立功者。’太宗不许”。② 韦挺认为没有在政变时立功，就不足以获得高位，太宗没有接受这种推辞。魏徵也时常“自以无功于国，徒以辩说，遂参帷幄，深惧满盈”，③ 功臣与非功臣之间的身份矛盾成为这一阶段政治上的一大矛盾。对此，太宗先是在不同场合劝慰魏徵，希望以他为典型，表达对非功臣官员的信赖，“太宗曰：‘朕拔卿于仇虏之中，任卿以枢要之职，见朕之非，未尝不谏。公独不见金之在矿，何足贵哉？良冶锻而为器，便为人所宝。朕方自比于金，以卿为良匠。’”④ 他还常常把自己重用魏徵，与齐桓公重用管仲相提并论，认为他们的君臣关系要比古人更融洽，魏徵“亦喜逢知己之主，思竭其用”。⑤ 其次，他借对马周上疏的肯定，再次申明对政变功臣的态度。马周在贞观五年由常何举荐，次年任监察御史。同年，马周提出皇帝对待“勋贤”应当做到：

> 陛下宜思所以安存之，富贵之，然则何用代官也……万一骄愚，兆庶被其殃而国家受其败。正欲绝之也，则子文之治犹在；正欲留之也，而栾黡之恶已彰……昔汉光武不任功臣以吏事，所以终全其代者，良得其术也。愿陛下深思其事，使夫得奉大恩，而子孙终其福禄也。⑥

太宗“深纳其言”，马周也因此被擢为侍御史。再结合之前太宗对尉迟敬

① 司马光：《资治通鉴》卷一九四，唐太宗贞观六年九月己酉条，第6098~6099页。

② 《旧唐书》卷七七《韦挺传》，第2670页。

③ 《旧唐书》卷七一《魏徵传》，第2550页。

④ 吴兢撰，谢保成集校《贞观政要集校》卷二《任贤》，第62~63页。

⑤ 《旧唐书》卷七一《魏徵传》，第2547页。

⑥ 《旧唐书》卷七四《马周传》，第2614页。

德的训斥，“共保富贵，不任吏事”就成了太宗对政变功臣的最终安置方案，也就是“尊而不用”。

贞观六年以后的几年里，政变功臣的代表人物中只有侯君集和房玄龄尚为相，其他如萧瑀在贞观九年末以特进身份参与朝政，但仅一年后又被罢为岐州刺史；[①] 长孙无忌于贞观七年十月册拜司空，并无实权；高士廉在高祖驾崩后“摄司空，营山陵制度，事毕，加特进、上柱国”，只在散官、勋品上加以优待；[②] 秦叔宝、程知节等武将或因病赋闲，或镇守京外，对朝政几无影响。[③] 据学者考察，贞观二、三年间太宗开始对尚书省进行改革，削弱了尚书仆射的行政职能，也限制了他们政治能力的发挥，宰相群体中侍中和中书令的重要性日渐增强并超过了尚书仆射。[④] 贞观三年以后房玄龄长期担任的正是尚书左仆射，杜如晦去世前为尚书右仆射。至于中书令则依次由温彦博、杨师道、岑文本和马周等人担任，侍中则依次为王珪、魏徵、杨师道和刘洎，[⑤] 无一人是政变功臣。

三　贞观中后期的功臣政策

贞观十一年（637）六月十五日，太宗令与诸功臣世袭刺史，诏书提到：

> 周武定业，胙茅土于子弟；汉高受命，誓带砺于功臣。岂止重亲贤之地，崇其典礼……朕运属殷忧，戡翦多难。上凭明灵之祐，下赖英贤之辅，廓清宇县，嗣膺宝历，岂予一人，独能致此……无忌可赵州刺史，改封赵国公；尚书左仆射、魏国公玄龄可宋州刺史，改封梁国公；故司空、蔡国公杜如晦可赠密州刺史，改封莱国公；特进、代国公靖可濮州刺史，改封卫国公；特进、吏部尚书、许国公士廉可申州刺史，改封申国公；兵部尚书、潞国公侯君集可陈州刺史，改封陈

① 《新唐书》卷六一《宰相表》，第1631~1633页。

② 《旧唐书》卷六五《高士廉传》《长孙无忌传》，第2443、2447页。

③ 《旧唐书》卷六八《秦叔宝传》《程知节传》，第2502、2504页。

④ 冯涛、黄寿成：《“房、杜让贤于王、魏”与贞观政治》，《唐史论丛》第28辑，三秦出版社，2019，第59~60页。

⑤ 《新唐书》卷六一《宰相表》，第1631~1636页。

> 国公；刑部尚书、任城郡王道宗可鄂州刺史，改封江夏郡王；晋州刺史、赵郡王孝恭可观州刺史，改封河间郡王；同州刺史、吴国公尉迟敬德可宣州刺史，改封鄂国公；并州都督府长史、曹国公李勣可蕲州刺史，改封英国公；左骁卫大将军、楚国公段志玄可金州刺史，改封褒国公；左领军大将军、宿国公程知节可普州刺史，改封卢国公；太仆卿、任国公刘弘基可朗州刺史，改封夔国公；相州都督府长史、郧国公张亮可澧州刺史，改封郧国公。[①]

世袭封建的讨论，始于贞观元年太宗问政，萧瑀提出效仿三代封建是享国久长之策。贞观五年，太宗命群臣议封建，众人纷纷发表意见：

> 魏徵以为："若封建，则卿大夫咸资俸禄，必致厚敛。又京畿赋税不多，所资畿外，若尽封国邑，经费顿阙。又燕、秦、赵、代俱带外夷，若有警急，追兵内地，难以奔赴。"礼部侍郎李百药以为："运祚修短，定命自天，尧、舜大圣，守之而不能固；汉、魏微贱，拒之而不能却。今使勋戚子孙皆有民有社，易世之后，将骄淫自恣，攻战相残，害民尤深，不若守令之迭居也。"

魏徵和李百药都表示反对，认为这种政策会导致中央财政出现问题，也不能真正起到护屏京师的作用。颜师古提出了解决方案：

> 不若分王宗子，勿令过大，间以州县，离错而居，互相维持，各守其境，协力同心，足扶京室；为置官寮，皆省司选用，法令之外，不得擅作威福，朝贡礼仪，具为条式。一定此制，万代无虞。[②]

颜师古支持将宗室成员分封各地，但要使其错杂分开，不能连片共居；各地官僚也必须由中央指派，宗室虽任地方长官，但并无实权；要严格按照

① 《旧唐书》卷六五《长孙无忌传》，第2449页。

② 司马光：《资治通鉴》卷一九三，唐太宗贞观五年十一月丙午条，第6089页。

法令和礼仪管理，绝不可逾越。这一方案表面上是对宗室的优待，但实际上是让他们在远离京师的同时减少政治权力，以保障皇权不被掣肘。太宗采纳了他的建议，同月便下诏“皇家宗室及勋贤之臣，德行可称、忠节显著者，宜令作镇藩部，宣条牧民，贻厥子孙……宜令所司明为条例等级，具以奏闻”。[①] 众卿讨论封建时只是将宗室子孙作为对象，皇帝下令时却多了“勋贤之臣”，这是因为颜师古的方案与“尊而不用”的功臣政策不谋而合，为太宗解决功臣问题提供了思路。贞观十一年，有司最终拿出了世袭名单，中间延宕六年，显然经历了多方角力。宗室成员以荆王元景为首，共计二十一人，[②] 其中十三人是高祖晚生子，这些人的母亲与李世民向来不和，此时将他们出为各州刺史、都督，既能成全太宗厚遇兄弟的好名声，也能降低他们在京城的政治影响。[③] 从《册府元龟》的“来朝”记录可知，[④] 他们在此之后常驻地方，与中央少有往来。

受封的功臣共计十四人，其中只有李靖、李勣、李道宗、李孝恭、刘弘基五人没有参与玄武门之变，其余九人是政变的核心人员。太宗对政变功臣不仅“不用”，还要让他们远离长安，世牧外州，彻底铲绝这一团体在政治中心的影响。对于高祖诸子而言，离开京师既是离开政治中心，也是离开旋涡中心，能保世代富贵，所以在当年就赴任。但对功臣而言，离开皇帝则意味着政治生涯的终结，因此直到贞观十三年（639），这些人仍“不愿之国”，希望太宗收回成命，并由长孙无忌和房玄龄作为代表“上表固让”。二人在上书中总结了三点：世袭刺史有紊圣代之纲；众人功绩尚不足以当此殊荣；若子孙继承刺史之位时年龄尚小，则有扰民生。这些看似冠冕堂皇的理由并未能打动太宗，长孙无忌又从亲情出发，以其子长孙冲“妇长乐公主固请于上”。最后，他无可奈何地向皇帝陈情：“臣披荆棘事陛下，今海内宁一，奈何弃之外州，与迁徙何异！”希望太宗看在他们事君多年的分儿上，不要把他们“弃”至京外，至此太宗才做出姿态：“割地以封功臣，古今通义，意欲公之后嗣，辅朕子孙，共传永久；而公

① 宋敏求编《唐大诏令集》卷六五，第358页。

② 《旧唐书》卷六四《荆王元景传》，第2424~2425页。

③ 雷艳红：《唐代君权与皇族地位之关系研究》，中国社会科学出版社，2014，第81~83页。

④ 王钦若等编《册府元龟》卷二六八《宗室部》，第3038页。

等乃复发言怨望，朕岂强公等以茅土邪！”① 并于贞观十三年二月正式停止了这一政策，悬在各政变功臣头上长达一年半的“流放危机”才算解除。通过这件事可以看出，太宗对政变功臣已无再用之心，政变功臣在朝中也无甚势力，最后只能通过旧日交情争取皇帝回心转意，勉强保留在京的资格，“尊而不用”的功臣政策取得了极大成功。

太宗朝最后一次大规模评定和表彰功臣是在贞观十七年（643）。据《旧唐书》，二月“图画二十四人于凌烟阁”：

> 自古皇王，褒崇勋德，既勒铭于钟鼎，又图形于丹青。是以甘露良佐，麟阁著其美；建武功臣，云台纪其迹。司徒、赵国公无忌，故司空、扬州都督、河间元王孝恭，故司空、莱国成公如晦，故司空、相州都督、太子太师、郑国文贞公徵，司空、梁国公玄龄，开府仪同三司、尚书右仆射、申国公士廉，开府仪同三司、鄂国公敬德，特进、卫国公靖，特进、宋国公瑀，故辅国大将军、扬州都督、褒忠壮公志玄，辅国大将军、夔国公弘基，故尚书左仆射、蒋忠公通，故陕东道行台右仆射、郧节公开山，故荆州都督、谯襄公柴绍，故荆州都督、邳襄公顺德，洛州都督、郧国公张亮，光禄大夫、吏部尚书、陈国公侯君集，故左骁卫大将军、郯襄公张公谨，左领军大将军、卢国公程知节，故礼部尚书、永兴文懿公虞世南，故户部尚书、渝襄公刘政会，光禄大夫、户部尚书、莒国公唐俭，光禄大夫、兵部尚书、英国公勣，故徐州都督、胡壮公秦叔宝等……可并图画于凌烟阁。庶念功之怀，无谢于前载；旌贤之义，永贻于后昆。②

图形凌烟阁代表着太宗朝的功臣政策进入第三阶段：放宽功臣的入选条件，扩大功臣范围，以达到稀释功臣身上特殊身份标签的目的。从诏书末尾对入选标准的总结来看，凌烟阁功臣不再仅因某一方面才能或参与某一事件而入选，“或材推栋梁，谋猷经远，绸缪帷帐，经纶霸图；或学综经

① 司马光：《资治通鉴》卷一九五，唐太宗贞观十三年二月戊戌条，第6145~6146页。
② 《旧唐书》卷六五《长孙无忌传》，第2451~2452页。

籍，德范光茂，隐犯同致，忠谠日闻；或竭力义旗，委质藩邸，一心表节，百战标奇；或受脤庙堂，辟土方面，重氛载廓，王略遐宣”，功绩虽有不同，职责亦有分野，但都为国家做出了贡献，就都算作“茂绩殊勋，冠冕列辟”的功臣。从人员名单来看，二十四人中既有平定天下的开国功臣，如殷开山、刘政会，也有参与过玄武门之变的政变功臣，如长孙无忌、杜如晦，还有建言献策、治世有功的治国能臣，如魏徵、虞世南，类型多样。从功臣存世状况来看，二十四位功臣中有十二位已故，占据半数，因此这次评定功臣的象征意义远大于现实意义。无论是开国功臣还是政变功臣，功臣群体都并非某一“集团”，而是一种身份，开国战争和玄武门之变都是错过后就无法再参与的一次性事件，由此形成的功臣是身份壁垒最为森严、身份认同最为强烈的，也最容易形成排斥他人的团体，这使得君主必须同时处理功臣安置和消解身份认同这两个问题。太宗做到了这两点，他借凌烟阁向后来的臣子宣告，只要为国出力、治国有方，就都有可能与功臣同列。太宗既为他们开辟了一条由一般大臣向国家功臣上升的渠道，又有效地避免了造成如开国、政变功臣这种“一次性功臣”挟功自恃、尾大不掉的局面。因此图形凌烟阁确实是太宗的伟大创制，充分体现了他的政治智慧。

太宗自登基以后就有明确的做全民皇帝的意识。《贞观政要》记载：“贞观元年，有上封事者，请秦府旧兵并授以武职，追入宿卫。太宗谓曰：‘朕以天下为家，不能私于一物，惟有才行是任，岂以新旧为差？……汝之此意，非益政理。’”[①]《资治通鉴》中也记有此事，贞观元年十二月戊申，“或上言秦府旧兵，宜尽除武职，追入宿卫。上谓之曰：‘朕以天下为家，惟贤是与，岂旧兵之外皆无可信者乎！汝之此意，非所以广朕德于天下也。’”[②] 太宗的身份十分特殊，他除了是皇帝，还曾是开国功臣的代表人物，也是政变的绝对主导者。中国古代政治领域有任人唯亲、任人唯旧的传统，但太宗并不囿于此道，他清醒地认识到自己不能做小团体的领袖。

① 吴兢撰，谢保成集校《贞观政要集校》卷五《论公平》，第280页。

② 司马光：《资治通鉴》卷一九二，唐太宗贞观元年十二月戊申条，第6040页。

贞观年间还曾发生“草创与守成孰难”的讨论：

> 贞观十年（636），太宗谓侍臣曰：“帝王之业，草创与守成孰难？”尚书左仆射房玄龄对曰：“天地草昧，群雄竞起，攻破乃降，战胜乃克。由此言之，草创为难。”魏徵对曰：“帝王之起，必承衰乱。覆彼昏狡，百姓乐推，四海归命，天授人与，乃不为难。然既得之后，志趣骄逸，百姓欲静而徭役不休，百姓凋残而侈务不息，国之衰弊，恒由此起。以斯而言，守成则难。”太宗曰：“玄龄昔从我定天下，备尝艰苦，出万死而遇一生，所以见草创之难也。魏徵与我安天下，虑生骄逸之端，必践危亡之地，所以见守成之难也。今草创之难，既已往矣，守成之难者，当思与公等慎之。”①

面对这一问题，房玄龄和魏徵的不同回答实际上代表着二人政变功臣和新晋官员身份的不同。太宗最后认为创业虽难，但已经过去，目前国家面临的最重要任务是守业，魏徵作为新晋官员的代表，以守成为功获得了太宗的青睐。彼时虽然房玄龄尚在朝中为相，但已被太宗划入创业一派，“贞观之前，从朕经营天下，玄龄之功也。贞观以来，绳愆纠缪，魏徵之功也”。② 在他看来，开国功臣和政变功臣都已是过往，如何利用更多人才治理国家才是关键问题。

“王者至公无私”和“守成重于创业”的施政理念主导了贞观朝中后期的功臣政策，使太宗由一府之领袖转为天下之君，也使国家由功臣政治逐渐转向贤臣政治，并最终开创了唐朝的繁盛局面。这种艰难的演进过程既体现了太宗的政治智慧，也为后世提供了治国典范。李治作为继任者承袭了太宗一贯以来的主张，他在面对长孙无忌这位本已在贞观朝赋闲多年，此时却又因拥立自己接班登基而势倾朝野的两朝功臣时，通过“废王立武”将其彻底扳倒，为后进文士和科举官员再次扫平了障碍。陈寅恪先生认为“废王立武”是比武则天称帝影响更为深远的政治事件，他是从关

---

① 吴兢撰，谢保成集校《贞观政要集校》卷一《君道》，第14~15页。

② 司马光：《资治通鉴》卷一九五，唐太宗贞观十二年三月丙子条，第6137页。

陇、山东两大集团对立的角度进行分析，[①] 若从功臣政治视角来看，这一事件同样意义重大。高宗在位时唐朝疆域扩至最大，他既是贞观之治的相续者，又是开元盛世的领路人，唐朝经他手走向鼎盛，这正是继承并发展其父摒除功臣垄断、重用贤臣能臣的结果。

① 陈寅恪：《论隋末唐初所谓"山东豪杰"》，《金明馆丛稿初编》，生活·读书·新知三联书店，2015，第254页。

历史书写与文本流变：蔡京“首变神宗役法”考辨

李少伟

元丰八年（1085）宋神宗驾崩，年仅十岁的宋哲宗继位。执掌朝政的高太后重用变法反对派，悉改神宗新法。元祐元年（1086），朝廷依司马光所奏，废雇役行差役，“应天下免役钱一切并罢，其诸色役人，并依熙宁元年以前旧法人数，委本县令、佐亲自揭五等丁产簿定差”。[①] 役法的仓促变更不仅引起了新党的激烈反对，甚至连旧党内部也存在诸多异议。[②] 世传新旧党派争论之际，时任知开封府的蔡京“首变神宗役法”[③] 以附司马光，五日之内尽改开封府诸县役法；绍圣之后，蔡京又怂动章惇复行神宗役法，变差役为雇役。

此后，世人论述蔡京为人及役法变更时，都以此事为确证，塑造了蔡京在役法问题上反复无常、政治投机的人物形象，此说亦为学界之主流。[④]

---

① 李焘：《续资治通鉴长编》（以下简称《长编》）卷三六五，元祐元年二月乙丑条，中华书局，2004，第8759页。

② 罗家祥：《朋党之争与北宋政治》，华中师范大学出版社，2002，第86~89页。

③ 朱弁：《曲洧旧闻》，孔凡礼点校，中华书局，2002，第166页。

④ 如“蔡京摇身一变，成了执行司马光意志的得力人物……曾经跻身变法派的蔡京却毫不迟疑地反戈一击，按规定期限，在他管辖的开封府范围内全部改行差役法”（吴泰：《祸国殃民的投机政客蔡京》，《文史知识》1985年第2期，第86页）；“蔡京为人，自是巧于逢迎，故在司马光下，则速改雇役……然此亦奴才之巧，而非奸人之雄”（陈登原：《国史旧闻》，辽宁教育出版社，2000，第294页）；“蔡京是个投机政客，熙宁时期拥护变法，元祐时期投靠司马光，绍圣期间再倡新法”（包伟民、吴铮强：《宋朝简史》，福建人民出版社，2006，第408页）；“在这政治、人事发生着重大变动的时刻，蔡京的政治投机品性也暴露了出来”（杨小敏：《蔡京、蔡卞与北宋晚期政局研究》，中国社会科学出版社，2012，第45页）；“蔡京是个政治投机分子……保守派上台，蔡京转而投靠司马光以求保持官位……此举助长了司马光罢废新法、恢复旧法的决心，使改革派处于更加无助的境地”（陈振：《宋史》，上海人民出版社，2016，第407页）。此外，还有曾莉《蔡京年谱》，广西师范大学出版社，2020；等等。

张呈忠虽已注意到了此事件的吊诡之处，但并未提供彻底厘清此事的有力证据，故文中才有“蔡京的真实动机究竟如何，确实难以给出确切的答案”，“无论元祐初蔡京有着怎样的用心，却没有更多可以让人抓住的把柄”等模糊的推论。[①] 即目前学人关于蔡京“首变神宗役法”事的始末与真伪，仍处迷雾之中。

本文对此持不同观点，认为开封府诸县变更役法之事并非蔡京之责，拟从朝廷处理结果、北宋君臣态度、开封府政区演变以及朝廷变法敕令等方面对此事做详细考证，进而梳理“蔡京形象”在文献中形成、流变的历史脉络。

一　关于“首变神宗役法”的弹劾及君臣态度

关于蔡京知开封府时其辖下诸县骤变役法之事，苏辙、董敦逸、李深、龚夬分别于元祐元年（1086）、绍圣三年（1096）、绍圣四年（1097）、元符三年（1100）对其进行弹劾。若寻求事情真相，我们还需先从这四次弹劾入手，明晰此事的基本情况及发展脉络。

1. 苏辙首弹蔡京变更役法

开封府诸县仓促变雇役为差役之事，首见于苏辙的奏章。元祐元年，苏辙上书：

> 今来开封府官吏更不相度申请，于数日之间，一依旧法人数差拨了绝。如坛子之类近年以剩员充者，一例差拨役人，监勒开、祥两县，迅若兵火，显是故欲扰民，以害成法。尚赖百姓久苦役钱，乍获复旧，更无词说。不尔，必须争讼纷纷，为害不小。乞下所司取问开封府官吏，明知有上件妨碍，更不相度申请，及似此火急催督，是何情意？特赐行遣，以戒天下挟邪坏法之人。[②]

奏章中苏辙并未将役法变更直接归罪于蔡京本人，而是模糊定位于开封府

① 张呈忠：《蔡京与北宋后期的役法变革——从对邵伯温相关记载的考辨谈起》，《安徽史学》2021年第6期，第18~26页。

② 《长编》卷三六七，元祐元年闰二月丁亥条，第8833页。

官吏。他认为开封府官吏仓促变更役法的行为会起到不好的带头作用，应该给予惩罚，“以戒天下挟邪坏法之人”，此次上书没有得到朝廷的回复。其后，苏辙便将矛头对准蔡京，先后四次弹劾蔡京变更役法，扰害百姓：

> （元祐元年闰二月二日）权知开封府蔡京职在近侍，身为民害。若不知旧法人数之冗，是不才；若知而不请，是不忠……今者方欲推行差役旧法，王畿之政为天下表仪，而使怀私之人窃据首善之地，四方瞻望，何所取法？①
>
> （闰二月十八日）知开封府蔡京施行差役事，故意扰民，以败成法……蔡京以侍从之臣，居首善之地，更无一言，只于数日之内催迫了当，用意不臧，深可忿疾。②
>
> （闰二月二十六日）蔡京施行差役事，督促诸县于数日了当，不依朝旨申请妨碍事件，挟邪坏法，用意切害。③

元祐元年五月十一日，苏辙援引成都路判官蔡朦变更役法受责之事，再次上书弹劾蔡京：“今臣窃见成都路转运判官蔡朦施行役法，不曾相度有无妨碍，督迫州县差拨衙前……即日降知广济军。臣窃详蔡京、蔡朦均是奉行役法用意刻薄……同罪异罚，公议不厌。”④ 据史乘，蔡朦受罚并非因仓促变更役法，而是一面恢复乡户衙前，一面“便行助役钱”，严重违背司马光役法的原则。⑤ 苏辙将此二事并提，并不具有说服力。至此，苏辙的五次弹劾均未得到答复，可知朝廷并不认可其所论之事。在此期间，蔡京因段继隆、僧惠信等案被刘挚、孙升、吕陶等轮番弹劾而自请外任，⑥ 对此，苏辙亦愤愤不平：“臣等所言皆不施行，独行京陈乞文字，除京知真

① 苏辙：《栾城集》卷三六《乞罢蔡京开封府状》，曾枣庄、马德富点校，上海古籍出版社，1987，第798页。
② 苏辙：《栾城集》卷三七《再乞责降蔡京状》，第812~813页。
③ 苏辙：《栾城集》卷三七《乞罢蔡京知真定府状》，第819页。
④ 苏辙：《栾城集》卷三八《言蔡京知开封府不公事第五状》，第841页。
⑤ 《长编》卷三七五，元祐元年四月乙巳条，第9104页。
⑥ 《长编》卷三六〇，元丰八年十月己丑条，第8630~8632页。

定府。”[①] 即说明朝廷并未因此事而责罚蔡京，反而同意蔡京外任军事重镇真定府。不过，后因群臣反对蔡京改知成德军。[②]

对于朝廷无视自己的弹劾，苏辙认为是蔡京“官在侍从，朝有党人”，[③] 宰相“公然恣横”，[④] 细究便知此说法并不可信。首先，变法派对司马光骤改役法的做法非常反对，章惇还专上《驳司马光札子奏》痛陈其弊，“缘今来司马光变法之意虽善，而变法之术全疏，苟在速行，无所措置”，对于司马光欲恢复熙宁元年之前差役人数的做法，章惇更是认为“全然不可施行”，[⑤] 却对蔡京公然叛变新党、骤变役法的行为视若无睹，事之反常令人生疑。其次，元祐元年闰二月至四月乃新旧派官员交替的重要时期，闰二月二日，蔡确罢相，司马光入相，不久蔡卞、曾布、章惇等亦先后外贬，[⑥] 王岩叟喜言：“蔡确、章惇既去，其余无大奸，皆柔佞之徒，易为处置。”[⑦] 四月二日，韩缜罢相，十五日，文彦博入相。[⑧] 至此，变法主力均已出朝，而苏辙五月仍在弹劾蔡京，但此时朝中并无可包庇蔡京之人。

随着旧党的全面掌权，此后十年，蔡京均在地方任职，“出知成德军，改瀛洲，徙成都……改江、淮、荆、浙发运使，又改知扬州。历郓、永兴军，迁龙图阁直学士，复知成都”。[⑨] 苏辙此番对蔡京的弹劾以朝廷未予理睬、变法派未提及、蔡京未回应也未受罚而告终。

2. 蔡京与董敦逸的辩驳

哲宗亲政后，大力追复熙丰新法，蔡京被召回朝，主持役法条例修订

① 苏辙：《栾城集》卷三七《乞罢蔡京知真定府状》，第 819 页。

② 《长编》卷三六九，元祐元年闰二月庚戌条，第 8911~8915 页。

③ 苏辙：《栾城集》卷三八《言蔡京知开封府不公事第五状》，第 841 页。

④ 苏辙：《栾城集》卷三七《乞罢蔡京知真定府状》，第 819 页。

⑤ 《长编》卷三六七，元祐元年二月丁亥条，第 8822~8829 页。

⑥ 《宋史》卷一七《哲宗纪一》元祐元年“闰二月庚寅，蔡确罢。以司马光为尚书左仆射、门下侍郎……壬辰，以吕公著为门下侍郎……辛亥，章惇罢”（中华书局，1997，第 321 页）；《长编》卷三六九，元祐元年闰二月丙午条，“试礼部侍郎蔡卞为龙图阁待制、知宣州”（第 8904 页）。

⑦ 《长编》卷三七〇，元祐元年闰二月条，第 8936 页。

⑧ 《宋史》卷一七《哲宗纪一》元祐元年“夏四月己丑，韩缜罢……壬寅，以吕公著为尚书右仆射兼中书侍郎，文彦博平章军国重事”（第 322 页）。

⑨ 《宋史》卷四七二《蔡京传》，第 13721~13722 页。

事宜。绍圣三年（1096），朝廷诏蔡京“依旧详定重修敕令”，[①] 侍御史董敦逸重提蔡京变更役法之事，上书言：

> 元祐初，司马光秉政，蔡京知开封府，光唱京和，首变先帝之法，行下诸县，各希望风旨。只祥符一县，数日之间，差拨役人一千一百余人。是后行于畿邑，遍于诸路，皆是蔡京首为顺从，何其变之速也？乞检会司马光、章惇札子，并章惇贴黄，皆有文据。蔡京，元祐初略无建明，只附司马光变易先帝之法。[②]

此封奏章因涉及蔡京的政治立场而引起了宋哲宗高度重视，令蔡京就董敦逸弹劾之事做说明，蔡京立即对此事做了详尽的正面回应：

> 臣昨知开封府，于元祐元年二月内降到司马光差役法，令州、县揭簿定差。其降到指挥内，仍称如无妨碍，即便施行。若有妨碍，限五日申奏。其开封府虽辖诸县，自来只管勾京城内公事。应被朝旨，亦只翻录行下诸县、关中而已。至于人户差役、簿书之类，皆诸县一面施行，故当时差法，并是诸县一面定差。其开、祥两县，在辇毂之下，既见法内有“即便施行”之文，所以承行不敢少缓。开封府虽见诸县承行之急，缘是遵依法内指挥，开封府岂敢禁止？然臣于是时，以法令更改，上则执政大臣争论不得，下又无百姓陈诉，自非明见利害之实，未易遽夺。亦不敢坐视更变，犹以点检骚扰、催督为名，差官遍诣诸县看详、商量。又于闰二月内具状，奏称诸县申到未可施行事，乞从本府一面奏上，或因提点司看详。寻被敕命，令与提点司同具闻奏，则臣欲具可否论列，于此可见。敕命具在，岂敢首为应和？其司马光因此三次召臣到东府，诘责不差衙前，并有何利害，差官相度因依，怒见辞色。臣更不待所差官回，即乞外任。其司马光差法，开封府被受未及一月余日，臣已罢去，遂流落外任十年，臣之孤纵，

① 《宋史》卷一七八《食货志上六》，第4330页。
② 《长编》卷三六七，元祐元年二月丁亥条，第8836页。

众所共见。臣若能应和司马光，则必为光所知，不应变法之始，一月之间，一请遂得罢去。[①]

蔡京的自辩章虽证实了元祐元年开封府诸县骤变役法之事，但亦从四个方面反驳了对他“附司马光变易先帝之法”的弹劾：第一，开封府虽下辖诸县，但开封府只勾管京城城内政务，京城城外事务则由诸县“一面施行”，并不由开封府负责；第二，开封府诸县变雇为差乃依照朝廷指挥行事，开封府无权禁止；第三，自己曾差官到诸县访查，并上章自请负责“诸县申到未可施行事”，敕命可证；第四，自己因不附和役法变更，遭司马光三次诘责，而流落外任十年。

蔡京回应之后，哲宗令董敦逸就蔡京所言再次分析，董敦逸言：

据蔡京所陈，奉旨令臣分析。状内称“苏辙亦言，朝廷明使州县相度有无妨碍，而开封府官吏更不相度申请”，苏辙兄弟自是毁坏良法之人，尚谓开封府监勒开、祥两县，迅若兵火，仍乞取问。[②]

董敦逸并未正面质疑蔡京所言，而是援引元祐年间苏辙弹劾蔡京的奏章反证自己所言非虚，其逻辑为：蔡京变更先帝役法的行为，甚至引起了反变法派苏辙的弹劾，此事自然属实。哲宗又令其说明从何处得到苏辙文字，董敦逸再言：

元祐更变役法，其建言是司马光，推行之始是开封府。时京知府事，惟章惇独有论列，其余皆是附光所言。闻苏辙见京施行太速，有“迅若兵火”之语。臣是时言者凡数状，并付韩维，故士大夫多能道其略。臣日近为京又坏先帝之法，故以所得形于章疏。[③]

① 《长编》卷三六七，元祐元年二月丁亥条，第8836页。

② 徐松辑《宋会要辑稿》食货六五之七一，刘琳、刁忠民、舒大刚、尹波等校点，上海古籍出版社，2014，第7838页。

③ 徐松辑《宋会要辑稿》食货六五之七一，第7838页。

其后，哲宗再次诏董敦逸“诣实以闻，不得辄隐”。经过董敦逸与蔡京的多番辩驳，结果为“京无责焉”，[①] 继续负责敕法修订。同年，蔡京还弹劾左正言孙谔关于免役法的观点乃“欲伸元祐之奸”，[②] 可见他并不避讳元祐役法之事。元符元年（1098），《常平免役敕令格式》成书，朝廷还特奖赏蔡京，“详定官翰林学士承旨、朝散大夫蔡京迁朝请大夫”。[③]

史乘可见，自哲宗亲政以后，蔡京便是变法派的中坚力量，主要负责重修役法之事，故明晰他对免役法的真实立场极为重要。“只恐元祐人复用”[④] 的哲宗反复确定董敦逸所言虚实，且令两人互相陈述，也说明了朝廷对此事的重视程度。从事情的后续发展可知，哲宗对此已有判断，即开封府诸县骤变役法之事与蔡京无涉。

此外，章惇的态度亦可从侧面证实此点。哲宗亲政后，章惇拜相，请“编类元祐诸臣章书”，[⑤] 对曾附丽元祐之政的大臣痛加贬斥，“凡一时施行文书，捃拾附著，纤悉不遗”，[⑥] 蔡京若真有变役法以附司马光之举必然就此揭穿。若言元祐元年章惇疲于应对旧党攻击无暇顾及蔡京之事，尚可理解，而绍圣之后，位居宰相的章惇无理由再坐视曾毁坏新法的蔡京参与绍述。其后，章惇与蔡氏兄弟交恶，欲将蔡京外贬，也未提及可置蔡京于败境的“首变神宗役法”事，[⑦] 更说明此事并非事实。

3. 李深、龚夬对蔡京的弹劾

开封府诸县变更役法之事分明后，仍有朝臣以此事弹劾蔡京，但均是草草收场，并未对蔡京和朝政产生实质影响。绍圣四年（1097）九月，天象异变，哲宗下诏求直言。奉议郎、权通判通远军李深再次弹劾蔡京“首变神宗役法”：

---

① 《宋史》卷一七八《食货志上六》，第 4331 页。

② 《宋史》卷一七八《食货志上六》，第 4330 页。

③ 《长编》卷四九九，元符元年六月甲午条，第 11882 页。

④ 《长编》卷四九三，绍圣四年十一月癸丑条，第 11694 页。

⑤ 《宋史》卷四七一《章惇传》，第 13711 页。

⑥ 《宋史》卷三二九《徐铎传》，第 10607 页。

⑦ 杨仲良：《皇宋通鉴长编纪事本末》卷一二〇《逐惇下党人》，李之亮点校，黑龙江人民出版社，2006，第 2007~2008 页。

蔡京于帘帏听政之初，实知开封府事，方朝廷更改雇役，蔡京即奉行差役，为天下倡。是时，章惇札子所谓祥符县役人一千一百余人，不数日间，申差拨了当者，实蔡京主其事也。然则如京者，其可使之详定乎？故役书未下之际，京乃独入札子，乞人额雇直，并依元丰，庶以掩昔日之故，又阴造诬告，谓同列兼行差法，议论纷纷，稽期迁令，语言失当，为天下笑。[①]

早在绍圣元年（1094），李深就因役法问题“与章惇、蔡京廷争”而外任，此次弹劾不仅没有得到朝廷的认可，反而引起章惇、蔡氏兄弟对他的憎恶，“疏入，惇及京、卞大恶之”，又恰其边事奏报失实，被“责降一官”，[②] 此事便就此了结。

元符三年（1100）正月，徽宗继位。新党内部矛盾不断激化，在曾布的主导下，章惇、蔡氏兄弟成为台谏官的攻击对象。同年五月，侍御史龚夬就蔡京变易新法之事发起第四次弹劾，上《论蔡京为人反复趋利疏》：

臣近论奏蔡京事，虽得于风闻，未究实状，然访之外议，人人皆同，久而弥彰。……若朝廷国史大典欲使成书，非臣所预，而臣特论其人物邪正不可。〔京在元祐初，朝廷推行差役事，开封府率〕先差抚，数日而办。及绍圣讲复免役，复预讨论……盖其为人反复趋利，颇为难察，复善权数以顾陷言官。[③]

龚夬在论疏开篇便表示此次弹劾并无实证，仅是风闻所得。实在不久之前，龚夬就因虚劾蔡京而遭徽宗诘责、嘲笑，曾布记载：“元符三年五月壬辰，是日，闻龚夬有章击京，送三省。或言上曾诘夬云：‘京罪状有实

① 《长编》卷四九一，绍圣四年九月己卯条，第 11671~11672 页。

② 陆心源：《宋史翼》卷五《李深传》，吴伯雄点校，浙江古籍出版社，2015，第 99 页。

③ 黄淮、杨士奇编《历代名臣奏议》卷一八〇《论蔡京为人反复趋利疏》，上海古籍出版社，1989，第 2362 页。按，“京在元祐初，朝廷推行差役事，开封府率”十六字《历代名臣奏议》原脱，今据《皇朝编年纲目备要》补入（陈均编《皇朝编年纲目备要》卷二五，元符三年九月“贬蔡卞”条，许沛藻等点校，中华书局，2006，第 631~632 页）。

迹否?'夬云:'臣亦得之人言尔。'闻者颇笑之。"[①] 此次再度风闻言事,引得徽宗极为不悦,最终以龚夬自请外任而收场。同年十月,蔡京出知永兴军时,曾布与徽宗的对话值得深究。曾布言:"京之出,天下所同欲。今圣意如此,幸甚。"徽宗云:"朕初不主之。近日陈瓘有言,因得其交通近习之状。"[②] 也就再次证明了龚夬弹劾蔡京变更役法、为人反复之事并未影响徽宗对蔡京的看法,蔡京外贬是因"交通近习",而与龚夬的弹劾无关。

李深、龚夬对蔡京的弹劾看似是无稽之谈,却折射出蔡京形象的分野,即在政治层面,朝廷已经确认开封府诸县变更役法事与蔡京无关,但在舆论层面,蔡京"首变神宗役法"之事仍以"风闻"的形式存在于社会中。这就为南宋时期蔡京反复无常、政治投机的形象构建埋下了伏笔。

综上可知,元祐至元符年间,苏辙、董敦逸等四人对蔡京"首变神宗役法"的弹劾均未取得朝廷的认可,蔡京也从未因此事而受到惩罚。此后,虽北宋朝臣对蔡京多有弹劾,但再未言及其变更神宗役法之事。如大观三年(1109),蔡京罢相,陈朝老追论蔡京十四大恶事,"渎上帝、罔君父、结奥援、轻爵禄、广费用、变法度[③]、妄制作、喜导谀、箝台谏、炽亲党、长奔竞、崇释老、穷土木、矜远略"。[④] 靖康元年(1126),孙觌、程瑀等对蔡京进行全面清算,[⑤] 历数其多年罪恶,亦没有提及骤变开封府诸县役法事,可知北宋君臣对此事的主流态度。

二 "首变神宗役法"的责任归属问题

既然开封府诸县骤变役法确有其事,为何苏辙等人对知开封府蔡京的弹劾均以失败告终,而变法派人员又不将此事与蔡京关联呢?问题的核心乃确定"首变神宗役法"的实际责任归属。

绍圣三年(1096)董敦逸对蔡京的弹劾,因受到了哲宗的重视和蔡京

---

① 曾布:《曾公遗录》卷九,元符三年五月壬辰条,顾宏义点校,中华书局,2016,第276页。

② 徐松辑《宋会要辑稿》职官七之三,第2536页。

③ 此处"变法度"泛指变更祖宗旧法,而非本文所言"神宗役法"。

④ 《宋史》卷四七二《蔡京传》,第13725页。

⑤ 徐梦莘:《三朝北盟会编》卷三九,靖康元年二月十八日甲寅条,上海古籍出版社影印许涵度刻本,1987,第294~295页。

的回应，为我们寻求事情真相提供了诸多历史信息。董敦逸与蔡京的辩驳以“京无责焉”收尾，表明蔡京的自辩得到了哲宗的认可。仔细梳理蔡京所述，关键在于开封府是否“自来只管勾京城内公事”，以及知开封府蔡京是否需要为辖下开封、祥符两赤县变雇为差之事负责。

北宋建立以后，开封府下辖诸县多有变化，但总体以《元丰九域志》记载为普遍情况，即下辖两赤县：开封、祥符；十五畿县：尉氏、陈留、雍丘、封丘、中牟、阳武、酸枣、长垣、东明、襄邑、扶沟、鄢陵、考城、太康、咸平。[①] 以此言之，作为知开封府的蔡京必然要对此事负责。但需要注意的是，东京作为北宋都城，是典型的政治型和消费型城市，城市经济发展和人口增长速度较快，伴之而来的便是开封府政务的不断繁复和膨胀。《画墁录》载：“唐印文如丝发，今印文如筋，开封府、三司印文尤粗，犹且岁易，以此可见事之繁简也。”[②] 开封府政务的纷增，使开封府提辖京城加诸县的管理模式逐渐难以适用。

实则元祐之前，开封府政区已经发生了两个显著的变化。一是开封府派生出开封府界管理特区，开封府政区变成“在京”和“开封府界”两个区域。“在京”是开封府的京城区，政务由开封府处理；“开封府界”是开封府的县镇区，政务由开封府界处理。[③] 景德二年（1005），宋真宗命冯亮、陈尧佐、高继忠“分诣开封府界提点刑狱、钱帛”；[④] 三年（1006），又“敕置开封府界提点司”，[⑤] 开封府界有了专门的行政机构和官员配置。神宗朝，开封府界的管理机构进一步完善。熙宁二年（1069），设置了开封府界提举常平司，并“诏（侯）叔献提举开封府界常平，使行之，

① 王存：《元丰九域志》卷一《四京·东京》，王文楚、魏嵩山点校，中华书局，1984，第2~3页。

② 张舜民：《画墁录》，《丛书集成初编》本，中华书局，1991，第17页。

③ 贾玉英：《宋代京畿制度变迁论略》，《河北大学学报》（哲学社会科学版）2007年第5期，第24~28页；《特别路区——宋代开封府界制度考》，《中国史研究》2009年第1期，第99~114页。

④ 《长编》卷六一，景德二年十二月乙未条，第1379页。

⑤ 高承：《事物纪原》卷六《府提点》，李果校订，金圆、许沛藻点校，中华书局，1989，第312页。

而以著作佐郎杨汲为同提举”。[①] 元丰初，又置提举保甲司[②]、提举贼盗巡检公事司[③]。包伟民从财政史角度分析，认为“自熙宁四年以后，开封府界实际上已经相当于一个路级财政区划”。[④]

开封府界各机构的职能复杂多变，主要涉及刑狱、赋税征收、救灾、场务、河渠、监察官吏、维护社会治安等事宜。至神宗朝，府界内赋税征、减事务主要由开封府界提点司和提举司共同负责。如熙宁八年（1075），雍丘等县淤田占压民田，朝廷令开封府界“提举常平官按视，如系民耕地，蠲税一料”；[⑤] 元丰元年（1078）六月，诏“牧地租课，诸路委提点刑狱、开封府界委提点司催纳”；[⑥] 元丰二年（1079），诏“开封府界提点、提举司，京东、河北路转运、提举司，权任催理第四等以下户逋负，俟夏熟日输纳”。[⑦] 即蔡京知开封府时，开封府界已经是独立于开封府、可自主处理政务的行政区域，诸县赋役事务由开封府界专门机构负责，与开封府官吏无涉。

二是东京城内的管理权全部归属开封府，开封、祥符两赤县的管辖权缩至城外农村地区。北宋东京城主要分为皇城、里城、新城三部分，开封、祥符两赤县将皇城外的区域按方位分区管辖。大体而言，新城以内，东南部属开封县，西北部属祥符县；新城以外，城南、城东部属开封县，城西、城北部属祥符县。而在实际施政中，东京新城内由开封府直接管辖，新城外才由开封、祥符县分管。[⑧] 大中祥符元年（1008）十二月，“置京新城外八厢。真宗以都门之外居民颇多，旧例惟赤县尉主其事，特置厢吏，命京府统之”，[⑨] 即朝廷将东京城管辖权全部划归开封府，开封和祥符

① 《宋史》卷九五《河渠志五》，第2367~2368页。

② 《宋史》卷一六七《职官志七》谓“提举保甲司……元丰初，置于开封府界”（第3972页）。

③ 《长编》卷三三八，元丰六年八月庚子条，“自今强盗应捕者，诸路下提点刑狱司，开封府界下提举贼盗巡检公事司，更不下他司”（第8156页）。

④ 包伟民：《宋代地方财政史研究》，中国人民大学出版社，2010，第6页。

⑤ 《长编》卷二六六，熙宁八年七月己巳条，第6523~6524页。

⑥ 《长编》卷二九〇，元丰元年六月丙午条，第7086页。

⑦ 《长编》卷二九六，元丰二年二月壬子条，第7208页。

⑧ “皇城以南以御街为中心，以东属开封，以西属祥符；皇城东墙至景龙门，再从景龙沿里城向东，此以南属开封，此以北属祥符。”（周宝珠：《宋代东京研究》，河南大学出版社，1992，第72~73页）

⑨ 徐松辑《宋会要辑稿》兵三之一，第8657页。

县只分管京城外的农村地区，实归开封府界提辖。

明晰了开封府与开封府界的区别，再结合朝廷变雇为差的敕令，便能更准确地把握开封府诸县役法变更的权责问题。元祐元年（1086），朝廷下诏：

> 虑天下役人利害，逐处各有不同，欲乞今来敕内更行指挥，下开封府界及诸路转运司，誊下诸州、县，委逐县官看详，若依今来指挥别无妨碍，可以施行，即便施行。若有妨碍，致施行未得，即限敕书到五日内，具利害擘画，申本州；类聚诸县所申，择其可取者，限敕书到一日内，具利害擘画，申到转运司；类聚诸州所申，择其可取者，限敕书到一季内，具利害擘画以闻。①

由此可见，变更役法的敕令是由朝廷直接下达开封府界，再由开封府界转誊至各县镇。基层官吏视本地实情“即便施行”或在规定时间内逐级申报“施行未得”，最终由开封府界负责统筹擘画，即开封府诸县役法施、改问题由开封府界全权负责，而非开封府。值得注意的是，开封府界虽有较强的独立性，却也不完全等同于在外路分，开封府仍有派曹官到开封府界按察的权力，如赵子几曾言：“昨任开封府曹官，往来畿县乡村，察问民间疾苦。”② 但开封府无直接干涉开封府界政务的权力，故蔡京在自辩章中提及曾差官到诸县访查，但若想负责诸县“未可施行事”的上报事务，则需要朝廷专下敕令。

通过对开封府政区演变和朝廷役法政令的分析可知，蔡京在自辩章中所言“开封府虽辖诸县，自来只管勾京城内公事”，“当时差役，并是诸县一面定差”，③ 乃实情也。由此而言，东京城外诸县变更役法事确不应由知开封府蔡京负责。

开封府作为“首善之地”，其政区演变自是受人瞩目，且“开封府界”之名已多次出现在朝廷的文书政令中，苏辙、董敦逸等人常年任职于京

① 《长编》卷三六七，元祐元年二月丁亥条，第 8826～8827 页。

② 《长编》卷二一八，熙宁三年十二月乙丑条，第 5298 页。

③ 《长编》卷三六七，元祐元年二月丁亥条，第 8836 页。

城，对此变化理应知晓，却仍将开封府诸县变更役法之事归咎于蔡京，在于开封府界虽已独立行事，但与开封府还保持着某些政务牵连，且二者名称也易于混淆，以此事弹劾知开封府蔡京，其背后的政治考量自不便为人所察觉。

反观苏辙的五封弹劾奏书，他名为弹劾蔡京本人，实则借此打击新党集团，其奏章多将蔡京个人的乱法行为延涉至蔡确等新党首领对蔡京的任用与包庇。“京新进小生，学行无闻，徒以王安石姻戚、蔡确族从，因缘幸会，以至于此。”① “若不因缘蔡卞与王安石亲戚，无缘兄弟并窃美官。”② “伏乞陛下检臣累奏，早赐降黜韩缜，仍先罢免蔡京差遣。”③ 苏辙在政权交替之际无视开封府的实际权责问题，如此费力攻击蔡京，其政治意图是较为明显的。

董敦逸、李深、龚夬对蔡京的弹劾则是新党内部矛盾的外现。细究董敦逸、李深、龚夬三人的交际网络，会发现他们都与曾布保持着极为亲密的关系。绍圣三年（1096），董敦逸因“议瑶华事，上怒，欲贬之”，曾布“独力争，得不贬”。④ 次年，董敦逸受李奇擅收敕榜案连累被蔡卞弹劾，亦因曾布的累次上书才得以幸免。⑤ 李深因边事奏报失实而被贬，曾布言于哲宗：“边人皆以深为枉。”最终“得旨叙迁，迁朝散郎”。⑥ 龚夬多次弹劾蔡京，引得徽宗不满：“夬所陈，皆曾布之语也。”⑦ 据此，便很难将此事与曾布割裂开来，极有可能是其利用台谏官员“许以风闻”⑧ 的特权对蔡京进行政治立场的构陷。

综上，通过对开封府政区演变以及朝廷变法敕令的细致考察可知，开封府诸县骤变役法之事乃由开封府界官吏统筹落实，而非知开封府蔡京负责。苏辙、董敦逸等人对蔡京的弹劾，是新旧党派以及新党内部斗争的表

① 苏辙：《栾城集》卷三六《乞罢蔡京开封府状》，第798页。

② 苏辙：《栾城集》卷三七《再乞责降蔡京状》，第812页。

③ 苏辙：《栾城集》卷三七《再乞责降蔡京状》，第813页。

④ 王明清：《挥麈录·后录》卷一，王松清点校，上海古籍出版社，2012，第39页。

⑤ 《长编》卷四九二，绍圣四年十月癸未条，第11676~11677页。

⑥ 陆心源：《宋史翼》卷五《李深传》，第99页。

⑦ 杨仲良：《皇宋通鉴长编纪事本末》卷一三〇《久任曾布》，第2194页。

⑧ 《姚勉集》卷七《癸丑廷对》，曹诣珍、陈伟文点校，上海古籍出版社，2012，第66页。

现，主要是基于政治利益的考量。

三 “蔡京形象”的塑造与承变

即便苏辙等人曾多次弹劾蔡京“首变神宗役法”事，但在北宋君臣的心目中，蔡京一直是王安石和新法的坚定拥护者。总览蔡京五十余年的仕途生涯便知，其政治生命中最重要的筹码便是对熙丰新法的坚定支持与维护。熙宁三年（1070），蔡京、蔡卞同榜中举，因亲族蔡确、蔡卞与王安石的姻戚关系，蔡京以新法支持者的政治立场开始了官宦生涯。哲宗绍述，蔡京是恢复新法的重要人物，负责常平、免役法的修订工作，力主全盘恢复熙丰新法，并大力打压元祐党派。徽宗意欲绍述，召问蔡京“朕欲上述父兄之志，卿何以教之?”[①] 便确立了此后二十余年“崇宁”的政治取向。可见，蔡京受神宗、哲宗、徽宗重用均与支持变法有关。

元符三年（1100），曾布、韩忠彦、章惇联合排挤蔡京，欲令其外知太原府，遭到向太后坚决反对，“皇太后但且欲令了史事，以神宗史经元祐毁坏，今更难于易人尔”。[②] 向太后力排众议，唯用蔡京重修神宗史以正元祐史官之谬，连曾布都直呼：“臣僚中岂无可修史者，何必须京?”[③] 可知蔡京在向太后心中的政治定位。曾布亦如是观，建中靖国元年（1101），曾布对主张调停的徽宗言及：“今日之事，左不可用轼、辙，右不可用京、卞。”[④] 说明蔡氏兄弟乃坚定拥护变法的代表人物。崇宁之后，朝臣弹劾蔡京时多痛斥他“假绍述以济奸谋”，[⑤] “挟继志述事之名，建蠹国害民之政”，[⑥] “一不附己，则诬以党于元祐，非先帝之法，必挤之而后已”，[⑦] 反证了蔡京新法坚定拥护者的政治形象。

南宋建立，朝堂内外检讨北宋亡国之责时，倾轧异党、阴鸷奸谋的权

① 《宋史》卷四七二《蔡京传》，第 13723 页。

② 杨仲良：《皇宋通鉴长编纪事本末》卷一二〇《逐惇卞党人》，第 2008 页。

③ 曾布：《曾公遗录》卷九，元符三年四月戊戌条，第 236 页。

④ 杨仲良：《皇宋通鉴长编纪事本末》卷一三〇《久任曾布》，第 2197 页。

⑤ 汪藻撰，王智勇笺注《建康要录笺注》卷九，靖康元年七月十日条，四川大学出版社，2008，第 907 页。

⑥ 徐梦莘：《三朝北盟会编》卷三九，靖康元年二月十八日甲寅条，第 294 页。

⑦ 黄淮、杨士奇编《历代名臣奏议》卷一八〇《去邪》，第 2361 页。

相蔡京首当其冲，并由其追溯至王安石，从而确立了全面否定新法及变法集团的政治基调。建炎三年（1129），司勋员外郎赵鼎言："自熙宁间王安石用事，肆为纷更，祖宗之法扫地，而生民始病。至崇宁初，蔡京托名绍述，尽祖安石之政，以致大患。"[①] 绍兴四年（1134），范冲直言："天下之乱，实兆于安石。"宋高宗亦高调表示"朕最爱元祐"，[②] 引发南宋社会谴责"王安石变法度之非，蔡京误国之罪"[③] 的舆论高潮。

在全面否定变法的政治氛围下，得元祐诸臣"前言往行为多"的反变法派邵伯温在民间风闻的基础上虚构了蔡京反复变更役法之事，《邵氏闻见录》载：

> 蔡京者，知开封府，用五日限尽改畿县雇役之法为差役，至政事堂白温公，公喜曰："使人人如待制，何患法之不行。"绍圣初，子厚入相，复议以雇役改差役，置司讲论，久不决。蔡京兼提举，白子厚曰："取熙宁、元丰役法施行之耳，尚何讲为？"子厚信之，雇役遂定。蔡京前后观望反复，贤如温公，暴如子厚，皆足以欺之，真小人耳。[④]

邵伯温生动地记叙了元祐和绍圣年间蔡京对役法截然不同的态度，从而塑造出政治投机的"蔡京形象"，体现了新旧党争对历史文本与历史书写的渗透。其实，《邵氏闻见录》中不乏作伪构陷、向壁虚造的历史记载，尤其是与变法派相关的人物、事件，周必大言："伯温是书，颇多荒唐，凡所书人及其岁月鲜不差误。"[⑤] 由于其作伪手法"普遍是利用前人的记载，刊落事实，增删文字，颠倒时间顺序"，[⑥] 故人们往往不易察觉。邵伯温笔

---

① 李心传：《建炎以来系年要录》卷二四，建炎三年六月己酉条，辛更儒点校，上海古籍出版社，2018，第510页。

② 李心传：《建炎以来系年要录》卷七九，绍兴四年八月戊寅条，第1323页。

③ 《宋史》卷四三五《范冲传》，第12905页。

④ 邵伯温：《邵氏闻见录》，王根林点校，上海古籍出版社，2012，第65页。

⑤ 《四库全书总目》卷一四一《闻见前录》提要，中华书局，1981，第1198页。

⑥ 顾宏义：《〈邵氏闻见录〉有关王安石若干史料辨误》，《河北大学学报》（哲学社会科学版）1998年第3期，第37~41页。

下的“蔡京形象”因契合了政治要求和民众想象，很快便被时人转引并演绎，其中以李焘《续资治通鉴长编》和王称《东都事略》最具典型，对后人影响也较为深远。

李焘《续资治通鉴长编》以邵伯温所记为主，结合绍圣三年（1096）董敦逸奏章及蔡京回应，对此事做了如下记载：

> 始，司马光奏乞复行差役旧法，既得旨依奏，知开封府蔡京即用五日限令开封、祥符两县如旧役人数，差一千余人充役。亟诣东府白光，光喜曰：“使人人如待制，何患法之不行乎！”议者谓京，但希望风旨，苟欲媚光，非事实也。故苏辙首以为言。[①]

通过对比可知，李焘对邵伯温的记载有三处修改。第一，将“尽改畿县”缩小为开封、祥符两县。第二，将“政事堂”改为“东府”。据李焘考证，开封府变更役法时，司马光正谒告卧家，故司马光召见蔡京应在东府而非政事堂。第三，将绍圣初蔡京劝章惇复雇役，以及邵伯温对蔡京的品评之语尽数删去。需要注意的是，李焘的记载虽大体沿用邵伯温的话语，但他没有对此事的真伪给出确定的说法，而是将邵伯温、董敦逸以及蔡京三人的陈述以按语形式悉数收入此条，并表示“今姑存之，更须考详”。[②]

此后，宋、元士人记载此事多径直引用邵伯温所言，如朱熹《三朝名臣言行录》、赵善璙《自警编》、谢维新《古今合璧事类备要》、张光祖《言行龟鉴》等，或仅取李焘正文记载，而未关注按语所述，如彭百川《太平治迹统类》、徐自明《宋宰辅编年录》、陈均《皇朝编年纲目备要》、佚名《宋史全文》、马端临《文献通考》等，[③] 更强化了人们对此事的认知。

成书于淳熙十三年（1186）的《东都事略》亦采信《邵氏闻见录》所载，将反复变更役法事编入蔡京传中：

---

① 《长编》卷三六七，元祐元年二月丁亥条，第 8834 页。

② 《长编》卷三六七，元祐元年二月丁亥条，第 8836 页。

③ 以上所列文献中关于蔡京变更役法事的描述基本与《邵氏闻见录》《续资治通鉴长编》相同，或略有字句差异，为避免重复，本文不再呈现原文。

> 司马光秉政，改免役法，复行差役法，京于五日内差役追遍，诣政事堂白光。光曰："使人人奉法如君，何患法之不行？"于是台谏言其尹京挟私坏法，出知成德军，徒瀛洲……绍圣初，召还，权户部尚书。章惇复变役法，置司讲义久不决。京谓惇曰："取熙丰旧法施行之尔，何以讲为？"惇然之，雇役遂定。①

王称对邵伯温文本略做修改并加入主观臆断，将变更役法与蔡京外任关联，造成蔡京因变役法而外贬的假象，增强了此事的可信性。当然，《东都事略》最主要的影响在于其与《宋史·蔡京传》复杂的文本关系。元代官修《宋史·蔡京传》以《钦宗实录》和《东都事略》为重要参考，② 基本承袭了两书对于此事的记载，并进一步发挥演绎，使为人反复、政治投机的"蔡京形象"变得更加丰富与鲜活：

> 司马光秉政，复差役法，为期五日，同列病太迫，京独如约，悉改畿县雇役，无一违者。诣政事堂白光，光喜曰："使人人奉法如君，何不可行之有！"已而台、谏言京挟邪坏法，出知成德军……绍圣初，入权户部尚书。章惇复变役法，置司讲议，久不决。京谓惇曰："取熙宁成法施行之尔，何以讲为？"惇然之，雇役遂定。差雇两法，光、惇不同，十年间京再莅其事，成于反掌，两人相倚以济，识者有以见其奸。③

蔡涵墨（Charles Hartman）详细考证了《宋史·蔡京传》的文本史，认为此传："展现的很少是蔡京本人的事迹，反而更多的是十二、十三世纪人

---

① 王称：《东都事略》卷一〇一《蔡京传》，《二十五别史》本，孙言诚、崔国光点校，齐鲁书社，2000，第864~865页。

② 《宋史·蔡京传》与《钦宗实录·蔡京传》《东都事略·蔡京传》之间的承继关系和史源性问题一直是学者们的争论点，至今仍无确论。但以上三书中蔡京前后变更役法之事均以《邵氏闻见录》为基本文本则是毋庸置疑的。

③ 《宋史》卷四七二《蔡京传》，第13721~13722页。

们对他的看法。”[①] 而随着蔡京“首变神宗役法”被记入正史，此事便得到了更大力度和范围的传播，如明代唐顺之《荆川稗编》、陈绛《金罍子》、李贽《藏书》，以及清代黄宗羲《宋元学案》、夏之蓉《读史提要录》、张英《渊鉴类函》、嵇璜等《续通志》、陈绍箕《鉴古斋日记》、阎镇珩《六典通考》等都直接抄录《宋史》对此事的相关记载，进而固化了人们对蔡京的历史印象。

除直接转引外，自南宋起便不断有士人将蔡京“首变神宗役法”事延伸至君子小人、义利之辨的范畴。如沈作喆《寓简》承袭邵伯温之说，并对文本加以修改、阐释：“时奸臣蔡京知开封府，迎合温公意，用五日限，尽改畿县雇役为差役……呜呼，任用小人而欲法之必行如商君者，王介甫之术也；而温公以道德居相位，亦效尤，何哉?”南宋科举用书《璧水群英待问会元》将此事归入“奸邪情伪难察”条：“京之身为小人而伪为君子，亦利之也，岂温公之所能察哉。虽然幸其有天者在耳，君子可欺，天不可欺也，君子讵可量哉。”[②] 《续资治通鉴纲目》更载：“小人之害，君子直欲其声销影沈没世无闻然后已，然而诸贤流芳百世，蔡京遗臭万年者，其皆出于此乎？呜呼，君子小人、义利之间，学者不可不辨之，早而决之力也。”[③] 冯梦龙《智囊补》言：“王曾独委顺丁谓而卒以出谓，蔡京首奉行司马光而竟以叛光，一则君子之苦心，一则小人之狡态。”[④]

甚有士人将元祐之政的失败与北宋灭亡归咎于司马光错信蔡京一事，如杜范曾言于理宗：“其邪比之朋大者一时斥逐，众论称快，而小者亦已渐渐屏去，臣尚虑或有去之未尽者，安知不为元祐之蔡京?”[⑤] 王夫之《永历实录》载：“唯是温公一信蔡京，而绍述之祸旋起；唐室一进逢吉，而

---

① 〔美〕蔡涵墨：《〈宋史·蔡京传〉的文本史》，《历史的严妆——解读道学阴影下的南宋史学》，中华书局，2016，第163页。

② 刘达可辑《璧水群英待问会元》，《四库全书存目丛书》影印明丽泽堂活字本，子部第168册，齐鲁书社，1995，第298页。

③ 商辂等撰，周礼发明、张时泰广义《御批续资治通鉴纲目》，崇宁三年六月“重定党人刻石朝堂”条，《景印文渊阁四库全书》，台湾商务印书馆，1986，第693册，第329页。

④ 冯梦龙辑《智囊补》术智部委蛇卷一三《王曾》，齐林、王云点译，黑龙江人民出版社，1987，第398页。

⑤ 杜范：《杜清献公文集》卷一三《相位条具十二事》，《宋集珍本丛刊》影印清抄本，线装书局，2004，第78册，第446页。

兴复之业不终。”[1] 魏禧《蔡京论》言：“昔司马光欲复差役之法，为期五日，同列病其太迫，蔡京知开封府，独如约。光喜曰：‘使人人奉法如君，何不可之有！’其后绍圣、崇宁间，首以光为奸党，使贤士大夫尽遭荼毒，流祸生民，驯至亡国者，则皆京为之倡也。”[2]

时至今日，“首变神宗役法”俨然成为蔡京为人反复、政治投机的“信史”，是学者研究与评价蔡京的重要依据。如有学者论述，“蔡京摇身一变，成了执行司马光意志的得力人物……曾经跻身变法派的蔡京却毫不迟疑地反戈一击，按规定期限，在他管辖的开封府范围内全部改行差役法”，[3]“在这政治、人事发生着重大变动的时刻，蔡京的政治投机品性也暴露了出来”。[4] 即便有所质疑，也仍将开封府骤变役法事归责于蔡京，“蔡京的真实动机究竟如何，确实难以给出确切的答案，但迎合司马光之说破绽甚多”。[5]

结　语

蔡京于元祐至元符年间先后被苏辙、董敦逸等四人弹劾“首变神宗役法”，通过对朝廷处理结果、变法派态度以及开封府政区演变、朝廷变法敕令等方面的考辨可知，开封府诸县骤变役法之事确非蔡京之责，苏辙等人对他的弹劾乃由政治利益所驱动。后世所论蔡京在役法问题上呈现的政治投机形象，实乃南宋初邵伯温据民间风闻加以虚构塑造而成，因契合政治氛围和民众想象而为世人转述、演绎，并延伸至君子小人、义利之辨的范畴，体现了时代对历史文本与历史书写的主动选择与改造。

北宋后期士大夫党派斗争日趋激烈，蔡京专政期间，极力打压异己势力，确立“元祐党籍碑”，更将政治斗争推向高潮。南宋建立后，全面否定变法的政治基调引起朝堂内外对变法派的清算，进一步加剧了士人内部

① 王夫之：《永历实录》卷一九《袁彭年传》，余行迈、吴奈夫、何荣昌点校，上海古籍出版社，1987，第162页。

② 魏禧：《魏叔子文集》卷一《蔡京论》，胡守仁等点校，中华书局，2003，第70页。

③ 吴泰：《祸国殃民的投机政客蔡京》，《文史知识》1985年第2期，第86页。

④ 杨小敏：《蔡京、蔡卞与北宋晚期政局研究》，第45页。

⑤ 张呈忠：《蔡京与北宋后期的役法变革——从对邵伯温相关记载的考辨谈起》，《安徽史学》2021年第6期，第22页。

的分裂。党派斗争不仅严重破坏了官僚集团的政治生态与风气，还对士人的价值判断与历史书写产生了重要的影响。在此背景下，时人的相关记述虽为后人保留了大量的原始材料，但亦难免掺糅书写者的个人感知与政治倾向。蔡京作为北宋中晚期至关重要的历史人物，对宋代社会诸层面都产生了深远的影响，对其的研究与评价，应该深入时代背景，辨析史料，立足于确切的历史事实，才能得出客观、恰当的观点与认知。通过对“首变神宗役法”之事的考辨，我们应该明晰：蔡京虽对北宋社会和人民造成了许多不利影响，但其支持新法的政治立场却是一以贯之的。此点应引起相关学者的注意。

南宋“隆兴北伐”再检讨*

——侧重宋军组织机制的考察

陈希丰

南宋孝宗隆兴元年（1163）五月初，在枢密使、都督江淮军马张浚的主持下，宋方由李显忠、邵宏渊分两路率军渡淮出师，史称“隆兴北伐”。宋军先期攻克灵璧、虹县、宿州（州治符离）三城，随后与赶来救援的金将纥石烈志宁部会战对垒于宿州城外。五月二十三日，宋军师溃符离，史称“符离之溃”。

宋孝宗素来被视作南宋少有的“恢复之君”，支持张浚发动“隆兴北伐”则被认为是这位“恢复之君”试图打破屈辱和约束缚、恢复故土的一次具有标志性意义的军事尝试。在倡导消极防御战略的南宋，“隆兴北伐”是这个偏安王朝为数不多的一次主动出击，因而在有关南宋历史的史实构建中占据重要地位。任何一本涉及宋代历史的通史著作，“隆兴北伐”都是必不可少的内容。

关于此次北伐的背景、过程、战况等问题，王曾瑜、李天鸣、范学辉等皆做过专门研究，并从战争时机选择错误、作战目标不明、战场军事指挥权处置失当、主将失和、邵宏渊怯战、李显忠未能赏赐军士等方面总结

* 本文系国家社会科学基金西部项目“南宋边防格局的形成与演变研究”（19XZS007）、香港教资会拨款研究计划“传统中国的战争与公共财政，第一阶段，宋元时期（1127～1294）”（13604222）阶段性研究成果。文稿写作及修改过程中，承范学辉、陈默等师友批评指正，谨致谢忱，并借此表达对范学辉老师的哀思。

了宋军失利的原因。①

近年来，探寻军队层级构成与组织系统、军事集团与山头派系，从军队组织形态入手考察战争成为军事史新的研究路径。② 这对于我们进一步反思南宋“隆兴北伐”的失利原因颇具启发意义，即在讨论“隆兴北伐”时，除以往所强调的军事战略及将帅个人因素外，北伐军的军队组织机制同样值得检视。

为此，本文拟在前贤研究基础之上，从对北伐过程的解析入手，关注过往较为忽视的宋军“无故引归”现象，重点探讨此次战事中宋军统兵体制、军队人事与组织方式等问题，以期能为“隆兴北伐”及南宋军事史研究提供新的认识。

一　关于宋军“无故引归”现象

自隆兴元年五月四日李显忠、邵宏渊率师渡淮，到五月二十四日宋军败还，北伐行动存在一个时间上的演进过程。若将此过程拆解开来予以分析，或有助于我们对此次战事失利原因的判断与把握。

关于“隆兴北伐”的具体进程，王曾瑜、李天鸣、范学辉等学者已依据宋、金双方材料做出详尽复原，本文不再重复考证。笔者在此将“隆兴北伐”的战事过程拆分为四个阶段。（A）宋军兵分两路，于五月四日北渡淮河，相继袭取灵璧（六日）、虹县（十日）二城。十四日，已合兵一处

① 王曾瑜：《南宋对金第二次战争的重要战役述评》，原载《纪念陈寅恪先生诞辰百年学术论文集》，北京大学出版社，1989，后收入氏著《点滴编》，河北大学出版社，2010，第409~440页；李天鸣：《隆兴元年的宋金宿州之役》，邓小南、杨果、罗家祥主编《宋史研究论文集（2010）》，湖北人民出版社，2011，第278~303页；范学辉：《宋代三衙管军制度研究》，中华书局，2015，第748~755页。此外，如台湾三军大学编著《中国历代战争史》（中信出版社，2012）、中国军事史编写组编《中国军事史》（解放军出版社，1991）、粟品孝等著《南宋军事史》（上海古籍出版社，2008）等军事史通论性著作及何忠礼、徐吉军著《南宋史稿》（杭州大学出版社，1999）等南宋史通论性著作对“隆兴北伐”也都有简要论述。

② 王奇生：《革命与反革命：社会文化视野下的民国政治》，社会科学文献出版社，2010，前言，第6页；王奇生：《抗战时期国军的若干特质与面相——国军高层内部的自我审视与剖析》，《抗日战争研究》2014年第1期，第124~139页；陈默：《战时国民党军研究的过去、现在和未来》，《民国研究》第30辑，社会科学文献出版社，2016，第35~40页；金之夏：《中国军队在淞沪会战中暴露的若干问题——基于国军内部的观察与反思》，《抗日战争研究》2018年第3期，第66~79页。

的宋军进抵宿州城下。十六日，攻克淮北重镇宿州。（B）十八日，金帅纥石烈志宁迅速率援军赶到宿州。二十日，宋金双方在宿州城外展开第一次会战，宋军击退金军。二十一日，宋金再战，邵宏渊部按兵不动，李显忠部孤军奋战，但仍击退金军于宿州城下。二十二日，宋金展开第三次宿州会战，李显忠战败失利，退入城中。（C）二十二日夜，在未有主将李显忠、邵宏渊授意的情况下，由建康都统司中军发其端，宋军出现军一级部队成建制遁逃的现象。二十三日，遁逃现象持续发生，难以遏制。（D）二十四日，李显忠、邵宏渊被迫撤军（见图1）。

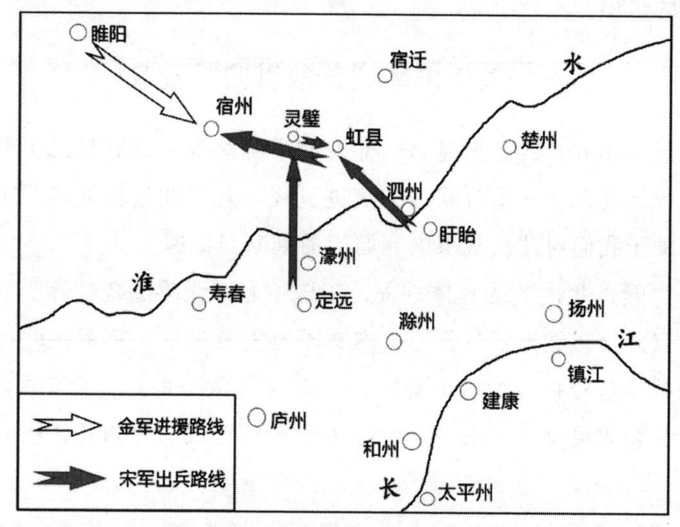

图1 “隆兴北伐”形势

资料来源：此图据谭其骧主编《中国历史地图集》（宋辽金时期）南宋—淮南东路、淮南西路、扬州附近图（中国地图出版社，1982）改绘。

A阶段中，宋方以优势兵力袭取灵璧、虹县、宿州三城，迫使金将萧琦、蒲察徒穆、大周仁投降。B阶段，宋军在宿州城下面对战前来救援的纥石烈志宁大军，曾两度将其击退。第三次宿州会战，宋军虽然失利，但并未出现大规模溃败，主力尚存，宿州城仍掌握在宋军手中，似乎不足以导致这场战役整个层面的失败。从某种程度上说，C阶段中持续发生的宋方军一级部队成建制遁逃现象才是造成（或加剧）D阶段即北伐最终失败的直接原因。以往研究更侧重于B阶段即三次宿州会战的复原与分析，对C阶段中宋军成建制遁逃现象未予以足够重视。

有材料表明，符离师溃不久，北伐行动总负责人张浚与主将李显忠便分别向宋廷奏报了部分统兵将领率部“无故引归”致使大军溃退的情况。六月初，符离之溃的消息传至临安，朝议一面倒地要求严惩主将李显忠，侍御史王十朋则认为对李显忠的指控“虚实未辨”，请求审核其功罪，并提到：

> 显忠亦劾奏统制官周宏等数人无故领兵自回，遂致失利，欲正宏等罪。①

此外，洪适《盘洲文集》所存《缴张训通复官札子》中援引张浚奏札，也说道：

> 张浚奏宿州之役，初非战败，而统制官等无故引归。②

张浚与李显忠口径一致，都将符离之败归因于周宏（时任建康都统司中军统制）、张训通（殿前司前军统制）等军级统兵将领“无故引归”或“无故领兵自回”行为，这一线索为过往研究所忽略但值得重视。所谓“无故”，是指宋军在溃退前并未遭受金军攻击，战场指挥官李显忠、邵宏渊也没有下达撤军的命令。有关这一过程，以《十将传·李显忠传》的描述最为详尽：

> 是夕（按，五月二十二日）甲夜，建康中军统制周宏鸣鼓大喊，阳谓：“虏兵至！”与亲随马军统制邵世雄、统领刘侁各以所部兵宵遁。继而神勇马军统制左士渊、统领李彦孚亦以军遁归。二十三日，显忠移军入城，殿司前军统制张训通以所部军马夺北门遁去。马军统

① 梅溪集重刊委员会编《王十朋全集·文集》卷四《乞审核李显忠等功罪札子》，上海古籍出版社，1998，第632页。

② 洪适：《盘洲文集》卷四八《缴张训通复官札子》，《四部丛刊初编》本，叶1a。

> 制张师颜、池州统制荔泽、建康统制张渊各以骑军相继逃归。①

此外，《李显忠行状》中也谈到“壬子夜，忽鼓噪”，“建康中军统制周宏及邵都统子世雄，阳为虏劫寨自遁”的情形。②

类似军营内兵将误认为敌军来袭引发混乱乃至溃退的现象，俗称“炸营”或“惊营”。古代战争史中，这种现象并不乏其例。东汉末年，董卓子婿牛辅在与吕布交战时即曾遇“营中无故大惊”，最终为部将所弑。③十六国时期，刘曜在征讨石勒的军事行动中甚至出现过“夜无故大惊，军中溃散”“夜中又惊，士卒奔溃”接连两次“炸营”事件。④

值得深思的是，宋人及现代学者在总结北伐失败原因时所强调的李、邵二将指挥权不明进而引发二将关系不协、邵宏渊怯战卖阵等事项，更多只能作为宋军第二次宿州会战艰难取胜与第三次宿州会战失利的重要因素，并不能完全解释二十二日夜“炸营”所引发的宋方军级单位“无故引归”现象。最直接的证据是：不满于李显忠且被认为“不顾大局，怯敌卖阵”⑤的邵宏渊，实际并未带头跑路，他自始至终都在宿州城内，直到二十四日才与李显忠一同撤军。而且，无论张浚抑或李显忠在检讨北伐失利时，都未将矛头指向邵宏渊。

七月六日，宋廷经过调查检核，对北伐军军级统兵官给予不同程度的惩处。率先鼓动遁逃的建康都统司中军统制周宏遭到“追五官，除名勒停，送琼州编管”的重处，主将李显忠也在稍早前被处以罢职、“责授清远军节度副使、筠州安置”的重罚；但同为主将的邵宏渊仅“降武义大

① 章颖：《重刊宋朝南渡十将传》卷三《李显忠传》，《四库全书存目丛书》影印北京图书馆藏元刻本，史部第87册，齐鲁书社，1996，第643页。按，“邵世雄”原作“绍世雄”，据张抡《故太尉威武军节度使提举万寿观食邑六千一百户食实封贰阡户陇西郡开国公致仕开府仪同三司李公行状》（以下简称《李显忠行状》，杜大珪编，顾宏义、苏贤校证《名臣碑传琬琰集校证》下集卷二四，上海古籍出版社，2021，第2270页）、《宋史》卷三三《孝宗纪一》（中华书局，1985，第623页）改；“左士渊”原作“王士渊”，据《宋会要辑稿》职官七一之四（刘琳、刁忠民、舒大刚、尹波等校点，上海古籍出版社，2014，第4948页）、《宋史》卷三三《孝宗纪一》（第623页）改。

② 张抡：《李显忠行状》，杜大珪编，顾宏义、苏贤校证《名臣碑传琬琰集校证》下集卷二四，第2270页。

③ 《后汉书》卷七二《董卓传》，中华书局，1965，第2332页。

④ 《晋书》卷一〇三《刘曜传》，中华书局，1974，第2698页。

⑤ 范学辉：《宋代三衙管军制度研究》，第753页。

夫，职仍旧”，继续掌领建康都统司。[①] 这表明，邵宏渊并不像《李显忠行状》《李显忠传》等传记材料（这类材料明显存有回护李显忠的偏向性）所记载的那样应当承担北伐失利的主要责任。不过，正如《宋史·孝宗纪》所指出的，“殿前司统制官张训通等七人、统领官十二人，以二将不叶而遁”，[②] 李、邵二将关系不佳确实有可能成为麾下军级统兵官产生严重焦虑感、丧失作战信念从而发生“炸营”自遁现象的原因之一。

此外，宋人在总结北伐失败时，还谈到李显忠在攻克宿州城后未能及时犒赏兵士，以致军心士气受损的问题。将士因未得足够赏赐而影响到军心士气，这在战争史上确实不乏先例。不过，若说李显忠在十六日攻克宿州城后未能及时犒赏兵士影响到军心士气，并最终导致北伐失利，那又该如何解释李显忠在二十日、二十一日依然两次率军击退纥石烈志宁大军于宿州城外的事实呢？可见，因军赏所带来的士气因素也不足以成为符离兵溃的主因。

总之，若认同第三次宿州会战的失利尚不足以导致宋军在北伐战役层面的全面失败，那么五月二十二日夜与二十三日持续出现的军级部队成建制遁走现象或许就成为我们进一步检讨此次战事失利的钥匙。问题在于，指挥权不明、主将不协及军队士气问题似乎都不足以单独有效地解释“无故引归”现象的发生。不过，正如学者所指出的，历史结果往往由诸多因素的合力形成。[③] 当局部战事失利、主将不谐、士气不佳等因素集合到一起，再加上此次战事中宋军从一开始就存在的军队组织机制上的深层隐患，“炸营”后的“无故引归”现象或许就真的可能发生。

二　宋军统兵体制、军队人事与组织方式的检讨

既然符离之溃直接导源于宋方军级部队在未受金军攻击的情况下成建制遁走现象，那便有理由怀疑北伐军主将李显忠、邵宏渊对麾下军级统兵官的掌控存在问题。要解答这一疑虑，除以往学者所强调的二将个人素质外，对北伐军统兵体制、军队人事和组织方式等军队组织机制予以分析与检讨实属必要。

---

① 徐松辑《宋会要辑稿》职官七一之四，隆兴元年七月六日条，第 4948 页；《宋史》卷三三《孝宗纪一》，隆兴元年六月己卯、癸酉条，第 623 页。

② 《宋史》卷三三《孝宗纪一》，隆兴元年五月癸丑条，第 623 页。

③ 王瑞来：《士人走向民间：宋元变革与社会转型》，广西师范大学出版社，2023，第 365 页。

为抵御北方民族政权，南宋在长江沿岸与蜀口地区先后部署了镇江、建康、池州、鄂州、荆南、兴元、兴州等数支屯驻大军。每支屯驻大军的兵力从一万至六万不等，均以“某州府驻扎御前诸军”为番号，由都统制置都统司领导。屯驻大军与三衙（殿前司、马军司、步军司）大军共同构成了南宋国防的主要军事力量。其基本建制单位为军、将两级，如镇江府驻扎御前左军第二将（又称镇江都统司左军第二将）、殿前司后军第一将。[①] 本文把镇江都统司、建康都统司、殿前司、马军司等“戎司”称为南宋军队的一级军事建制，“戎司”之下的军级部队称为二级军事建制，将级部队称为三级军事建制。

“隆兴北伐”属于绍兴三十一年（1161）宋金“辛巳之役”[②] 的后续战事。“辛巳之役”初期，作为防御方的南宋在东南战场的军事布防格局为：镇江都统制刘锜以江淮浙西制置使的身份统筹江淮战区军事，但实际侧重淮东防务，所领军队主要是镇江都统司本部兵马（包括前、后、左、右、中、游奕、选锋、水八军），另配有殿前司王刚的右军；建康都统制王权负责淮西防务，建康屯驻大军（包括前、后、左、右、中、游奕六军）构成其军队班底，配以殿前司护圣军王琪部；池州都统制李显忠则以所部（兵力相对较弱）策应王权防守淮西。[③] 在这一军事布防格局中，统兵大将、军队与其防区之间呈现清晰规整的将、兵、地对应关系，即镇江都统制统率镇江屯驻大军主持淮东防务，建康都统制指挥建康屯驻大军负责淮西防务。这是对南宋初年由淮东宣抚使韩世忠、淮西宣抚使刘光世分掌两淮防务军事传统的继承，也是都统制统兵体制“以地系军”特征的直接反映。

不过，在“辛巳之役”的战事演进过程中，作为江淮战区主力的建康屯驻大军与镇江屯驻大军双双遭受重创，难以独立承担江淮战区防务。[④]

---

① 王曾瑜：《宋朝军制初探》（增订本），中华书局，2011，第178~189页。

② 所谓“辛巳之役”，因完颜亮侵宋战争发生于绍兴三十一年而得名，乃是南宋人的称法。学界一般将高孝之际的宋金战事统称为“第二次宋金战争”。

③ 范学辉：《宋金绍兴辛巳战事新探——以南宋三衙诸军为中心》，《济南大学学报》2016年第4期，第19~20页。

④ 参见李心传《建炎以来系年要录》（以下简称《要录》）卷一九三，绍兴三十一年十月辛酉条，胡坤点校，中华书局，2013，第3768页；卷一九四，绍兴三十一年十一月壬申条，第3785页。

因此，“辛巳之役”后期，南宋中央开始在江淮战场大规模投入三衙大军，宋军的军队组织机制由此发生转变。以绍兴三十二年（1162）五月解围海州（今江苏连云港）之役为例，宋军由新任镇江都统制张子盖担任主将，麾下除镇江都统司兵马外，至少还包含有殿前司护圣军、右军（王刚部）以及步军司前军（张玘部）等，军队混编色彩十分浓重。[①]

“辛巳之役”后，三衙军队频频出戍江淮各军事要地，深度参与边区防务。《宋会要辑稿》中有绍兴三十二年下半年宋廷调遣马军司部队出戍无为军巢县（今安徽巢湖）及殿前司前军、策选锋军万人出戍镇江的记录。[②] 囿于史料的残缺，我们已无法确知这一时期三衙大军出戍江淮战场后的具体屯驻状况。不过，《宋会要辑稿》中一关于扬州地区军队驻屯的记录为我们提供了线索：

> （绍兴三十二年）九月十二日，江淮宣抚司奏：“已是秋深，乞拨甲军前来扬州驻扎。”诏令殿前司左军全军、马军司于前军左军内各差二千五百人，令刘源统押，步军司差五千人，并前去扬州屯驻，听江淮宣抚司使唤。[③]

也就是说，绍兴三十二年末，淮东帅府扬州至少屯驻有殿前司左军5000人、马军司前军与左军共5000人以及步军司5000人，共计15000人的兵力。这则材料提示我们：“隆兴北伐”前夕，南宋江淮战区的布防格局很可能是以“军”“半军”甚至“将”等二、三级军事建制为单位分散屯驻于各军事要点与军事重镇。换言之，某个军事要地可能会有来自不同一级军事建制单位的军、将混杂驻守，一定程度上类似北宋时期禁军以指挥为

① 周必大：《周益公文集》卷九八《张子盖按发护圣军正将权李宝军统制官武功大夫吉州刺史符镇擅离屯所契勘得即非擅离止是不曾备坐出戍军马归休指挥申镇江都统特降一官》，《宋集珍本丛刊》影印明澹生堂抄本，第49册，线装书局，2004，第576页；徐松辑《宋会要辑稿》兵一九之八，隆兴元年二月二十三日条，第9005页。

② 徐松辑《宋会要辑稿》兵九之一五至一六，绍兴三十二年八月十五日、十月二十四日条，第8785页。

③ 徐松辑《宋会要辑稿》兵九之一五，绍兴三十二年九月十二日条，第8785页。

基本单位“插花式”分布驻守地方的形式。①

由东路军主帅邵宏渊“节制淮东屯驻军马”② 的头衔亦可看出，“隆兴北伐”中宋军军队组织方式，应是临时就地集结散布于江淮地区的守军。换言之，北伐军并非以诸如镇江都统司、建康都统司、殿前司、马军司等一级军事建制作为集结单位，而是采用了以屯驻地为军队集结依据的方式。具体来说，此前散布于淮东各军事要点的三衙大军与屯驻大军等二、三级军事建制集结于盱眙，归节制淮东屯驻军马邵宏渊临时统领；淮西地区来自不同建制的驻军则在定远集结，临时混编成西路大军，由淮西招抚使李显忠统一指挥。③

关于北伐军的军队组织方式，《李显忠行状》有如下记述：

> 以招抚使命公（按，即李显忠）节制殿前、马司及池州驻扎御前诸军，由淮西而进；建康都统邵宏渊为之副，建康、镇江驻扎御前诸军及步司军马隶焉，进自淮东。④

据此，似乎三衙、镇江、建康、池州诸军被规整地划拨在邵宏渊、李显忠东西两路大军中，即李显忠西路军由殿前司、马军司、池州都统司军队组成，邵宏渊东路军则统率步军司、建康都统司与镇江都统司军队。⑤ 事实上，这一说法绝不可信。以下提供两个反例：其一，李显忠的西路军在克复灵壁前，曾与金方萧琦大军交战于陡沟一带。此战经过，《李显忠行状》有较为详尽的描述：

---

① 有关北宋禁军“插花式”分布的论述，参见王曾瑜《宋朝军制初探》（修订本），第 43~67 页。

② 徐松辑《宋会要辑稿》兵一四之四四，隆兴元年五月十日条，第 8904 页。

③ 参见《宋史》卷三三《孝宗纪一》，隆兴元年四月戊子条，第 622 页。

④ 张抡：《李显忠行状》，杜大珪编，顾宏义、苏贤校证《名臣碑传琬琰集校证》下集卷二四，第 2267 页。

⑤ 关于北伐军的军队构成，王曾瑜曾据《宋会要辑稿》所存符离之败后受处分的军级统兵官名录指出，北伐军乃是抽调殿司、马司、建康、池州都统司等军混合编组而成，并推测镇江都统司和步司因负责临安、淮东等地戍守，未编入北伐军（《南宋对金第二次战争的重要战役述评》，氏著《点滴编》，第 436 页）。范学辉根据步军司统制李福出现于宿州战场的事实，指出王氏的说法并不可靠（氏著《宋代三衙管军制度研究》，第 749 页），笔者对此深表赞同。

> 张荣请为先锋，公授以方略，一鼓而虏骑奔溃。丁酉，公进军，距灵壁才数里，萧阵以待。公遣时俊、员琦率兵击之，张师颜等继进。良久，公遣曹高麦等以千骑横冲贼军，又遣李舜举领白旗子策之。萧大败，转城西遁。[①]

《李显忠传》也有可资补充的记载：

> 张师颜为萧琦兵所围，显忠遣拨发官王仪传令李福助师颜，福以沟阻辞，显忠亟令曹高麦往救，贼败走。[②]

参与此战的将领中，张荣、时俊是建康都统司统制官，[③] 曹麦高（或作曹高麦、曹高夌）为池州都统司统制官，[④] 张师颜、李舜举是马军司统制官，[⑤] 员琦是殿前司统制官，[⑥] 李福则是步军司统制官。[⑦] 这充分说明李显

---

① 张抡：《李显忠行状》，杜大珪编，顾宏义、苏贤校证《名臣碑传琬琰集校证》下集卷二四，第 2268 页。

② 章颖：《重刊宋朝南渡十将传》卷三《李显忠传》，《四库全书存目丛书》，史部第 87 册，第 641 页。

③ 据《李显忠行状》，张荣作为建康都统司统制官，曾参与绍兴三十一年十一月的采石之战（杜大珪编，顾宏义、苏贤校证《名臣碑传琬琰集校证》下集卷二四，第 2266 页）。另据周应合《景定建康志》卷二六《官守志三·御前诸军都统制司》，乾道三年（1167）闰七月，张荣由建康都统司左军统制升任建康府驻扎御前诸军副都统制（中华书局影印清嘉庆金陵孙忠愍祠刻本，1990，第 1770 页）。可知张荣自“辛巳之役”到乾道初年一直担任建康都统司统制官。

④ 张抡：《李显忠行状》，杜大珪编，顾宏义、苏贤校证《名臣碑传琬琰集校证》下集卷二四，第 2266 页。

⑤ 徐松辑《宋会要辑稿》职官七一之四，隆兴元年七月六日条，第 4948 页；兵一四之四八，隆兴二年十一月十五日条，第 8906 页。

⑥ 据《要录》卷一九三，绍兴三十一年十月末，员琦曾以镇江都统司左军统领的军职身份在皂角林之战中立下军功（第 3771 页）。隆兴二年（1164），淮西宣谕使王之望在与殿帅杨沂中商讨两淮防务的书信中称“令员琦与宋受来（真州）瓜步”（王之望：《汉滨集》卷九《与殿帅杨郡王论两淮移屯利害书》，《景印文渊阁四库全书》，台湾商务印书馆，第 1139 册，第 781 页），按，宋受系殿前司选锋军统制；又《宋会要辑稿》兵五之二一载，乾道元年（1165）五月，殿帅王琪称“本司昨差右军统制员琦将带官兵七百人往真州，戍守日久”（第 8710 页），请求将其调回，可知隆兴二年时，员琦已转任殿前司右军统制官。笔者推断，“隆兴北伐”时员琦很可能因皂角林之战中的突出表现已升任殿前司右军统制。

⑦ 徐松辑《宋会要辑稿》兵九之一五，隆兴元年三月二十八日条，第 8786 页。

忠西路军的军队构成除殿前司、马军司、池州都统司外，至少还包含有步军司与建康都统司的军队，建康都统司统制官张荣甚至还充当了西路军先锋的角色。

其二，邵宏渊东路大军围攻虹县不下，李显忠率军赶到，谕以灵璧已破，虹县遂降。对此，《李显忠传》记载说：

> 翼旦，蒲察徒穆亦出城降。大周仁辈望阙拜毕，显忠令与邵宏渊、王存相见。久之，宏渊、存、张训通来见。①

虹县守将大周仁投降李显忠后，李显忠令其与邵宏渊为首的东路军主要统兵将领相见。其中，王存军职身份无法确定，② 但据《李显忠传》与洪适《缴张训通复官札子》，张训通系殿前司前军统制无疑，③ 足证“建康、镇江驻扎御前诸军及步司军马隶”邵宏渊的说法并不可信。

由此可见，三衙、镇江、建康、池州诸军并非如张抡所说被规整地分隶于李显忠、邵宏渊麾下，李、邵二将所统军队建制反而是颇为杂乱的。具体来说，李显忠作为殿帅、马帅兼池州都统制，④ 其麾下并非仅有殿前司、马军司与池州屯驻大军，而是包含有步司、建康都统司的军队；建康都统制邵宏渊所领军队似乎也不是以建康屯驻大军为基盘的。当时，建康都统司统制官时俊、张荣部并不隶属建康都统制邵宏渊的东路军，而是隶属西路的李显忠大军；李显忠领殿前司职事，但殿前司张训通部却出现在邵宏渊的东路军中。

概言之，虽然间隔仅仅两年不到，但由于“辛巳之役”后江淮战场特殊的军事形势，“隆兴北伐”中宋军的军队组织方式已与“辛巳之役”期

① 章颖：《重刊宋朝南渡十将传》卷三《李显忠传》，《四库全书存目丛书》，史部第 87 册，第 642 页。

② 据《要录》卷一九五，王存于绍兴三十一年十二月时任步军司神勇军统制官（第 3833 页），此时是否还在步军司任职，或已转任他处，则不详。

③ 章颖：《重刊宋朝南渡十将传》卷三《李显忠传》，《四库全书存目丛书》，史部第 87 册，第 643 页。

④ 徐松辑《宋会要辑稿》职官五四之一四，隆兴元年六月十二日条，第 4473 页；周应合：《景定建康志》卷二六《官守志三 · 御前诸军都统制司》，第 1770 页。

间存在较大差别。“辛巳之役”中，镇江都统制刘锜指挥镇江屯驻大军，主持淮东防务；建康都统制王权指挥建康屯驻大军、池州都统制李显忠指挥池州屯驻大军，共同负责淮西防务。然而隆兴元年北伐时，南宋军队组织机制未能完成由防御状态骤变为进攻状态的转换。原分散驻扎在江淮各军事要点与军事重镇的三衙、镇江、建康、池州诸屯驻大军被临时混合编排于东、西两路大军中，并未呈现清晰的将、兵、地对应关系。

其次要考察的是军队人事问题。南宋立国后，军队人事一直较为稳定。南宋初年，韩世忠、张俊、刘光世、岳飞等大将长期统领各自军队，甚至产生了“家军”隐患。绍兴和议后，诸屯驻大军的统帅——都统制仍较为稳固。以镇江都统制为例，先由王胜任都统制，绍兴十九年（1149）王胜病逝，改由刘宝任都统制，凡十一年。[①] 建康都统制同样如此，先由王德任都统制，至绍兴十五年（1145）由王权继任，直至“辛巳之役”才因兵败免职，任期竟长达十六年。[②] 但从“辛巳之役”备战阶段开始，南宋江淮战区的高层军队人事便进入动荡期。一级军事建制镇江、建康都统司、三衙的统兵将领或因战败被黜，或因战功晋升，更替频仍。举例来说，从“辛巳之役”至“隆兴北伐”的短短一年半时间内，镇江都统司的主兵官——镇江都统制先后经历了刘锜、李横、刘锐、成闵、张子盖、刘宝五次调整，建康都统司的主兵官——建康都统制也有过王权、李显忠、郭振、邵宏渊三度人事更迭。[③] 以武将个人在这一时期的仕履为视角，如李显忠，“辛巳之役”爆发时，他担任的是池州都统制，此后的一年半中，历建康都统制（绍兴三十一年十一月）、马帅（绍兴三十二年五月）、殿帅（隆兴元年二月），军职身份几乎每半岁一易。[④]

临时混搭的军队组织方式，加上军队人事的动荡，势必在很大程度上

① 《要录》卷一四七，绍兴十二年十一月丙午条，第 2783 页；卷一六〇，绍兴十九年八月庚戌、壬子条，第 3026、3027 页；卷一八六，绍兴三十年十月辛酉条，第 3617 页。

② 周应合：《景定建康志》卷二六《官守志三·御前诸军统制司》，第 1770 页。

③ 《要录》卷一九四，绍兴三十一年十一月辛未、丁亥、癸巳条，第 3783、3805、3810 页；卷一九九，绍兴三十二年四月丁丑条，第 3917 页；《宋史》卷三三《孝宗纪一》，隆兴元年五月丙辰条，第 623 页；周应合：《景定建康志》卷二六《官守志三·御前诸军都统制司》，第 1770 页。

④ 周应合：《景定建康志》卷二六《官守志三·御前诸军都统制司》，第 1770 页；徐松辑《宋会要辑稿》职官七一之二，隆兴元年二月十三日条，第 4947 页。

影响主将对麾下兵将的掌控。南宋后期颇知兵事的曹彦约曾谈及对李显忠及“隆兴北伐”的看法，谓：

> 显忠杀宿州之降，已不足以厌服人心。所部诸将，仅有曹高麦一二辈颇致其力。及张训通等拥众而归，遂拱手无策，与之俱遁，则于知人御众之道犹有歉也。[①]

这里，“张训通等拥众而归，遂拱手无策”，也是将北伐失利与宋军“无故引归”现象相联系。“所部诸将，仅有曹高麦一二辈颇致其力”一句尤其值得注意。曹高麦是李显忠早年由西夏入宋时带来的老部下，[②]“辛巳之役”中随李显忠在安丰军大人洲阻击金军渡淮，[③]北伐期间任池州都统司统制官，隶属西路军。此处，曹彦约固然是批评李显忠欠缺“御众之道”，但同时透露出如下信息：李显忠对北伐军的掌控存在严重问题，以致只有曹高麦这样的老部下方能“致其力”。

关于李显忠对北伐军的掌控问题，战事过程中发生的“李福被斩事件”同样值得关注。李福是步军司统制，北伐期间临时配属于李显忠的西路军，故有的文献径称其为“显忠部将”。[④]在西路军出征之初，马军司张师颜部为金方萧琦大军所困，李显忠传令李福率部往救，李福“以沟阻辞”，拒不从命，李显忠只得改命老部下曹高麦救援张部。事后，李显忠亲自勘察了战场地形，发现根本就没有李福所说的沟涧。[⑤]在随后进行的第一次宿州会战中，李福再次不听号令，擅自退出战场，“观望不进”。[⑥]可见，李显忠根本指挥不动李福。会战结束后，李显忠“集统兵官问状”，直接以便宜行事权将屡屡不听节制的李福及另一位统领官李宝（或作李

① 《曹彦约集》卷一七《中兴四将赞》，尹波、余星初点校，四川大学出版社，2015，第357页。

② 徐松辑《宋会要辑稿》礼六二之六二，绍兴十年六月十八日条，第2148页。

③ 张抡：《李显忠行状》，杜大珪编，顾宏义、苏贤校证《名臣碑传琬琰集校证》下集卷二四，第2266页。

④ 佚名：《中兴御侮录》卷下，《全宋笔记》第5编第2册，大象出版社，2012，第55页。

⑤ 章颖：《重刊宋朝南渡十将传》卷三《李显忠传》，《四库全书存目丛书》，史部第87册，第641页。

⑥ 佚名：《中兴御侮录》卷下，《全宋笔记》第5编第2册，第55页。

保）斩首示众。

宋代对军将临阵赏罚虽有严苛的条令，[①] 但在具体执行层面上，对于战败、违制的中高级将领却较为优容，往往只以夺职、投闲了事。单纯因作战不力而被处以极刑的中高级将领实际仅有神宗朝韩存宝、孝宗朝孔福、宁宗朝郭倬等少数几个案例，且都直接来自皇命。[②] 类似李显忠这样擅自将军一级统兵官就地正法，这在南宋军事史上极为罕见。能让我们直接联想到的只有在此三十多年（建炎四年，1130）前张浚因富平之败将环庆路经略使赵哲正法的往事。为此，张浚一生都背负了擅杀大将的名声。李福事件发生六年后，跟随汪大猷出使金国的楼钥北上途经宿州，专门在旅行日记中提及此事，谓“去州二里许二郎庙前有下马亭，即李显忠斩李福、李保之地”，[③] 足证斩杀李福事在时人心中分量不轻。

采取非常手段将屡违节制的步军司统制李福正法，无疑是李显忠严肃军纪、试图加强对军队掌控力的努力，其背后反映的恰恰是主将对军队的失御。

通过以上分析可以发现，类似军队混合编排、三衙戎帅更替频仍所造成的军队组织机制的隐患早在北伐出师前就已潜伏于宋军之中。“宿师之溃”的发生固然源于宋方军事战略与将领个人素质上的种种问题，但军队组织层面的因素同样不容忽视。

结　语

以往对于南宋“隆兴北伐”失利原因的检讨，主要侧重军事战略与将帅个人因素两个方面。事实上，北伐期间，宋军军队组织机制存在重大隐患。此次出师，乃是将“辛巳之役”后散布于江淮战区、分属三衙与诸都统司不同建制的部队临时就地集结，混编在两位主将李显忠、邵宏渊麾下。出师之前，南宋军方又恰处军队人事的动荡期。军队人事与组织方式

① 张明：《宋代军法研究》，中国社会科学出版社，2010，第 39~47 页。

② 李焘：《续资治通鉴长编》卷三一四，元丰四年七月丙午条，中华书局，2004，第 7607 页；《宋史》卷三三《孝宗纪一》，乾道元年正月丙子条，第 630 页；李心传：《建炎以来朝野杂记》乙集卷一八《丙寅淮汉蜀口用兵事目》，徐规点校，中华书局，2000，第 828 页。

③ 《楼钥集》卷一一九《北行日录上》，顾大朋点校，浙江古籍出版社，2010，第 2091 页。

的双重不确定性，使北伐行动从一开始就暗伏着主将掌控力不足的潜流。第三次宿州会战后，军队组织层面的隐患与局部战事失利、主将不谐、士气不佳等因素相结合，使宋军出现了军级部队成建制“无故引归”现象，从而导致了整个战役的失败。

宋军军队组织机制的隐患在此后“开禧北伐”与“端平北伐”中都有不同程度的体现。以开禧江淮战场为例，当时，宋方吸取“隆兴北伐”临时就地集结、混编部队的教训，采用了诸帅分兵出击、各率本部军马渡淮进讨的军队组织方式。然而，无论是作为北伐总指挥的山东、京东路招讨使兼镇江都统制郭倪，抑或是亲自率军出师的主管马军司职事李汝翼、池州都统制郭倬，皆系战前数月才调任的新帅（郭倪由殿帅、李汝翼由池州都统制、郭倬由建康副都统改差）。[①] 这种优先“政治”的举措，固然可以保证统兵大将对于北伐行动的拥护与支持，也杜绝了南宋初年“家军体制”拥兵自重的可能性，却极大地削弱了主将对于部队的掌控，“出师数万，以生死存亡之柄，授人于仓卒之中”，[②] 使宋军几乎完全丧失了应对突发情况、不利局面的能力。类似南宋军队组织机制中的“顽疾”，在依托坚城、山险所进行的守御战中尚不凸显，一旦转入进攻战或大兵团作战，其弊病便显露无遗，这也是宋军极不擅进攻战但防御战表现尚可的重要原因。[③]

① 周应合：《景定建康志》卷二六《官守志三 · 侍卫马军司》《御前诸军都统制司》，第 1768、1772 页；李心传：《建炎以来朝野杂记》乙集卷一八《丙寅淮汉蜀口用兵事目》，第 826 页。

② 黄淮、杨士奇编《历代名臣奏议》卷二二一“吕陶又曰”，上海古籍出版社影印邓广铭藏明永乐十四年内府刊本，1989，第 2914 页。

③ 李华瑞：《宋朝“积弱”说再认识》，《文史哲》2013 年第 6 期。

“一枝春”：宋代女性的仿真花饰品风尚*

纪昌兰

所谓仿真花饰，就是以鲜花样式为蓝本，用各种材料仿造而成的肖形花、人造花，由鲜花制作的标本花、剪裁的特色发髻装饰品也可以归入此类。南朝范靖之妻沈氏在《咏步摇花》诗中吟咏道：“珠华萦翡翠，宝叶间金琼。剪荷不似制，为花如自生。低枝拂绣领，微步动瑶瑛。但令云髻插，蛾眉本易成。”① 对于绾梳云髻簪戴步摇花摇曳生姿的灵动美感充满了欣叹，可知女性以仿真花饰品妆饰自己由来已久。在宋代，仿真花又称“像生花”或是“吊朵”。② 与鲜花的妆饰效果相比，各式仿真花饰品丝毫不逊色，宋代较之前代又有一些新的发展。目前学界关于宋人簪花现象的研究不少，③ 但是着眼于女性仿真花饰品的研究尚显单薄，为本文的撰写提供了一定的空间。考虑到存世文献的局限性，本文仅讨论汉族女性的妆饰习俗。

一　宋代女性仿真花饰的材质

鲜花色泽亮丽、馨香芬郁，是女性妆饰中的佳品，但由于受到生长周

* 本文系河南省社科规划项目“商品经济发展视域下的宋代饮食业研究”（2022BLS011）阶段性成果；河南省兴文化工程文化研究专项项目“宋代中原饮食文化研究”（2023XWH117）成果。

① 徐陵编，吴兆宜注，程琰删补《玉台新咏》卷五《咏步摇花》，尚成点校，上海古籍出版社，2013，第213页。

② 孟元老撰，伊永文笺注《东京梦华录笺注》卷四注八谓：“京都议注本谓吊朵乃冠发间插垂之人造假花。”（中华书局，2006，第403页）

③ 许静：《宋代女性头饰设计研究》，博士学位论文，苏州大学，2013；王璟：《宋代男性簪花研究——以艺术作品为中心》，硕士学位论文，江南大学，2018；冯尕才、荣欣：《宋代男子簪花习俗及其社会内涵探析》，《民俗研究》2011年第3期，第50~64页；汪圣铎：《宋代种花、赏花、簪花与鲜花生意》，《文史知识》2003年第7期，第66~72页。

期、开放时令、保鲜储存条件等因素的限制，有时又无法满足女性的妆饰需求。在这种情况下，制作和使用仿真花饰品就显得十分必要了。

关于仿真花品的制作及其使用，宋人高承在《事物纪原》中有一段颇为详细的记载：

> 《实录》曰：晋惠帝令宫人插五色通草花。汉王符《潜夫论》已讥花采之费。晋《新野君传》，家以剪花为业，染绢为芙蓉，捻蜡为菱藕，剪梅若生之事。按此，则是花朵起于汉，剪彩起于晋矣。《岁时记》则云：今新花，谢灵运所制。疑彩花也。唐中宗景龙中，立春日出剪彩花。又四年正月八日立春，令侍臣迎春，内出彩花，人赐一枝。董勋《问礼》曰：人日造花胜相遗，不言立春。则立春之赐花，自唐中宗始也。[①]

以上不难看出，人造仿真花饰早已有之，只是不同时代所见仿真花的品类和形制有所不同而已。尤其是宋代，在传承前代剪彩成花、染绢为芙蓉、人日造花胜等仿真花饰风尚基础之上，不仅丰富了制作材料、花品种类，而且在花饰造型、制作技艺等方面取得了新的发展。

宋代女性簪戴仿真花饰品十分普遍。南宋淳熙年间，福州人黄氏赴省试，路遇神灵指示且预言一女子为其妻。女子“簪罗帛花于髻”，黄氏自念：“若榜下娶妻，岂无珠翠之饰，顾簪罗帛花乎！”[②] 从黄氏的反应可见，由罗帛制作的假花属于普通头饰，绝非珠翠的奢华可比。北宋时期，每逢立秋时节，汴京城里满街售卖楸叶，妇女儿童“皆剪成花样戴之”。[③] 到了南宋时期，这种风俗得以延续，立秋时节临安城内外满街叫卖楸叶，“妇人女子及儿童辈争买之，剪如花样，插于鬓边，以应时序”，[④] 是楸叶剪裁而成的仿真花饰。关于这种独特的剪裁手艺，周密曾经回忆“向旧都天街

① 高承：《事物纪原》卷八《岁时风俗·彩花》，金圆、许沛藻点校，中华书局，1989，第429页。

② 洪迈：《夷坚志》支甲志卷七《黄左之》，何卓点校，中华书局，2006，第767页。

③ 孟元老撰，伊永文笺注《东京梦华录笺注》卷八《立秋》，第805页。

④ 吴自牧：《梦粱录》卷四《七月》（立秋附），浙江人民出版社，1980，第24页。

有剪诸色花样者，极精妙，随所欲而成”，其后“忽有少年能于衣袖中剪字及花朵之类，更精于人，于是独擅一时之誉”，[①] 已经出现了专业化的剪裁艺人。

宋代仿真花饰的制作材料丰富多样。有一种“花腊”，是由鲜花加工制作而成。关于此，《清异录》中记载：“脂粉流爱重酴醾，盛开时置书册中，冬间取以插鬓，盖花腊耳。”[②] 由此可见，花腊属于压制的鲜花标本，即干花。除了压制干花之外，心思巧妙的手工艺人还会利用各种丰富的材料制作出仿真花样，以迎合广大女性的妆饰需求。所谓“荼縻花似通草花，桃花似蜡花，海棠花似绢花，罂粟花似纸花”，[③] 就涉及了通草、蜡、绢、纸等多种材料类型。宋徽宗时期，开封的一个老婆婆捡拾到一朵由珠子盘结而成的栀子花，[④] 同样是仿真花饰品。正月里女性们常见簪戴的花样饰品还有闹娥、玉梅、雪柳等。闹娥，是用彩帛、乌金纸等材料裁剪而成的头花，通常包括各式花朵、蛱蝶、虫等形状。闹蛾的另外一种式样为夜蛾，“以剪好蛾形绫绮簪戴发髻或冠子上。若康与之《瑞鹤仙·上元应制》：‘闹蛾儿满路，成团打块，簇著冠儿斗转。’”[⑤] 玉梅则是用白绢制作而成的一种仿真梅花，雪柳是以绢花装簇而成的花枝头饰，[⑥] 这些仿真花饰品一般多见于女性节日里的特别妆扮，下文将详细介绍。南宋时期，临安城里的街市上常见售卖的仿真花制作材料还有绒、罗帛、珠等品类，造型颇为精致。[⑦] 城里的官巷甚至还有花行，所聚奇异飞鸾走凤，七宝珠翠，首饰花朵，冠梳及锦绣罗帛，销金衣裙，描画领抹，制作工艺“极其工巧，前所罕有者悉皆有之”，[⑧] 令人耳目一新。

在宋代常见的还有一种宫花，是宫廷中的特制饰品，也属于仿真花饰

① 周密：《志雅堂杂钞》卷上《人事》，黄宝华整理，《全宋笔记》第8编第1册，大象出版社，2017，第220页。

② 陶谷：《清异录》卷上《百花门·花腊》，孔一校点，上海古籍出版社，2001，第43页。

③ 苏轼：《东坡志林》卷八《四花相似说》，《景印文渊阁四库全书》，台湾商务印书馆，1986，第863册，第75页。

④ 冯梦龙：《醒世恒言》卷一四《闹樊楼多情周胜仙》，人民文学出版社，1956，第276页。

⑤ 孟元老撰，伊永文笺注《东京梦华录笺注》卷六注十二，第606页。

⑥ 参见吴凌云《红妆：女性的古典》，中华书局，2005，第17页。

⑦ 吴自牧：《梦粱录》卷一三《夜市》《诸色杂货》，第119页。

⑧ 吴自牧：《梦粱录》卷一三《团行》，第115页。

的范畴。在国家正规的簪花礼仪中，宫廷赐予臣下的仿真花品有绢帛花、罗帛花、琼花、滴粉缕金花、燕花的明显区分。[①] 宋代词人张先在《减字木兰花·咏舞》小词中赞赏一位歌舞姬"垂螺近额，走上红裀初趁拍。只恐轻飞，拟倩游丝惹住伊。文鸳绣履，去似杨花尘不起。舞彻伊州，头上宫花颤未休"，[②] 就提及了随着歌舞姬翩然飞动的宫花。宋徽宗也曾在一首《宫词》中赞赏宫人"纤眉丹脸小腰肢，宜着时新峭窄衣。头上宫花妆翡翠，宝蝉珍蝶势如飞"。[③] 头上簪戴的宫花惟妙惟肖，真假难辨。时人苏颂还曾作诗描述女性们寒食节出游的盛况："寒食初过一百五，陌上风轻敛微雨。宫花铺绣浅深红，蜀柳乘丝千万缕。"[④]《宣和遗事》中述及北宋汴京城里元宵节期间女性们的妆饰时，还有"佳人却是戴䩞肩冠儿，插禁苑瑶花，星眸与秋水争光，素脸共春桃斗艳，对伴的似临溪双洛浦，自行的月殿独嫦娥"的描写，[⑤] 插戴禁苑瑶花的女性们顾盼生姿，沉浸在节日里的喜悦气氛中。

另外，以通草制作仿真花饰品也很普遍。通草是一种植物的茎，质地柔韧且富有弹性，表面生长有一层茸毛，由此制成的仿真花饰非常逼真，颇受欢迎。以通草制作仿真花饰早已有之，并非肇始于宋代。据传，早在秦始皇时就曾"令三妃九嫔，当暑戴芙蓉冠子，以碧罗为之，插五色通草苏朵子"。[⑥] 另外，晋惠帝正月宴赏，百花未开，遂令宫人剪裁五色通草花，[⑦] 说的都是用通草制造仿真花饰品进行装饰之事。宋代以后，类似这种人造仿真花饰技艺得到传承。清人李渔在《闲情偶寄》中就曾指出："近日吴门所制像生花穷精极巧，与树头摘下者无异。纯用通草，每朵不过数文，可备月余之用。绒绢所制者，价常倍之，反不若此物之精雅，又

① 蔡絛：《铁围山丛谈》卷一，中华书局，1983，第18页。

② 张先：《张子野词》卷二《减字木兰花·咏舞》，周振甫主编《唐诗宋词元曲全集·唐宋全词》第1册，黄山书社，1999，第279页。

③ 赵佶：《宫词》（其三），毛晋编《二家宫词》，《丛书集成初编》本，商务印书馆，1936，第31页。

④ 苏颂：《苏魏公文集》卷二《寒食后一日作和林秀才》，王同策等点校，中华书局，1988，第12页。

⑤ 佚名：《宣和遗事》前集，商务印书馆，1939，第55页。

⑥ 马缟集《中华古今注》卷中《冠子朵子扇子》，商务印书馆，1956，第30~31页。

⑦ 高承：《事物纪原》卷八《岁时风俗·彩花》，第429页。

能肖真。”[①] 可见当时的仿真花饰惟妙惟肖，已是闺阁中女性们的心头所好了。

仿真花饰与鲜花相比，具有易于保存、精巧逼真、妆饰效果明显等诸多优势，能够满足不同群体女性挑选妆扮的多样化需求。由于仿真花饰品的盛行，以制作仿真花饰为生的职业手工艺人出现了。南宋时期，生长于饶州天庆观的李小一，就是以擅长制造通草花朵为生计的民间手工艺人。[②]

二　宋代女性的节令花饰

宋代传统佳节期间，为了增添节日里的喜庆欢快氛围，民众们通常会举行名目不一的庆祝活动。女性们更是妆饰一新，以应时序，其中就包括各式多姿多彩的节令花饰。下文将着重就元宵、立春、端午三个节日来做介绍。

正月里女性常见簪戴的花样饰品有闹娥、玉梅、雪柳等，它们都是仿真花饰品。值得一提的是，元宵节与上元节性质有所不同，前者为民间传统佳节，而后者属于宗教性节日。由于上元节与元宵节都在正月十五，时间恰巧重合，庆贺的外在表现形式又都以张灯、宴赏、游乐为主，因此难免存在将二者混淆或相互替代的现象。[③] 上元节的宗教因素日益淡化，加之在元宵节宴赏张灯的传统民俗浸染之下，上元节与元宵节更像是一对同卵双生子，难以辨别。因此，当时普遍存在“上元”与“元宵”混同的现象。在宋人留下的史籍中，上元节俨然元宵节的同义词。因此，为了便于阐述，下文中不再做详细的区分。

北宋时期，汴京作为全国的都城热闹繁华，也是各种商品的交汇集散之地。女性们常见佩戴的首饰更是丰富多样，品类齐全胜于他处。正月里，市面上常见售卖的玉梅、夜娥、蜂儿、雪柳、菩提叶等物件，均为女

① 李渔：《闲情偶寄》卷三《治服第三·首饰》，单锦珩整理《李渔全集》，浙江古籍出版社，1991，第130页。

② 洪迈：《夷坚志》癸志卷八《李大哥》，第1282页。

③ 有学者就指出，上元节在正月十五，与元宵节同时，故民间往往将两节混在一起庆祝。但从节日活动的内容来看，元宵节以放灯为特色，而上元节则带有浓厚的道教色彩。参见陈高华、徐吉军主编《中国风俗通史·宋代卷》，上海文艺出版社，2001，第677页。

性头饰。[①] 时人陆游曾记载靖康年间都城里女性的诸多首饰节物，主要有春幡、灯球、竞渡、艾虎、云月之类。[②] 而《宣和遗事》中还有“京师民有似云浪，尽头上戴着玉梅、雪柳、闹蛾儿，直到鳌山看灯”的生动描绘。除此之外，还有灯笼、彩胜、玉燕等等，名目极多。宋人诗词中诸如“彩胜耀朝日，欢言立新春”，[③] “铺翠冠儿，撚金雪柳，簇带争济楚”，[④]“又喜椒觞到手，宝胜里，仍翦金花。钗头燕，妆台弄粉，梅额故相夸”[⑤] 等之类的吟咏，描写的正是节日里女性们的特色妆扮。

到了南宋时期，玉梅、夜娥、雪柳之类头饰更是风靡，为节日的欢乐气氛增添了几分热烈。节日之夜，杭州城里的众多士女“有插戴灯球、灯笼大如枣栗，加珠茸之类”。[⑥] 街市上的女性为了顺应节日时序，皆戴珠翠、闹蛾、玉梅、雪柳、菩提叶、灯球，[⑦] 应时应景，一派节日里的欢闹景象。时人朱弁也曾指出，每到元宵节期间，“妇女首饰，至此一新，髻鬓参插，如蛾、蝉、蜂、蝶、雪柳、玉梅、灯球，袅袅满头，其名件甚多”，[⑧] 节日里的仿真花样饰品琳琅满目。南宋词人方岳在描述节日夜晚的热闹景象时写道：“笑语谁家帘幕，镂冰丝，红纷绿闹。髻横玉燕，鬓颤琼幡，不能知掉。”[⑨] 词人洪瑹也曾有“花艳艳，玉英英。罗衣金缕明。闹蛾儿簇小蜻蜓。相呼看试灯”[⑩] 的吟咏。另有“剪红情，戴绿意，花信上

---

① 孟元老撰，伊永文笺注《东京梦华录笺注》卷六《十六日》，第 596 页。

② 陆游：《老学庵笔记》卷二，李剑雄、刘德权点校，中华书局，1979，第 27 页。

③ 《张耒集》卷一一《五言古诗 · 辛未立春》，李逸安等点校，中华书局，1990，第 182～183 页。

④ 李清照撰，王仲闻校注《李清照集校注》卷一《永遇乐》，人民文学出版社，1979，第 60 页。

⑤ 吴则礼：《满庭芳 · 立春》，周振甫主编《唐诗宋词元曲全集 · 唐宋全词》第 2 册，第 693 页。

⑥ 陈元靓：《岁时广记》卷一一《戴灯球》，商务印书馆，1939，第 117 页。

⑦ 周密：《武林旧事》卷二《元夕》，西湖书社排印本，1981，第 32 页。

⑧ 朱弁：《曲洧旧闻》附录一《续骫骳说》之《元宵词》，孔凡礼点校，中华书局，2002，第 235 页。

⑨ 方岳：《秋崖先生小稿》卷三八《烛影摇红》，吴昌绶、陶湘辑《景刊宋金元明本词》五十种，中国书店，1981，第 1 页。

⑩ 洪瑹：《空同词》之《阮郎归》，周振甫主编《唐诗宋词元曲全集 · 唐宋全词》第 8 册，第 2825 页。

钗股”，[1]“闹娥雪柳添妆束，烛龙火树争驰逐”，[2]“数金蛾彩蝶，簇带那人娇”，[3]“元宵三五，正好嬉游去。梅柳蛾蝉斗济楚”，[4]这些诗词将女性在元宵佳节里簪花戴花的精巧妆扮描写得生动形象而又不失生活意趣。

女性们之所以选择闹娥、雪柳一类首饰作为特殊节物来进行妆扮，自有其原因。对此，时人周密就曾解释道：“元夕节物，妇人皆戴珠翠、闹蛾、玉梅、雪柳、菩提叶、灯球、销金合、蝉貂袖、项帕，而衣多尚白，盖月下所宜也。游手浮浪辈，则以白纸为大蝉，谓之‘夜蛾’。”[5]这也从一个侧面说明宋代的女性已经十分注重妆饰颜色与周边环境的协调与搭配，以期给人以优美融洽的感观体验和视觉效果，个中妆饰细节所蕴含的技巧性极强，充满了美学艺术和巧思。宋代女性的这种妆饰风尚对后代产生了较为深远的影响。直到明朝时期，节日期间女性们佩戴类似特殊花样饰品的习俗依然存在，稍有不同的是，不再仅仅局限于元宵节期间。如明人吕毖就曾在《明宫史·正月》中描述，初一日正旦节“自岁暮正旦，咸头戴闹娥，乃乌金纸裁成，画颜色装成者。亦有用真草虫蝴蝶者，咸簪于首，以应节景”，[6]正月伊始就已经开始簪戴了。

除此之外，簪戴幡胜也属于一种特定的节日装扮和风俗。幡胜是剪裁金银箔纸或者罗帛缯绢等制作而成的特殊头饰。剪裁、簪戴幡胜源起于立春的特殊节日习俗，因而也有春幡之说。关于此，晋代就有“立春之日，士大夫之家，剪彩为小幡，谓之春幡。或悬于家人之头，或缀于花枝之下”的习俗，另外还有“立春之日，悉剪彩为燕戴之，贴‘宜春’二字”的记载。[7]另有关于人日剪彩为人胜进行簪戴的说法。所谓“正月七日为人日。以七种菜为羹，剪彩为人或镂金箔为人，以贴屏风，亦戴之头鬓。

① 吴文英：《梦窗词》上编《祝英台近》，陈邦炎点校，上海古籍出版社，1988，第84页。
② 朱淑真撰，郑元佐注《朱淑真集注》外编卷一《忆秦娥》，浙江古籍出版社，1985，第195页。
③ 刘将孙：《六州歌头·元夕和宜可》，周振甫主编《唐诗宋词元曲全集·唐宋全词》第7册，第2419页。
④ 赵师侠：《洞仙歌·丁巳元夕大雨》，周振甫主编《唐诗宋词元曲全集·唐宋全词》第4册，第1627页。
⑤ 周密：《武林旧事》卷二《元夕》，第32页。
⑥ 吕毖：《明宫史》火集《饮食好尚·正月》，北京古籍出版社，1980，第84页。
⑦ 宗懔撰，谭麟译注《荆楚岁时记译注》，湖北人民出版社，1985，第34页。

又造华胜以相遗，登高赋诗”，[①] 具有浓郁的民俗色彩。随着时代的发展，这种颇具特色的节日民俗被延续下来，唐朝时期也有很多类似记载。唐朝诗人李商隐《人日即事》诗中有“文王喻复今朝是，子晋吹笙此日同。舜格有苗旬太远，周称流火月难穷。镂金作胜传荆俗，翦彩为人起晋风。独想道衡诗思苦，离家恨得二年中”的吟咏，[②] 温庭筠《菩萨蛮》小词中也有“水精帘里颇黎枕，暖香惹梦鸳鸯锦。江上柳如烟，雁飞残月天。藕丝秋色浅，人胜参差剪。双鬓隔香红，玉钗头上风”的描写，[③] 都真实地反映出这一时期人们为了顺应特殊节日习俗簪戴幡胜的现象。宋朝时期，簪戴幡胜这种独特的节日民俗也得到了很好的传承。宋人高承《事物纪原》中有“《后汉书》曰立春皆青幡帻，今世或剪彩错缉为幡胜，虽朝廷之制，亦缕金银或缯绢为之，戴于首”的记载，[④] 即是如此。

关于“胜”这种妆饰物，据传是西王母佩戴的装饰圣物。如《山海经》中记载：“又西北三百五十里，曰玉山，是西王母所居也。西王母其状如人，豹尾虎齿而善啸，蓬发戴胜，是司天之厉及五残。”[⑤] 而宋人王应麟在《玉海·汉华胜》中同样指出：“《山海经》曰‘西王母梯几而戴胜’，师古曰：‘胜，妇人首饰也，汉代谓之华胜。’”[⑥] 都强调了这种妆饰物的特别之处。关于“胜”这种装饰，沈从文先生有一颇为独到的见解，他认为“更重要的是一件刻纹纺轮，上面的花纹图像作十字形，中间圆圈表示穿孔，它是织机上具代表性部件——卷经轴的端面形象。经轴在古代和现在民间（如安阳），都叫做‘胜’或‘幐’，十字形木片是经轴上两端的档板和搬手，叫做‘幐花’或‘羊角’。搬动它可将经线卷紧或放松。把这种图像刻饰于纺轮之上并非偶然即兴之作。它已经是典型的标记纹样，成为纺织的象征，并可能从此前后便演化成妇女的首饰，寓意男

① 宗懔撰，谭麟译注《荆楚岁时记译注》，第25页。

② 李商隐撰，叶葱奇疏注《李商隐诗集疏注》卷下《人日即事》，人民文学出版社，1998，第558页。

③ 温庭筠：《菩萨蛮》，黄升选编《花庵词选》卷一，杨万里点校，上海古籍出版社，2019，第11页。

④ 高承：《事物纪原》卷八《岁时风俗·彩花》，第429页。

⑤《山海经》第二《西山经》，郭璞注，中国书店，2019，第55页。

⑥ 王应麟：《玉海》卷九一《器用门·汉华胜》，江苏古籍出版社、上海书店影印清光绪九年浙江书局刊本，1987，第2册，第1667页上栏。

耕女织的分工”。[①] 除此之外，有学者还研究了“胜”所具有的特殊寓意及其形制特征，指出“胜”相传为西王母所佩戴的饰物，民间视西王母为长生不老的神仙，故其所佩戴的饰物被认为是吉祥之物。胜的形制通常以一圆形居中，再以沿圆周对称的部分设一对梯形翼翅，圆心中央穿孔以系绳佩戴。此外还有一种形制较为特殊，即以两个菱形叠压相交组成的“胜”，因其造型为两个相交的菱形，故有连绵不断、同心相结的吉祥寓意。胜在使用时系缚于簪钗之首，再横插于鬓边，同样讲究对称使用，通常在两鬓左右对称佩戴。[②] 由此可见，人们在特定节日里簪戴幡胜还具有象征吉祥的美好寓意。

北宋时期，立春日剪裁幡胜进行簪戴是一种颇为常见的风俗。所谓“彩鸡缕燕，珠幡玉胜，并归钗鬓”[③] 吟咏的就是这一现象。立春日剪裁、簪戴幡胜尤其为公卿家庭所重视，宫廷内也会剪裁以赏赐百官。立春当天，“宰执、亲王、百官，皆赐金银幡胜，入贺讫，戴归私第”。[④] 对此，时人庞元英在《文昌杂录》中有颇为详细的描述：

> 初十日，立春。赐三省官采胜各有差，谢于紫宸殿门。杜台卿说正月七日为人日，家家翦彩，或缕金簿为人，以帖屏风，亦戴之头鬓。今世多刻为华胜，像瑞图金胜之形。引《释名》华，象草木华也；胜，言人形容，正等一人，著之则胜。又引贾充李夫人《典诫》曰，每见时人，月旦花胜交相遗与，谓正月旦也。今俗用立春日，亦近之。然公卿家尤重此日，莫不镂金刻缯，加饰珠翠；或以金银，穷极工巧，交相遗问焉。[⑤]

由上可见，立春日剪彩为胜的习俗已经相当普遍了。南宋时期，这种风俗同样得以延续，官方尤为重视。立春的前一天，临安府依例进献大春牛，

① 沈从文编著《中国古代服饰研究》，上海书店出版社，2002，第 26 页。

② 张凌洁：《宋代女性饰品的审美内涵》，硕士学位论文，中国地质大学，2013。

③ 张宗橚编，杨宝霖补正《词林记事补正》（下），上海古籍出版社，1998，第 1082 页。

④ 孟元老撰，伊永文笺注《东京梦华录笺注》卷六《立春》，第 534 页。

⑤ 庞元英：《文昌杂录》卷三，金圆整理，《全宋笔记》第 2 编第 4 册，大象出版社，2006，第 138 页。

在福宁殿庭进行摆设。宫廷中则会“预造小春牛数十，饰彩幡雪柳，分送殿阁，巨珰各随以金银线彩段为酬”。到了立春日当天，文思院造进幡胜，皇帝赐予百官，即所谓“赐百宫春幡胜，宰执亲王以金，余以金裹银及罗帛为之”，百官“各垂于幞头之左入谢”。[1] 情形正如苏东坡在一首元日诗中吟咏的“萧索东风两鬓华，年年幡胜剪宫花”。[2] 当然，除了这些常见的节日风俗之外，宫廷中还会举行其他庆祝仪式，如内官皆用五色丝彩杖鞭春牛、学士院撰进春帖子、临安府亦鞭春开宴等等。另外，后苑还会“办造春盘供进，及分赐贵邸宰臣巨珰，翠缕红丝，金鸡玉燕，备极精巧，每盘直万钱”，而“帝后、贵妃、夫人诸阁，各有定式，绛罗金缕，华粲可观”，[3] 颇为精致豪奢。

民间簪戴、馈赠幡胜也很常见。北宋时期，立春前一日，开封府按照每年的节俗惯例，进春牛入禁中举行鞭春礼。开封、祥符两县，则设置春牛于府衙前，“至日绝早，府僚打春，如方州仪”。而在府衙前左右两旁，百姓则会摆设摊位售卖小春牛，“往往花装栏坐，上列百戏人物，春幡雪柳，各相献遗”。[4] 南宋时期，临安地区的民众同样如此，立春日“邸第馈遗，则多效内庭焉”，[5] 纷纷效仿朝廷的做法。宋人诗词中诸如“巧剪合欢罗胜子，钗头春意翩翩。艳歌浅笑拜嫣然。愿郎宜此酒，行乐驻华年”，[6]“归鸿声断残云碧，背窗雪落炉烟直。烛底凤钗明，钗头人胜轻。角声催晓漏，曙色回牛斗。春意看花难，西风留旧寒”，[7]“春已归来，看美人头上，袅袅春幡”，[8]“喜胜春幡袅凤钗，新春不换旧情怀”，[9] 无一不生动地呈现了人们簪戴幡胜的热闹场景。北宋词人吴则礼的一首《满庭芳·立春》小词就描述了立春之日人们簪戴花胜的情形，尤为精彩：

① 周密：《武林旧事》卷二《立春》，第 29 页。

② 苏轼撰，邓立勋编校《苏东坡全集》卷四《次韵曾仲锡元日见寄》，黄山书社，1997，第 423 页。

③ 周密：《武林旧事》卷二《立春》，第 29 页。

④ 孟元老撰，伊永文笺注《东京梦华录笺注》卷六《立春》，第 534 页。

⑤ 周密：《武林旧事》卷二《立春》，第 29 页。

⑥ 贺铸：《临江仙》，黄升选编《花庵词选》卷六，第 107 页。

⑦ 李清照：《菩萨蛮》，周振甫主编《唐诗宋词元曲全集·唐宋全词》第 3 册，第 825 页。

⑧ 辛弃疾撰，邓广铭笺注《稼轩词编年笺注》，上海古籍出版社，2018，第 3 页。

⑨ 朱淑真撰，郑元佐注《朱淑真集注》前集卷一《绝句二首》，第 5 页。

声促铜壶，灰飞玉琯，梦惊偷换年华。江南芳信，疏影月横斜。又喜椒觞到手，宝胜里，仍翦金花。钗头燕，妆台弄粉，梅额故相夸。

隼兴，人未老，东风袅袅，已傍高牙。渐园林月永，叠鼓凝笳。小字新传秀句，歌扇底，深把流霞。聊行乐，他时画省，归近紫皇家。①

小词精巧别致，将立春之日人们簪戴花胜、裁剪金花的情景描绘得活灵活现，同时展现了与立春相关的各类节俗特色。此外，根据《岁时广记》的记载，重阳节期间还有裁剪彩缯花相互馈赠的特殊风俗：“都城人家妇女剪彩缯为茱萸、菊、木芙蓉花，以相送馈。”② 精巧者也会被女性们挑选来簪戴于鬓发之上，呈现“拍手齐歌太平曲，满头争插茱萸花”的热烈与欢腾盛景。

这一时期，与幡胜类似的节日装饰物还有艾虎。艾虎是端午节期间特定的节俗饰物。对此，时人祝穆在《古今事文类聚·天时部·戴艾虎》中有相当详细的记载：“端午以艾为虎形，至有如黑豆大者，或剪彩为小虎，粘艾叶以戴之。王沂公帖子：钗头艾虎辟群邪，晓驾祥云护宝车。章简公云：花阴转午清风细，玉燕钗头艾虎轻。”③ 可见，艾虎也是剪裁之后制作而成的特殊节物饰品。《岁时广记·钗头符》中也有“端午剪缯彩作小符儿，争逞精巧，掺于鬟髻之上，都城亦多扑卖”的记载。④ 时人刘克庄在《贺新郎·端午》小词中吟咏道“儿女纷纷夸结束，新样钗符艾虎”，⑤ 也是端午节的应景妆扮。托名杨皇后所作的《宫词》中还有“一朵榴花插鬓鸦，君王长得笑时夸。内家衫子新番出，浅色新裁艾虎纱”的生动描绘，⑥ 亦可见这种饰物造型的独特之处。

① 吴则礼：《满庭芳·立春》，周振甫主编《唐诗宋词元曲全集·唐宋全词》第 2 册，第 693 页。

② 陈元靓：《岁时广记》卷三四《彩缯花》，第 382 页。

③ 祝穆：《古今事文类聚》前集卷九《天时部·戴艾虎》，上海古籍出版社，1992，第 145 页。

④ 陈元靓：《岁时广记》卷二一《钗头符》，第 242 页。

⑤ 刘克庄：《后村长短句》，章谷点校，上海古籍出版社，1988，第 103 页。

⑥ 《厉鹗集·南宋杂事诗》，罗仲鼎等点校，浙江古籍出版社，2016，第 876 页。

三 宋代女性仿真花饰的时尚特色

女性妆饰受社会阶层与经济地位的制约，各有特色。两宋时期城市经济繁荣，市井文化发展，上层阶级大多聚居于城市，加上历史文献记载不平衡的缘故，很难全面了解当时不同社会阶层女性的妆饰习俗，下文仅就笔者看到的资料略做铺叙。

宋代女性的仿真花饰品不仅造型各异，而且种类丰富多样。在众多仿真花饰品中，女性佩戴的花饰具有鲜明的阶级特性。即使国家没有明确规定，民众大多也会按照常例遵循“大抵贵者以金，贱者以银，富者尚侈，贫者尚俭”[①] 的基本原则进行打扮妆饰，其间体现的身份等级差异一目了然。这既出于礼俗，更是受限于经济地位。这一特性在女性的仿真花饰品时尚潮流中同样不可避免。包括宫廷、官宦在内富贵家庭的女性凭借自身优越的物质条件和充足的时间精心妆扮，彰显奢华精巧特色和独特的审美品位。仁宗庆历年间，宋廷曾下令后苑造作所“自今御戴花毋得以金镂之”，[②] 可知宫廷中的女性以金、银等贵金属制作仿真花品属于常见现象。孟元老在《东京梦华录》中展示了公主出降的盛大场面，宫嫔数十人“皆真珠钗插、吊朵，玲珑簇罗头面，红罗销金袍帔”，[③] 宫嫔们簪戴的饰品就有仿真花朵，亦可见其奢华。与宫廷相比，官宦家庭的女性们常见簪戴的饰品稍显逊色，但依然不失富贵本色。据传，命妇安氏曾经“昼游郡园，道遗首饰，厥直数万，求之不获”，[④] 所遗落的首饰价值竟然高达数万，豪奢之至可见一斑。与之相应，广大城市和乡村中的女性妆饰也颇具特色。北宋末靖康年间，京师开封织帛及妇人首饰衣服“皆备四时”，其中的首饰就有以仿真花样制作而成的，花则桃花、杏花、荷花、菊花、梅花皆并为一景，谓之“一年景”，[⑤] 造型新颖独特，是城市女性仿真花饰时尚的典型。而身处底层的普通女性群体同样会在有限的条件中妆扮自己。居住于

① 王栐：《燕翼诒谋录》卷一，孔一点校，上海古籍出版社，2012，第 17 页。

② 李焘：《续资治通鉴长编》卷一四四，庆历三年十月丁酉条，中华书局，1992，第 3479 页。

③ 孟元老撰，伊永文笺注《东京梦华录笺注》卷四《公主出降》，第 400 页。

④ 周必大：《周益公文集》卷三六《伯母安人尚氏墓志铭》，《宋集珍本丛刊》影印明澹生堂抄本，线装书局，2004，第 49 册，第 61 页。

⑤ 陆游：《老学庵笔记》卷二，第 27 页。

乡野村落的女性，虽然远离城市的喧闹与繁华，但是爱美之心丝毫不逊色，甚至会插戴一些田间作物进行妆扮，别有一番韵味。对此，宋人诗词中有很多相关记载。南宋著名诗人陆游曾有感于荞麦初熟，作诗曰“陌上行歌忘恶岁，小妇红妆穗簪髻”，[①] 另有一首诗描写道“幼妇髫鬟簪早稻，近村坊店卖新醅 ”，[②] 记录了乡村女性簪戴荞麦和早稻的生动场景，字里行间无不充满乡野情趣。相对于都市上层女性穿金戴银的奢华妆扮，身处底层的广大女性簪戴稻、麦之类的朴素妆扮，是自身追求美的一种体现，与簪戴仿真花饰品进行妆饰具有异曲同工之妙。同时应该注意的是，这种具有阶级特性的妆饰时尚并非绝对化。宋朝时期，服饰穿戴逾越等级的现象十分普遍，“服饰上下混淆”成为社会常态。当时社会“闾阎之卑，倡优之贱，男子服带犀玉，妇人涂饰金珠，尚多僭侈，未合古制”，[③] 已然是相当普遍了。无论身处何种阶层，一旦具备条件，爱美的女性们从不会停止追逐时尚的脚步，也就难以遵循严格的等级限制了。

都市上层女性的妆饰往往引领整个社会的时尚潮流。与乡野的偏远贫瘠相比，城市通常具有经济条件优良、物质供给丰富、文化往来密切等诸多先天优势。身处城市的上层女性也具有相对优渥的物质条件，无论是妆饰物品的丰富程度、更新速度，还是妆饰技艺、妆饰手段、妆饰样式的变化，无不处于时尚的潮流前线，所谓“百奇之渊，众伪之府，异服奇器，朝新于宫廷，暮仿于市井，不几月而满天下”，[④] 说的就是以城市所在的宫廷时尚为范式而引领社会时尚潮流。因此，宋人有“古今风俗，悉从上之所好”[⑤] 的说法。类似这种现象并非宋代所独有，早在《后汉书》中就有“城中好高髻，四方高一尺；城中好广眉，四方且半额；城中好大袖，四方全匹帛”的记载，[⑥] 展现的就是处于“城中”的上层女性以高髻、广眉、大袖为典型的妆饰而引发的时尚风潮。唐朝时期，诗人白居易同样注意到

① 《陆游集·剑南诗稿》卷一九《荞麦初熟刈者满野喜而有作》，中华书局，1976，第 555 页。

② 《陆游集·剑南诗稿》卷二〇《梅雨初晴迓客东郊》，第 580 页。

③ 《宋史》卷一五三《舆服志》，中华书局，1977，第 3577 页。

④ 陈舜俞：《都官集》卷二《敦化》，《宋集珍本丛刊》影印清乾隆翰林院抄本，第 13 册，第 68 页。

⑤ 李焘：《续资治通鉴长编》卷六八，大中祥符元年二月戊戌条，第 1525 页。

⑥ 《后汉书》卷二四《马援传》，中华书局，1965，第 853 页。

了这一现象，在著名的《时世妆》中有“时世妆，时世妆，出自城中传四方”的吟咏，[①] 展示了都市上层女性时尚妆饰所具有的独特魅力。一旦有新的“时世妆”，就极易迅速扩展开来，成为传播四方的样式而被大众所模仿、崇尚。在一个社会历程中，流行的产生、发展、消退取决于许多不同的因素。某一服饰的流行，是由社会和社会中的每一个成员按照群体、民族、社会的价值观念进行不断选择的结果。这种选择又组成了整个社会文化、社会文化的价值观，正是这整个的社会选择体现了流行的趋势和社会心理的价值。从这个意义上来讲，流行是一种物化了的文化现象，也是一种社会文化观念。[②]

结　语

宋代女性的仿真花饰种类繁多，制作材料丰富，具有承前启后的时代发展意义。相较于前代，无论是制作材料还是工艺都有明显的进步。常见的仿真花饰材料包括通草、蜡、绢、纸、绒、罗帛、珠等，甚至出现了桃花、杏花、荷花、菊花、梅花皆并为一景，谓之“一年景”的仿真花饰，造型颇为精巧别致，充满了智慧与巧思。节日时尚饰品的不断涌现，既是传统民俗风尚使然，也是宋代女性爱美之心强烈、勇于追求和探索新颖饰品的外在表现。制作工艺精致、时尚也是一大时代特色。随着仿真花饰品的日益盛行，为了迎合广大女性的妆饰需求，甚至出现了以制作仿真花饰为生的职业手工艺人，仿真花饰品制作工艺“极其工巧，前所罕有者悉皆有之”也就在情理之中了。此外，以仿真花饰品为视角，亦可见宋代女性妆饰风尚具有明显的阶级特征和区域特色。大都市热闹繁华，也是各种商品的交汇集散之地，包括富贵家庭在内的都市上层女性佩戴的首饰丰富多样，品类齐全更胜于他处。相比较而言，处于社会底层的普通女性，无论是在妆饰品类还是材质上都逊色不少。

总体看来，宋代女性以花为媒介进行妆饰充满了别样的时代文化气息，在追求美的过程中大胆探求而不失审美意趣。除了常见的闹蛾、玉

---

① 白居易撰，张春林编《白居易全集》卷四《时世妆》，中国文史出版社，1999，第35页。

② 乔洪等：《服饰流行的社会心理因素》，《成都纺织高等专科学校学报》2003年第2期，第21~22页。

梅、雪柳、花腊等仿真花饰之外，色泽艳丽、形制精巧的水果，乡村田野间的稻穗、麦子，甚至是布带、石头等皆可在女性的创作与巧思中成为簪戴于鬓发间的一抹美景。各种妆饰手法新颖独特，或是雅致，或是浓艳，以花饰为点缀，在浓妆淡抹转换之间探寻“总相宜”的总体感观体验，审美风尚清新独特，优美而不失精雅本色。正如学者所说，宋代女性头饰具有独特的风貌特征。就造型设计而言，体现出精、丰、雅的特征；就纹样设计而言，受文人画影响颇深，整体体现出别致精美、寓意丰富、题材生动的特征；就色彩设计而言，体现出淡雅朴质、自然清新的特征。[①] 这些特征在女性的仿真花饰中有着十分明显的体现，这也是宋代女性仿真花饰风尚的一大时代特色。此外，宋代社会商品经济发展繁盛，也是一个不容忽视的影响因素。就女性妆饰而言，社会经济的不断发展和繁荣促进了女性妆饰品的日益充裕，以仿真花饰品为代表的妆饰时尚日新月异是最为直观和鲜明的体现。

① 许静：《宋代女性头饰设计研究》，第197页。

从"持国论"到"体国事"：真德秀晚年思想发微*

王文豪

前　言

南宋名儒真德秀（1178～1235）是晚宋朱子学最重要的学者之一。相较于黄榦（1152～1221）和陈淳（1159～1223）等无甚仕宦，专注于理学义理发挥的朱子后学，真德秀生前不但有《大学衍义》和《四书集编》等理学著述，且宦历宁、理二朝，仕途清望甚著。真氏以其学宦清望为朱子学在晚宋张大发声，可谓有功于朱子。因此，他不仅被与其同时的朱子嫡传黄榦称为"护法大神"，[①] 后世如全祖望亦称之"西山之望，直继晦翁"，[②] 评价甚高。

全祖望虽然肯定真德秀在朱子学中的地位，但对其晚节颇有异词，径称其"晚节何其委蛇"，[③] 并引黄震《理度两朝政要》与《宋史》本传以为依据。[④] 根据黄震的说法，真德秀"晚节委蛇"当有两指。其一是真德秀在端平元年（1234）负时人重望还朝，而面对百姓希望改变楮轻物贵的

* 本文之写作和修订得业师包伟民教授与朱鸿林教授指导，又获同门林展博士与张家伟博士指正与建议。文章曾提交华东师范大学"第一届吕思勉中国史博士生高端论坛"，蒙华东师范大学杨光老师和河南大学岳凯峰博士提供宝贵批评意见，谨此深致谢忱。

① 黄榦：《勉斋先生黄文肃公文集》卷三《与李敬子司直书》，中华再造善本，北京图书馆出版社，2005，第21页。

② 黄宗羲著，全祖望补修《宋元学案》卷八一《西山真氏学案》，陈金生、梁运华点校，中华书局，1986，第2695页。

③ 黄宗羲著，全祖望补修《宋元学案》卷八一《西山真氏学案》，第2695页。

④ 黄宗羲著，全祖望补修《宋元学案》卷八一《西山真氏学案》，第2695页。

要求，他非但无一语及之，还进《大学衍义》，知端平二年（1235）贡举事，首讲人心义理，被时人目为迂缓。[①] 其二则是呵护郑清之端平入洛之失利，并将其归结为权臣史弥远玩愒之罪的积弊难返。[②]《宋史》真德秀本传出自黄震之手，元人虽已有修饰，但对真氏呵护郑清之一事仍多微词。因此本传中将真德秀此举与杜范对郑清之的攻击做对比，委婉地批评“其议论与范不同如此”。[③]

真德秀晚年颇多惭德一说自黄震首论，经全祖望《宋元学案》再采，几成定论。今人朱鸿承袭前说，认为真德秀“（晚年）非但无所作为，反遭晚节委蛇之讥，为其政治生涯中之一大败笔”。[④] 然而，各家虽然都遗憾于真氏晚节不保，但对真氏晚年的剧烈转变却无甚解释。即便对真德秀不满如黄震者，对真氏“独不知端平贪妄之为非”也只以“何哉”二字表示不解。[⑤] 朱鸿则将此归结为真德秀有富贵之心但定力不足，认为真氏在人前的理学清议领袖的形象与人后真实的内心想法实有相当距离。[⑥]

纵观真德秀一生宦历，真氏在嘉定年间未至高位时，因与史弥远政见不合，面对史氏“禁涂在迩，胡为去也”的笼络，[⑦] 尚能汲汲引去，不为爵禄所动，为何晚年官至户部尚书和翰林学士后反而追求名利？更重要的

---

① 周密：《癸辛杂识·前集·真西山入朝诗》，吴企明点校，中华书局，1988，第 43~44 页。

② 黄宗羲著，全祖望补修《宋元学案》卷八一《西山真氏学案》，第 2707~2708 页。同样是为郑清之开脱，真德秀弟子刘克庄在为郑清之所撰行状中则称当时“边臣锋锐不可遏，偏师出境”，将端平开边之失归罪于史嵩之等边防大将（刘克庄著，辛更儒笺校《刘克庄集笺校》卷一七〇《丞相忠定郑公行状》，中华书局，2011，第 6587 页）。尽管《宋季三朝政要》记载“嵩之奏乞经理四京，有诏集议”，貌似史嵩之为倡议之人，但“真德秀、洪咨夔、赵履常等争之，惟郑相主其说”（佚名：《宋季三朝政要》卷一《理宗·甲午》，王瑞来笺证，中华书局，2010，第 71 页），《宋史·史嵩之传》中亦明言，史嵩之因与他人不合而“力陈非计”，郑清之则去信警告其“勿为异同”（《宋史》卷四一四《史嵩之传》，中华书局，1985，第 12424 页）。可以说，郑清之无疑是端平入洛在朝廷的支持者。因此，是役之失利也应当由郑氏负责。

③《宋史》卷四三七《真德秀传》，第 12964 页。

④ 朱鸿：《真德秀及其对时政的认识》，《食货月刊》（复刊）第 9 卷第 5、6 期，1979 年，第 50 页。

⑤ 黄震著，张伟、何忠礼主编《黄震全集·戊辰修史传·参知政事真德秀》，浙江大学出版社，2013，第 3327 页。

⑥ 朱鸿：《真德秀及其对时政的认识》，《食货月刊》（复刊）第 9 卷第 5、6 期，1979 年，第 54 页。

⑦ 刘克庄著，辛更儒笺校《刘克庄集笺校》卷一六八《西山真文忠公行状》，第 6504 页。

是，真氏本人在朝廷议论是否应进取河南，经略中原时曾明确表示反对，认为如此“是将复蹈宣和之辙”。[①] 为何在入洛失败后，曾以清议赢得士大夫推崇的真氏又甘冒天下之大不韪为与自己政见不同的宰相郑清之开脱？此时的真德秀已是名满天下，被时人期以公辅。可以想见，如果郑清之被劾去位，真氏有极大可能成为宰执，实无必要讨好郑清之以犯众怒。因此，仅仅将真德秀晚年举动诉诸道德因素仍有不完备之处。

已有学者为真氏晚年的行为做出部分解释。就第一点来说，朱鸿林指出，向来精明能干的真德秀之所以在端平元年首进《大学衍义》，并强调“诚心”的重要性，与当时真氏对宋理宗的观感有关。真氏所撰《大学衍义》其实是针对理宗个人的性格弱点，并非针对南宋全局立言，因此在编纂论述中有所偏重。[②] 朱氏的这一研究提示我们，若要理解真德秀晚年超出时人理解之所为，必须深入历史情境，努力探求真氏当时的所见所思。如此才可能理解何以仕宦浮沉数十年的名儒竟会在晚年有如此不合常理的举动。[③]

相较于真德秀的政事行为，已有研究多通过对真氏某一理学著作的义理诠释以见其思想之侧面。[④] 即便近年来已有学者开始关注真氏的政事行

---

① 真德秀：《西山文集》卷一三《甲午二月应诏上封事》，《景印文渊阁四库全书》，台湾商务印书馆，1986，第1174册，第199页上栏。

② 朱鸿林：《理论型的经世之学——真德秀〈大学衍义〉之用意及其著作背景》，氏著《儒者思想与出处》，生活·读书·新知三联书店，2015，第97页。

③ 朱鸿林已指出真德秀并非只顾空言而无实干之人。事实上，真氏任职地方时，颇多政绩。此外，真氏也颇具现实性。在史弥远与皇子赵竑的政治斗争中，真德秀面对济王竑的冥顽不灵，选择主动请辞，避免殃及自身。不过，朱氏亦认为真德秀呵护郑清之是为了获得郑氏的好感，这也是其聪明而又现实的表现。具体参见朱鸿林《理论型的经世之学——真德秀〈大学衍义〉之用意及其著作背景》，氏著《儒者思想与出处》，第88页。

④ 如通过对《西山读书记》、《政经》、《心经》和青词等的分析理解真氏的君臣观、术数观、公私观和为政之道等。具体可参见陈晓杰《真德秀的君主论》，《学海》2014年第4期，第73~80页；孔妮妮《论晚宋理学家对君臣观的学术建构与价值诠释——以真德秀为中心的考察》，《史林》2020年第2期，第54~62页；孔妮妮《南宋后期理学家的政治构想及其时代意义——以〈大学衍义〉为中心解读》，《北方论丛》2014年第2期，第86~90页；陈晓杰《祈祷之“公”与“私”——以真德秀为例》，《湖北社会科学》2018年第5期，第81~88页；廖咸惠《正学与小道——真德秀的性命论与术数观》，《新史学》2020年第4期，第35~83页；孙先英《论真德秀的“祈天永命”说》，《云南民族大学学报》（哲学社会科学版）2008年第3期，第93~96页；孙先英《真德秀学术思想研究》，上海人民出版社，2008；朱人求《真德秀思想研究述评》，《哲学动态》2006年第6期，第28~31、51页；许浩然《从词臣背景看真德秀与理学的关系》，《北京大学学报》（哲学社会科学版）2016年第5期，第141~149页；何威萱《真德秀〈心经〉析论》，《正学》第3辑，岳麓书社，2015，第231~260页。

为，但对其晚年学思政事亦较少关注。[①] 缺少对真德秀学思的通贯考察也是无法理解其为何晚年会有如此行为的重要原因。本文的目的，便是在细梳真氏从嘉定至端平年间的学思政事变化的基础上，解释真德秀晚年为何归罪史弥远以呵护郑清之，进而发掘其在晚宋时政中独特的意义。

一　“某不过朝廷一议事之臣”：嘉定年间的政治氛围与真德秀的自我定位

真德秀，福建浦城人，庆元五年（1199）登进士第，授南剑州判官。后中博学宏词科，入闽帅幕，召为太学正。嘉定元年（1208）迁博士，召试学士院后改秘书省正字。次年迁校书郎兼沂王府教授和学士院权直。此后屡有升迁，先后任秘书郎、著作佐郎、军器少监、起居舍人和太常少卿，直至嘉定七年（1214）冬因与史弥远政见不合，首次离朝以秘阁修撰外任江南东路转运副使。[②]

从上述宦历不难看出，真德秀早年出身颇具清望，先以词科入仕，旋入太学，继升馆阁，再任侍从，迁转畅通。真氏本人对馆学身份与职任亦颇为在意。其入朝不到十年而论奏文字“无虑数千万言”，不但“权相为之侧目”，“海内人士”亦“传抄诵咏”，可谓声动天下。[③]《宋史》本传称其所论“皆切当时要务，直声震朝廷。四方人士诵其文，想见其风采”。[④] 可以说，正是这些议政文字奠定了真德秀在嘉定年间清议领袖的身份地位。

因此，本节将聚焦真氏在此期间的议论文字以探明其心态。真德秀在嘉定年间的建言所涉颇广，包括反近习、倡道学、开言路、节财用、更化

① 孔妮妮：《从人才荐举论真德秀对理学经世化进程的推动》，《历史教学问题》2011 年第 4 期，第 88~92 页；郑丞良：《谋国？忧国？试论真德秀在嘉定年间岁币争议的立场及其转变》，《成大历史学报》第 43 号，2012 年，第 177~210 页；孔妮妮：《论南宋后期理学官员对基层社会秩序的构建——以真德秀为中心的考察》，《历史教学问题》2013 年第 2 期，第 88~91 页；方诚峰：《南宋道学的政治理论与实践——从真德秀与张忠恕的冲突与“和解”出发》，《北京大学学报》（哲学社会科学版）2023 年第 1 期，第 112~125 页。

② 《宋史》卷四三七《真德秀传》，第 12957~12959 页。

③ 魏了翁：《鹤山集》卷六九《参知政事资政殿学士致仕真公神道碑》，《景印文渊阁四库全书》，台湾商务印书馆，1986，第 1173 册，第 103 页上栏。

④ 《宋史》卷四三七《真德秀传》，第 12964 页。

名实、岁币与和战等问题。就对外政策而言，郑丞良已指出，真氏在嘉定七年主张的北伐、接纳流民和淮防等事宜皆非完全可以落实执行的谋国之策。[①] 真氏的进谏相较于实际政策，往往领先一步，因此属于“以振厉为安靖”的忧国之策。[②]

不仅对外如此，真德秀在嘉定年间就内政事宜的相关言论亦呈现出一种坚持议论以为谋国的倾向。此处以真德秀在嘉定八年（1215）第一次外任前所参与的嘉定三年（1210）拟科举诏与嘉定七年科举选士时的相关言论为例以做说明。

嘉定三年，时任学士院权直的真德秀奉命草拟科举诏。[③] 原文中本有“而前者权臣祟饰私意，渊源醇正之学斥之为伪，忠亮鲠切之言嫉之若仇，繇是士气郁而弗伸，文体浸而不古。肆朕更化之后，息邪说以距诐行，辟正路而徕忠规”一段话，真德秀自述此段文字为参政娄机贴去重改。[④] 后来颁行的《贡举诏》保留在《宋会要辑稿》中，其中删去的部分以“然而士气堙郁，未获尽伸；文体萎薾，未克复古。朕方注怀人物，加意作成。惟渊源醇正之学是崇，惟直亮鲠切之言是用”所代替。[⑤] 仔细揣摩被删去的文字，真德秀将反道学的权臣韩侂胄与崇尚渊源醇正之学的道学群体作为邪正双方对立论述，其本意是凸显宁宗嘉定更化之美意，并为重新开辟正学奠定舆论基础。反观最后颁布的科举诏书则削去了正邪对立的意味，只是简单地肯定了正学直言的重要性，其攻击性较之真德秀一文明显淡薄许多。事实上，真德秀在嘉定三年科举诏中的激烈言辞与其自嘉定元年始所上奏札一脉相承。

---

① 郑丞良：《谋国？忧国？试论真德秀在嘉定年间岁币争议的立场及其转变》，《成大历史学报》第 43 号，2012 年，第 206~207 页。

② 郑丞良：《谋国？忧国？试论真德秀在嘉定年间岁币争议的立场及其转变》，《成大历史学报》第 43 号，2012 年，第 196 页。

③ 真德秀：《西山文集》卷一九《科举诏》，《景印文渊阁四库全书》第 1174 册，第 296 页下栏~297 页上栏。

④ 真德秀：《西山文集》卷一九《科举诏》，《景印文渊阁四库全书》第 1174 册，第 297 页上栏。《科举诏》文末以双行小字“自‘而前者’至‘徕忠规’六十四字为参政娄机贴去重改，今但存初本”示出。然此段文字共计六十三字，并非真德秀自述六十四字。

⑤ 徐松辑《宋会要辑稿》选举一之二七，刘琳、刁忠民、舒大刚、尹波等校点，上海古籍出版社，2014，第 5261 页。

嘉定元年四月，真德秀迁太学博士，上殿言事连上三札。其中第二札中便对庆元以后韩侂胄以“好异”“好名”囚禁善类、蠹坏人心的做法提出强烈批评，并指出对此拨乱反正乃是更化首务。[①] 真氏紧接着指出“正心诚意以为学，修身洁己以为行，士大夫常事也”，正是因为韩侂胄以“好名”的罪名阻遏天下士人趋善，并将正学打成“伪学”，导致了士人以循默谨畏为当然，以清修自好为不情。[②] 因此，真氏希望朝廷在此改弦更张之时，能先“破尚同之习，广不讳之涂”。[③] 真氏此举恰是要在放松言路的同时，将正学从以往“好异”“好名”的压力中解放出来。考虑到真德秀本人的学术倾向及札子中所谓“正心诚意以为学”，真氏在朝堂与科举等场域意欲恢复朱子学名声的努力是显而易见的。

相较于真德秀的直言，嘉定初年的朝堂对于“正学”之论的态度则显得更为谨慎。《道命录》卷八《李仲贯乞下除学禁之诏颁朱先生四书定周邵程张五先生从祀》记录了党禁以后李道传上书朝廷，试图恢复朱学的努力。[④] 李仲贯，即李道传，南宋史学家李心传之弟。嘉定四年（1211）十二月，时任秘书省著作佐郎兼沂王府小学教授的李道传上札。札子内容主要有三点：第一，明示天下诏除学禁；第二，颁《四书》于学宫；第三，从祀北宋五子。对于李道传的上书，因“西府中有不乐道学者，而朝廷亦以其事大体重，故未及行焉”。[⑤] 次年，因国子祭酒刘爚再请，《论语集注》与《孟子集注》遂被立于学宫。换言之，《四书》中仅有二书，且是历来被承认的经典《论语》与《孟子》被当时的南宋朝廷所认可，而朱熹一生最为看重的《大学章句》以及自中唐以后兴起且最能代表道学特点的《中

① 真德秀：《西山文集》卷二《戊辰四月上殿奏札二》，《景印文渊阁四库全书》第1174册，第25页上栏。

② 真德秀：《西山文集》卷二《戊辰四月上殿奏札二》，《景印文渊阁四库全书》第1174册，第25页下栏。

③ 真德秀：《西山文集》卷二《戊辰四月上殿奏札二》，《景印文渊阁四库全书》第1174册，第26页上栏。

④ 李心传辑《道命录》卷八《李仲贯乞下除学禁之诏颁朱先生四书定周邵程张五先生从祀》，朱军点校，上海古籍出版社，2016，第94~95页。

⑤ 李心传辑《道命录》卷八《李仲贯乞下除学禁之诏颁朱先生四书定周邵程张五先生从祀》，第95页。关于“西府中有不乐道学者”，王宇有专文考证。具体参见王宇《从庆元党禁到嘉定更化：朱子学解禁始末考述》，《国际社会科学杂志》（中文版）2011年第4期，第87~96页。

庸章句》并未被正式认可。[①]

朝廷的这一决定其实是在庆元党禁与真、李二人的主张之间采取了平衡，既在一定程度上纠正了庆元二年“专以孔孟为师，以六经子史为习，毋得复传语录以滋其盗名欺世之伪”的学禁主张，[②]但又有相当程度的延续，即仍以《论语》《孟子》为主而可采朱注，可视作部分恢复朱熹及其学术名声。

时任参知政事的娄机贴去真德秀所书的文字亦当在此脉络下理解。王宇指出，娄机在学问上不主朱学，以训诂小学见长，在政治立场上亦曾因反对韩氏开边而遭贬黜。娄机的此一行为更多是不欲进一步强化二者的对立。[③]娄机作为参知政事，其举动当代表宰执群体对恢复道学持谨慎态度的共识，由此亦可知当时朝廷的决定与真德秀的主张之间仍有差距。

如果说嘉定初年真德秀为恢复朱学所做的努力是在学术思想层面比朝廷的主张更为激烈，那么其于嘉定七年科举中对选录标准的定夺则更为鲜明地体现了其对激烈议论的态度。

嘉定七年科举试中，袁甫位列第一。《四朝闻见录》“甲戌进士”条详细记载了包括真德秀在内的考官对于选定状元标准的讨论。[④]真德秀本欲将“尽用老师宿儒遗论”的朱子后学李方子置为首选，然而包括叶绍翁在内的其他考官却认为相较于李方子以程朱为论，袁甫在答卷中所主张的“任国事者必参国论，持国论者必体国事”的调停说更合时宜。最终，袁甫夺魁而李方子名列第三。[⑤]

除李方子外，真德秀对吕祖谦之侄吕康年和高稼高崇兄弟亦持相近的态度，真氏曾试图将吕康年置于状头。不过，吕康年与徐清叟都因议论中

① 关于嘉定初年朱子学解禁的论述，可参见王宇《从庆元党禁到嘉定更化：朱子学解禁始末考述》，《国际社会科学杂志》（中文版）2011年第4期，第87~96页。

② 徐松辑《宋会要辑稿》选举五之一七，第5349页。

③ 王宇：《从庆元党禁到嘉定更化：朱子学解禁始末考述》，《国际社会科学杂志》（中文版）2011年第4期，第92页。

④ 叶绍翁：《四朝闻见录·乙集·甲戌进士》，沈锡麟、冯惠民点校，中华书局，1989，第73页。

⑤ 叶绍翁：《四朝闻见录·乙集·甲戌进士》，第73页。

枢之务而被分赐进士出身和进士第四。[①] 从真德秀“固争不从”的激烈反应来看，[②] 真氏并不介意士子在科举中批评时政，甚至与同列高度的政治敏感相比，真氏的言行还颇显异类。至于高氏兄弟，二人于嘉定六年的类省试中以《周官》高中，次年入对大问。真德秀对兄弟二人亦充满期待，称“使二高不为举首，是盲有司也”。[③] 然而，时任详定官的任希夷以“政事与议论自为两途，不必徇人言以摇国是”一语向执政进言。[④] 最终，高氏兄弟亦只获进士出身。

任希夷“政事”与“议论”自为两途的说法恰与袁甫所论相似。考虑到嘉定七年的执政群体与议论双方对于岁币、和战和边防问题的争论，或可认为至迟在嘉定七年，朝堂上已分化出“政事”和“议论”两个群体。袁甫在科举试中调和二者的主张之所以能得到大多数考官的认可，恰可说明当时的朝政形势。正如危稹嘉定十年（1217）所论：“谋国者欲以安靖为安靖，忧国者欲以振励为安靖，自二议不合，是以国无成谋，人无定志。愿诏大臣合二议共图之。”[⑤]

由此反观真德秀在嘉定七年科举中的表现，可知其与袁甫和任希夷的不同。这至少说明真氏并未热衷于调和所谓“国论”与“国事”。与袁甫和任希夷对于“国事”的重视相比，真氏与袁、任二者近乎相悖的举动差可看作“国论”的代表。这亦符合其嘉定年间清议领袖的身份。

真德秀在嘉定八年以前的一系列言行在以史弥远为首的“体国事”一方看来，确已是空谈议论的代表。被称为“四木”之一的史弥远心腹聂子述便将包括真德秀在内的诸多正人士大夫的议论视为“秀才之空言”。[⑥] 包括上文提到的主张恢复道学的真德秀同僚李道传亦曾被时人讥评“务为己胜，昧于体国”。[⑦]

---

① 叶绍翁：《四朝闻见录·乙集·洛学》，第 48 页。

② 叶绍翁：《四朝闻见录·乙集·洛学》，第 48 页。

③ 魏了翁：《鹤山集》卷八八《知黎州兼管内安抚高公崇行状》，《景印文渊阁四库全书》第 1173 册，第 331 页下栏。

④ 魏了翁：《鹤山集》卷八八《知黎州兼管内安抚高公崇行状》，《景印文渊阁四库全书》第 1173 册，第 331 页下栏。

⑤ 《宋史》卷四一五《危稹传》，第 12453 页。

⑥ 叶绍翁：《四朝闻见录·丙集·草头古》，第 129 页。

⑦ 黄榦：《勉斋先生黄文肃公文集》卷三五《知果州李兵部墓志铭》，第 28 页。

嘉定八年以前真德秀在朝中的身份更多是“论思献替”的馆学侍从，其批评时政，言辞激烈亦属分内之职。赵汝谈曾劝真德秀“当思所以谋当路者，毋徒议之而已”，真氏却以“公为宗臣，固当思所以谋。如某不过朝廷一议事之臣尔”一语应之。[①] 或可看作真德秀在嘉定年间对“议事之臣”身份的自我认定。

二 真德秀在嘉定以后的反思

上节已述真德秀在嘉定年间对“议事之臣”这一身份的自我认定。在此认知下，真氏上书言事以理为先，发言则直抒胸臆，较少顾及其他，这也符合其馆学侍从的身份。至于这一建言是否可行则不在其首先考虑的范畴内。不过，随着任职地方，经过地方的实际历练，真氏逐渐对其早年作为有所反思。这集中体现在真氏为前贤刘光祖（1142～1222）和王柟（1143～1217）所作的墓志铭和跋文中。

刘光祖，字德修，简州阳安人，以外祖贾晖恩荫入仕，乾道五年（1169）中进士第，孝宗亲擢为第四。先除剑南东川节度推官，辟潼川提刑司检法。后于淳熙五年（1178）召对论恢复事，除太学正，迁校书郎，除右正言、知果州。又以赵汝愚荐，班列入朝。光宗时，刘光祖除军器少监兼权侍左郎官，后为殿中侍御史。其时，因周必大与留正的党争波及道学，刘光祖遂上疏为所谓道学朋党辩解。宁宗时，刘光祖进为侍御史、起居舍人，因受庆元党禁之累，落职，送房州居住。解禁后，刘光祖稍复其职，但再未还朝，卒于嘉定十五年（1222）五月。[②]

刘光祖死后，刘家后人“将以癸未三月辛酉，葬公于清溪之艮山”，因此嘱真德秀志其墓。[③] 由此可知，墓志铭必作于嘉定十五年五月至十六年（1223）三月。

刘光祖宦历孝、光、宁三朝，亲身经历了道学在光、宁两朝的政争。

① 叶绍翁：《四朝闻见录·甲集·文忠答赵履常》，第36页。

② 《宋史》卷三九七《刘光祖传》，第12097～12102页；真德秀：《西山文集》卷四三《刘阁学墓志铭》，《景印文渊阁四库全书》第1174册，第675～686页。

③ 真德秀：《西山文集》卷四三《刘阁学墓志铭》，《景印文渊阁四库全书》第1174册，第686页下栏。

真德秀为其所撰墓铭极为详尽，自然不可能不书此二事。其中尤以孝、光之际，刘氏辩疏道学朋党之论着墨为多。墓志铭中对刘光祖有如下描述：

> 尝谓苏、程二氏之学，其源则一，而用之不同，皆有得于经术者也。又道学之论方哗，人谓公师友眉山，非为伊洛地者，公独反复恳叩，为上言之。盖将协和朝廷，调一议论，培宗社之脉，厚荐绅之风。推公此心，使当元祐时，必能销洛蜀之争；使获用于庆元，必无党论排轧之祸。[①]

此段文字多被学者引用以作扩充道学包容性的论据，即尊重洛、蜀二学均为道学的主张。[②] 在刘光祖看来，元祐君子正是因为“末流太分”，才导致绍圣以降群凶得志。[③] 因此，刘氏希望能够“协和朝廷，调一议论”，如此可“培宗社之脉，厚荐绅之风”。此时的真德秀显然对此主张颇为认同，因此在这段文字之后，紧接着阐明自己作文的目的，“具著本文，以视后世”，认为刘光祖的这番公心，必能解元祐洛蜀之争和庆元党禁之祸。这既是对刘光祖调一之论的如实描述，也是真德秀本人的真心表露。

除了孝、光之际的道学政争外，刘光祖还经历了宁宗初期的庆元党禁。《宋史》本传的编纂很大程度上参考了真德秀所作的墓志铭。倘若将墓志铭与本传中刘光祖在党禁期间的表现加以对比，可见二者描述重点的不同。

真氏对于刘光祖的描述主要在于其“协和朝廷，调一议论”的一面，因此对刘光祖所作最激烈的文字——《涪陵县学记》仅以“公偶记《涪陵县学记》，盛传天下”一笔带过。[④] 反观《宋史》本传对于刘光祖在庆元党禁时的叙述，则径引刘氏于庆元四年所撰《涪州学记》“学之大者，明

---

① 真德秀：《西山文集》卷四三《刘阁学墓志铭》，《景印文渊阁四库全书》第1174册，第685页上栏。

② 余英时：《朱熹的历史世界：宋代士大夫政治文化的研究》，生活·读书·新知三联书店，2011，第582页。

③ 《宋史》卷三九七《刘光祖传》，第12098页。

④ 真德秀：《西山文集》卷四三《刘阁学墓志铭》，《景印文渊阁四库全书》第1174册，第682页下栏。

圣人之道以修其身，而世方以道为伪；小者治文章以达其志，而时方以文为病。好恶出于一时，是非定于万世”二句。[①] 此段文字将文与道做了大小高下的分别，即学之大者为道，而文章为其小者，这与刘光祖在孝光之际的言论有所冲突。《涪州学记》对于道学的肯定更为坚决，因此真德秀并未多叙，而本传中却以论赞的形式在最后再次强调“刘光祖盛名与《涪州学记》并传穹壤”，[②] 二者侧重点不同，由此可见一斑。[③]

如果说真德秀为刘光祖所撰墓志铭中对刘氏“协和朝廷，调一议论”的认可只是在所谓正学内部的包容与调和，那么真德秀在七年后为王枏文集所作的跋文则更鲜明地表现出其对调和所谓邪正双方的认可。

王枏卒于嘉定十年五月，真德秀为其文集作跋则已是十三年后的绍定二年（1229）。此时真德秀养闲于山间，他自述当王枏之子王爚将家刻本文集呈示于己时，“反复尽卷”，并回忆起二十二年前与王枏的对话，不禁“怆然久之”，于是在篇末写下这篇跋文，希望读者“不独知公之文”并且“识公之志”。[④] 真德秀的这一举动显然是深思熟虑后的表现，而且二十二年后仍对早年自己与王枏的交谈记忆犹新，足见王枏之志给真德秀留下的印象之深。

彼时真德秀以词科入仕，先后入太学、馆阁，仕途清望畅达，可谓意气风发。而王枏时年六十五，已是一久历官场的老成之士。真德秀与同僚留正之子留元刚一起臧否时政，认为对赃吏应严刑峻法，如此方可称快。王枏对此“颛持一切之论”的做法虽未明言不可，[⑤] 但神色间颇不以为然。

由叶适为王枏所作的墓志铭可知，王枏早在乾道二年（1166）以《春秋》中进士第，后受庆元学禁牵连被罢。其时，韩侂胄党羽苏师旦企图拉

① 《宋史》卷三九七《刘光祖传》，第 12100~12101 页。

② 《宋史》卷三九七《刘光祖传》，第 12100~12102 页。

③ 余英时所谓“《宋史》本传和《宋元学案》卷七九《刘后溪先生光祖》论及光祖之学全未得其要领”一语亦当作如是解。具体请参见余英时《朱熹的历史世界：宋代士大夫政治文化的研究》，第 583 页。

④ 真德秀：《西山文集》卷三五《跋王秘监文集》，《景印文渊阁四库全书》第 1174 册，第 563 页上栏。

⑤ 真德秀：《西山文集》卷三五《跋王秘监文集》，《景印文渊阁四库全书》第 1174 册，第 562 页下栏。

拢王柟，却被其以“义不交匪人”为由拒绝，[①] 又因与主张北伐的邓友龙不合而去职地方。王柟受韩氏党禁、北伐二事牵连甚深，照理对韩党应怀深忌，但韩氏死后，王柟却以元祐时期蔡确被旧党所逐一事为教训，认为趋于权力者代不乏人，倘若一味报复政敌，将来必生仇怨，嫌隙不已，如此则非朝廷之福。[②] 王柟的这一主张与墓志铭撰者叶适相类，因此叶适对王柟的此番议论颇费笔墨。[③]

真德秀对王柟这一不计前嫌，调和双方的做法印象应颇为深刻，因此在跋文的后半段将王柟的这一举动与嘉定初年二人的对话联系起来，称自己多年后方知王柟“恳恳以泰道包荒为言，盖与前说指意略同”。[④] 对于王柟“均调消息”的认同正是真氏政治走向成熟后的反思。

如前所述，真德秀在此之前对于嘉定初年如何定位和处理韩党并非如此宽容。倘若与上节所引嘉定三年真氏所拟科举诏中被删去的文字相比较，不难发现嘉定初年身为朱学后劲的真德秀强调正邪对立的主张确有“颛持一切之论”的倾向。

可以说，嘉定以后的真德秀对自己曾经议事煌煌，专持一论的做法是有所反思的。真氏从最初的“议事之臣”不断走向政治上的成熟正体现于此。因此，随着端平元年重新被征召还朝，真德秀对此问题也多了一丝考虑。

三　“直须纯意国事”：端平元年前后的政治形势与真德秀的认识

绍定六年（1233）十月丙戌（十五日），理宗的潜邸旧人郑清之升任右丞相兼枢密使。九日后，随着史弥远于二十四日去世，朝中人事格局发生变化。莫泽、李知孝和梁成大等史弥远心腹先后被罢，取而代之的是洪咨夔与王遂任监察御史，理宗听取洪、王二人“进君子、退小人”的建

① 《叶适集》卷二三《朝议大夫秘书少监王公墓志铭》，刘公纯、王孝鱼、李哲夫点校，中华书局，2010，第459页。

② 《叶适集》卷二三《朝议大夫秘书少监王公墓志铭》，第459页。

③ 《叶适集》卷一《上宁宗皇帝札子》，第2页。相关分析亦可参见李超《南宋宁宗朝前期政治研究》，上海古籍出版社，2019，第98页。

④ 真德秀：《西山文集》卷三五《跋王秘监文集》，《景印文渊阁四库全书》第1174册，第563页上栏。

议，随即召还包括真德秀和魏了翁在内的诸多正人士大夫。[①] 根据吴子良的记载，彼时尚在泉州的真德秀“闻之喜甚……曰：‘四十年无此矣。’”[②]

端平元年四月，真德秀除权户部尚书，不过当时真氏尚未还朝，仍以显谟阁待制、知福州兼福建安抚使。[③] 身在闽地的真氏给任相不久的郑清之上书，讨论用人听言一事。真德秀在上书中首先赞扬郑清之召还正人、广开言路等作为实有“回乾坤、洗日月之功”。[④] 如此十年，可成元祐司马公之相业。至此，真氏所言与其他正人士大夫并无不同。不过，紧接着真德秀就表达了自己的担忧：

> 独恐所用者正人，则憸邪将有所不便，而言路四辟，诡谄不得以蔽欺，激作之言，有时而进，使吾之志虑浸寻改易而不自知，此则所当豫察尔。……然正直之士，忧深虑远，其间知大体者固能徐为开导，而强直自许者亦或不无矫拂太甚，人情将有所不堪。乘不堪之情以激其不平之忿，则刚劲不如软熟，违忤不若承顺，其意将有时而移矣。……今虽未有此事，亦愿大丞相谨之而已，不然则激作之言入而疑惮之心生，君子小人之消长于是焉分，此某之所甚畏也。[⑤]

上述引文中，真德秀虽然一以贯之其君子小人之辨的主张，但与此同时他也担心一旦言路四起，难免出现惊人之语。正人士大夫中的识大体者，尚能徐徐开导，令其转意，但如果是刚介自许者则难免会使人情不堪，如此反给邪人以可乘之机。真德秀担心一旦众人不能忍受刚直自许者的谏言，激起不平之忿，那么刚劲正直之士反不如圆熟顺承之人受欢迎，原本广开

① 《宋史》卷四一《理宗纪一》，第 799~801 页。

② 吴子良：《荆溪林下偶谈》卷四《圣上亲政二事》，《景印文渊阁四库全书》，台湾商务印书馆，1983，第 1481 册，第 510 页下栏。

③ 刘克庄著，辛更儒笺校《刘克庄集笺校》卷一六八《西山真文忠公行状》，第 6517~6518 页。

④ 真德秀：《西山文集》卷三八《上丞相书 论用人听言》，《景印文渊阁四库全书》第 1174 册，第 594 页上栏。

⑤ 真德秀：《西山文集》卷三八《上丞相书 论用人听言》，《景印文渊阁四库全书》第 1174 册，第 594 页。

言路的美意也将变味。真德秀虽然最后开出的良方仍落脚于宰相应有容人之度，博尽众谋，如此则异同不一之中自有正当之论。但此时的真德秀已对正人士大夫多了一层考虑，即那些过于鲠切敢言者确有可能引起朝中更大的矛盾。

凝聚正人，畅通言路，这是真德秀自嘉定以后便数数言之的主张。但在此之前，真氏上书未见其对正人士大夫有如此过刚易折的担忧。仔细推敲端平元年这封论用人听言书不难发现，此时的真德秀已不再仅仅满足于以“议事之臣”的身份参与朝政。随着真德秀声名日高，他的心态也从早年的“议事之臣”转而以文正（范仲淹）自任。[①]

正是怀着这样的心态，真德秀于端平元年六月一日自福州出发赴任行在，接受朝廷征召出任权户部尚书。北上至故里浦城时，真氏于仙游山斋醮并撰一青词。是文首先回顾了自己由于史弥远专政而遭罢黜的七年中的遭遇，紧接着便自诉“既不敢矫激以近名，亦不敢低徊而循利。惟厚集精诚，庶几于感格；而密陈忠益，冀见之施行”以明心迹。[②] 这正彰明真德秀此时欲持衡于“矫激”和“低徊”之间，小心施行的心态。[③] 陪侍真德秀左右的弟子刘克庄敏锐地捕捉到了这份青词的不同之处，因此在行状中径引此句以明真氏心志。[④]

真德秀的这一变化亦为时人所注意，根据刘克庄的记载，真德秀“奏篇既出，或疑其激烈不及前时，公笑曰：‘吾老矣，岂更效后生求声名，直须纯意国事，期于有济耳。’”[⑤] 真德秀的这句笑言将“求声名”与“纯意国事”对立论之，正是对此前袁甫所谓“持国论”与“体国事”的复述。[⑥] 真德秀直言自己老迈，因此只想专注国事，希望有济于是。这一不再激烈言辞以求取名声，转而以国事为重的转变，一来是真氏自嘉定末

① 叶绍翁：《四朝闻见录·甲集·文忠答赵履常》，第 36 页。

② 真德秀：《西山文集》卷四九《甲午仙游设醮青词》，《景印文渊阁四库全书》第 1174 册，第 799 页下栏～800 页上栏。

③ 真德秀：《西山文集》卷四九《甲午仙游设醮青词》，《景印文渊阁四库全书》第 1174 册，第 799 页下栏～800 页上栏。

④ 刘克庄著，辛更儒笺校《刘克庄集笺校》卷一六八《西山真文忠公行状》，第 6520～6521 页。

⑤ 刘克庄著，辛更儒笺校《刘克庄集笺校》卷一六八《西山真文忠公行状》，第 6520～6521 页。

⑥ 叶绍翁：《四朝闻见录·乙集·甲戌进士》，第 73 页。

以后对于自己早年议论煌煌的反思，二来亦因其身份转变而带来的心态变化。这正是真德秀在端平年间政治行动的思想底色。

明乎此，真德秀呵护郑清之一事则变得不再那么令人费解。

真德秀以郑清之承“权臣积弊之余”犹如“和扁继庸医作坏之后”为郑清之开脱，语见端平元年九月十三日于选德殿所上《召除户书内引札子二》。[①] 真氏于九月十三日共上四札。第一札以祈天永命之说进言，第四札则进呈《大学衍义》，首尾二札皆以治道大体为论，二、三两札则是针对时事发言。

真德秀在九月十三日的内引札子中，延续了其在端平元年二月应诏上封事中的观点。真氏认为现时朝廷缺乏可行恢复之举的谋臣勇将和兴兵所需的金粮钱谷，这是进取中原最大的困难，而缺将缺粮之失并非今日措置之失，而是史弥远过去三十年之弊累积的结果。真德秀承认郑清之确有害事之误，但这是蔡和、扁鹊代庸医受罪，其症结则在史弥远。真氏仍然坚持此前内固根本的主张，因此紧接着劝谏理宗“与其用猛狠之药，不若施平稳之剂”。[②]

或许是担心第二份札子解释得不够清楚，真德秀自述“中夜以思，复惧有所未尽”，因此紧接着写了第三份札子。[③] 这份札子的核心内容则回到了真德秀此前一直担心的异同之论上。真氏指出，随着理宗端平亲政后实行更化，众贤入朝，已颇具元祐气象。然而正人士大夫之间争论观点颇不一致，尤其此次端平入洛之争，暴露了彼此之间的同异爱憎。在真德秀看来，不管是主张先发制人还是量时度力，虽然意见不同，但都是为国尽忠，理应“平心商确”，不应因为与自己意见不同而互相忌恨。[④] 吸取元祐党人的前车之鉴，真氏反思道：“元祐中，几几向治矣，惟群贤自为矛盾，小人得以乘

① 真德秀：《西山文集》卷一三《召除户书内引札子二》，《景印文渊阁四库全书》第1174册，第207页下栏。

② 真德秀：《西山文集》卷一三《召除户书内引札子二》，《景印文渊阁四库全书》第1174册，第207页下栏。

③ 真德秀：《西山文集》卷一三《召除户书内引札子三》，《景印文渊阁四库全书》第1174册，第208页下栏。

④ 真德秀：《西山文集》卷一三《召除户书内引札子三》，《景印文渊阁四库全书》第1174册，第209页下栏。

之，稔成绍圣之祸。”[①] 因此，真德秀希望“群臣不可无相济之和”。[②]

在真德秀看来，端平入洛固然是一大失败，但较之外部战争的失利，朝堂内部的群臣不和则是更大的危险。尽管真德秀认为尚未至元祐党人自为矛盾以致绍圣之祸的地步，但这一历史教训时常萦绕在真德秀的脑海中，足见真氏此时更为关心的实是如何团结士大夫之心。

想要取得对外战争的胜利，首先应该坚持内修政治，先立规模，然后确守不易。在真德秀看来，此时的郑清之虽然在端平入洛一事上确有失误，但其召正人、去副封等事足以彰显其与前相史弥远的不同，这些有益于内政的举措实是奠定端平更化之大政。这一点即便是弹劾郑清之的吴昌裔亦不能不承认。[③] 事实上，以后见之明来看，时为台谏的吴昌裔与杜范固然是正人士大夫，但其不爱自身而为国家忠计的行为恰恰是真氏此前所担忧的“强直自许者”。[④]

此外，尚有一事可见真德秀努力维持正人士大夫内部异同之论的和谐。上引刘克庄为真德秀所撰行状中有“然至于启沃经帷，弥缝庙论，则外廷固有不及知者”一语，当指真氏在经筵讲读时为徐侨（1160~1237）解释一事。

徐侨，字崇甫，婺州义乌人。淳熙十四年（1187）举进士，调上饶主簿。先后受业于吕祖谦和朱熹门下。历绍兴、南康司法参军。嘉定七年，差主管刑工部架阁文字，除国子录。八年召试馆职，除秘书正字。九年（1216）迁校书郎，外知和州。十一年（1218）除提举江南东路常平茶盐事。史弥远任相期间，徐侨上书极言朝廷时政，请诏大臣以正己之道正人。此举触怒史氏，因此被言者劾罢之。理宗即位后，尽管真德秀奏请将亮直敢言如徐侨者置于言地，但因史弥远仍在相位而不了了之。徐侨因此

① 真德秀：《西山文集》卷一三《召除户书内引札子三》，《景印文渊阁四库全书》第1174册，第209页下栏。

② 真德秀：《西山文集》卷一三《召除户书内引札子三》，《景印文渊阁四库全书》第1174册，第208页下栏。

③ 吕邦耀撰，王瑞来校补《宋宰辅编年录校补·续编》卷一二《理宗端平三年丙申》，中华书局，1986，第1558页。

④ 真德秀：《西山文集》卷三八《上丞相书 论用人听言》，《景印文渊阁四库全书》第1174册，第594页下栏。

告老致仕。[①]

从徐侨在端平以前颇为不畅的宦历可知，其人刚介不阿，亮直敢言。朱熹称其明白刚直，还以“毅”名徐斋。[②] 因此徐侨虽为史弥远所忌，但颇受时人认可。如张忠恕在宝庆初年的上书中即称徐侨“识高气直”，为“佥论所推”。[③] 后学如黄榦弟子黄师雍仰慕其人，还欲前往拜谒。[④]《宋史》本传称其“守官居家，清苦刻厉之操，人所难能也”。[⑤] 因此，真德秀作诗自箴时称自己“居贫愧于义乌之安”。[⑥] 徐侨本人清望有声，于人亦少许可，正体现其孤高自洁的性格特征。[⑦]

端平元年，徐侨与诸贤俱召还朝，迁秘书少监、太常少卿。徐侨终于得以上书言事，本传称其“手疏数千言，皆感愤剀切，上劘主阙，下逮群臣，分别黑白，无所回隐”，俨然以“议事之臣”自居。[⑧] 尤其在是否应接见蒙古使者王檝的问题上，徐侨与宰相郑清之意见不合。徐氏以王檝无国书为由，认为不当引见，持论甚坚。理宗因此在十二月十三日的经筵讲读中询问真德秀的意见。

事实上，真氏在前一天已与同僚李埴一同前去相府就蒙古使者朝见一事与宰相郑清之沟通过意见。郑清之在和真德秀、李埴沟通后，采纳了真、李二人以临轩之礼接见使者的建议。[⑨] 不过，理宗对此仍感困惑，因此抛出“徐侨以为不当引见”的看法，征询真德秀的意见。徐侨虽与真、郑二人意见不一，但真德秀并不以此为意，反而为其开解。[⑩] 真氏赞扬徐

① 王袆：《王忠文集》卷二一《义乌宋先达小传·徐侨》，《景印文渊阁四库全书》，台湾商务印书馆，1986，第1226册，第435页上栏。

② 《宋史》卷四二二《徐侨传》，第12614页。

③ 《宋史》卷四〇九《张忠恕传》，第12330页。

④ 《宋史》卷四二四《黄师雍传》，第12658页。

⑤ 《宋史》卷四二二《徐侨传》，第12615页。

⑥ 真德秀：《西山文集》卷三六《跋陈复斋诗卷》，《景印文渊阁四库全书》第1174册，第577页下栏。

⑦ 《宋史》卷四〇八《吴昌裔传》，第12302页。

⑧ 《宋史》卷四二二《徐侨传》，第12614页。

⑨ 真德秀：《西山文集》卷一八《讲筵进读手记 十二月十三日》，《景印文渊阁四库全书》第1174册，第283页上栏。

⑩ 真德秀：《西山文集》卷一八《讲筵进读手记 十二月十三日》，《景印文渊阁四库全书》第1174册，第283页上栏。

侨一介老儒“惓惓忧国”，就己所见发表议论并无不妥。真德秀真正担心的仍是朝堂上恶人异论的风气一旦形成，以后遇事再无人敢言，这才是朝廷大害。

从上述发生在端平元年的二事可见，真氏在端平年间首要关心的不再是政论是否“政治”正确，而是在保证言路畅通的同时团结士大夫，这是端平年间真德秀心中理想的政治秩序，也是其为郑清之开脱的重要原因。

余　论

端平入洛失败，身为宰相的郑清之实难辞其咎。然而，真德秀为郑氏所做的开脱不能仅从道德层面解释为真氏追求富贵，为人虚伪。若将真德秀从嘉定至端平年间的心态变化细做梳理，可知真氏呵护郑清之亦有其内在思想变化的原因。不过，真德秀为呵护郑清之所引起的非议及其晚年尴尬的境遇，客观上为我们观察晚宋政治局势和政治文化提供了一个新的视角。

真氏晚年尴尬的境遇至少表明两点。

第一，在晚宋渐趋紧张的外部压力下，以真德秀为代表的一部分理学士大夫的所谓“期以十年之功”并无多少实践的空间。在与蒙古频繁对抗的过程中，士大夫所希望的内修善政与皇帝所期待的功业并不一致，即便二者有短暂的“蜜月期”，但仍以失败告终，从端平至淳祐的更化失败即是显例。

第二，君子小人之辨贯穿南宋。如果说面对史弥远这样的权臣，理学士大夫们或许还能达成一致，但倘若君子内部彼此无法形成共识，那么在君子与君子之间，君主又该如何决断呢？君子对于政治正确的极度追求容易使君子内部产生矛盾，进而给小人以可乘之机。这对君子的伤害是巨大的。如果比照理宗此后对袁甫“端平更化之初，贤者布在朝廷，不曾做得一事，众弊轇轕，愈不可为”的抱怨，① 可以说，真德秀在端平元年的反思是审慎且必要的。

① 袁甫：《蒙斋集》卷七《中书舍人内引第二札子》，《景印文渊阁四库全书》，台湾商务印书馆，1986，第1175册，第410页下栏。

客观来说，真德秀的转变不能算巨大，但其对正人士大夫的反思在晚宋愈趋激烈的君子小人之辨中显得弥足珍贵。真德秀于端平二年五月逝世，历史没有给其实践自身政治主张的机会，但在晚宋愈发激烈的党争中，即便是真德秀这般身负时人众望的士大夫，意欲弥合二者亦不可得。这说明在理学士大夫的坚持下，朝堂议论愈发趋于极端，所谓中间地带的调和渐渐失去存在的空间。刘克庄在为郑清之所作行状中最后无奈叹道："其再相也，端平遗老凋谢，十无一二。新贵各立门庭，分党与，公虽素有主眷，尚操化权，然人情固已阴怀向背，无同舟共济之意矣。"[①] 这也是晚宋政治悲剧的重要原因。

后记：本文被录用后，见《宋学研究》第4辑刊发李超《真德秀晚节考》一文。该文对端平元年的政治情势亦有所阐发，值得参看。

① 刘克庄著，辛更儒笺校《刘克庄集笺校》卷一七〇《丞相忠定郑公行状》，第6593页。

述　论

图里寻城[*]

——隋唐长安城考古与复原研究的回顾与思考

王子奇

城市是中国考古学研究中的重要对象，长安城是中国重要的古都之一，20世纪初对长安进行了实地调查的日本学者足立喜六就曾评价："长安是中国历史上的第一名都。"[①] 隋大兴唐长安城（以下简称"隋唐长安城"）是长安城发展史上具有划时代意义的平地新建的都城，不仅在中国古代城市史上有着不可替代的地位，而且也是中国考古学史上重要的历史时期城市考古个案。以隋唐长安城和其他历史时期城市考古个案如元大都等为代表，中国考古学界逐步摸索出了一套城市考古特别是古今重叠型城市考古的工作方法。[②]

中国城市考古学研究的奠基人之一徐苹芳曾这样概括城市考古学的工作内容："城市考古学包括的内容十分丰富，凡是这个城市所遗留下来的遗迹和遗物都在城市考古的范围之内。但是最要紧的是要把这个城市的范围、道路和一些大建置（如宫苑、衙署、寺观、仓库、宅第、府舍）的所

---

* 本文是国家社会科学基金中国历史研究院重大历史问题研究专项"隋唐洛阳城遗址考古发掘资料的整理和综合研究"（LSYZD2019）和中国人民大学科学研究基金（中央高校基本科研业务费专项资金资助）"隋唐宋元时期建筑屋面用色设计的初步研究"（22XNQT25）的阶段性成果。

① 〔日〕足立喜六：《长安史迹研究》，王双怀、淡懿诚、贾云译，三秦出版社，2021，第4页。

② 徐苹芳：《现代城市中的古代城市遗痕》，《远望集——陕西省考古研究所华诞四十周年纪念文集》，陕西人民美术出版社，1998，下册，第695~699页；宿白：《现代城市中古代城址的初步考查》，《文物》2001年第1期，第56~63页；杭侃：《古今重叠型地方城址的考古方法刍议》，中国考古学会、沈阳市文物考古研究所编《庆祝宿白先生九十华诞文集》，科学出版社，2012，第337~354页；刘未：《辽金燕京城研究史——城市考古方法论的思考》，《故宫博物院院刊》2016年第2期，第77~97页。

在及其形制，特别是城市布局和规划的情况搞清楚。要有一张以今日该地实测图为底图的遗迹实测图。我们作几十年的工作，几乎其成果全部要表现在这张图上。"[①] 徐先生指出了城市考古工作中以实测图为底图的城市复原图的重要性。徐先生曾主持元大都的考古工作，可以说上述认识也是徐先生的经验之谈。在进行元大都的考古工作过程中，他先后绘制出了明清北京城图[②]和元大都复原图。[③]

隋唐长安城的考古发现与复原研究，历来是学者关注的重要问题。[④] 本文拟从城址布局的考古学探索与复原图绘制这个角度，对以往的考古工作与研究历程做一初步回顾。

一 近代以前的长安城图绘制

唐长安城自天复四年（904）朱全忠挟持唐昭宗东迁之后，随即遭到人为的破坏，宫殿、民屋的木材，经水路运至洛阳。留守长安的韩建在建新城时以唐长安城皇城为基础，隋唐长安城宫城和外郭城的广大范围被舍弃在城外，隋唐恢宏的都城就此沦为废墟，更在漫长的历史中湮灭地下。唐末长安城毁废之后，对长安城进行实地考察记述或结合文献进行考证的工作，从北宋时就开始了，《长安志》可算是这方面具有代表性的作品。与之几乎同时的，还有元丰三年（1080）吕大防等刊刻的《长安图》及并行的太极、大明、兴庆三宫图。后两宫图原石今残，藏于西安碑林博物馆，其中兴庆宫基本完整，大明宫保存了南侧局部。[⑤]《云麓漫钞》卷八转

① 徐苹芳：《元大都城市考古序论》第四章"古今重叠式元大都城市考古学方法刍议"，未刊稿。

② 徐苹芳：《明清北京城图》，地图出版社，1986；上海古籍出版社，2012。

③ 徐苹芳：《元大都的勘查和发掘》，《考古》1972年第1期，后改写收入氏著《中国历史考古学论丛》，台北：允晨文化实业公司，1995；此据氏著《中国城市考古学论集》，上海古籍出版社，2015，第107~122页。

④ 龚国强曾较为全面地综述隋唐长安城的考古发现，并将隋唐长安城的研究历程分为起始期（1928~1949年）、奠基期（1950~1969年）、发展期（1970~1995年）、繁荣期（1996年至今）等几个阶段，请参见龚国强《隋唐长安城的考古发现与研究》，《中国考古学百年史（1921~2021）》第3卷中册，中国社会科学出版社，2021，第837~901页。

⑤ 有关吕大防《长安图》，胡海帆已做了较为全面的梳理和研究，特别是公布了北京大学图书馆所藏诸拓本，参见胡海帆《北京大学图书馆藏吕大防〈长安图〉残石拓本的初步研究》，《唐研究》第21卷，北京大学出版社，2015，第1~63页。

录吕大防为《长安图》所作题记云："长安图，元丰三年正月五日，龙图阁待制知永兴军府事汲郡吕公大防，命户曹刘景阳按视、邠州观察推官吕大临检定。其法以隋都城大明宫并以二寸折一里，城外取容，不用折法。大率以旧图及韦述《西京记》为本，参以诸书及遗迹考定。太极、大明、兴庆三宫用折地法，不能尽容诸殿，又为别图。"① 由此知《长安图》与太极、大明、兴庆三宫图是以当时所存"旧图"为基础，参考韦述《两京新记》等文献，并在实地踏查长安遗迹基础上绘制的。《云麓漫钞》记《长安图》以二寸折一里，比例尺约为 1∶9000，经考古勘探，证明大体是准确的。该图之所以比较准确，正因为如题记所述，是对长安城进行了实地踏查的结果。但该图图示的各建置，自唐亡以迄元丰间已百余年，恐怕难以全部出于实地的"按视"，不少应是依据旧图和文献"考定"。② 无论如何，吕图的刊刻是一个较早追索唐长安城形制及建置分布的尝试，对后来历代记述长安的文献及今人的复原研究都产生了深远的影响。③

隋唐长安城图（见图 1）在清代亦多有绘制，如见于嘉庆《长安县志》《咸宁县志》，及徐松的《唐两京城坊考》，大致是基于当时所能见到的旧图和文献对长安城宫苑、坊市等布局记载的一种想象式复原。除了复原长安城整体的布局、形制及坊市安排外，在这一阶段中比较重要的尝试有两个。第一是试图将唐城与当时的西安城图合在一起绘制，这就引出唐城与明清西安旧城对应关系的问题。如嘉庆《咸宁县志》卷三《今城唐城合图》（见图 2）以朱墨二色套印，将清代西安城以朱色标示，唐代长安城以黑色标示，类似的图示也见于嘉庆《长安县志》卷三《唐城今城合

① 赵彦卫：《云麓漫钞》，傅根清点校，中华书局，1996，第 140 页。

② 吕大防《长安图》所示是隋唐一个较长时段，而非一个时间点的图示，胡海帆已做辨析。参见胡海帆《北京大学图书馆藏吕大防〈长安图〉残石拓本的初步研究》，《唐研究》第 21 卷，第 49～50 页。图中所标示的建置时代并不相同（参见后文），其依据和动机是一个有意思的话题，有待进一步研究和深入讨论。限于主题，容另文探讨。

③ 后人多参照吕大防《长安图》考证隋唐长安古迹，如《雍录》《长安志图》均有转绘。另外，辛德勇据《长安志图》卷上引邳邦用《长安图》跋语，认为吕大防《长安图》碑毁于金正大八年（1231）元兵破凤翔，金弃京兆府，迁居民于河南之时，请参见辛德勇《考〈长安志〉〈长安志图〉的版本——兼论吕大防〈长安图〉》，《古代文献研究集林》第 2 集，陕西师范大学出版社，1992，第 159～201 页；后收入氏著《古代交通与地理文献研究》，中华书局，1996，第 304～341 页。

图》（见图 3），所示范围集中在隋唐长安城宫城、皇城及其周边。后者特别在图中注明“每方二百步”，表示按照一定比例绘图，但图中隋唐长安城的范围、布局仍只是示意性的复原。

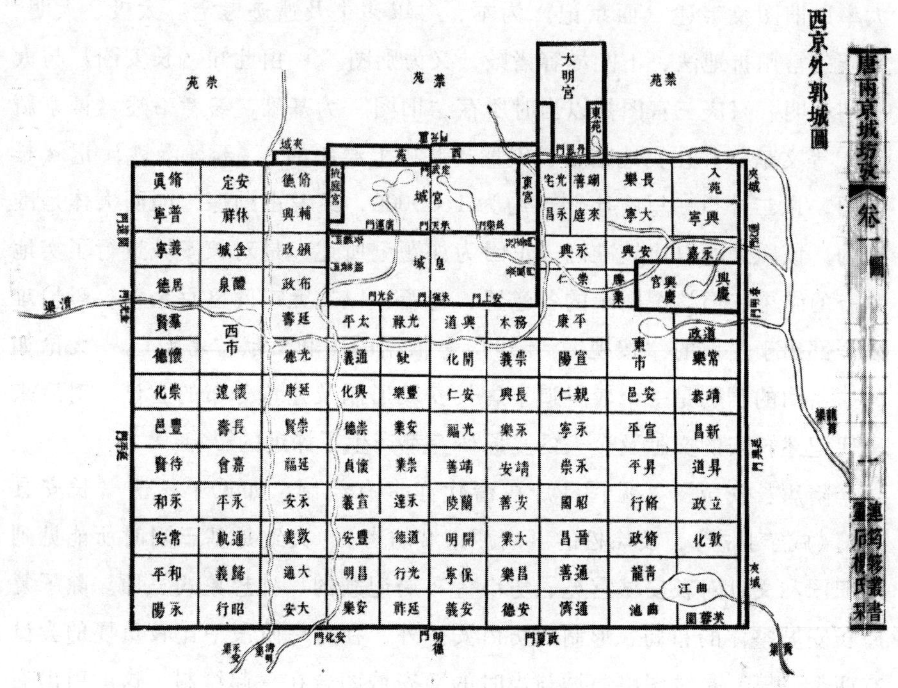

图 1　徐松绘西京外郭城

资料来源：《唐两京城坊考》卷一，清道光二十八年刊连筠簃丛书本，叶 1b、2a，图片采自国家图书馆中华古籍资源库。

第二是开始尝试根据文献记载将重要建置复原在对应的里坊中。嘉庆《咸宁县志》卷三中有“唐皇城南朱雀街东诸坊图”“唐皇城东诸坊图”“唐皇城东南诸坊图”，较为细致地绘出唐长安城东半部的复原图，后经平冈武夫拼合并重摹（见图 4）。[①] 该图中坊市内绘出了内部街道，在皇城南

① 平冈武夫将诸图拼合、重摹后收入《唐代的长安与洛阳（地图）》，请参见〔日〕平冈武夫《唐代の長安と洛陽（地図）》，京都大学人文科学研究所，1956，图 13。该书先后有两个中译本，杨励三译，陕西人民出版社，1957；本文皆据李庆译本，上海古籍出版社，1991。

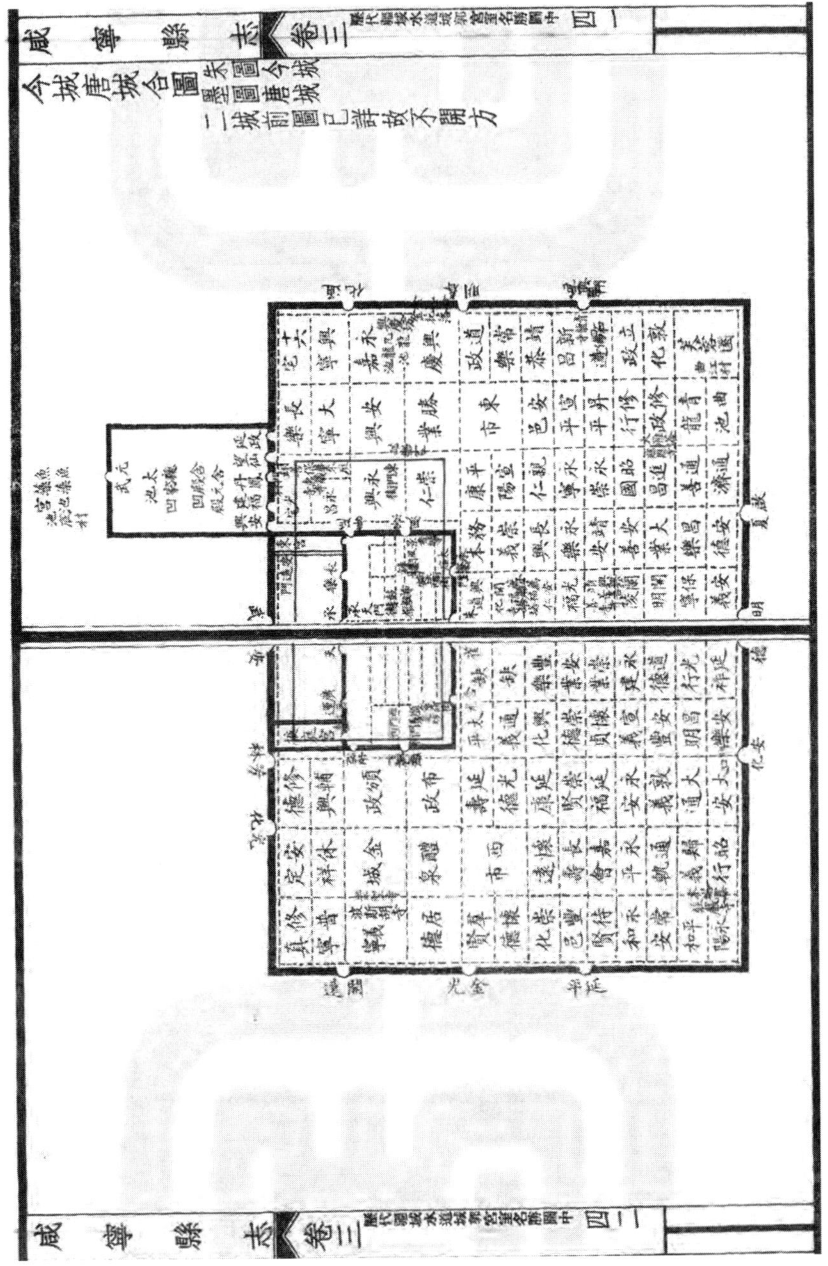

图2 嘉庆《咸宁县志》卷三《今城唐城合图》

资料来源：嘉庆《咸宁县志》卷三，民国25年重印，叶41b、42a，图片采自国家图书馆中华古籍资源库。

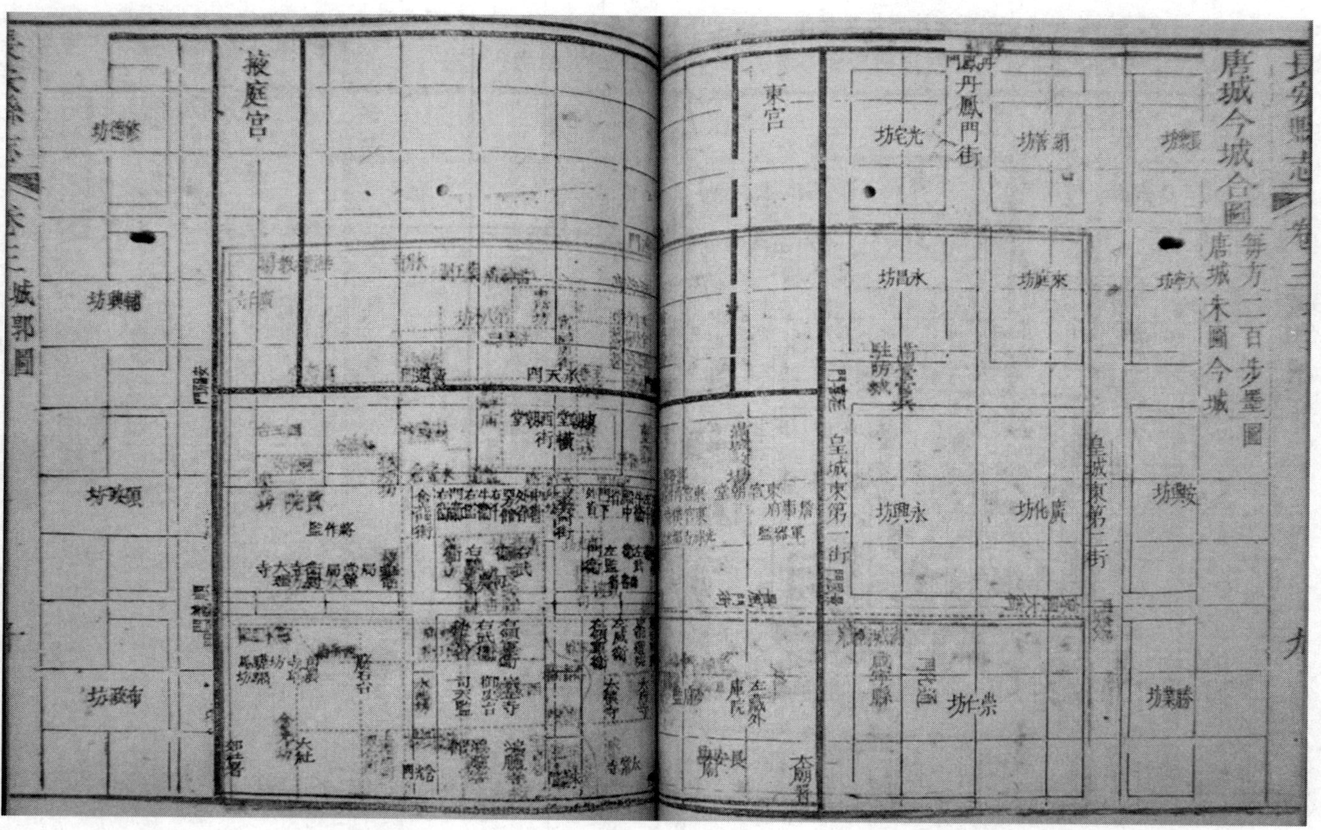

图3 嘉庆《长安县志》卷三《唐城今城合图》

资料来源：北京大学图书馆藏嘉庆《长安县志》卷三，叶9b、10a。

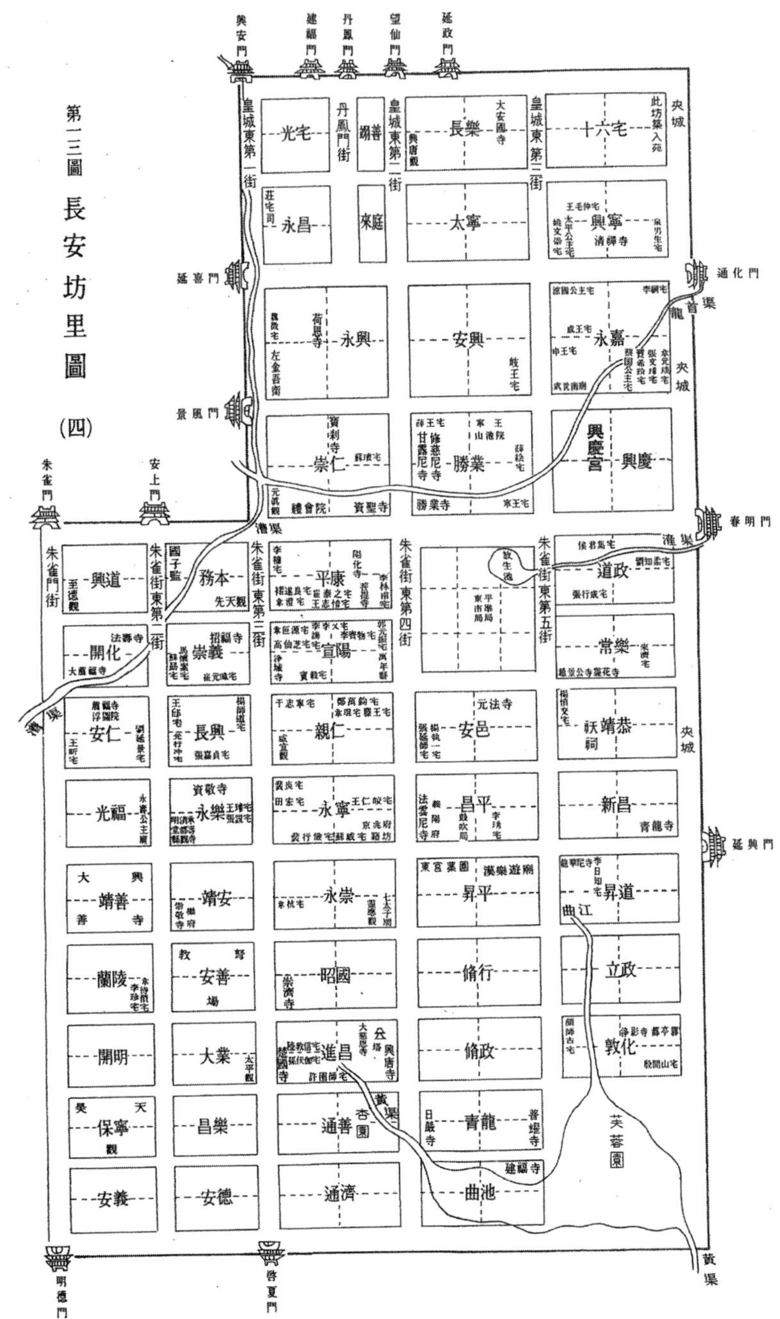

图 4　嘉庆《咸宁县志》卷三中的长安坊里图

资料来源：〔日〕平冈武夫《唐代的长安与洛阳（地图）》，图 13。

侧朱雀街东的两列里坊中，绘出东西向的主要坊内街道，在其余里坊中绘出十字街（大明宫丹凤门南侧四坊除外，其中光宅、永昌二坊内也绘东西向街道），东市内绘出井字形街道，并把一些重要建置按文献所记的方位标示在坊市内的对应位置。

二 基于“实测”的长安城图绘制

近代以后，较早对隋唐长安城址进行实地调查的是日本学者足立喜六，他的调查主要基于地面遗迹的探寻，并通过文献比对来尝试绘制隋唐长安城复原图。他自己说：“要研究长安城，就应当搜集长安城的古代文献，并对长安城进行实地踏测，做到两种方法并用，除此别无良策。”[①] 在足立喜六设计的方案中，首先是根据文献史料，“制作长安城结构图”，其次是在此基础上进行实地踏查，以精确的调查、实测结果来绘制“长安城的实测图”，最后再比较前述二图的异同并有所取舍，“制成长安图的复原图”。足立喜六十分具体地区别了“结构图”“实测图”“复原图”等几种图纸的不同，给出了绘制复原图的思路，这是认识上的进步，值得注意。

足立喜六的最大贡献是基于实地调查的实测图的绘制（见图5）。但也应注意，足立喜六所绘的“实测图”仍是基于文献所作示意性的“结构图”，[②] 是根据有限的地表地标进行复核的结果。其中实测的部分，仅是明清西安城墙的位置和大雁塔、小雁塔等当时认识中唐代遗迹的位置。“实测图”中的绝大部分线条，仍是根据文献记载绘制的。这中间至少有两类误差难以避免。一是文献的记载有比较模糊或不准确之处，例如文献所记里坊大小规模十分规律，但根据考古探勘，实际上里坊大小并不完全相同，这或与古代测量、施工误差及微地貌差异有关。二是足立喜六使用的一些地标并不一定准确，例如他将“五门村”作为长安郭城北壁，其出发点是认为

① 〔日〕足立喜六：《长安史迹研究》第七章第二节“研究唐代长安城的方针”，第123~124页。

② 需要说明的是，足立喜六所绘“长安城结构图”虽已经注意根据文献所记的尺度按照一定比例来绘制，但本质上仍类似清代学者所绘制的长安城图，主要是示意性的，对所绘城址复原图在实际空间中的位置也无法准确定位。

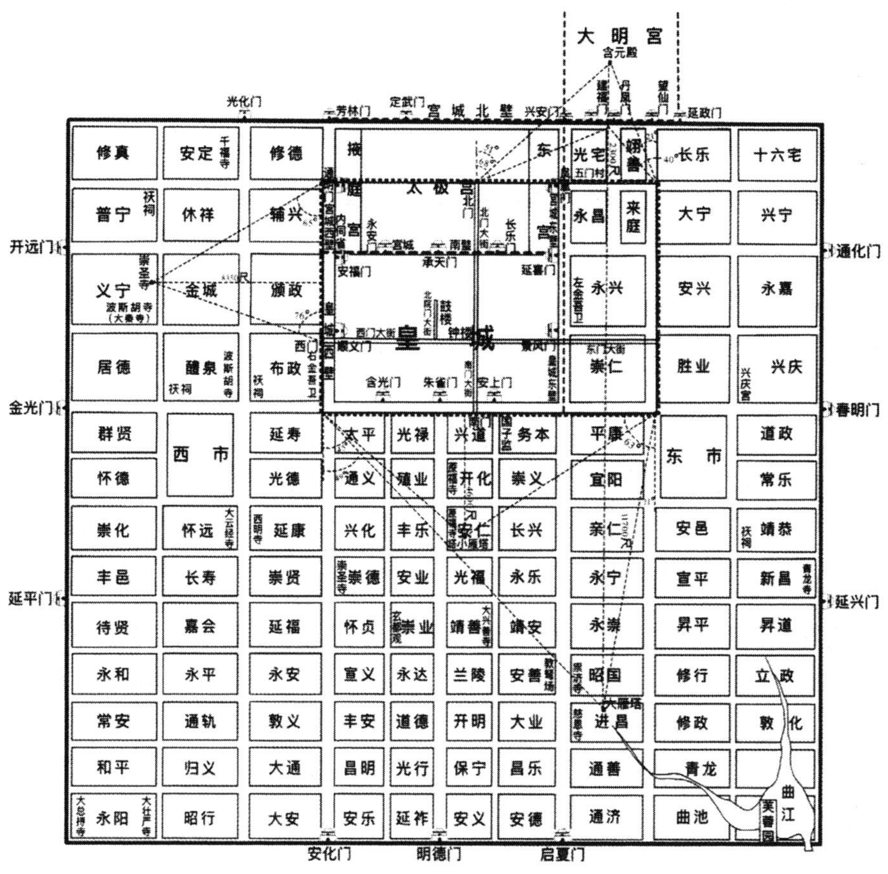

图 5　足立喜六绘唐长安城“实测图”

资料来源：〔日〕足立喜六《长安史迹研究》，第 164 页。

大明宫南垣与郭城北壁在同一线上，且“五门村”是大明宫南门留下的地名，[①] 这两条假设都基本合理，但以村落推定城垣位置，仍难免不够精确。

① 据参谋本部陆地测量总局 1931 年测图、1934 年缩绘的 1∶10000 比例尺地形图，“五门村”又称“午门坊”。需要说明的是，足立喜六认为五门村得名自该地是“延政、望仙、丹凤、建福、兴安”五门所在地，见氏著《长安史迹研究》，第 155 页。此说恐不确，“五门”之最初得名，恐缘于丹凤门下列五个门道，因所处位置正当宫城南门，后音转为“午门”。

由于校核的基点并不十分准确，得出的结论也难免存在偏差。例如，足立喜六否定了清代学者认为宫城南墙东侧的安上门即位于明清西安城南门永宁门处的结论，提出安上门在永宁门东 527 尺处。① 但经过考古勘探确认，安上门遗址恰为今永宁门所叠压，在其南北两侧也均勘探出大路，位置是没有疑问的。② 此外，限于当时的条件尚不能准确了解唐城街道、里坊的空间位置，足立喜六所绘“实测图”在校核大雁塔、小雁塔等地标时，仍只能大概核验其处于某坊的某一方位，准确性仍显不足。从这个角度来说，足立喜六所绘的“实测图”“复原图”仍只能看作基于文献和地标复核的一种复原图，而非真正的城址实测图。

在足立喜六所绘“复原图”的基础上，福山敏男、平冈武夫也分别绘制了长安城复原图。平冈武夫所绘复原图虽后出，但相对福山敏男复原图稍简略。③ 其图中绘出了坊市内的街道，皇城南侧四列里坊内均绘出东西向横街，其余里坊内均绘出十字街，东、西二市内绘出井字街，坊市内街道标示的思路与嘉庆《咸宁县志》相似。福山敏男绘《长安城坊推定图》(见图 6)④ 主要依据《两京新记》和其他文献，对里坊及其内部建置进行了细化，特别标明该图的主要部分反映的是开元三年至十年的情况，这也是一个值得注意的进步。图中细化的工作主要体现在两个方面：一是坊内街道的表现根据实际情况有所区别，对占一坊或半坊、四分之一坊之地的建置予以标明，对于前两者情况的里坊，不再绘出该区域的坊内街道；二是根据文献记载的情况，在图中以不同字母区分出坊市内建置的类型（以 b、t、m、x 分别表示寺、观、庙、其他，若同一坊市内有多个建置则加角标区别)，字母也注意标示在坊市内以街道划分的对应位置上，并另附表对各建置的具体名称进行说明。福山敏男所绘的《长安城坊推定图》是这一阶段具有代表性的复原成果。

---

① 〔日〕足立喜六：《长安史迹研究》，第 158~160 页。

② 中国科学院考古研究所西安唐城发掘队：《唐代长安城考古纪略》，《考古》1963 年第 1 期，第 595~611 页。

③ 〔日〕平冈武夫：《唐代的长安与洛阳（地图）》，图 1。

④ 福山敏男：《校注兩京新記卷第三及び解説》，《美術研究》第 170 号，1953 年，第 31~66 页；收入《福山敏男著作集》之六《中國建築と金石文の研究》，中央公论美术出版社，1983，第 105~184 页。

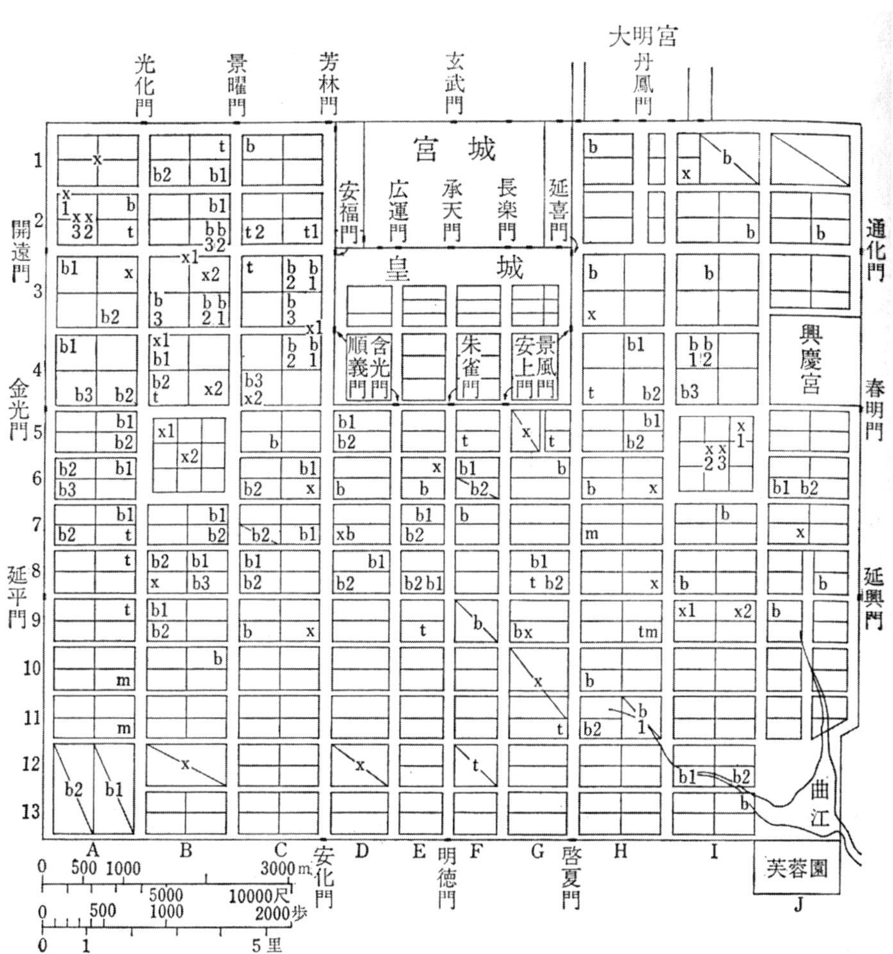

挿図52　長安城坊推定図（開元3～10年現在）

b ＝ 寺　　t ＝ 觀　　m ＝ 廟　　x ＝ 其他

次頁は京兆府萬年縣城坊（左街）

次々頁は京兆府長安縣城坊（右街）を示す。

J 8～11諸坊を南北街で二分したのは唐宣宗以後の制を示す。

图 6　福山敏男绘《长安城坊推定图》

资料来源：《福山敏男著作集》之六《中國建築と金石文の研究》，第 111 页。

三 基于考古勘察的复原图绘制

20世纪50年代，陕西省文物管理委员会和中国科学院考古研究所西安唐城考古队对隋唐长安城先后开展了大规模考古勘察和发掘工作，由此揭开了隋唐长安城遗址研究的新篇章。

1956~1957年，陕西省文物管理委员会的考古勘察大致廓清了外郭城四面城墙的四至范围及保存状况，对兴庆宫、大明宫、曲江池也做了勘探。[①] 1957年，中国科学院考古研究所派出以马得志为首的西安唐城考古队，开始了对唐大明宫遗址的勘探和发掘。从1959年开始，考古队较为全面地展开了对隋唐长安城的考古勘探。除了对外城进行复查，考古队进一步勘察了城内的坊、市、街道，并初步勘察了宫城、皇城的形制与区划。这两次勘察工作开展时，西安城市建成区仍局限于明清城及其周边，尚未展开大规模的基础建设，隋唐长安城外郭城范围内仍有大量区域处于郊野，有条件开展大规模的考古探勘和发掘。这两次勘察的简报，也是迄今为止已发表的仅有的隋唐长安城大规模勘测的资料，十分珍贵。

其中，陕西省文物管理委员会的勘察重点集中在外城的范围与城门的位置，此外重要的贡献还有探明了兴庆宫、曲江池的范围和形制，但对城内的太极宫、皇城及坊市区的范围、分布等尚未及勘察。工作结束后很快在《人文杂志》上发表了勘查结果和实测图，[②]《考古学报》旋即全文转载，并补充刊发了吕大防刻《长安图》拓片、摹本等资料。[③] 这次勘察发表的图纸虽称作“复原图”（见图7），但其实是将勘察结果绘制在有比例的带有等高线的实测地形图上。这不仅廓清了唐长安城的范围及外郭城的形制，使我们对长安城的认识落实到了考古工作上，同时可以将发现的遗迹与今天城市空间实地结合起来予以明确，大大超出了文献记载和此前学者根据文献所绘“结构图”的层面。尽管勘察的内容限于外城城垣、曲江

① 陕西省文物管理委员会：《唐长安城地基初步探测》，《考古学报》1958年第3期，第79~91页。

② 陕西省文物管理委员会：《唐长安城地基初步探测资料》，《人文杂志》1958年第1期，第85~95页。

③ 陕西省文物管理委员会：《唐长安城地基初步探测》，《考古学报》1958年第3期，第79~91页。

池、大明宫等遗迹，提供的是有限的信息，但这是考古工作者第一次在现代城市及其周边通过考古学的方法整体性地探索古代城市的遗迹，奠定了隋唐长安城考古工作的基础。

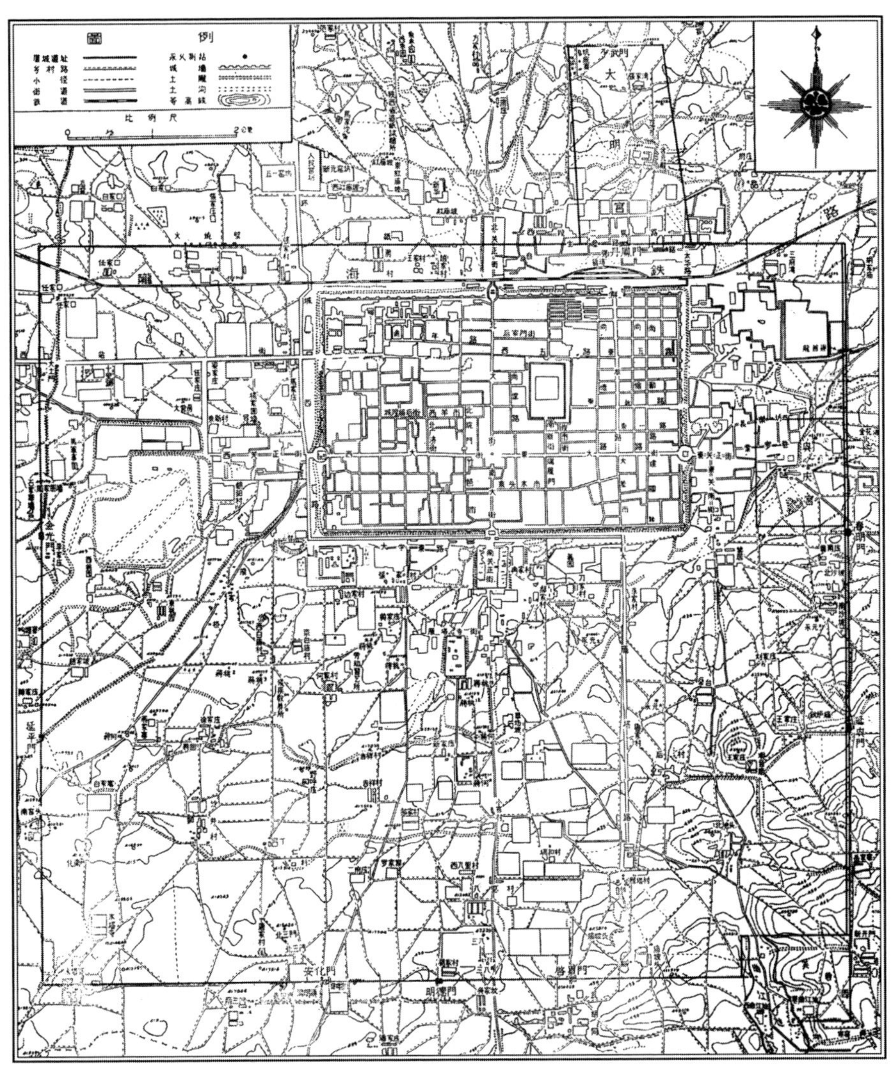

图 7　陕西省文物管理委员会绘唐长安城探测复原图

资料来源：陕西省文物管理委员会《唐长安城地基初步探测》，《考古学报》1958 年第 3 期，图 8。

中国科学院考古研究所西安唐城队随后展开的勘察工作除对外城进行复查外，更重要的是探明了宫城、皇城的范围，并对城内皇城以南和东西两市周边的里坊区进行了勘察，在勘察的同时也对重点区域如西市、兴庆宫等遗址进行了发掘。[①] 如果说陕西省文物管理委员会的勘察为准确认识隋唐长安城的位置和规模奠定了基础，那么中国科学院考古研究所西安唐城队的勘察和发掘则为进一步认识隋唐长安城的形制和布局提供了科学资料，使我们对隋唐长安城的认识大大得以丰满（见图 8）。除里坊的范围外，在西市和西市西侧的二坊（群贤、怀德）中，还探出了坊内十字街和市内井字街，这也是通过考古勘探和发掘首次确认的坊、市内部结构。西安唐城队发表的实测图中除绘制勘探出的唐代遗迹外，也绘出了明清城垣和城郊村落等现代地理信息，但相较于陕西省文管会发表的“探测复原图”省去了等高线。[②]

马得志在实测图的基础上绘制了长安城复原图（见图 9），连同实测图在《唐代长安城考古纪略》一文中一并发表。发表时，《考古》杂志将实测图装订在下，复原图以插页形式用透明的硫酸纸装订在上，明确地提示了二者间的关系。马得志根据实测出的里坊、城门和道路，对未进行勘探的里坊进行了复原，根据皇城内南侧门址的分布大致复原了南北向道路。这是第一次根据考古发现，并结合文献、舆图等资料对长安城进行全面复原。这一复原图也成为之后大部分隋唐长安城复原图的基础。

还有一点需要说明，马得志绘制的复原图中虽然未标出现代地理信息，但由于复原图与实测图在原杂志中是上下重合装订的，其实等于已在复原图中反映出这些信息。后来的学者由于常分别引用，往往忽视这一点，这也是

---

① 中国科学院考古研究所西安唐城发掘队：《唐代长安城考古纪略》，《考古》1963 年第 1 期，第 595~611 页；中国科学院考古研究所西安唐城发掘队：《唐长安城西市遗址发掘》，《考古》1961 年第 5 期，第 248~250 页。

② 1960 年西安唐城队对皇城以南里坊进行勘探的工作底图和 1963 年正式发表实测图的草图现存中国社会科学院考古研究所陕西第一工作队资料室。笔者曾比对底图与《唐代长安城考古纪略》中正式发表的图纸，1960 年工作底图中保存了更多考古工作时发现的遗迹线索。如在大通、敦义二坊中部标出了一段南北走向的渠道，并标明为“永安渠”、宽“31 米”，但或许是觉得此渠位置与文献所记永安渠不符，在正式发表的实测图中未绘出。在后来宿白、马得志发表的复原图中，永安渠都被标示在更偏西的位置，紧邻大通、敦义坊西墙。

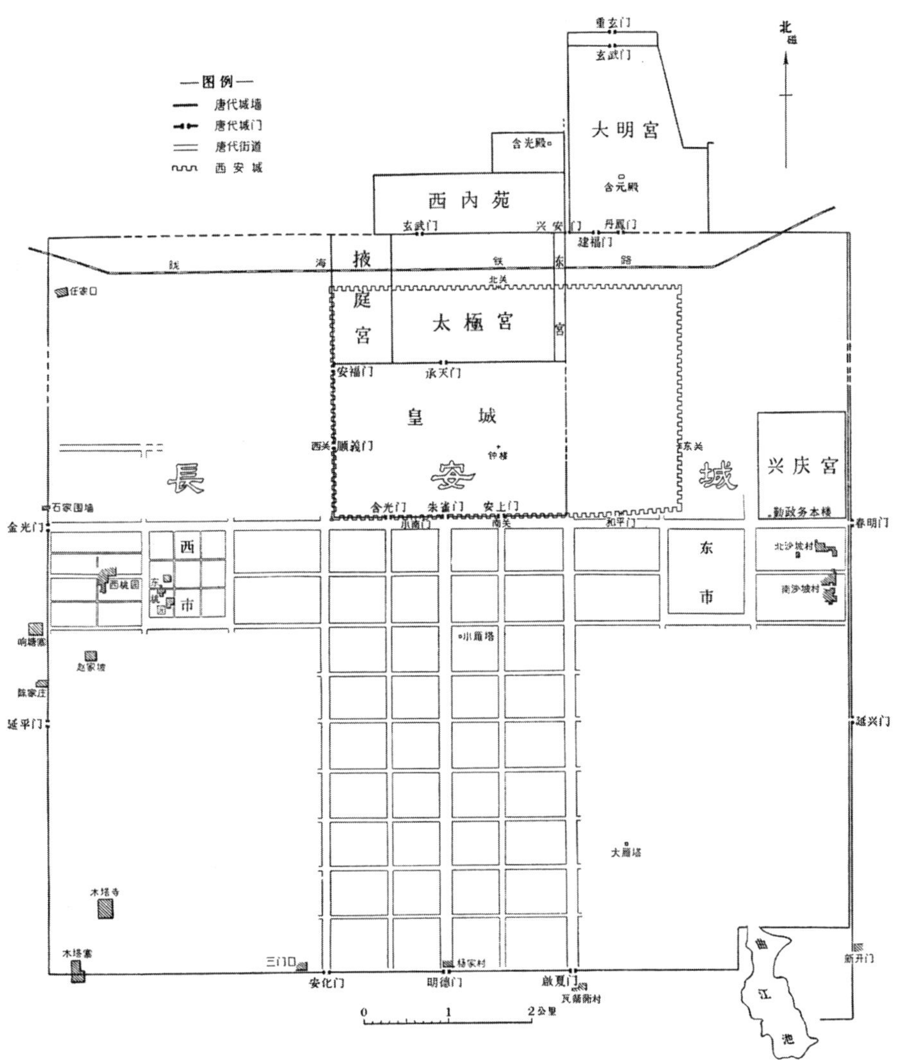

图 8　中国科学院考古研究所西安唐城队绘长安城实测图

资料来源：中国科学院考古研究所西安唐城发掘队《唐代长安城考古纪略》，《考古》1963年第1期，图2。

在利用现代扫描、复制技术手段传播时信息有所损失的一个例子。另外，尽管马得志1963年发表的实测图和复原图中未标明里坊名称，但根据文献记载

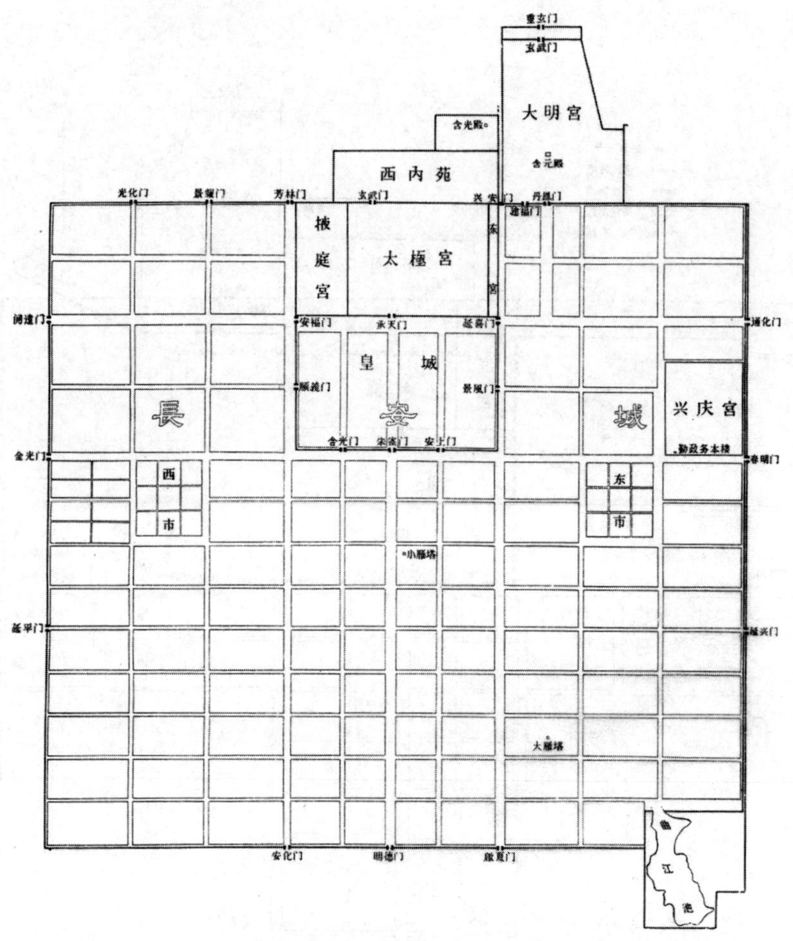

图 9　中国科学院考古研究所西安唐城队绘长安城复原图

资料来源：中国科学院考古研究所西安唐城发掘队《唐代长安城考古纪略》，《考古》1963 年第 1 期，图 1。

及前人研究可推定大部分里坊的方位，这为唐长安城日后的考古发现奠定了重要的基础。① 例如 1970 年在西安市南郊何家村发现的金银器窖藏，陕

① 关于长安城内里坊的变化及对坊名的考订，特别是皇城南侧朱雀门街西从北第一、第二坊和东南隅诸坊，福山敏男、黄永年、辛德勇等人对徐松以后的一些旧说有所辨正，本文重点讨论城图的复原，不再赘述。参见辛德勇《隋唐两京丛考》上篇之“八、大兴城的坊数及其变化和城东南隅诸坊”，“十、善和、通化与光禄、殖业四坊”，三秦出版社，2006，第 19~29、30~32 页。

西省的考古工作者经过探勘明确指出窖藏位于兴化坊坊内横街以南，这为进一步推测窖藏的性质和埋藏原因提供了重要线索。①

在此之后，宿白、马得志先后撰文，② 进一步对长安、洛阳进行了复原和研究。其中，宿白于1978年发表的长安城复原研究，在考古学界产生了很大影响，后又编入《中国古代建筑技术史》，③ 是学术界最常引用的隋唐长安城复原图（见图10）。相较于1963年马得志绘制的复原图，宿白所绘复原图进一步细化，特别需要说明的有以下几点。

首先，在复原图中宿白根据文献拟定了坊名，④ 注意了坊市内的布局，绘出了坊内街道，皇城南侧四列里坊均绘出坊内的东西横街，其余诸坊皆绘出坊内十字街，东、西二市内绘出井字街。宿白在《隋唐长安城和洛阳城》一文中已注意到城内有占一坊之地的寺观，如城西南隅的禅定寺、大禅定寺等，⑤ 但他在绘制复原图时，仍将所有里坊都绘出了坊内街道。因此可以说，宿白所绘制唐长安城复原图中的坊内街道，与嘉庆《咸宁县志》卷三中的长安坊里图和平冈武夫绘复原图类似，实际上仍是一种概念化的图示。宿白还将重要的衙署、王府、寺观等建置在坊市内的相应位置进行了标示，⑥ 在1975年5月付印的“考古短训班试用讲义”《隋唐考古》的附图中，这个复原图还题作《隋大兴、唐长安城内宫衙、王府和寺观的分布》。其次，宿白特别注意地貌的变化，在复原图中保留了等高线，这

① 陕西省博物馆、文管会革委会写作小组：《西安南郊何家村发现唐代窖藏文物》，《文物》1972年第1期，第30~42页。

② 宿白：《隋唐长安城和洛阳城》，《考古》1978年第6期，第409~425、401页；马得志：《唐代长安与洛阳》，《考古》1982年第6期，第640~646页。

③ 中国科学院自然科学史研究所主编《中国古代建筑技术史》第十二章第三节“隋唐大兴城（长安城）与洛阳城”，科学出版社，1985，第417页。

④ 宿白复原的坊名大致因袭徐松之说，有关此问题参见辛德勇《隋唐两京丛考》上篇之“八、大兴城的坊数及其变化和城东南隅诸坊”，“十、善和、通化与光禄、殖业四坊”，第19~29、30~32页。

⑤ 禅定寺、大禅定寺即庄严寺、总持寺，各占和平、永阳二坊之半。据《两京新记》卷三，以二坊南北街之东入庄严寺，街西入总持寺。宿白曾探讨唐长安佛寺等级问题，共分为大小悬殊的“四一五个等级”，其中举出“尽一坊之地”、占二分之一坊地或略强的诸寺院，显然这些都打破了一般里坊布局。参见宿白《试论唐代长安佛教寺院的等级问题》，《文物》2009年第1期，第27~40页。

⑥ 宿白所做的这一工作，与福山敏男相类似。但从城图坊名的考订未能吸收福山敏男改“光禄、殖业”二坊为“善和、通化”二坊意见来看，宿白在绘制复原图时或许尚未见到福山敏男文章的全文。

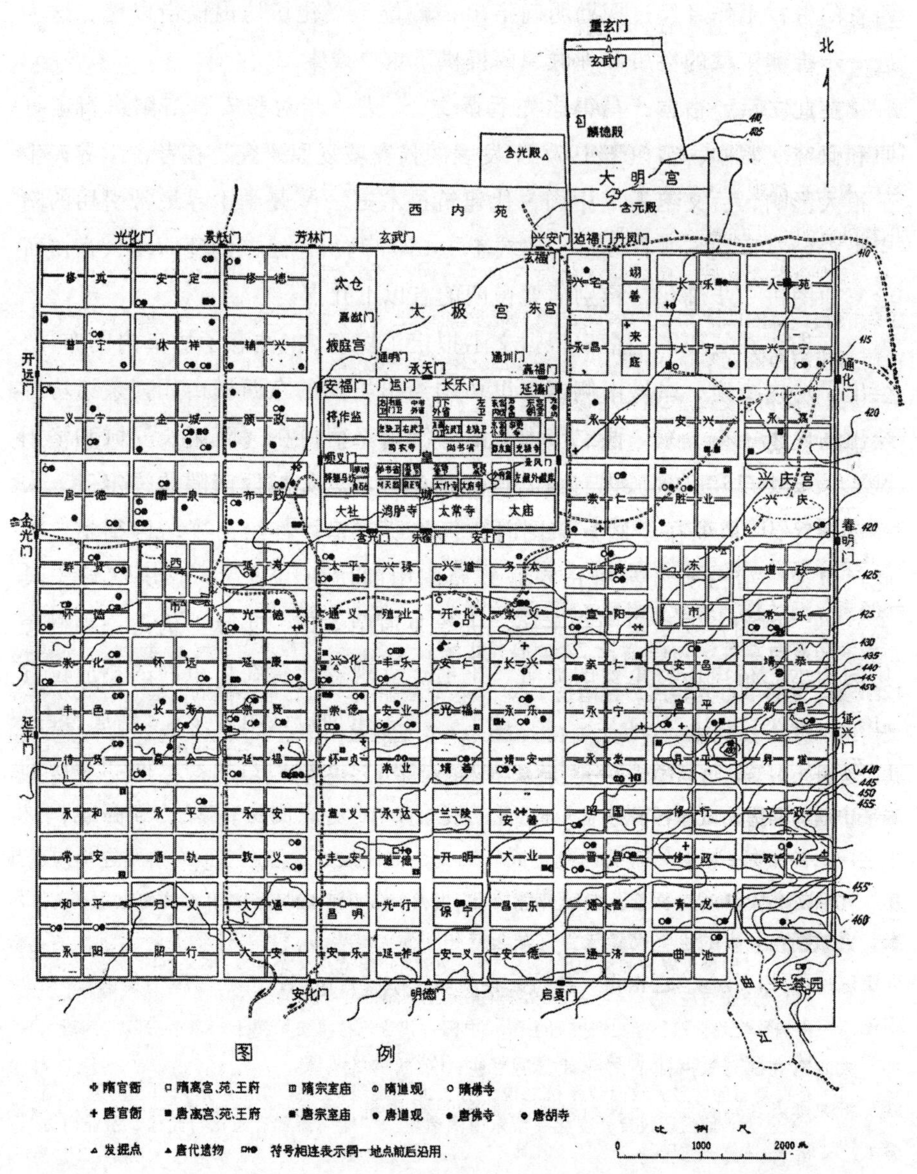

图 10　宿白绘隋唐长安城复原图

资料来源：宿白《隋唐长安城和洛阳城》，《考古》1978 年第 6 期，图 3。

样可以比较直观地看出隋唐长安城的地势，是较为显著的一个优点。正是在此基础上，宿白根据各坊内重要建置的复原，将文献记载的六爻与长安城布局关系进一步具体化,[①] 并对重要建置的分布规律进行了初步总结——“郭城内各坊当坡头之处，皆为官衙、王宅和寺观所据”。再次，在考古发现确定的皇城门址及主要街道的基础上，宿白结合文献及吕大防《长安城》图，对皇城布局进行了较细致的复原。最后，宿白根据考古发现的各水渠入口，结合文献记载和以往的复原图，在图中以虚线拟定了龙首、永安、清明等水渠的走向。

马得志于 1982 年发表的复原图（见图 11），可看作他 1963 年复原图的进一步细化。图中绘出了坊市内的街道，但所绘皇城两侧里坊内的十字街分为虚线、实线两种表现方式。可知是按照考古界的惯例，将已经考古勘察确认的坊内街道绘为实线，其余根据文献推测的绘为虚线。例如，图中除 1963 年复原图中已绘出坊内十字街的群贤、怀德二坊外，还在新昌坊中明确绘出了十字街。这是因为在 1972 年对青龙寺遗址的复查和发掘过程中，对其所在的新昌坊也做了复查，在新昌坊中部探明了十字街的位置，青龙寺位于新昌坊之东南隅，占四分之一坊。[②] 新绘图与原图的另一个主要区别是调整了宫城的范围，将东宫的范围增大，太极宫的范围缩减。[③]

在发表唐长安城复原图后，宿白又发表了《隋唐城址类型初探（提纲）》和《现代城市中古代城址的初步考查》两文。[④] 在这两篇文章中，宿白透露出自己复原长安城的思路与方法，其中尤以《现代城市中古代城址的初步考查》比较详细，值得注意。据此文可初步推知，宿白对长安城

① 宿白文中摘引《长安志》中的两条记载，并加以具体说明。卷九：“初，宇文恺置都，以朱雀街南北尽郭，有六条高坡，象乾卦，故于九二置宫殿，以当帝王之居；九三立百司，以应君子之数；九五贵位，不欲常人居之，故置此观（指玄都观——笔者注）及兴善寺以镇之。”卷七：“又帝城东西横亘六冈，符易象乾卦之数，（裴）度永乐里第偶当第五冈，故权舆以为词，意欲贼之，然竟不能动摇。”参见宋敏求《长安志·长安志图》，辛德勇、郎洁点校，三秦出版社，2013，第 315、265~266 页。

② 中国科学院考古研究所西安工作队：《唐青龙寺遗址发掘简报》，《考古》1974 年第 5 期，第 322~327、321 页；中国社会科学院考古研究所西安唐城队：《唐长安青龙寺遗址》，《考古学报》1989 年第 2 期，第 231~261 页。

③ 马得志对唐长安宫、皇城的详细复原方案，参见马得志、杨鸿勋《关于唐长安东宫范围问题的研讨》，《考古》1978 年第 1 期，第 60~64 页。

④ 宿白：《隋唐城址类型初探（提纲）》，北京大学考古系编《纪念北京大学考古专业三十周年论文集（1952~1982）》，文物出版社，1990，第 279~285 页；《现代城市中古代城址的初步考查》，《文物》2001 年第 1 期，第 56~64 页。

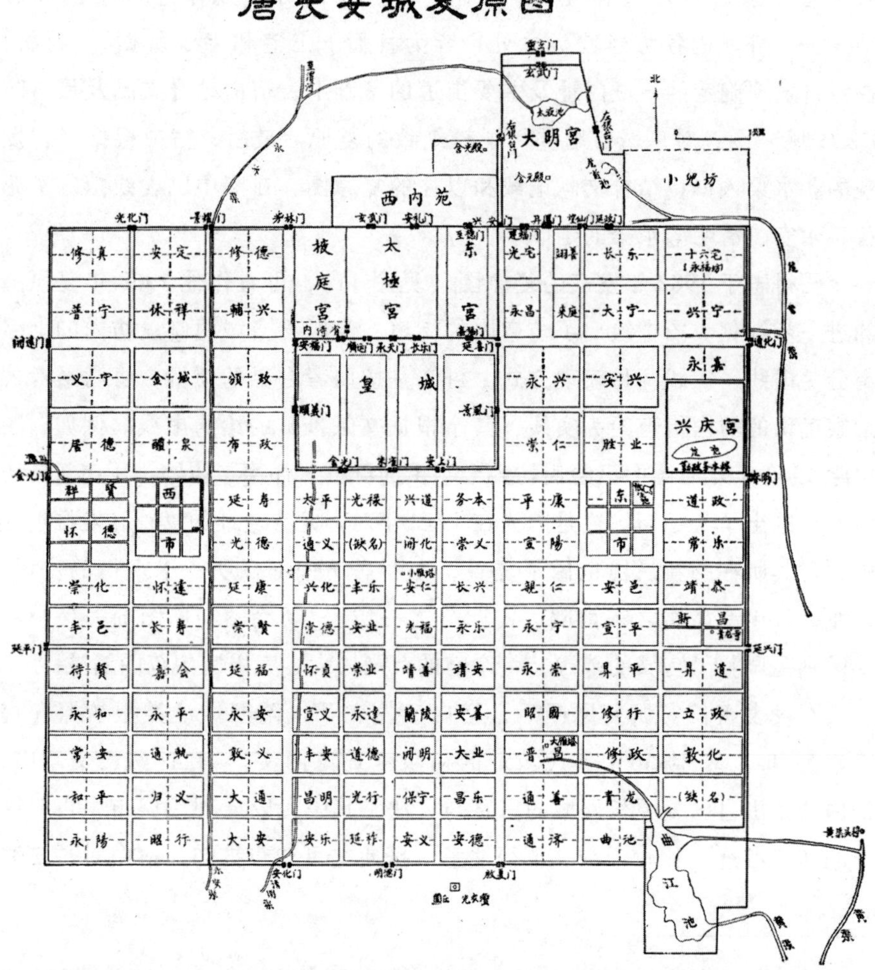

图 11　马得志绘唐长安城复原图

资料来源：马得志：《唐代长安与洛阳》，《考古》1982 年第 6 期，图 1。

整体布局的复原工作可分为两个部分。一是西安明清旧城以内，宿白主要根据《长安志图·奉元城图》所标出的地名，将图中主要街道与今天西安明清旧城以内的主要街道予以比定，再通过比较吕大防《长安城》图，把这些主要街道进一步上溯比定为唐代皇城内的主要街道，然后再结合吕大防《长安城》图和其他文献拟定了尚书省、将作监、少府监、太庙等重要衙署的位置与范围。二是西安明清旧城以外，宿白主要根据吕大防《长安城》图和其他舆图，在 1958 年陕西省文物管理委员会绘唐长安城探测复原图上拟定出各坊市的大体方位。《现代城市中古代城址的初步考查》一文中刊发了宿白绘“唐长安城内街坊布局示意图”（见图 12），以 1958 年实测图为底图，在其上用红色虚线拟定出了宫城、皇城的范围及各里坊的分布，可以帮助我们进一步了解这一复原思路。宿白还指出，此拟定复原方案中的一些外城街道甚至坊内的街道，与今天西安明清城外的部分街道遗迹可以相印证。又因这一坊市复原方案为后来的考古工作所初步证实，隋唐长安城由此成为古今重叠型城址研究中的重要案例，用以佐证古今重叠型城址中道路不易改易的推断。[①]

从前述学术史梳理的情况来看，宿白这一复原研究工作，虽然研究思路的发表迟至 2001 年《现代城市中古代城址的初步考查》，但主要完成时间应该是在 1958 年陕西省文物管理委员会发表唐长安城实测图后，中国科学院考古研究所 1963 年发表实测图之前，在尚不了解宫城、皇城范围及城内里坊具体布局的情况下，根据已探明的城门位置结合文献、舆图来进行的。客观地说，这一推测之所以可以进行，是因为历史文献和舆图对长安城不同区域里坊的规模记载得较为细致，宿白即据此拟定复原方案。

但需要注意的是，有学者认为宿白是根据西安明清旧城以外的道路来推定唐代里坊分布和道路，这是一种误解。在长安城这一案例中，宿白拟定复原方案中坊间和坊内道路与今天道路可以相印证，是复原方案的推论而非依据，[②] 这是应该特别予以说明的。

这一点还可以从宿白 1978 年正式发表的隋唐长安城复原图中的里坊分布得到印证。复原图中里坊的分布主要参考了 1963 年发表的长安城实测图和马得志所绘长安城复原图，这只要比较皇城南侧四列里坊的位置就十分清楚了。介绍唐长安城的论著，一般都提到隋唐长安城中轴对称，但根据 1963 年发表的勘察结果，皇城南侧的四列里坊并不居于皇城正南侧，而是以朱雀大街为中心稍偏西。这是因为朱雀门并不居于皇城南墙正中，而是

① 参见杭侃《古今重叠型地方城址的考古方法刍议》，《庆祝宿白先生九十华诞文集》，第 337～354 页。

② 这一推论似仍有讨论的余地，这也牵涉到古今重叠型城址的研究史和方法问题，容另文探讨。

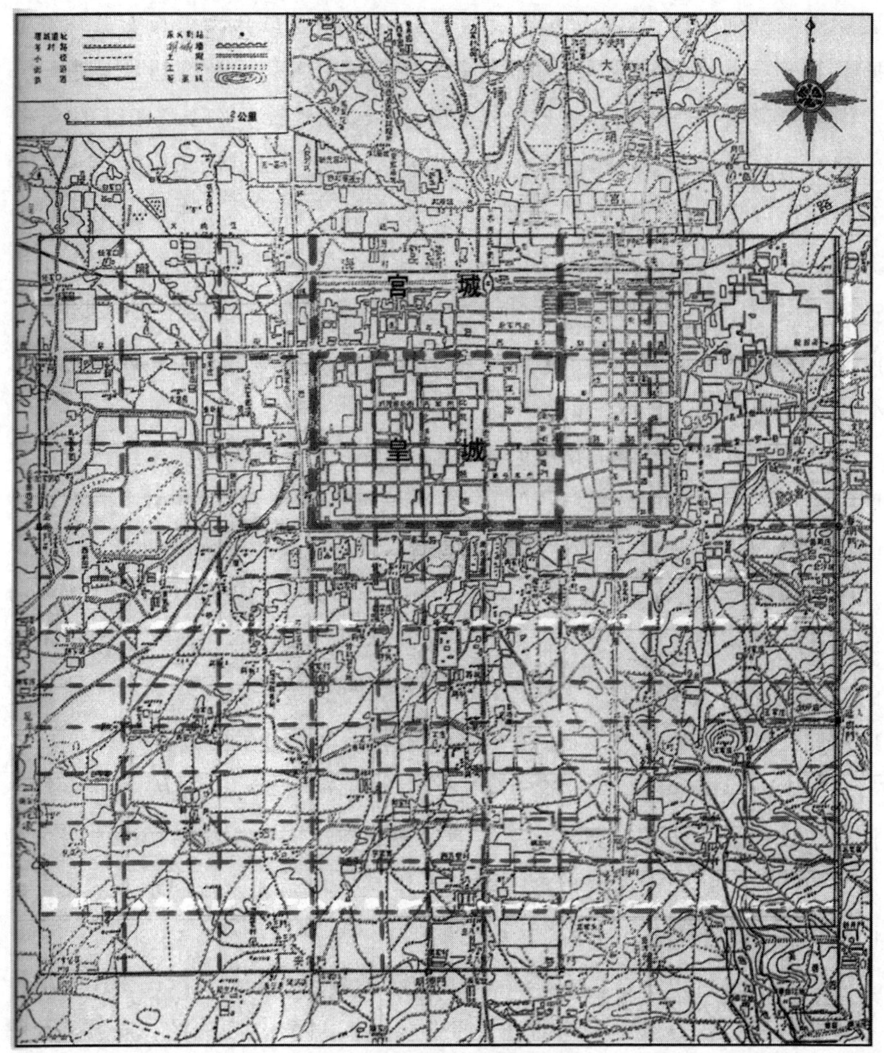

唐长安城内街坊布局示意图

（摘自《考古学报》1958年第3期。图中粗红线为唐皇城、宫城，细红线为唐街道）

图 12　宿白绘唐长安城内街坊布局示意

资料来源：宿白《现代城市中古代城址的初步考查》，《文物》2001 年第 1 期，第 64 页。

距东南角 1480 米，距西南角 1350.6 米。[①] 由此，太平坊之西墙已向西超

① 中国科学院考古研究所西安唐城发掘队：《唐代长安城考古纪略》，《考古》1963 年第 1 期，第 598 页。

出皇城西南角，而务本坊之东墙则在皇城东南角向南延长线之西。这样的细微差别，如依据宿白在1958年陕西省文物管理委员会绘制唐长安城实测图上拟定的复原方案，是不可能在复原图中绘出的。

四　长安城复原图的进一步细化

在马得志、宿白所绘唐长安城复原图的基础上，学者们不断对隋唐长安城的复原图进一步细化。其中可以史念海主编《西安历史地图集》中的隋唐长安城图和妹尾达彦绘制隋唐长城图为代表。

《西安历史地图集》中的隋唐长安城复原图可分为两类。[①] 一类是不同时期的城址复原图，包括一幅隋大兴城图和两幅唐长安城图（标注复原时间为唐初至玄宗天宝十四载和肃宗至德元载至唐末）。另一类是专题复原图，如太极宫、大明宫、兴庆宫等宫城复原图，唐长安城住宅图，商业及娱乐场所图，园林、池沼、井泉分布图，寺观图，等等。长安城内涵丰富，专题图纸的绘制有助于集中体现某一类建置、遗存的空间关系，以便进行更深入的探讨和研究，是十分有益的。此外更重要的是，《西安历史地图集》中的复原图也以今天西安市区实测图为底图，这为使用该图、了解隋唐城内建置在今天西安市的哪个方位提供了便利。

关于《西安历史地图集》中不同时期的城址复原图，这里略做说明。城市沿用时间长，形制、布局发生变化是很常见的情况，同一里坊在不同时期建置有所变化也常发生，因此城址复原图只能是某一时期城市情况的“横切面”式的反映。[②] 《西安历史地图集》中的复原图分为隋、唐前期、唐后期，有助于进一步细化复原图。例如隋大兴城图中，即未绘出大明宫、兴庆宫等（见图13）。再如平康坊，现存吕大防《长安图》残石中保留有平康坊的大部，除绘出四面坊门和十字街外，还在坊内西北绘出李穆宅，东北绘出阳化寺，西南绘出褚遂良宅、王志愔宅，东南绘出菩提寺、李靖宅。但这些建置与宅邸并不同时，因此《西安历史地图集》中的复原

① 史念海主编《西安历史地图集》，西安地图出版社，1996，第74、75、80~83、87、89、90、92、93、96、97页。

② 王子奇：《横切面与长时段——试谈宋元地方城市考古研究的两个面向》，《华夏考古》2020年第6期，第76~86、117页。

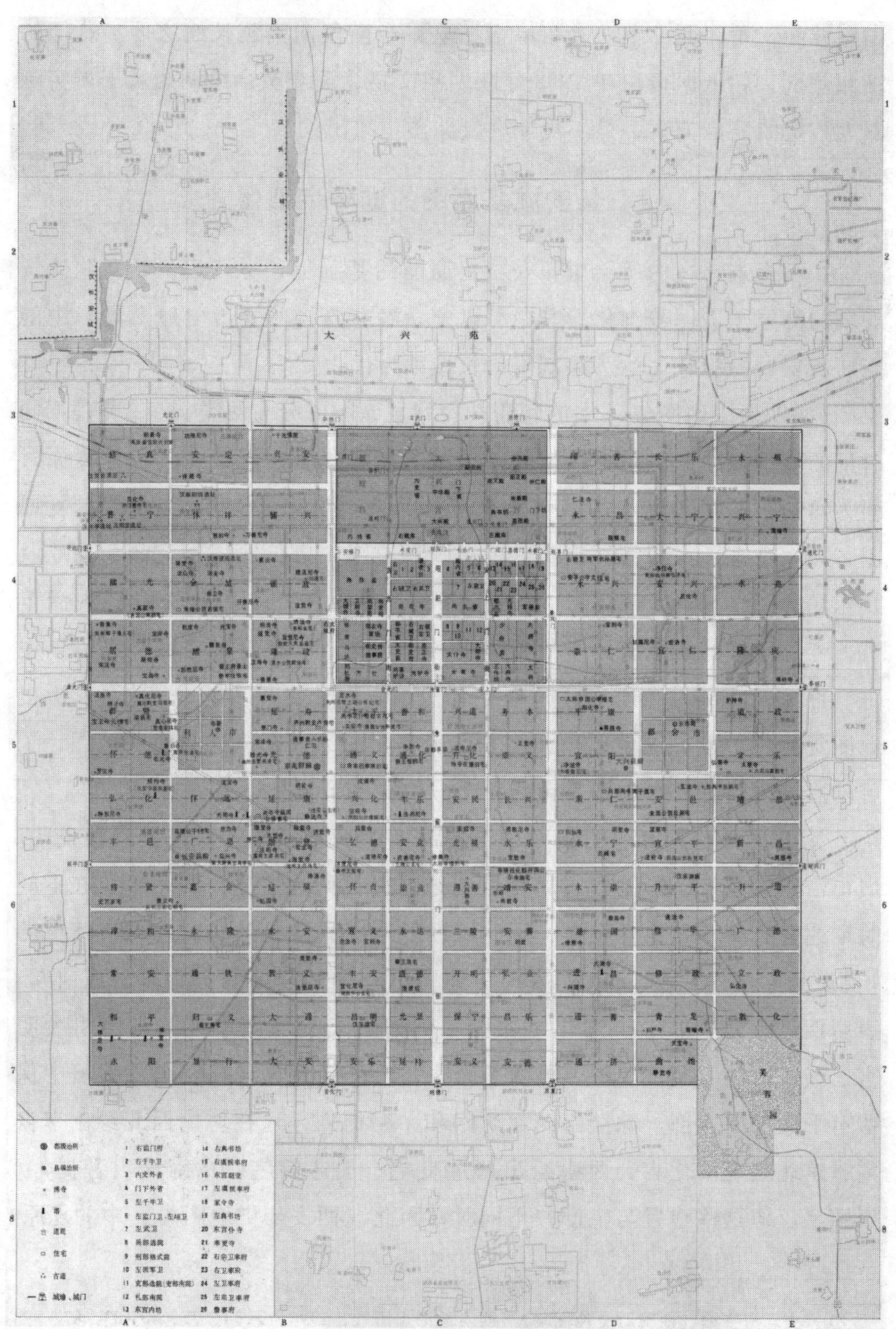

图 13 《西安历史地图集》收录隋大兴城复原图

资料来源：史念海主编《西安历史地图集》，第 74、75 页。

图将这些建置按照其时代分别绘入隋、唐前期、唐后期三图中，同时根据文献记载，微调了阳化寺的位置。又因李靖宅后为李林甫宅，李林甫又分其宅东南隅立为嘉猷观，[①] 因此在唐前期图中，在坊内东南以李林甫宅替代了李靖宅，并在唐后期图中标出了嘉猷观（见图 14）。

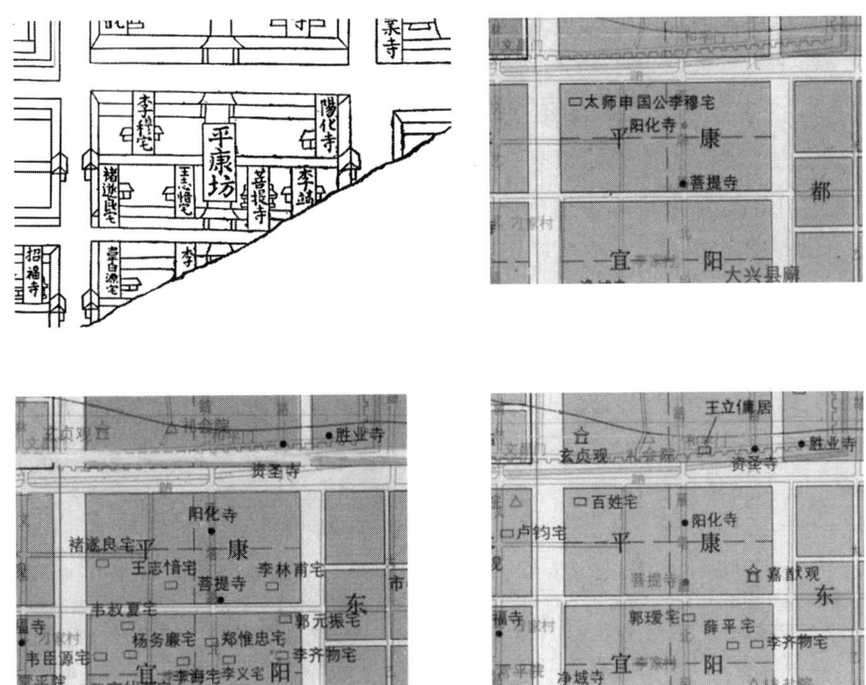

图 14　长安城图中的平康坊

说明：左上为吕大防《长安图》摹本局部，右上、左下、右下依次为《西安历史地图集》中隋大兴城、唐前期、唐后期长安城复原图局部。

① 《长安志》卷八记“次南平康坊。南门之东菩提寺。……街之北，阳化寺。……西北隅，隋太师申国公李穆宅。……西门之南，尚书左仆射河南郡公褚遂良宅。……东南隅，右相李林甫宅。（原注：本尚书左仆射卫国公李靖宅。景龙中，韦庶人妹夫陆颂所居。韦氏败，靖侄孙散骑常侍令问居之，后为林甫宅。有堂如偃月，号月堂。每欲排挤大臣，即处之，思所以中伤者，若喜而出，即其家碎矣。又说其宅有妖怪，东北隅沟中至夜每火光大起，有小儿持火出入。林甫恶之，奏分其宅东南隅，立为嘉猷观。）嘉猷观。（原注：见上。明皇御书金字额以赐之。林甫奏女为观主。观中有精思院，王维、郑虔、吴道子皆有画壁。林甫死，后改为道士观，择道术者居之。）南门之西，刑部尚书王志愔宅。……”见宋敏求《长安志·长安志图》，第 277～278 页。

《西安历史地图集》中的复原图同样也绘制了坊内的街道，并与福山敏男复原图相类似，注意在不同里坊中对坊内街道的具体情况予以区别。[①] 以唐前期长安城图为例，图中务本、安善、靖善、崇业、归义等坊均未绘出坊内街道，这应是考虑到这几坊内有占一坊或半坊之地的大建置。[②] 和平、永阳坊内仅绘出南北向街道，应是考虑到内有总持寺、庄严寺。长乐坊内东半部未绘出东西横街，应是考虑到占坊内大半的大安国寺。[③]

妹尾达彦也绘制了隋大兴城和8世纪前半期的长安城复原图（见图15），[④] 大致是综合了1978年宿白复原图和《西安历史地图集》中复原图的表示方法。一方面，注意区分不同里坊的坊内街道，并较《西安历史地图集》中的复原图进一步细化，在皇城以南的四列里坊中在南北横街以下绘出再次一级街道，其他里坊中绘出大小十字街相套的坊内街道。另一方面，限于图幅和比例，坊内除个别占一坊、半坊之地的大建置外，不再详细标注坊内建置的名称，而以图例标示城内不同类型的重要建置（如宅邸、佛寺、道观、祆祠等），这与宿白复原图相类似。同时，妹尾达彦还根据文献记载对《西安历史地图集》中的复原图做出了一些修正，如保宁[⑤]、昌明[⑥]坊内不再绘出坊内街道，晋昌坊东半部标示为大慈恩寺（无漏寺），不

① 与此类似的图示方法，也见于收入《中华人民共和国国家历史地图集》第一册（中国地图出版社、中国社会科学出版社，2012）中的李健超、杨金钿所绘唐长安城图［标注所绘城图时间为开元二十九年（741）］。但在具体里坊的图示中有所区别，如《西安历史地图集》的复原图中晋昌坊内绘出十字街，而李健超、杨金钿所绘图中晋昌坊东半未绘出坊内东西横街，应是考虑到文献记载大慈恩寺位于该坊“半以东”（详下文）。但总的来看，李健超、杨金钿所绘复原图与《西安历史地图集》复原图在绘制思路、方法上都是十分类似的。

② 《长安志》卷七：“务本坊。……半以西，国子监。（原注：监东开街，若两坊。）”同书同卷：“次南安善坊。尽一坊之地，为教弩场。”同书同卷：“次南靖善坊。大兴善寺，尽一坊之地。”同书卷九：“次南崇业坊。（原注：隋开皇二年，自长安故城徙通道观于此，改名玄都观。东与大兴善寺相比。）”同书卷一〇：“次南归义坊。全一坊隋蜀王秀宅。（原注：隋文帝以京城南面阔远，恐竟虚耗，乃使诸子并于南郭立第。秀死后没官，为家令寺园。）”见宋敏求《长安志·长安志图》，第261、266、259、315、339页。

③ 《长安志》卷八：“朱雀街东第四街，即皇城之东第二街，街东从北第一长乐坊。……大半以东，大安国寺。”见宋敏求《长安志·长安志图》，第289页。

④ 收入〔日〕妹尾达彦《隋唐长安与东亚比较都城史》，高兵兵、郭雪妮、黄海静译，西北大学出版社，2019，第452页后插页。

⑤ 《长安志》卷七：“次南保宁坊。昊天观，尽一坊之地。”见宋敏求《长安志·长安志图》，第260页。

⑥ 《长安志》卷九：“次南昌明坊。（原注：全一坊隋汉王谅宅。谅败后，赐伶官，属家令寺。）”见宋敏求《长安志·长安志图》，第319页。

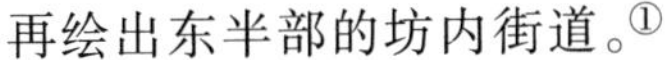

再绘出东半部的坊内街道。[①]

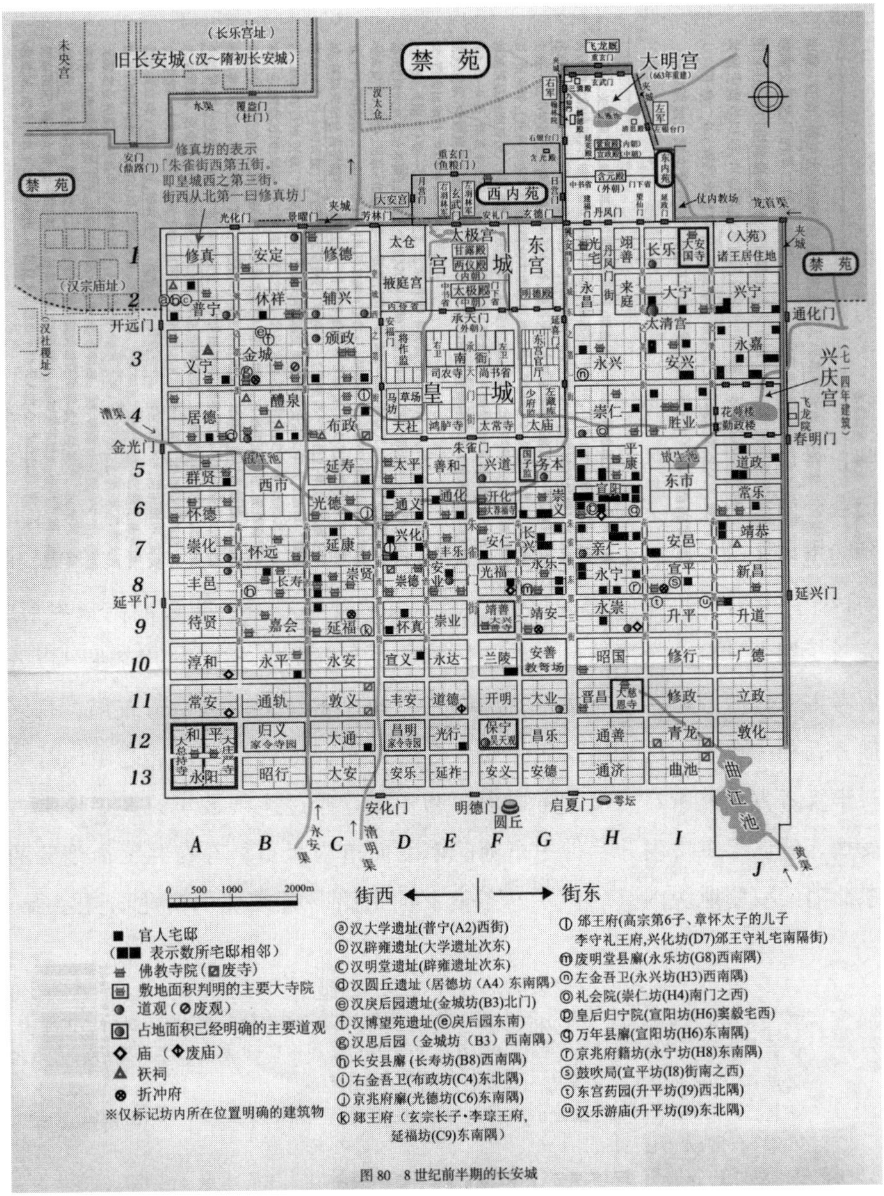

图 80　8 世纪前半期的长安城

图 15　妹尾达彦绘制 8 世纪前半期的长安城复原图

资料来源：〔日〕妹尾达彦《隋唐长安与东亚比较都城史》，第 452 页后插页。

① 《长安志》卷八："次南进昌坊。（原注：按唐人多云'晋昌坊'。然'晋''进'义同。）半以东，大慈恩寺。（原注：隋无漏寺之地……）"见宋敏求《长安志·长安志图》，第 286 页。

在妹尾达彦的复原图中，由于坊内道路的表达趋于细致，图例标示的方位也需进一步细化。相较福山敏男或宿白复原图的图例标示而言，等于提高了对复原图绘制精度的要求。但也正因如此，出现了细节上的问题。兹举一例，《长安志》卷一〇记延康坊西南隅为西明寺，[①] 该寺局部已经考古发掘，结合考古发现和文献记载，可确认西明寺应为占四分之一坊的寺院，考古发现的院落应是寺院东部的遗迹。[②] 但在妹尾达彦的复原图中，仍在延康坊西南隅中绘出了次一级的十字街，并将西明寺标示在小十字街的西南。

妹尾达彦的复原图已经在努力细化坊市内的街道布局，但因为是在全城复原图中予以表现，所以不可能十分细致。学者们也普遍意识到这一问题，尝试对里坊内的街道进行更为细致的复原。[③] 这些复原主要根据文献记载，尚有待考古资料的验证。但遗憾的是，长安城内曾完整做过考古工作的里坊十分有限，如前述安定、群贤、怀德、新昌诸坊，基本只探索到坊内十字街或大小十字街的层面。近年来随着西安城市建设的高速发展，完整探勘、发掘一个里坊已基本不再可能。尽管如此，未来仍应在可以开展考古工作的区域，带有学术目标有意识地探索坊市内的街道布局，见缝插针，积少成多。这几年隋唐长安城考古工作取得的最大进展是中国社会科学院考古研究所对东市的考古勘探和发掘。通过连续数年的大规模考古发掘，确认了东市内井字街中东侧的南北向市内大街，并在井字街划分的东北隅的南侧地块内，确认了 9 条南北向道路（含东侧的南北向井字街）

① 《长安志》卷一〇："次南延康坊。……西南隅，西明寺。（原注：显庆元年，高宗为孝敬太子病愈所立。大中六年，改为福寿寺。）本隋尚书令越国公杨素宅。（原注：大业中，素子玄感谋反，诛后没官。武德中为万春公主宅。贞观中以赐濮王泰。泰薨后，官市之立寺。）"见宋敏求《长安志·长安志图》，第 331 页。

② 安家瑶：《唐长安西明寺遗址的考古发现》，《唐研究》第 6 卷，北京大学出版社，2000，第 337~352 页。

③ 关于坊市内部的街道布局及空间划分问题，历来是学者关注的重点，但目前仍有许多争议。限于本文篇幅和讨论的主题，容另文详述。近期唐长安城里坊较为细致的复原图，可参见贺从容的系列论文。贺从容：《（隋大兴）唐长安城坊内的道路》，《中国建筑史论汇刊·第贰辑》，清华大学出版社，2009，第 219~247 页；贺从容、王朗：《唐长安宣阳坊内格局分析》，《中国建筑史论汇刊·第肆辑》，清华大学出版社，2011，第 300~312 页；何文轩、贺从容：《唐长安城安仁坊内建筑格局分析》，《中国建筑史论汇刊·第壹拾柒辑》，中国建筑工业出版社，2019，第 175~198 页。

和 4 条南北向水渠，道路彼此间距离为 30～40 米，且未发现贯通的东西向道路。这表明东市东北隅遗址内部、放生池以南的区域应是以南北向的道路和水渠等线性遗迹为主划分的平面格局。发掘结果还表明，东市遗址可以初步分为早、晚两期，部分道路在晚期已遭废弃或侵占，为房址和其他遗迹所部分叠压或完全破坏。这说明在唐代的不同时期，东市空间格局有所变化。[①] 这一考古工作为进一步复原东市内部的结构提供了依据，东市内主要是利用南北向街道来进一步划分细部空间这一情况，无疑也为其他坊市的进一步复原提供了线索。[②]

余　论

需要说明的是，本文的写作并不是隋唐长安城考古和复原的全面综述，文中复原案例的选取主要着眼于各阶段复原方案的代表性。而近乎啰唆地比较各复原方案的细节，也不是为了比较优劣或指摘失误，而是旨在分析不同时期进行复原时的思路方法和学术依据，并借此梳理隋唐长安城考古与复原研究的历程。概括而言，主要包括以下几个方面。

第一，考古工作的开展直接推动了复原研究的深入，而复原研究也加深了对隋唐长安城的认识。比如对隋唐长安城规划手法的研究，目前已经成为学术界关心的问题，其中尤以傅熹年先生的研究具有代表性。他认为长安城平面规划中各部分间保持一定的模数关系，特别以宫城的宽深为扩大模数，这一观点现已基本为学术界所认可。[③] 这一工作的基础是基于长

---

① 笔者参与了东市遗址 2018 年度的发掘并主持了 2019 年度的发掘工作，考古发掘资料仍在整理中，发掘简况参见王子奇、龚国强等《隋唐长安城东市东北隅遗址考古发掘与收获》，《中国重要考古发现（2019）》，文物出版社，2020，第 144～148 页。

② 隋唐洛阳城因保存条件较好，特别是洛南里坊区尚有条件进行大规模的考古工作，近年在里坊布局方面有不少新的发现。如在宁仁坊、温柔坊内均发现在坊内十字街分割的各区域内，主要以东西向平行的街道分割里坊空间。参见洛阳市文物考古研究院、洛阳市文物钻探管理办公室《隋唐洛阳城宁仁坊区域考古调查报告》，《洛阳考古》2013 年第 1 期，第 11～19 页；洛阳市文物考古研究院、中国社会科学院考古研究所洛阳唐城队《隋唐洛阳城宁人坊遗址发掘简报》，《洛阳考古》2014 年第 2 期，第 61～75 页。按，隋洛阳城规划、建设虽较大兴城稍迟，但设计同出自宇文恺之手，仍具参考价值。

③ 傅熹年：《隋、唐长安、洛阳城规划手法的探讨》，《文物》1995 年第 3 期，第 48～63 页。参见傅熹年《中国古代城市规划、建筑群布局及建筑设计方法研究》，中国建筑工业出版社，2001，上册第 5～7 页、下册图Ⅰ-1-1。

安城全面考古勘察工作绘制的复原图。设想在清代学者或者足立喜六所绘的长安城复原图上，是无法完成这样的分析的。再如唐长安城各类专题图纸的出现，事实上也是和社会史研究思潮的兴起相表里的，专题图纸的绘制既是社会史研究的需要，反过来也加深了我们对于隋唐长安城的理解。

第二，隋唐长安城的复原研究已经成为古今重叠型城址研究的重要个案，具有方法论和学术史意义。在当下有关古今重叠型城址研究方法的总结中，常常强调古代城市规划建成之后，一般情况下很难做全局性的改动，街道系统和排水系统更是如此。每论及此，常以唐长安城为例，特别是以宿白绘制复原图作为例证。但如前所述，宿白的长安城复原图特别是其重要城门、街道、里坊的布局主要是基于考古勘察的结果绘制的。正是由于长安城在20世纪五六十年代开展了大规模考古勘察和发掘，初步印证了宿白基于隋唐长安城外城勘测和文献记载等所做的复原方案，才有了隋唐时期道路与西安近代道路大致相合的推论。这一推论是否准确暂且不论，但在梳理古今重叠型城址的研究史和方法论时，仍需注意其因果关系。

第三，正如荣新江期望通过讨论隋唐两京有关文献的著录体例，为未来通盘整理两京史料提出一种比较合理的著录方式，[①] 本文尝试梳理以往复原图的绘制基础、绘制体例的优劣，也是希望能为未来进一步绘制各类隋唐长安城复原图提供参考。例如今天不少复原图仍将隋唐长安城复原为完全对称的结构，其实这与考古工作的结果并不相符。

另一个问题是如何把握好文献、舆图与考古遗迹的关系问题。例如在马得志的复原图中，里坊内的街道有不同的图示方法，这是为了区别已经考古探明的街道和根据文献复原的街道，是考古学界惯常的表示方法，值得参考。不仅里坊如此，一个城址复原方案中不同区域的复原，实际上所依据的材料“强度”也是有所区别的，关于这点不仅研究者应该给出比较具体的复原依据说明，读者也应具有辨别的意识。可以将芙蓉园的形制作为例子。20世纪50年代陕西省文物管理委员会勘探出的芙蓉园形制与吕

① 荣新江：《关于唐两京城坊建筑的著录问题》，《徐苹芳先生纪念文集》，上海古籍出版社，2012，上册，第44~58页。

大防《长安图》不全相同，在唐长安城复原图中，便出现了不同的处理方法。宿白的复原图遵从陕西省文物管理委员会的考古结果，但马得志、李健超[1]和《西安历史地图集》的复原图，则都将芙蓉园的南边界绘制为⌊⌋形，推测应是参考了吕大防《长安图》。[2] 按，吕图长安城内是以一定比例绘制，芙蓉园形制或有所本，与考古勘察实测的差异，是长安东南隅别有其他建置，抑或是不同时期形制有所改易，还是早年的考古勘察有所遗漏，难于遽断，仍需在未来的考古工作中加以注意。另一个例子是前述永安渠的复原，考古工作者在大通、敦义二坊中部探出的南北向渠道，最初曾认为是永安渠，标示在工作底图中，但后来结合文献改变了相关认识。已探出水渠的性质，仍有待进一步的考古工作和综合研究。

最后，无论是对全城还是某一里坊的复原，都应注意复原图只能标示某一特定时间点的状态，利用复原图探讨城市形制或里坊布局不宜将不同时期的建置混为一谈，以往的复原研究在这方面已做出不少有益的探索。

当然，理想的状态无法企及，我们的研究也是在不断追求理想的过程中。本文只能略陈粗浅的想法，难免有误，请同行专家批评指正。

---

① 李健超：《唐长安 1∶2.5 万复原图》，《西北大学学报》（自然科学版）1993 年第 2 期，第 169~175 页。

② 胡海帆《北京大学图书馆藏吕大防〈长安图〉残石拓本的初步研究》（《唐研究》第 21 卷）一文中，将《西安历史地图集》中所绘芙蓉园平面形制视为考古实测，其实是一种误解，见胡文第 29 页。另外，在绘制复原图时，《西安历史地图集》对吕大防《长安图》和三宫图的处理方式也不尽相同。例如在唐代两图中，均将丽苑门、芳苑门标示在兴庆宫北墙之上，与《长安图》和三宫图不同。

书 评

戴建国《秩序之间：唐宋法典与制度研究》*

刁培俊　张海颖

法制是维持政治体制、社会经济秩序的基本工具，是衡量一个国家文明的重要尺度。中唐以后，传统社会发生了一系列重大变化，法制方面也随之而变。著名唐宋法史专家戴建国教授所著《秩序之间：唐宋法典与制度研究》（以下简称《秩序之间》）一书，即以唐宋法典和制度为主要考察对象，深入探讨了这一时期律令制法律体系的传承流变，进而延及对宋朝政治方略、地方秩序、经济关系的全方位考察，为我们提供了一个观察唐宋历史的绝佳窗口。该书以整体史视野展开研讨，熔唐宋法制与政治、经济、文化等诸元素于一炉，而聚焦唐宋法制具体议题的深描，努力呈现其间多元的联系与互动，在个案研究之中融有贯通理念。作者始终秉持实证的路径，对相关史料进行严谨周密的考订和深入的分析，创见迭现，拓展了宋朝法制史的研究领域。

一　以点带面：从法典研究到唐宋社会

在承前启后的历史进程中，宋朝法制究竟起到了怎样的作用，此前学界研究相对薄弱，这也致使人们长期以来以为宋朝法律只是“唐律的翻版”。除了以敕代律、行折杖法等几个较为鲜明的特点，宋法几乎了无新意。世人视野内“庸常”的宋法，究竟隐藏着怎样“奇崛”的历史隐情？宋法究竟在多大程度上沿袭了唐法，在哪些领域发生了变异？其对于宋朝整体政局、文明秩序、社会经济发展的演变，又有着怎样的影响？自20世纪80年代始，国内外宋朝法制史研究呈现新的气象，越来越多的学者投身

* 本文系国家社科基金重大项目“中国职役通史”（19ZDA190）的阶段性成果。

其中，在立法、诉讼、司法、民事与刑事体系、法律文献整理等领域均取得了丰硕成果。[①] 宋朝法制在中国法制史上的地位也逐渐得到重视。三十多年来，戴建国先生埋首坟典，潜心治学，在宋史尤其是唐宋法制史诸多重大问题上深耕细作，提出了一系列新颖而深刻的见解。其中，有关唐宋法律典章之源流、律令尤其是刑法体系之演变、诏狱制度之运作、法律机构典章与人事之设置的讨论，最具特色。其研究长于自法史角度回应唐宋史研究中的核心命题，颇含学术原创价值。戴著亦沿此路径展开，将法制研究与唐宋变革、政局嬗递、地方治理、经济发展、社会阶层结构分化等融为一体，深刻揭示了这一时期社会变迁呈现的多元性、复杂性。

戴著收录了作者十八篇专题论文，除前言和参考文献外，正文分为上、中、下三篇，分别是《天圣令》与唐令复原研究、唐以降律令制法律体系的传承流变、宋代政治经济制度研究，厘为十四章。下文将围绕这三部分撮要介绍其主要内容，然后再展开讨论。

第一，《天圣令》这一“新”文献的“发现”与研究。1999 年，戴建国先生《天一阁藏明抄本〈官品令〉考》一经刊布，立即引起海内外学界的瞩目与热议。在唐宋法律资料相对匮乏的情况下，《天圣令》的出现无疑令学界为之一振。而今，《天圣令》研究已成为一门专门的学问。戴著上篇即为其在这一领域辛勤钻研的结晶。

上篇分为六章，第一、二章分析了《天圣令》的文本性质。现存《天圣令》不含最初附于逐卷末的《附令敕》，这说明今本《天圣令》应源于两制与法官再看详后的颁行本。而唐宋《狱官令》的异同则显示，宋令的修纂仍受制于唐朝法典的功能分工，亦即参修新制，必因唐令旧文。第三至六章聚焦于《天圣令》部分篇目（《田令》《赋役令》《捕亡令》《杂令》为主）的令文考释、源流考察和唐令复原。[②] 在令文比较与复原的过

① 戴建国：《20 世纪宋代法律制度史研究的回顾与反思》，《史学月刊》2002 年第 8 期，第 13～22 页；小川快之：《1980 年以来日本宋代法制史的研究现状与课题》，赵晶译，《中国史研究动态》2011 年第 5 期，第 71～83 页；张群：《近年宋代法律史研究评述》，里赞、刘昕杰主编《法律史评论》2021 年第 2 卷，社会科学文献出版社，2021，第 187～205 页。

② 关于学界对《天圣令》之唐令各条复原的不同意见，参见赵晶《〈天圣令〉与唐宋法典研究》，氏著《三尺春秋：法史述绎集》，中国政法大学出版社，2019，第 35～87 页。

程中，唐宋在典章制度上的承继性愈发明显。在此基础上，戴著提出了许多独到的见解，譬如：作者分析《天圣令》之唐《田令》和其他法律规范的关系后，认为令才是唐朝法律体系的主干（第 60~63 页）；从《天圣令·赋役令》所附唐令来看，唐开元二十年（732）取消封物三分制的流行观点有待商榷，作者认为涉及食实封制的开元二十年敕，原意应为丁庸全部入封家，租调除公主外仍须一分入朝廷，二分入封家（第 85~94 页）；唐朝史书缺乏官员及其亲属免除徭役特权的内容，而《天圣令·赋役令》之唐令提供了相关信息，作者认为开元二十五年以前，输庸代役制并没有真正普遍确立，"不役输庸"法令下的百姓"不能享有随意折代的权力"，免役输庸则是"政府明确给予六品以下职事官亲属及除名未叙人等的经济特权"（第 80 页）。书中诸如此类的考索，不仅在一定程度上缓解了唐宋令文资料匮乏的情况，且给《天圣令》的后续研究工作提供了借鉴，引领了未来的学术方向。

第二，律令制法律体系的传承演变。宋朝特别法近承五代、远绍李唐。在继承前朝旧制的同时，赵宋朝廷根据施政需要，不断调整律令格式与编敕的内容及功能。在元丰改革官制的同时，宋神宗也推动建成宋朝独立完整的敕令格式法典体系，最终确立起普通法和特别法相结合的二元法律架构。日本学者认定的唐朝"律令制时代"渐趋变异，至此发生体制性巨变。但律令制的"变质"未并就此停止：由唐入宋，专卖法日趋完善，其重要地位也愈发凸显。就法典内容而言，南宋《庆元条法事类》所反映的北宋后期至南宋的社会关系，也与《天圣令》所反映的唐后期至北宋前期的情况存在诸多差异。唐之律令制体系的核心——律令，在两宋时期仍得以存续且发挥着一定的作用。随后，这一模式在元朝发生了本质性变革。就《至元杂令》的内容体例来看，它是"金、元法律杂交后"形成的"一种新的条格体"，与唐宋法典相去甚远。这表明律令制体系已走向"式微"（第 224 页）。

第三，宋朝政治经济领域的法律实践。戴著下篇涉及四个议题。其一，宋神宗时期求治过度，诏狱屡兴，士风受创，趋于萎靡，显示出朝廷驭控臣僚之"法"的变化，以及熙丰年间对"祖宗之法"的微调。其二，南宋基层社会的法律人是维持地方秩序的重要力量。私名帖书与讼师的同一性和矛盾性，既呈现出官方与民间两种力量在法律运作中的合作与博弈，也揭示出制度与人事关联的多元互动。那么，赵宋朝廷是如何将法的国家公权力渗透到地方的呢？从立法到法律实践的视角出发，戴著对宋朝簿帐和土地制度做了细致探究。其三，在梳理了两宋户籍攒造、簿账申报、租役征差等问题后，作者认为，这一时期的簿账明显表现出以土地财产管理为主的倾向。其四，关于宋朝土地产权，[①] 作者认为，此时典权的充分发展促使地权进一步分化，北宋时期官田中形成了事实上的永佃权，进入南宋，"独立的田面权在官田、学田中也已清晰地出现"（第 396 页）。

概言之，戴著以问题为中心，立足于长时段探索，在整体史的视野下展现了法典自身的变异，以及法制与政治、经济等领域错综复杂的互动关系，动态地呈现出律令制体系在中唐以降的演变过程与传承轨迹，并且深入探讨了宋法在土地产权等领域的具体实践，揭示了唐朝律令与明清律例之间过渡历程的"中间环节"。

二　整体性、长时段贯通视野下的唐宋法史研究

宏观史学与微观史学、义理史学与实证史学的轻重优劣，历来聚讼不已。因微观史取径引发的史学研究细碎化倾向，引起了学者的警惕与反思。有鉴于此，年鉴学派曾力倡的整体史观念，近来成为学术讨论的焦点。多年以来，戴建国先生在整体性的视野中从"大处着眼，小处着手"，将政治、经济、文化、社会等领域纳入法史研究，大大拓宽了宋朝法制史的探研范围，极具启发性。

从纵向而言，作者虽以唐宋为主，但并未局限于某一朝代，而是秉持长时段研究取径，力求消除断代史的隔阂，将学术视野扩展到明清时期，在前后比较、回溯与瞻望之间，呈现出更为贯通的学术认知。这一点在其律令制研究中尤显突出。《天圣令》之宋令渊源于唐令，因此，戴著在研究过程中特别注意比较唐宋法典之异同。譬如，唐制：徒以上，县断定送

① 中国学者有关宋代土地问题的研究回顾，可参见林文勋《宋代土地制度研究述评》，包伟民主编《宋代制度史研究百年（1900~2000）》，商务印书馆，2004，第 374~413 页。日本学者关于此问题的研究述评，参见宫泽知之《宋代地主与农民的诸问题》，高明士等译，刘俊文主编《日本学者研究中国史论著选译》第 2 卷，中华书局，1993，第 424~452 页。

州。《狱官令》宋令第 2 条则规定：徒以上，送州推断。令文字词间的差异显示，唐令规定徒罪以上由县断定，之后送州复审，而宋令则将徒罪以上案件的审讯、判决权统归于州。这反映出唐宋州县权责及制度设计的变动——赵宋朝廷剥夺了县级官府的司法权，而扩大了州的权限（第 20 页）。再如，中篇通过探究《唐律疏议》《宋刑统》《天圣令》《庆元条法事类》《至元杂令》等法典的内容与源流，考察了律令制体系在唐、宋、元的传承演变，揭示了其从兴盛走向式微的历史进程。这种贯通式的研究，与单就唐朝研究唐史，单就宋朝研究宋史而言，尤显别致，对于我们认识中国唐宋社会的发展态势具有十分重要的意义。

从横向来看，作者从全面认识宋朝政治、经济和社会文化的视角出发，将之与法史研究联系了起来。譬如，赵宋给予了专卖法前所未有的重视，将其修入以“敬上防非”为宗旨的《卫禁敕》内，那么，原因何在？第九章论述均田制瓦解、府兵制崩溃、募兵制兴起等时，对此进行了剖析：可大幅增加税收的专卖法，承担起支撑募兵经费与补充朝廷财政收入的作用，于是，专卖法才得以提升至与国家安全同等重要的地位。作者将唐宋专卖法在律令体系内的调整，与军制变化、经济发展等因素联系起来，立体地展现出宋朝立法与社会变迁之间错乱层叠的互动关系。由此，我们可以清晰地看到，历史环境的变迁以渐进的方式引发了律令制体系的演变。

一般而言，唐宋法制史研究存在两条进路，“由法入史”或“由史入法”。法学工作者“更多地运用法学原理来阐述宋代法制”，史学工作者“主要从事诸如史学和制度考订这样的实证研究”。[①] 戴著虽属后者，但并未忽视法学理论的运用。作者探索出一条糅合法史，并在整体史视野中考察具体问题的路径。戴著中有关土地产权的研究，便是其践行此方法的最佳例证。

戴著第十四章将现代所有权与产权的概念糅入宋朝土地制度的研究

① 戴建国：《20 世纪宋代法律制度史研究的回顾与反思》，《史学月刊》2002 年第 8 期，第 22 页。参见刁培俊、仝相卿《由法入史抑或由史入法——就柳立言〈宋代的家庭和法律〉谈法律史的浸入渠径》，原刊王日根等主编《厦大史学》第 3 辑，厦门大学出版社，2010，第 205~214 页，今据刁培俊《两宋国家与地方社会研究》，中国社会科学出版社，2021，第 560~573 页。

中，从而串联起中国古代社会经济结构变迁的关键性环节。戴著认为，宋朝典权制更加成熟，典买人除了可将已典到的土地转典外，还可出卖土地的使用收益权。典权制造成了民间事实上的“一田两主”，但官府在户口登记中仍实行一田一主制，官方只承认实际使用土地的主人。戴著的有关论述与考辨，进一步明晰了两宋土地产权在转典、回赎等环节中的转移与分化，并且将视线延伸至国家如何监管民间日益分化的土地产权等问题上，从国家治理的角度阐明了“一田两主”问题。在租佃权方面，作者以石刻、契约、诉讼文书为主，并结合传世文献，着重探讨了宋朝学田和官田中的土地产权形态：朝廷特殊政策的支持加速了官田产权的分化，北宋官田业已形成事实上的永佃权；南宋时永佃权进一步扩散，发达地区的学田中出现了其踪迹，并且田面权也已在官田和学田中清晰显现（第341～396页）。

宋朝土地产权的多元化发展，为明清土地产权关系的进一步演化奠定了基础，并且影响到古代中国后期的乡村社会组织形态和经济发展模式。学界此前早有永佃权和田底田面权源于宋朝之说，但多语焉不详。戴著以详赡的资料、扎实而细密的论述，证实了此说，不仅揭示出中国古代土地制度和租佃关系在宋朝的衍生和变化，而且进一步充实了传统中国的土地关系研究，使其向纵深处发展，具有显著的引导意义。

三　探古史幽微之处，扬考证绵密之风

中国史学研究，向来存在实证、义理的多元传统。戴著考辨周密、严谨求真，显然秉承了实证史学的优良传统。这主要体现在以下四个方面。

其一，史料来源丰赡多元。就戴著而言，作者不仅征引了《唐会要》《唐律疏议》《续资治通鉴长编》《宋会要辑稿》《天圣令》《庆元条法事类》等官方文献近四十种，更将浩如烟海的文集笔记、石刻、契约等非官方资料纳诸搜讨范围。多元而详备的史料依据，为其立论提供了坚实基础。

其二，在史料搜集方面，戴著力求穷尽，不遗余力。例如，唐令的复原需要比勘多种史籍。为复原唐令中龠、合、升、斗、斛的进率关系，作者先检之于《唐会要》《通典》《记纂渊海》《书蔡氏传旁通》，确定唐令本为“二龠为合”；又查阅《旧唐书》《养老令》《唐六典》《唐律疏议》

《南部新书》等七种史籍，排除了《旧唐书·食货志》“三升为大升”之句，最终才确定该条唐令的内容（第108页）。再比如，“讼师”一词在两宋文献中出现较少，除《名公书判清明集》中的两例、刘馨珺征引的两例外，[①] 作者又从民国《象山县志》中再寻得一例（第264页），可见其在史料搜寻上的钩沉索隐，不遗余力。

其三，除博采之外，戴著在史料运用方面的特色还体现为善析，以下两方面可以凸显。

一方面，合众证而质之，参众说而核之。一般认为，一手史料的真实度和可靠性最高。然而，即便如此，戴著仍不厌其烦地搜讨多源别论，对所引一手史料进行缜密的考证。比如，关于《天圣令》的修纂，《宋会要辑稿》刑法一之四载：“凡取唐令为本，先举见行者，因其旧文，参以新制定之。”有学者认为，因宋朝司法复核之制发生变化，尚书省集议的作用减轻，所以其令文内容随之改变，如《狱官令》宋令第46条从另一条与之不对应的令文移入了部分文字。[②] 如是，《宋会要辑稿》的记载不免令人疑窦丛生。作者举褚德臻盗官银一案证明，宋朝的尚书省集议仍在详复刑狱中发挥着重要作用，又根据《新唐书》《旧五代史》《养老令》等文献的相关记载断定，《唐六典》给后人留下了“一条不实的唐令记录”，才导致该条宋令与《唐六典》所载不对应。换言之，《天圣令》参修新制，必对唐令旧条有所因袭（第36~39页）。

除了披沙沥金，核定史料记载真伪，作者还特别关注典籍自身的性质。譬如，日本元禄十二年（1699）翻刻元泰定二年（1325）本《事林广记》中收录有《至元杂令》，它是为数不多、流传至今的元朝法律文献。然而，其修纂经过和法律地位并不明晰。戴著第十章运用内外考证的方法，对《至元杂令》的成书背景、过程以及性质做了翔实的考证。作者查找其所载最晚令文，又对照至元十四年（1277）之新制，推断此件杂令当刊行于至元十二年（1275）到十四年。《至元杂令》体例杂乱，与唐宋所谓之“杂令”相去甚远。元前期制定的“令”只是法典的泛称，加之

① 刘馨珺：《明镜高悬：南宋县衙的狱讼》，台北：五南图书出版公司，2005，第295、299页。

② 张雨：《唐宋间疑狱集议制度的变革——兼论唐开元〈狱官令〉两条令文的复原》，《文史》2010年第3期，第133~144页。

《事林广记》乃民间日用百科类书，所以，综合分析之下，戴著认为，《至元杂令》并非严格意义上的元朝法典，只是当时书商杂抄汇集的产物。从《至元杂令》的法条向前追溯，可以发现，此条格体不仅混合了金、元法律，而且保留有部分唐格的元素。这种溯源式的考证，将史料形成的前因后果与相关史事紧密联系起来，不仅辨明了《至元杂令》的性质，也构筑起连续的、动态的律令制体系变迁过程。

其四，对既有成果的汲取。作者对学术史十分熟稔，淘择和汲纳了海内外大量的相关论著，不论作者之少长、资历之深浅，但有一得之见，均尊重其成果，谨守学术规范，或切实地展开商讨，或确当、充分地予以利用，以为自己论证的辅助。

譬如宋朝簿帐制度极为繁杂，且文献记载模糊不清，学者见仁见智，高论纷呈。[①] 戴著第十三章仔细梳理了前贤时彦有关宋朝簿帐的研究，至少征引了33位学者的40余篇（部）成果。再者，第十四章第一节为探讨宋朝典权制下的土地产权形态，参考了22位学者的24篇（部）成果。其中，既有资深专家，又有年轻新进。值得一提的是，戴著广泛汲取已有研究，但并不盲从，作者始终以敏锐的学术眼光进行判断，或择善而从，或提出新见。比如，柳田节子认为：明道二年（1033）的宋仁宗诏书始确立宋朝五等户籍制。梁太济则主张：该制颁行于大中祥符七年（1014）至乾兴元年（1022），景祐二年（1034）首次攒造五等丁产簿。考虑到户籍制的历史继承性以及当时的法制规定，作者钩稽审查史料后推断，“五等分户制从建隆元年起，就作为宋代主户的户籍制度开始实施了”（第284页）。关于宋朝的典权制，李如钧曾推断典买人转典与出卖土地两种方式并无不同，作者深化了这一问题，认为二者确存差别。典买人断卖田地即意味着，他放弃了优先购买田根权和上典买人向下典买人回赎典田的权利，而转典田地则依旧享有这两项权利，这也是前者价格高于后者的原因（第350~352页）。

要之，作者充分利用各种史料文献，批判地继承既有研究成果，有破

---

① 苏基朗：《宋代一户两口之谜：十年来有关研究的回顾》，《唐宋法制史研究》，香港中文大学出版社，1996，第123~148页；吴松弟：《宋代户口调查统计制度史研究述评》，包伟民主编《宋代制度史研究百年（1900~2000）》，第295~327页。

有立，从而得出了引人注目的新见。

四　管窥与锱铢：阅读者的疑惑

如前所述，《秩序之间》是在整体视野和实证路径下探究唐宋法制史的一部力作，在方法与观点上均启人深思。但任何一部史学著作都不可能十全十美，戴著似也存在一些可议之处，谨略述于下。

第一，理论反思：法制史与唐宋变革。戴著清楚地呈现了唐宋元明在法制上的承继与演变，揭示了传统中国后期历史变迁的复杂性，这也促使我们进一步思考法制视角下的“唐宋”抑或“宋明”问题。1922 年内藤湖南提出“唐宋变革论”之后，学界又出现了宋元明过渡说、宋元变革说、元明变革说等等，诸说争鸣，议题多元。似乎无论是“变革”，还是“过渡”，学者都能找到相契的证据。近些年，我国学界渐趋进入较为冷静更显理性的讨论阶段。作者曾著有《唐宋变革时期的法律与社会》一书，[①]即围绕唐宋变革展开。《秩序之间》则未直接回应这一议题，论述中改用“社会变迁”一词替代“唐宋变革”，提出“多角度地探索宋代不同领域的法制状况和国家制度实施的效果，深入认识唐宋时期中国社会发展态势，进一步揭示唐宋社会变迁呈现的多元变化”（前言，第 7 页）。但就其所呈现的唐宋历史复杂图景而言，其专题讨论却促使读者更深入地反思唐宋变革的含义与界限，以及变革与延续的关系等问题。

作者的研究表明，历史的行进似乎并非单程的一条线索。[②] 讨论这些或显或隐的变化，无法脱离其时代特征。戴著试图通过法制的视角来观察唐宋时代的社会变革这一宏大议题。变动的政局、法典和社会，究竟又反衬出哪些领域坚挺而不变呢？专制皇权一元化政体模式、官本位、阶级性，是这一时期最显著的时代特征，[③] 亦当是阐释与强调的重点。唐宋变革论如何作用于法的制定、编纂、实施与维护，这一体制下的法律提倡了怎样的思想，形成了何种“信念共同体”，将社会发展导向了何处，等等，似均值得进一步追问。

① 戴建国：《唐宋变革时期的法律与社会》，上海古籍出版社，2010。

② 罗荣渠：《论一元多线历史发展观》，《历史研究》1989 年第 1 期，第 3~20 页。

③ 王曾瑜：《唐宋变革论通信》，氏著《纤微编》，河北大学出版社，2011，第 212~217 页。

第二，整体视野下法史的互动与融会：五代十国和辽夏金元。或由于资料匮乏，或因探研难度较高，中国法史研究中相对较少出现五代十国和辽夏金元的踪迹。戴著在长时段、整体史的视野下展开，对五代和元朝法制的重视和考察显示，这些领域仍大有可为。换言之，戴著较少涉及9~13世纪中国北方族群的法制。戴著中篇，虽然探究了律令制体系的传承流变，但其中与金朝相关的部分较少。《至元杂令》的内容多承袭自金朝的法律规定，似应充分考虑律令体系演变中金朝所扮演的角色和产生的影响，以更清晰地呈现这一体系在特殊历史背景下的变化过程。进而言之，五代的法律与制度在唐宋之间究竟起了什么作用，辽、宋、西夏、金、元之间的法律体系和形式内容有何联系，北方游牧民族元素在中华法文明建构过程中有什么体现，其间又有哪些关联和互动，这些元素在何种意义上形塑了中国传统社会，等等，都是值得深入讨论的议题。

第三，唐宋法史与史料视角：法典文本的形成与流变。清乾嘉学派长于训诂考证，在此前后，欧美的《圣经》文献考证学和兰克史学亦提出“如实直书”，注重文本考古。承此余脉，梁启超在《中国历史研究法》中申明了史料的重要性，陈垣更是归纳出一套史源学的研究方法。近年来，考究文本之源，史料批判研究（或称史料论研究）成为中古史研究的热点，并对其他断代研究产生了广泛的影响，为历史研究带来了蓬勃活力。

循此理路，史料批判下的唐宋法制史研究是否也可以展现出新的可能性呢？显然，答案是肯定的。如前所述，戴著格外关注《天圣令》《庆元条法事类》《至元杂令》等法典的修纂过程与传承流变。这与实证史学重视史料的传统一脉相承，亦与史料批判方法颇有暗合之处。戴著的探研表明，史料研究与唐宋法制史的结合，将有助于探讨影响唐宋法典修纂的种种因素，揭示文本形成过程中所隐含的历史线索。譬如，唐宋法典的文本来源与流变，书写体例与政治、经济、文化等因素的多元互动联系，成书过程与时人观念的改易、社会背景变动的纠缠，等等，皆有进一步探究的必要。辽、西夏、金、元等王朝的历史，包含了各个族群的磨合与互动，极具学术吸引力。这一时期的法典，或许亦可成为观察族群交融与社会关系调整、中华法文明演进的窗口。

第四，戴著史料的征引可谓致密扎实，但仍存有极少量的疏漏。如第

50 页第 1 行和第 10 行皆引《天圣令》之《田令》唐令第 27 条，但其内容并不一致，前为“诸田有交错，两主求换者”，后为“诸田有交错，两求换者”。第 76 页、第 156 页皆引《天圣令》之《赋役令》唐令第 7 条，前为“入国、邑者收其庸”，后为“入国、邑者收庸调”。第 107 页注释 2 将《记纂渊海》录为《记纂渊海》。第 133 页“郑学蒙”当为“郑学檬”。第 157 页引《唐会要》卷三一《舆服上·章服品第》录为“已备令文”，核原书，“已”当为“以”。第 250 页注释 3 页码应为第 128 页。第 266 页，文渊阁《四库全书》本《黄氏日钞》有名为“申台并户部戴槐妄诉状”的篇目，戴著将“诉”误录为“欣”。第 304 页注释 8《盘州文集》当为《盘洲文集》。第 318 页注释 1“杭州”或为“浙江”之误。白璧微瑕，本不必苛责，再印时或已订正。

《秩序之间》引用一手文献的版本，极少量尚有可商榷者。例如，《宋大事记讲义》，现存“影元钞本”、上海图书馆藏二十三卷本的明抄本、清道光抄本（台北文海出版社曾以“宋史资料萃编”影印出版），均优于文渊阁《四库全书》本；《历代名臣奏议》有上海古籍出版社影印明永乐刊本。此外，如张方平《乐全集》、范祖禹《范太史集》、周必大《文忠集》、陈淳《北溪大全集》以及陆贽《翰苑集》等，在文渊阁《四库全书》本之外，近年也已另有佳本可资利用，作者在将旧文收入论集时可能疏于统一校正。

要之，《秩序之间》对唐宋法典制度与社会演进做了深入详尽的研究。该书沿袭传统实证路线，论述深刻，逻辑严密，是一部自法制史角度出发探索唐宋政治、经济、社会状况的上乘佳作。

（戴建国：《秩序之间：唐宋法典与制度研究》，上海人民出版社，2020）

井上正夫《東アジア国際通貨と中世日本：宋銭と為替からみた経済史》*

王 申

中国与东亚世界之关联是中外关系史研究中的经典议题，近年来更大有成为“显学”的趋势，相关研究论著、普及读物和学术活动层出不穷，影响力恐已经超出中外关系史这一学科分野。如果说中国学者站在中国本位的角度研究中国与东亚世界，目的之一可能是找到中国在东亚各国中的历史定位，同时以更为宏阔的视野观照中国史中的议题，① 那么对于从事相关议题研究的日本、韩国学者而言，研究的基点也应该在于其本国史。其中，日本松山大学教授井上正夫便是从货币史角度切入上述领域的中坚学者之一。

无论中日，货币史都是成果积淀十分深厚的研究领域。由于绝大多数史料和制度已被前人梳理，一旦出现新史料不足的情况，研究者想做出推进无外乎通过细读史料检讨前人论述和转换研究视角等极为有限的途径，难度可想而知。而井上正夫则在宋代货币史、日本中世货币史和东亚货币流动等领域深耕三十余年，在研究的深度和视角创新上均有独到建树。

2001 年，井上氏自京都大学经济学研究科博士毕业，博士论文题目为《关于 12 世纪末期宋钱流入日本的问题》（《12 世紀末期に於ける日本への宋銭流入の問題について》）。但他早在 20 世纪 90 年代就已发表了若干相关论文，如发表于 1992 年涉及高丽货币的《高丽朝的货币：以中世东亚货币

* 本文系国家社会科学基金青年项目“宋代货币与国家财政体系建设研究”（22CZS024）的阶段性成果。

① 类似的研究角度也经常出现在断代史研究中。例如日本学者高桥弘臣的代表作《宋金元货币史研究——元朝货币政策之形成过程》（林松涛译，上海古籍出版社，2010）以大量篇幅讨论宋朝和金朝的货币制度与货币流通状况，但落脚点不在宋、金，而在元朝货币政策。

圈为背景》,[①] 发表于1993年讨论王安石变法与宋钱国际化的《宋代的国际货币：以王安石的货币政策为中心》,[②] 多篇讨论日本中世货币问题的专论亦随后发表。依笔者管见，如果仅阅读单篇论文，恐怕很难联想到各篇论文之间的关联性，更难以理解作者埋藏于文字之下，真正关注的深层议题。

幸运的是，井上氏于2022年将自己三十余年间发表的相关论文汇为一编，辅以部分新撰章节，以“東アジア国際通貨と中世日本：宋銭と為替からみた経済史”（东亚国际通货与中世日本：宋钱与为替视角下的经济史）为名交由名古屋大学出版会出版。该书出版后引起了日本国内学界的一些关注：庆应大学教授牧野邦昭和鹿儿岛大学教授大田由纪夫各撰写一篇书评；[③] 日本每日新闻社、亚洲调查会将该书评选为第三十四届“亚洲·太平洋奖”特别奖。笔者拟将拜读该书的想法连缀成文。不当之处，祈请方家指正。

一

由该书标题可知，作者先前发表的某些看似单独讨论宋朝、日本、朝鲜国内货币问题的论文，均以宋钱的国际性流动为出发点和逻辑线索，而最终的落脚点和研究本位则是东亚货币流动影响下的中世日本。这样的研究视角对于国内宋史学界的参考价值至少有二：第一，细致了解宋钱在日、朝等东亚国家的流通状态；第二，从日本本位的视角反思宋钱在国际社会中的定位、职能，重新认识宋、元等朝代货币政策的作用。宋钱在宋元时期大量流出中国，这是学界的常识。但是流出至日本的宋钱，究竟在该国如何流通、发挥何种职能、如何与日本本土的其他货币配合或竞争、如何被统治者与民众看待等问题，则较少被国内宋史学者触及。其中的主要原因，应当是上述问题在相当大的意义上属于日本史（而非宋史）的研究范畴，加之史料阅读和使用等方面确有隔膜。

① 井上正夫：《高麗朝の貨幣—中世東アジア通貨圈を背景にして—》,《青丘学術論集》第2集，1992。

② 井上正夫：《宋代の国際通貨—王安石の通貨政策を中心に—》,《經濟論叢》第151卷第1、2、3号，1993年。

③ 参见《読売新聞》2022年6月12日；大田由纪夫《井上正夫著〈東アジア国際通貨と中世日本—宋銭と為替からみた経済史—〉》,《史学雑誌》第132编第4号，2023年。

而作者的雄心却不局限于探明宋钱如何流出及其在日本等国的流通情况，更试图搭建一套宋钱在东亚世界作为国际货币流通的框架，或者说以整个东亚世界为研究空间，讨论宋钱发行、流通的逻辑线索。这一雄心勃勃的研究计划开门见山地体现在序章中。作者交代该书研究的主要议题有四：第一，宋钱是信用货币；第二，宋钱是跨越国境使用的国际货币；第三，使用宋钱与权力支配关系不大；第四，东亚各地域以宋钱流通为基础，发展起了金融业（第 2 页）。这四个议题虽然看似具有一定的关联性，却并非不言自明，议题之间的逻辑缺环仍需要靠论证填补。为此，作者在序章和终章外，分五部共十六章论述和串联上述四大议题。以下逐一概括各部内容，并提出笔者对该书分析框架和论述线索的认识。

序章的核心工作是从理论上阐释宋钱的性质。作者认为货币币值超过币材价值的部分可称为“信用部分”，拥有信用部分的货币便是信用货币（第 21 页）；随后又引用辞书《广辞苑》的解释，称信用货币指“在广义用法下，币面价格高于币材价值的货币”（第 27~28 页）。但这种从词条出发界定的概念显然不足以服众，作者因而首先从分析或批判三种相关假说入手，再阐述该书的观点。

第一是足立启二的国家支付手段说。作者认为足立启二援引卡尔·波兰尼关于非市场社会中货币诸职能可被分割的理论，[①] 将国家支付手段视为宋钱的首要职能，但他也认为宋钱、明代白银等具有交易媒介的职能。然而后代学者则逐渐将国家支付手段职能视为唯一，掀起了一股忽视铜钱交易媒介职能的研究风潮（第 2~4 页）。国家支付手段说在一定程度上成为货币史研究中的通说。

第二是黑田明伸的货币非对称性理论。作者认为黑田的非对称性理论在 17 世纪以前的历史中无法成立。理由是，如果某时期的铜钱沉淀在基层，那么下一时期发行的新铜钱应该成为当时的主要流通货币。如果非对称性假说成立，现在发掘出土的某时段铜钱种类应该会在短期内出现变化。可实际上不论时代与地域，东亚出土铜钱的钱种构成都是近似的（第 4~6 页）。

① 即某种货币不一定同时具有流通手段、贮藏手段、价值尺度等职能，上述职能可能由不同货币分别承担。

第三是货币数量论。作者认为严格的货币数量论并不成立，货币数量增减不一定导致物价等比例地增减，但相对宽松的货币数量论则大致成立，即货币数量增加，物价上升；货币数量减少，物价下降。就日本而言，作者认为大田由纪夫提出的“联动假说”颇具代表性。具体内容为13世纪后半段中国铜钱大量流入日本时，日本物价上升，反之则物价下降。但“联动假说”仍存疑问：一是存在反例；二是来自中国的铜钱减少，而日本本土的铜钱流通量仍然增加，该怎样对应货币数量论。大田氏似引用非对称性理论解释称铜钱流入量降低刺激民众贮藏铜钱，此点仍需进一步论证（第6~9页）。

随后，作者引入宋代钱荒现象，从具体问题点明上述三种假说的有待商榷和补足之处。钱荒现象是宋史研究中由来已久的难题，向来众说纷纭。大体状况是北宋铜钱铸造量、发行量很高，物价腾贵，关于钱荒状态的记载却经常出现在史料中。很显然，货币数量论在面对钱荒时无法调和物价高、货币少之间的矛盾，而国家支付手段说与非对称性理论也无法有力地解释（第9~10页）。

那么，作者为什么要特别关注宋代钱荒现象呢？因为如何解释钱荒，直接关系到该书的逻辑框架能否成立。作者试图说明宋代没有发生全国性钱荒，总体来说铜钱数量是充足甚至过剩的。宋代利率高，不是铜钱数量不足造成的。因为无论货币流通量如何，贫困人群总是缺乏货币，只得借高利贷。因重税、食物不足、人口过剩产生的贫困，才是造成宋代高利率的罪魁祸首（第16~18页）。而恰恰因数量充足，宋钱才有可能大量流出宋境至辽、金、日本等地，并将流出状态延续到元代。另外，铸造铜钱为宋廷带来为数不少的铸币税收入，因此宋钱是面值高于币材价值的信用货币。宋钱的信用部分得以维持，不是依靠各政权的强力，而是作为交易媒介的宋钱在市场中被民众自发接受和选择的结果。该书接下来五部的内容均围绕这一框架展开。

第一部“东亚的国际货币”论述宋钱如何在10世纪以降成为流通于东亚的国际货币。作者认为北宋货币的流通量过剩，但朝廷长时间维持禁止宋钱出境的铜禁政策。王安石推行放开铜禁的政策，使宋钱大量流出宋境，国内物价下落；他又主张大规模铸钱，使国家财政获得极大的铸钱收益。就北宋的主要对手辽国而言，辽廷发行的货币不被市场认可，而宋钱却通过贸易流入并稳定流通，成为脱离辽廷权力控制的“中立货币”。至于朝鲜半岛的高丽，则因无法确保贸易顺差，难以有效地吸收宋钱供国内行用。第一部至少提出了两个颇具新意的认识。第一，重新理解王安石放开铜禁政策的意义。与王安石同时代的宋人和一些现代学者对放开铜禁政策持批判态度。作者认为如果从宋钱与东亚世界的视角切入，对王安石政策的评价恐怕就会不同。宋钱过剩造成国内物价上升，物价上升到一定程度则会导致铸钱成本高于收益，铜钱的币材价值高于币面值，铸钱因此受到阻碍。放开铜禁政策使铜钱流向周边国家，一方面疏导了宋境内过剩的铜钱，另一方面又利用宋钱的信用力，使宋朝通过贸易获利（第 46~50 页）。第二，综合《辽史·圣宗纪》和《辽史·食货志》的史料，认为《辽史》记载的辽圣宗铸行“太平钱”一事不在辽圣宗太平年间（1021~1031），而在统合十四年（996）。“太平钱”并非使用辽圣宗太平年号的钱，而是仿铸发行于北宋太宗太平兴国年间（976~984）的“太平通宝”的伪钱（第 56~61 页）。

第二部“古代日本本国铜钱流通的意义”则从古代追述日本接受宋钱流通的基础，该部分聚焦日本律令政府发行的和同开珎钱。和同开珎钱分为银钱和铜钱两种，二者在流通中的币值均由市场决定，很少受政府支配。相反，律令政府试图将铜钱等价于银钱的做法遭遇挫折。10 世纪末期，政府增强了货币支配权，一度导致铜钱流通中断。该部分回应日本学界关于日本古代交换经济不发达，故无须金属货币的说法；论证货币需求自日本古代起始终延续，成为 12 世纪其接受宋钱的基础。

第三部“宋钱的移动与中国大陆货币的转变”讨论金、元等政权发行纸币后，宋钱的流通情况。宋钱绕过南宋的国家管控流出至日本，日本部分统治阶层则高呼抵制宋钱，理由是宋钱造成物价体系混乱，且影响了他们的财富的价值。当时流通于日本的宋钱具有很强的中立性，较少受到权力干预，故被市场认可。尽管铜钱大量流出南宋，南宋的铜钱流通量仍然比较丰富，重要原因之一是金朝成功流通纸币代替了铜钱，从北宋接收的大量铜钱便回流至南宋境内。此后，纸币在金、元、明等朝代重复发行和失败，最终彻底实现白银货币化。宋钱虽在明朝前期较明钱更具流通优势，但这种优势在嘉靖钱发行后逐渐丧失，最终于17世纪前半期退出主要流通货币的行列。作者对南宋铜钱铸造量大跌提出了一种解释：货币过剩引起的物价升高导致铜材开采不足，故铸钱数量长期稳定在低位。与宋代货币史学者通常集中关注铸造量本身不同，作者讨论铸造量的目的在于回应因铜钱铸造大减导致南宋铜钱流通量不足的说法（第235页）。①

第四部“中世日本金融的发展”以汇兑票据为中心，阐述日本金融在宋钱流通后的发展状况。将“返抄”等征税文书作为金融票据运用的为替机制在宋钱传入之前已被日本独立发明，12世纪后以宋钱的中立流通为基础得以正式发展；14世纪初，流动性更强的割符进入流通领域。与之前具有“熟人”经济性质的为替相比，割符便于无信任关系者使用，因此发挥着更强的金融作用。二者共同支撑起中世日本的金融活动。

第五部“宋钱时代的终结”主要描述中世日本金融衰退与宋钱退出流通的过程，同时考察朝鲜半岛的铜钱流通情况。明钱糟糕的铸造状况与低下的流通地位波及日本。日本出现恶钱问题，割符制度遭到破坏。随后金融业萎缩，铜钱币值上升，又进一步刺激私铸，激化了恶钱问题。16世纪后半叶，新成立的近世政权强力推行撰钱令等针对性的改革措施，导致宋钱失去中立性，币值下跌且逐渐失去流通地位。江户幕府发行国家货币宽永通宝代替宋钱，日本走上加强国家支配能力的近世货币制度之路。17世纪后，朝鲜半岛获得少量贸易顺差，开始流通宋钱。此时宋钱已在包括中国本土在内的大多数东亚地区失去流通价值，不再是国际货币，残存的宋钱便流入朝鲜流通。

二

井上氏以纵贯中日朝三地、上至8世纪下至17世纪的宏阔视野和新见迭出的具体论述，在该书中构造了一个解释宋钱在东亚世界流通状况的新框架，为学界提供了不少重新解读史料和重要历史问题的新思路。因此，该书问世不久便摘得大奖，可见日本学界对其的重视程度。笔者对于该书

① 物价过高导致南宋铜钱铸造量下降的说法在中国宋史学界并不鲜见。如汪圣铎在《两宋货币史》中便将物价上涨视为最主要的原因（社会科学文献出版社，2003，第388~391页）。

的核心框架十分赞同，认为作者清晰梳理了宋钱流出至日本，在日本本土如何以中立货币的性质流通，如何促进日本金融业发展，以及如何在国家权力支配下被取代的过程；结合国际贸易和国内交换活动，分析朝鲜半岛流通或不流通宋钱的原因亦令人印象深刻。

但是，笔者对于宋钱在宋境的流通状况与宋钱在东亚其他地域的流通状况之间如何整合，仍存在疑问。诚如作者所言，宋钱流通的条件在各国并不相同（第 535 页），但又认为宋钱在整个东亚都是信用货币，都是较少受到权力支配的中立货币。序章中四大研究主题的立论范围，也包括宋朝的情况在内。作者的目的很明确，他认为现在货币史研究中常用的一些话语，如宋钱数量不足、宋钱沉淀、宋钱作为商品买卖、宋钱的金属价值超过交换价值、宋钱的本质不是交易媒介，都是从国家支付手段说和非对称性假说中衍生出来的。新的研究如果使用上述概念，无非是巩固成说、陷入循环，有必要跳出其中（第 24 页）。

这样的研究路径比较罕见。一般而言，学者通过文献记载和考古发现，首先确定宋钱在宋代流出中国本土的史实，再分析宋钱在流入国的流通情况。宋钱在宋境之内的性质与流通状况因而并非研究重点。退一步说，即便我们判断在东亚乃至东南亚诸国流通的宋钱性质一致，通常也与宋境内的宋钱无关。笔者十分钦佩作者力图整合宋钱性质与流通状况的雄心，但也认为部分论断有待商榷。

第一，宋钱是否信用货币，或者说宋钱的币材价值与币面值的关系究竟如何？作者使用的“信用货币”概念并非学界主流，他自己亦在书中称已预见到会被批评（第 27 页）。因此我们不妨暂时抛开“信用货币”这一名词，先来看作者描述的现象。作者认为宋钱的额面币值高于币材价值，理由是宋廷从铸币中获得大量收益。他引用《续资治通鉴长编》关于熙宁三年（1070）铸币收益的记载：

> 岁得钱二十万缗，用本钱外计得子钱十三万缗。①

① 李焘：《续资治通鉴长编》卷二一四，熙宁三年八月辛巳条，中华书局，2004，第 5221 页。

单从这条史料看，铸造二十万贯仅用本钱七万贯，如此铸造得来的宋钱当然可被称为作者定义的“信用货币”。问题是，如果回归《续资治通鉴长编》文本，便可知这条史料仅涉及阜民监、岑水场所在的广南东路，而且作者在引用该句史料时隐去了“本路以谓”这一关键的起始语（第28页）。因此，这条史料最多只能说明熙宁三年广南东路阜民监的铸钱收益情况。根据汪圣铎的研究，宋代铸小平钱大约只有初期赢利，北宋中期至末年基本上无利或稍有亏损，南宋时则是严重亏损。[①] 即便暂且搁置北宋情况不论，作者在分析南宋铸钱不足时也将铜材价格上涨视为主要原因，可见他已认识到不能将不同时期宋钱币材的价格一概而论。那么，如果将部分额面币值高于币材价值的宋钱称为“信用货币”，我们又应该如何理解南宋钱的性质呢？此外，不妨设想一种极端却很可能出现的状况：在铸造相同形制的宋钱时，部分钱监赢利、部分钱监亏损，经过一系列复杂的财政调拨和市场流通，赢利和亏损的铜钱被混杂使用、同等对待。那研究者应该如何判断哪一枚宋钱是信用货币，哪一枚宋钱不是信用货币呢？

第二，宋钱数量是否过剩，或者说如何理解宋钱数量的多与少？作者力图论证宋境之内的宋钱数量过剩，从而建立如下论述逻辑：两宋均面临物价升高导致铸钱成本增加的困境，宋钱流出既有助于疏减宋境内的货币流通量，又能使宋朝通过与外部之间的币值差谋利。特别是南宋铜钱流出至日本这一现象，恰恰说明南宋没有陷入铜钱不足的状态（第235页）。此外，物价升高本身也隐含着货币数量过剩的预设。

笔者赞同宋日之间宋钱的流动与宋钱在两地购买力或价格存在差异有关的说法。但作者仍然需要回应一个问题，即宋钱在日本的币值究竟如何。如果宋日之间的币值差距过大，商人在“进口”宋钱时便可开出极具吸引力的价码，那么无论宋朝境内是否缺少铜钱，宋人都可能在利润的诱惑下出售铜钱。正如金人在宋金边境的贸易中，以极低的短陌数定价吸引宋人购买其产品，促使宋钱流入金朝境内。[②]

另外，判断南宋铜钱数量是否过剩其实极为困难。作者以较多篇幅计

---

① 汪圣铎：《两宋货币史》，第258页。

② 乔幼梅：《宋金贸易中争夺铜币的斗争》，《历史研究》1982年第4期，第115~127页。

算南宋前期境内铜钱的保有量，再综合领土面积与人口，认为当时的铜钱数量十分充足（第230~233页）。但是仅分析铜钱数量不足以说明问题，因为货币数量是否过剩不是绝对概念，而是货币数与经济体量比较下的相对概念。因此，作者最主要的论据还在于南宋物价升高，由此反映货币与物品之间的数量关系。

问题是，从宋高宗绍兴末期起至南宋灭亡，纸币大量流通并成为南宋主要的流通货币之一。由物价高低判断铜钱过剩与否，必须剔除纸币对物价的影响，这似乎使作者陷入两难境地。一方面，他在论证南宋物价上升造成铸币困难时，强调了纸币流通对物价升高的影响（第228页）；另一方面，他论证南宋铜钱过剩时，又不得不排除纸币。他必须找到南宋人明确表示因铜钱过多，物价升高的记载。据笔者了解，现存史料很难满足作者的需求，即便仅涉及限定时段、限定地域的记载也极为罕见。因此该书仅征引叶适《水心别集》卷二《财计中》，用一页篇幅简单论证（第234页）。

从该书征引史料的文字看，叶适的确提及铜钱数量多与物价高，如“大要天下百物皆贵而钱贱”，“今日之患，钱多而物少，钱贱而物贵也”等句。但是井上氏征引的只是原文的一部分，不能完整表达叶适的行文意图。叶适至少还提出了两个重要观点。①

首先，朝廷大肆发行纸币使大量铜钱退出流通领域，流通领域中的铜钱数量不仅不过剩，甚至还不足。如“凡今之所谓钱者反听命于楮，楮行而钱益少”，“造楮之弊，驱天下之钱，内积于府库，外藏于富室”。

其次，造成物价上涨的原因是纸币贬值和物资生产相对不足。叶适认为纸币因发行量过多而贬值，不仅驱逐铜钱，还造成民众不愿出卖商品的恶果，“使钱益少，而他货亦并乏矣”。而治理的混乱和财政对物资的无度需索，又造成物资生产赶不上财政和市场的需求。叶适称“治安则物蕃，物蕃则民不求而皆足，是故钱无所用”，但如今的局面却是“天下百物皆贵而钱贱，瓜瓠果蓏，鱼鳖牛彘，凡山泽之所产，无不尽取。非其有不足

① 《叶适集·水心别集》卷二《财计中》，刘公纯、王孝鱼、李哲夫点校，中华书局，2010，第660~662页。

也，而何以至此”，“钱货纷纷于市，而物不能多出于地。夫持空钱以制物犹不可，而况于持空券以制钱乎”，因此决策者应该重视农业生产这一“本”。总之，在叶适的叙述逻辑中，铜钱数量多与物价上涨是两个并存的现象，彼此之间没有因果关系。

此外，叶适提及流通领域中缺乏铜钱，其实是南宋中后期突出的现象，却未被井上氏讨论。以东南会子为例，一贯面额的发行量占发行总量的绝大多数，五百文、三百文、二百文面额的发行量很低。随着纸币发行量扩大和逐渐贬值，铜钱退出流通领域，市面上出现了小额货币不足的问题。包括临安在内的多地民众和地方官府自发地发行竹牌、纸帖以填补空缺。小额货币不足的问题，直到宋廷贬值一贯面额十七界会子，视为二百文面额十八界会子才有所缓解，并在十七、十八界会子进一步贬值后基本解决。①

概言之，井上氏在书中针对旧说，力图论证南宋铜钱并无不足的努力似乎稍稍偏离了轨道。目前支持南宋铜钱总量较足观点的学者似乎并不多，更多的学者从两个具体层面强调南宋缺乏铜钱。其一是财政层面的增量不足，这是由铜钱铸造量不足导致的。南宋朝廷大量发行纸币补充财政用度，与此关系密切。其二便是上文提及的，铜钱被纸币挤出流通领域后，小额货币相对不足。

第三，宋钱是国家支付手段还是交易媒介？这恐怕难以取舍，宋钱本身应该同时承担上述两种职能。作者认为足立启二的国家支付手段说是日本学界的通说，但该说有可商榷之处，需要强调宋钱的交易媒介职能，甚至把交易媒介视为首要职能。这种研究路径本身并无太多可议之处，但在具体论述中的表述则容易让人产生困惑。例如作者在第226~227页以长注释的形式补充阐释序章的论点时，先引用宫泽知之的观点，称宫泽认为宋代货币流通的扩大，不对应社会内部自发的商品流通发展。再指出“然而，实际上宋代都市生活中，所有的财物和服务都需要以货币为媒介购

① 王申：《论小面额东南会子对南宋货币流通的影响》，《浙江学刊》2020年第5期，第231~238页；《南宋东南会子的券别结构》，中国社会科学院古代史研究所隋唐五代十国史研究室、宋辽西夏金史研究室、元史研究室编《隋唐辽宋金元史论丛》第10辑，上海古籍出版社，2020，第214~220页。

买，是现在周知的事实”。接下来引用张方平“彼穷乡荒野，下户细民，冬正节腊，荷薪刍入城市，往来数十里，得五七十钱，买葱、茄、盐、醯，老稚以为甘美，平日何尝识一钱”之语来说明宋代农村的货币流通状况。作者对比了宫泽知之与黑田明伸对于张方平此言的解释：宫泽认为这表明铜钱没有浸透宋代农村，铜钱更多地作为国家支付手段；黑田则指出这恰恰反映出农村贫民阶层也将铜钱作为交易媒介使用，此处没有发挥铜钱的国家支付手段职能。但是，宫泽知之实际上没有判明上述史料中“五七十钱”的性质，他的行文目的是说明熙宁新法在农村投放、回笼大量铜钱对于北宋货币经济建立的意义。换言之，宫泽正要论证所谓“宋代货币流通的扩大”是由宋钱的国家支付手段职能带来的，[①] 与宋钱之前承担什么职能关系不大。张方平的上述言论也重在批评熙宁新法大肆征钱的做法，此文在其文集中被定名为《论免役钱札子》。[②]

评判某种货币的性质以及何者为首要职能，恐怕更应该看民间交易需求与国家财政需求谁主导了货币流通。就北宋农村而言，可以认为农村流通领域中的铜钱原本主要满足民众的交易需求。这种交易媒介职能，甚至可以追溯至秦汉时期。但不可否认的是，熙宁变法通过官方强制力和巨量货币将大量的农民、农产品拉入官方主导的货币经济。此后货币的国家支付职能占据首要地位，甚至农民交易农产品等看似非常“市场”性的活动，也需研究者仔细判别其后的目的与性质。

退一步说，货币完全可以在流通的不同层级着重发挥不同的职能。例如苏联计划经济中的卢布，在政府与企业间是分配、核算国家财政资源的票据，在企业与工人间是支付手段与核算劳动的工具，在民众的日常使用中体现出一些交易媒介的职能，在黑市交易中则更为彻底地发挥交易媒介职能。

三

上述商榷是笔者基于宋史研究的视角，针对有关宋代货币史研究的史

① 宫泽知之：《宋代中国の国家と経済—財政・市場・貨幣—》，创文社，1998，第55~68页。

② 张方平：《乐全先生文集》卷二五《论免役钱札子》，四川大学古籍整理研究所编《宋集珍本丛刊》影印清抄本，线装书局，2004，第5册，第532页。

料解读与概念建构提出的意见。一个根本性的结论是：无论宋钱在宋朝境内的性质如何、流通状况如何，似乎都不影响作为国际货币的宋钱在东亚世界的流通状况。正如当今社会中，在岸货币与离岸货币可以采用不同甚至不相关的运作机制；某种货币在外国流通时的币值、流动性、中立性等可以与其在本国流通时完全不一致。因此，是否有必要、有可能将宋钱在宋境内外的运行机制集中于一种论述逻辑下，仍有待于探索。至于该书涉及日本和朝鲜的内容，笔者在阅读的过程中收获良多，有待相关领域的专家学者另行评价。

流行于今日史学界的研究风潮有很多，其中一股便是追求长时段、大范围、跨国别。这样的研究时常提供宏大而新颖的框架，在更高的视角、更宽的视野下重新叙述“故事”。如果能在此基础上更为细致地推敲史料，进入更为具体的历史场景，相关研究或许能为断代史研究者带来更多启发。

（井上正夫:《東アジア国際通貨と中世日本：宋銭と為替からみた経済史》，名古屋大学出版会，2022）

包弼德《志学斯邑：1100~1600年间婺州士人之志业》*

周扬波

以修齐治平为己任的士人，为何其学术史会呈现忽隐忽显的地方脉络？这种脉络又如何体现地方士人社群和地域意识的变迁？士人群体如何在时代的巨变中自处且展望？作为一部对于一个地域士人之学做纵跨五个世纪宏观考察的研究著作，美国哈佛大学包弼德（Peter K. Bol）教授《志学斯邑：1100~1600年间婺州士人之志业》（*Localizing Learning*：*The Literati Enterprise in Wuzhou*，*1100-1600*）一书就以上问题给予了较为充分的探讨。本文拟分两个部分，首先对这部英文新著的整体框架做尽量简明的介绍，然后再提供一些个人思考，以期抛砖引玉，就正于方家。

一

作者认为“学”是中国古代士人对终生志业的称谓，既是名词也是动词，可让研究者既关注学问也关注投身其中的学人，因而将该书定位为社会文化史研究著作。选择婺州（今浙江省金华市），是因为自宋至明许多婺州人获得了全国性声誉，婺州留存下来的文集和方志相当丰富，从而可为研究引入国家和地域双重视角。全书以八章篇幅展开论述，具体又可以分为三个部分，大体对应宋、元、明三个时代。

第一部分包括前三章。第一章“吕祖谦在宋代”，将吕祖谦的崛起置于婺州举业与书院兴起的背景之下，并认为书院兴起又是北宋新法失败后

* 美国巴克内尔大学东亚研究系陈松教授、英国牛津大学亚洲及中东研究学系许明德副教授对本文提出了多项宝贵意见，谨此致谢。所评著作中文译名，采用杜斐然、许明德二人合译将刊书名。

私学取代官学的结果。吕氏和与婺州书院有关的朱熹、陈亮皆有不同，朱熹关注道德而陈亮重视事功，吕氏则重视在官学之外通过私学传播士人价值。作为婺州首位名师，吕氏通过五份书院规约，从学、行以及应举三方面为士人树立了清晰的身份辨识。吕祖谦具有多重身份特性。作为传记作者，他在为他人撰写墓志铭时强调士人在地方的价值是学业与义行。这与无意地方公益的陈亮相比，尤其体现出他具备全国性与地方性的双重特性。作为学者，他在举业、道学、经学、史学上均有成就。与朱熹相似，他将家视作国的基石，不同的是他重视对于汉唐传统的继承，力图将道学与既有学术传统相结合。在他人为吕氏辞世所作悼念文字中，少数人奉之为道学先驱，更多人视之为传承斯文的教师，斯文包含文学、经世之学、百家之学以及道学等多元内涵。吕祖谦的社会意义在于，他通过官学系统之外的教育，使地方精英家族接受他关于士人的多维价值论述，并团聚士人成为地方社会积极的道德和社会力量。

第二章“文学政治”，探讨南宋士人生活政治化背景下的婺州士人之学的更广图景。所谓士人生活政治化，是指作为士人生活日常的文学写作进入宋代遭遇质疑和捍卫两种倾向，由于文学写作与科举密切相关，因而称为政治化。在吕祖谦1181年去世到庆元党禁期间，婺州存在攻击或列名“伪学”两个阵营，而“伪学”阵营中同样存在朱熹和叶适两派追随者的分歧，朱学追随者相对于后者，在盛行举业的婺州仅可谓幸存者。吕祖谦本人著有《古文关键》《皇朝文鉴》等多部应试之书，作品即使皆受敌友双方批判，在婺州也深受欢迎。婺州民间刻书业，无论相较驱动力在供不在求的官刻，还是相较以政府为主要销售对象的浙东四大私刻中心中的另三处，商业性都更为突出。婺州私刻以用于应试的文学选集为主，而比重最大的《苏轼文集》尤为极佳应试手册。吕祖谦认为可以学苏文形式而不学其内容，朱熹则攻击苏轼思想将随其文章风行而害人心术。时文之学与道学差异，在于成士与成圣。道学认为时文有害心术，而站在文学的角度看，拥有一己之见并合理表达也是学问。作者统计了1180~1230年婺州10位道学作家与28位非道学作家的著作差异，道学著作关乎四书五经但几无史书，非道学著作多为史论而少与四书五经相关。这里的史论可以纳入广义的文章，两种著作的差异，体现的是汉以下经术、文章分为两途。

第三章“三部类书”，探讨南宋三部类书的博学取向。北宋新旧党为科举只考经学还是兼涉文史有过争论，到南宋采取了经义、诗赋两科分立的折中方式。之后道学又以成圣之道来容纳文史之学，否定博学本身具有价值。但婺州学术具有较为浓郁的博学倾向，在词科考试中表现出色。类书与科举市场密切关联，它并不像新学、道学那样追求内在的一贯，而是措意于以类相从的博通。三部类书各不相同，编者皆堪称通儒。潘自牧《记纂渊海》共计22类1246条目，博引宋及之前著作，本朝著作以引苏门人物最多，但也超越党争立场给予王安石、二程以篇幅。潘著并不关心本体论问题，整部书都是在向读者展示如何表达观点。作为一部畅销书，潘氏自称卖点就在于对一定不易之意提供千变万化之言。潘氏家族与朱熹、吕祖谦均有联系，但其书不像《近思录》有唯一正确的成套理念，旨在应对义理而议论求新，既适合科举也适合个人文学创作。王象之《舆地纪胜》不同于之前同类地理书，如《舆地广记》关注政治而《舆地会元志》关心军事，是书通过搜集各州县形胜、人物、诗文条目并纳入制式化的类别，以为写作者提供创作素材。序言作者李埴期待该书有用于治世，而实际上该书对士人比对官员更为有用，无论是在他们乡居、赶考还是宦游时，都是一部十分有用的文学指南。它使得关于各地文史典故的“地方性”变得重要，并显示国家由具有不同自然和人文历史的各地组成。章如愚《山堂考索》，在婺州尤其是东阳县较为浓郁的周礼学氛围中写成。章氏视井田制为最佳方案及后世基准，以田制为例，他认为西周社会是一个共同体，反对郑玄《周礼注》中的私有说，支持王安石新法。尽管他并不倡议恢复井田制，但捍卫政府应在田地分配中减少贫富差距的理念。他的书既教人应试，同时也宣扬了中央权威衰退并非不可避免的观念。就《论语》“博学于文，约之以礼”的意义而言，三部书的共性是为博学能文之士成功写作而编纂，它们自有为求通贯而形成的编纂原则，但无意如理学为求一贯而穷理。

第二部分包括四、五、六三章，时间大致对应元代。第四章“道学”，探讨宋元之际的金华四先生群体。四先生具备两大特点：他们的道学很大程度上等于朱学，都对博学有浓厚兴趣。何基的治学方法，是节选朱子文章以释朱而不展示己见，其对理的理解是“事物恰好处”，“一本”和“万殊”间因有“恰好处”而具备了内在统一。何氏对“万殊”的博学兴趣，与类书作者有两个差异：何氏将朱熹树为人格和学术双重权威，后者将学问视作信息搜集组织而非哲学表达；何氏学术仅面向朱学传承人，后者更具备开放性。王柏在四先生中最显另类，被作者借用以赛亚·伯林术语喻为想成为刺猬的狐狸。他先学举业再学诗史再学朱学，认为曾子气质虽鲁而不安于鲁故自号鲁斋。王氏学问包括内在专一心思和外在扩充知识两端，他不像何基不增一语于朱，自视为道统序列上朱子的继承者和补充者，同时在广博上也自认为继承朱子框架。金履祥是王柏与何基的双重弟子，向前者学到了居敬立志和读书自四书始，向何基学到的则是“朱子之言备矣”。金氏之博学并非出于对现象世界的好奇，也是朱子框架。他特别重视李侗教育朱熹的箴言：“理不患其不一，所难者分殊。”金氏经学颇具个人野心，有不同意朱熹章句之处，但旨在对朱熹章句做补充说明。史学方面他不像吕祖谦、章如愚究心制度史，而是着意于朝政编年，以期通过论事知人而求圣人之心。文学方面，他的《濂洛风雅》仅编选道学家诗歌，趣味范围窄于王柏。作为活到元代科举恢复及四书和朱子章句集注被列为考试读物之后的学者，许谦正适逢时需。他本人并不主张恢复科举，而主张恢复像三代的学校以传圣贤之道，告诫学生读经需重以程张朱子之书为代表的传注。许氏博学，继承金履祥“所难者分殊”之教，发扬王柏的图解方法，使复杂的成圣之道呈现出简明结构。四先生均自视为道统继承人，尽管弟子多数为本地人，他们并无地方性可言。

第五章“元代的应对征服”，探讨婺州士人在蒙元取消科举丧失晋升通道后如何获得声誉，以及文学如何获得超过道学的优势。元代婺州在德行方面，家族领域有浦江郑氏义门，但仿效既少也难；社会领域有宋遗民，但隐士包括拒征召和无机会者，婺州南宋进士无一是遗民，有的隐士也往往只是姿态。仕进方面，元代婺州仅有10位进士，所见830位婺州人仅130位官员，最常见的是成为学官。文学方面，元代婺州文学承受了来自道学方面的攻击，也确有人放弃文学转向道学。但文学在元代婺州形成了自己的脉络，月泉吟社既继承了本地的文学传统，又取得了地方身份认同。元代婺州士人的文学交往网络明显密集于宋，柳贯与黄溍在婺州和杭州，都主要是通过文学交游建立社会网络。二人均因积极出仕而博学于文，柳之博学以适应政务的政论为主，而黄作为元代婺州少数进士之一，其广博的文学写作尚得益于无关道学的经学之助。元明之际最著名的婺州文人宋濂和王祎，均将“文”视作士之要务，重视六经过于四书，将经视作文章写作之源，力图统合儒学与文学。他们的作品均面向全国写作，同时也旨在构建婺州士人的身份认同。

第六章“地缘与亲缘”，探讨元代婺州士人地方精英与宗族成员这两种有差异又有交叠的身份。通过对南宋到元婺州士人社会与联姻网络变化的量化考察，发现元代士人的学术网络变得比联姻网络更为重要。“吾婺”成为元代士人的关键词，师友渊源叙事在婺州变得本地化。在婺州内外朱学都另有别传，以及北方许衡获得朝廷支持建立道统的背景下，吴师道通过系列努力构建了金华四先生为朱学正传的叙事，并通过传承至今同类序列中最早的作品《敬乡录》，广泛收录宋元婺州文学、学术各领域人物，提供共同地域的多元学脉，为士人之学赋予了婺州本地的历史脉络。这种通过回顾性构建凝聚起来的地方身份，有利于士人共享同一地域不同文脉。元代婺州士人在普遍失去官方身份和支持后，相比南宋少有地方公益行为，而主要作为教师延续文脉。相较北方士人网络的全国性特征，婺州士人显得既具全国性又有地方性。元代婺州家谱开始从私域迈向公域，流行请族外名士为家谱作序，相较宋谱仅提供世系简表而增加了墓志、告身、文选等社会性信息。元代编撰家谱已将世系扩展到五服之外，比建设义门更具实践意义，体现在道德、文化、政治三方面。道德方面，王柏、戴良分别以一本万殊和一气连枝解释家谱编撰，苏伯衡认为家谱非夸门第而为别亲疏，并强调家族成员的主动认同而反对义门式的家规强制。文化方面，元人认为家谱编撰主要是为延续或创建士人血脉，以表明自己属于士人世界。他们认为这既是继往也是开来的工作，所以批评攀附之风，认为编撰家谱本身就属于士人成就。政治方面，他们认为三代宗法制已不再，先王之道尚存于家谱，当下宗族独立于政府但不独立于士人社会，天下是一人一族所积，族人齐德关乎国之德教。作者走访了今天金华市下辖的不少单姓村，他们的家谱均追溯祖先到宋元明时期。单姓村的形成正是14世纪敬宗收族的结果，大姓对小姓逐渐建立优势，而士人家族又在应对地方政府方面更具优势。这种取代南宋州级婚姻网络的单姓村际就近联姻网络，是一种类似义门而又无其强制性的自治。当统治者不关心士人价值时，元人自己构建地方学与族的历史。

第三部分包括七、八两章，时间对应明代。第七章“明代的复兴与分化”，主要探讨明中叶以章懋为代表的金华士人的崛起，以及朱学与王学的分化。金华士人对明初政权一度寄予希望，但浙东士人入明后遭遇了朝廷强力打击而集体倾覆。代之而起的是以泰和籍为核心的江西士人，他们重视中央权威甚于地方利益。随着朱元璋将基层社会整合为征发丁税的财政系统，士人被整合为系统组成部分而非独立行动者，直至15世纪中叶出现新变。从此之后的一个世纪左右，金华进士、高官、私立书院的数量均出现了勃兴。婺州士人之学的历史得到重建，吕祖谦和金华四先生进入乡贤祠，他们的文集获得重刊。此期代表人物章懋的重要性不在于学术，而在于他的道德践履。他被视为婺州程朱之学的接续者，他的文章会通金华四先生道学和元代婺州文学诸家。元代士人之学的分歧在于道学与文学之间，而明代则在于道学内部的举业与德业之争，朱学与王学之别逐渐显现。章懋本人无意批评王学，但他的后学已视王学为威胁，并认为会通继承章懋提出的道学、功业、文章这“吾婺三担”有困难。永康五峰书院是金华境内的王学重镇，书院没有教师仅有学友，重一本轻万殊，但他们仍将自身置于婺州学脉之中，也将四先生视为渊源，并将章懋“三担”作为目标。但朱王分歧在扩大，会通婺州学脉的努力并不成功。徐用检《三先生类要》通过编纂薛瑄、陈献章、王阳明三位朱王学者合集，不仅放弃了宋儒，也放弃了婺学传统。

第八章“终点与开端”，作为全书收尾，分为两个部分。第一部分从三个角度处理地方士人之学的价值问题，一是地方视角，二是成士的固有问题，三是学术史。第一，作者从地方视角出发对婺州学脉进行了再次梳理，认为婺州一直到南宋才成为全国学术中心，吕祖谦的多元面貌使得后世婺州学人可以从他身上各取所需，吕氏身后到蒙元入主中原前以三部类书为代表的著书转向值得注意，它们使得婺州士人对于传统文本、人文地理、政治制度可以获得丰富了解。元代婺州文学交游网络帮助士人在政府各个层级获得位置，而关于四先生是朱学正传的声称尽管可疑，却是由元入明婺州士人日益引以为傲的地方资源。在缔造四先生道统学脉之外，吴师道更大以及最持久的成功在于为婺州士人在四方面创造了身份认同：一是在德行、政事、文章三方面创造了当地榜样；二是编撰了首部地域总集《敬乡录》；三是掩饰了他那个时代存在于道学与文学之间的分歧；四是缔造了一项共识，即婺州学脉是一部地方士人为自己而写且无须依赖他地士人认可的历史，这项共识不断被之后的王祎、章懋乃至当地王学传人继承。从宋到明除了吕祖谦、宋濂或许还有章懋，婺州士人并非真像他们自己想得那么伟大，但他们在地大物博的国家中获得了自己的独特身份，这一策略也被他地采用。第二，士人的国家精英身份和在地性具有内在矛盾。宋代士人地位直接和受教育水平挂钩，所以首要身份是国家精英。但从宋到明，地方性于士人而言变得重要，他们通过公益事业利他同时利己，并领导基于家谱的家族走向制度化，力图巩固自身和后代的社会、政治和经济地位。第三，作者从婺州学术史的视角，反思了早期著作《斯文：唐宋思想的转型》（*This Culture of Ours*：*Intellectual Transitions in T'ang and Sung China*）中的两个问题：一是过早接受道学主张文学已与公共事务无关，二是未关注“博学”对于士人的持续吸引力。婺州之学体现出三个要点：一个相对隐晦，即士人可以共享地方的政事、德行、文学脉络；另两个较为明显，即士人之学远广于科举之学，还有1100~1600年间士人均对一体和通贯拥有兴趣。而该章第二部分，则探讨以胡应麟为代表的16世纪之后士人的新方向。胡应麟以笔记小说为代表的作品，展示出“文”与“学”相结合的博学，能导致可验证的结论、对于历史发展的理解以及对于文化演变的评价等结果。作者的兴趣并不在于争辩胡应麟作为乾嘉考据学派先驱的重要性，而是在于胡在呼应婺州学术“文”与“学”结合命题时，选择了与地方传统决裂。胡应麟打破了自古文运动以后一直被婺州士人接受和强化的两个假设：道德修养是学术目标，一体通贯是终极意义所在。胡应麟是婺州学脉的终端，也是新方向的开始。

二

作为一部纵跨500年时段的著作，全书在宏观和微观层面需要面对的问题错综复杂。作者在许多问题的处理上得心应手，因而显得精彩纷呈。纵观全书，主要有以下三项优长之处。

一是巧妙的时空设定。作为一项长时段研究，作者对于研究对象的时空分布选择独具只眼。从1100年到1600年，纵跨了道学从兴起到衰落的整个历程。选择这一时间段，可以充分考察宋学在取代汉学之后的形态演变。而作者眼中的“学”又不仅仅局限于现代意义上的学术，而是回到历史现场，将古代士人的终生志业视为“学”。所以书中对这一时段设定的考察对象，是宋代道学与文学之间的紧张，在取代汉代以后文学与经史之学紧张之后的演变历程。道学如何将文学边缘化？道学本身又是如何失去优势？都是时段设定之后自然衍生出来的重要命题。至于空间选择，作者曾和笔者说起最初是想选择四地做比较研究，分别是婺州、徽州、吉州、真定府，后因牵涉过广集中在了婺州。四府州皆为文风蔚然又具学术个性之地，而婺州尤为特出。从南宋吕祖谦、陈亮、唐仲友等人（他们通常被视为南宋浙东学派的代表人物，但作者并不认同这一学派概念），到由宋入元的金华四先生以及元代儒林四杰之二柳贯、黄溍，再到元明之际宋濂、王袆、胡翰、苏伯衡等浙东名士，一直是他们所处时代的核心学术群体，也因而使得所处地域成为理想考察对象。尽管婺州作为学术中心的地位进入明代后已经风光不再，但元代吴师道开创的婺学脉络入明之后仍得到凸显。作者又拈出朱学楷模章懋作为明中叶婺学复兴的典范，王学据点五峰书院作为没落的朱学对手，力图会通“文”与“学”而脱离婺学脉络的胡应麟，作为全书考察的终点以及新学术方向的开端，无不显得匠心独运。作者从1998年开始跨过重洋远赴浙江金华实地田野考察，又常年遍涉巨量婺州经史子集四部文献，念兹在兹二十五载方成此书，对于婺州文化的千年演进拥有深切体认。缘此做出的富于洞察的时空设定，使得全书获得了较为理想的研究视角。

二是通贯性的考察视野。作为一部长时段研究汉学著作，通贯视野是该书最为突出的优点。著作正标题“Localizing Learning”，为全书确立的是一个学术地方化的研究命题。作者早在2003年即创造性地提出“士人社群”（Literati Community）一词，强调他们虽然聚居地方，但共享具有全国性的价值，从而以地方—国家这组互相交融的概念，置换了之前地方史研究通行的社会—国家二元对立视角。[①] 该书则是地方—国家视角的进一步

① Peter K. Bol, “The ‘Localist Turn’ and ‘Local Identity’ in Later Imperial China,” *Late Imperial China*, Vol. 24, No. 2, Baltimore: Johns Hopkins University Press, 2020, pp. 9-10.

深化，作者立足婺州地方，充分发掘士人之学的地方性，但却十分清晰地意识到，士人的自我定位首先是国家精英，他们所受的官私教育和应举之学，无不首先是面向国家而非地方。但无论是争取政府职位，还是谋取社会声望和经济利益，地方网络对于士人的意义都不可或缺。士人在地而天然具备的地方性在此意义上浮现，它在宋代士人地位直接和受教育水平挂钩时尚不凸显，而在元朝切断或弱化晋升途径之后需求变得迫切。婺州士人入明之后遭遇强势政权的集体倾覆，直到15世纪中叶才迎来百年左右的复兴，道学内部之争此时取代了元代的道学与文学之争，而地方性依然是竞合双方的合理性来源。直到裂痕难以弥合之后，学者开始诉诸地方之外的学脉。正是基于这样长时段的通贯性考察，士人天然具有的全国性与地方性二者的内在纠缠获得清晰梳理，“localizing”即地方化命题得以在长时段中动态呈现。作者同时也回应了美国汉学界另一个影响深远的相近命题，即肇始于郝若贝（Robert Hartwell）而发扬于韩明士（Robert P. Hymes）的“精英地方化”学说。作者分别引用了李锡熙、陈松、市来津由彦、吴铮强诸家论著，质疑韩明士关于南宋精英地方活动是从政府撤离（retreat）的判断，并正面主张从士人之学的视角来看，地方性不可与跨地方性和全国性相分离。由于疆域的缩小、官学教育扩充计划的放弃以及东南受教育人口的增长，南宋士人在地方明显比北宋活跃，他们少有人主张政府积极改组社会，但也绝非主张排斥政府（antistate）。士人之学固有的应举倾向决定了士人对于地方性的超越，而元代废止或降低科举重要性后，婺州士人赋予本地学术以历史脉络并传承入明，这使得本具全国性特征的士人之学镶嵌进了地方社会，在此意义上全国性可以被视为地方性。这是书名“地方化”的真正含义，也是作者在纵向时段和横向空间上具备通贯视野的体现。

三是数字人文的辅助方法。作为北美汉学界数字人文研究的领军人物，作者自2005年起担任哈佛大学地理分析中心主任以来，统筹CHGIS（China Historical Geographical Information System，中国历史地理信息系统项目）和CBDB（China Biographical Database Project，中国历代人物传记资料库项目）两大数据库建设和倡议推广数字人文研究已近二十年。数字人文作为辅助研究方法，在该书中也有较为丰富的应用。正文随附表格、地图和图像以及附录数据和分析，合计约占全书四分之一的篇幅。表格、图像、数据主要来自 CBDB 并以可视化方式呈现，地图则均为 CHGIS 信息可视化。其中尤以第六章第一节元代量化研究部分为集相关方法之大成，作者专门把相关数据列为长达 18 页的附录 6.1，并在结合正文的基础上整理成专文《从亲缘到社缘：变化中的士人网络，1100～1400》发表。[1] 书中调用 CBDB 数据，制成婺州历代人物分县图表、宋元通婚地址比例图表、南宋与元社会关系对比表，然后结合 CHGIS 图层将所得数据可视化，并通过网络关系可视化软件 Gephi，对南宋和元代的联姻关系网络进行模块度（modularity class）对比分析，又对两个时代的社会关系网络就度中心性（degree centrality）、加权度（weighted degree）、中介中心性（betweenness centrality）、特征向量中心性（eigenvector centrality）四方面做对比分析。由此有四个发现：一是与婺州士人通婚县的数量急剧下降并在空间上收缩到婺州境内；二是空间收缩后联姻网络反而离析成多个小网络；三是学术和文学交往呈现急剧增长，基于士人之学的网络变得比联姻网络更为重要；四是学术和文学联系显著本地化。作者认为部分发现甚至超乎预期，事实上这也在韩明士著名的两宋之间联姻变化模式之外提供了新型模式。作者给出的解释是，元代仕途引荐的需要使得社会关系变得比联姻更为重要，婺州士人由此关心建设地方学术传统以共享多元学脉。由于基于丰富的数据以及强力的分析工具，以上发现和判断显得较为雄辩。

读罢掩卷，也感觉此书尚有令人意犹未尽之处。某种意义上此书可以视为作者之前著作《历史上的理学》（*Neo-Confucianism in History*）的续篇，继续探讨前作中提出观察理学的三个关键词——立场（position）、身份认同（identity）、社会活动（social movement），只是将这三者置于更为广阔的场景，即理学与其他士人之学的互动之中。从时段上看，元代部分因为做了最为充分的考察和解答，显得最为精彩。相形之下，前之宋代和后之明代部分则显得相对松散和单薄。元代基于考察得出的结论，即士人

① Peter K. Bol, "From Kinship to Collegiality: Changing Literati Networks, 1100-1400," *The Journal of Historical Network Research*, edited by Henrike Rudolph, Song Chen, Vol. 5, No. 1, Luxembourg: University of Luxembourg, 2021, pp. 87-113. https://doi.org/10.25517/jhnr.v5i1.

之学地方化是应对元朝科举晋升通道关闭或弱化的结果，是一项令人信服的判断。相形之下，宋代部分似乎只是在为后世做铺垫，尽管篇幅占三章半（第四章“道学”所探讨金华四先生之中的何基、王柏是南宋人），但仅探讨吕祖谦、文学政治、三部类书与何基、王柏，旨在揭示元代地方化学术的多元源头。作者非常谨慎地与浙东学派、浙学、金华学派、婺学等既有概念保持距离，同时也并未对他认为缺乏地方性的陈亮、与吕祖谦交集有限的唐仲友，以及婺州之外的永嘉诸儒多加着墨，而是将注意力集中于吕祖谦的多元面貌和社会影响上。或许这是因为作者意识到“浙学”诸词本是朱熹为批判浙东功利学说而提出，① 但正视浙东学术社群似仍应为该书命题应有之义。由于作者认为宋代士人全国性强于地方性，并将元明学术地方化视作一种策略，所以 localizing 一词也有从全国向地方回撤的意味，这一角度与韩明士“精英地方化”有异曲同工之处。当然，作者的地方化措意于立足地方放眼全国，与韩氏地方—国家二元对立明显不同。但也正因为此，localizing 似乎成为地方士人领袖的主动选择，一方面显得主观能动性过强，忽视了社会文化环境的塑造；另一方面领袖之外的其他士人成为沉默的大多数，毕竟南宋以下着意经营地方的士人群体不断壮大，他们地方性强于全国性的一面似少获关注。所以或许尚有其他视角可以开拓，如官学祭祀空间对于地域意识的营造，② 10 部宋代婺州方志③虽然已佚但折射出的地方传统，浙东学术社群共性的滋生土壤，等等。

明代情况与宋元有相似又有不同，其时地方化学术被作者视为在朝廷纵向严密控制地方的背景下，士人横向复兴地域传统并力图统合多元脉络的一项策略。作者重点关注的是，汉代以下经术、文章分为两途，尤其是宋以下道学与文学之间的紧张，以及与此相关的学术地方性与全国性之间的联动。因此明代聚焦的对象，是道学与文学紧张性弱化后，道学内部朱学与王学之间的竞合，以及胡应麟放弃金华统合文道传统而别开无关地方

---

① 早坂俊广：《关于〈宋元学案〉的“浙学”概念——作为话语表象的“永嘉”、“金华”和“四明”》，《浙江大学学报》（人文社会科学版）2002 年第 1 期，第 111 页。

② 梅村尚樹：《宋代の学校：祭祀空間の変容と地域意識》，山川出版社，2018。

③ 顾宏义：《宋朝方志考》，上海古籍出版社，2010，第 186~192 页。

的博学考据一脉。但因采取思想史较为传统的人物个案点状研究方法，不如元代部分因采取社会文化史取径显得饱满密实。作者在书中也反思了前作《斯文：唐宋思想的转型》未对文学与博学给予足够重视，并在该书给予充分考察，但对二者之间的关系似未充分厘清。已有学者指出胡应麟并未放弃地域文化传统，只是将之前的金华“文学”传统扩展为以博文为核心的“文”学传统，并从他本人开始形成金华新的诗文学术传统。[①] 作者实际上也涉及此问题，但由于看重具备全国性意义的道学传统以及考据学新方向，所以主动选择忽略入清之后虽连绵不断而缺乏影响力的金华地域文学传统。但在清儒将“孔门四科”德行、言语、政事、文学发展为“儒学四门”义理、考据、词章、经济之前，[②] 以文学为本位整合博学传统其实是较为自然的取向。至于书中的另一项侧重点，即胡应麟之后对于追求通贯这一悠久传统的摈弃，其发生机理似也缺乏必要交代。作者观察士人社会特重道学视角，以其盛衰作为全书终始之准绳，但由此派生的问题是，如何看待道学传统不发达区域的地域学术传统，或者说如何衡量道学之外的学术传统？典型区域如拥有悠久文艺传统的苏州，直至明末道学仍不发达，[③] 但基于文学传统生发的复社在明清之际具有巨大能量。正如作者指出的，道学本身不具备地方性但却能形成地方传统，而文学的地方性主要不在于书写地方而在于地方文脉，像《江西宗派图》即是和道统一样受禅宗传灯录影响的显例。只是入清之后博文中心已转移至浙西，金华的地方文脉仅具地方影响力，但似不应忽视其与元明文脉之间的联系。明代婺州的学术地位与宋元时期已不可同日而语，当地士人在大一统政权下体现出的地方特殊性，多大程度上是主动与全国性学术思潮的呼应，抑或是被边缘化后的表现，似也很值得探讨。

此外，由于全书跨度大而牵涉广，难免存在一些字词上的疏漏。如第126页脚注27，“恰好虚”应为“恰好處”；第236页“量长”应为“糧

① 许建业：《“文学”与“‘文’学”——晚明胡应麟对金华诗文学术传统的重省》，《汉学研究》2021年第2期，第100~113页。

② 左玉河：《从四部之学到七科之学——学术分科与近代中国知识系统之创建》，上海书店出版社，2004，第29~38页。

③ 李卓颖：《地方性与跨地方性：从“子游传统”之论述与实践看苏州在地文化与理学之竞合》，《中央研究院历史语言研究所集刊》第82本第2分，2011年，第325~398页。

长”；第 253 页脚注 114，“以何之清。介純實”当断为“以何之清介純實”；第 261 页脚注 150，“则培養薰。聒大道。坦然何憂趣向之不正乎”，应断为“则培養薰聒。大道坦然。何憂趣向之不正乎”。此皆大书小疵，瑕不掩瑜。

[Peter K. Bol, *Localizing Learning: The Literati Enterprise in Wuzhou, 1100-1600*, Cambridge (Massachusetts) and London: Harvard University Asia Center, 2022]

第十二辑作者研究或学习单位索引

陈希丰　四川大学文化科技协同创新研发中心

陈晓伟　复旦大学历史学系

邓小南　北京大学历史学系

刁培俊　厦门大学历史与文化遗产学院

胡潮晖　浙江大学历史学院

纪昌兰　信阳师范大学历史文化学院

李少伟　云南大学历史与档案学院

梁太济　浙江大学历史学院

刘慧玲　湖南省娄底市第三中学

彭丽华　湖南师范大学历史文化学院

濮思喆　中国人民大学历史学院

邱靖嘉　中国人民大学历史学院

孙延政　中国人民大学历史学院

王　申　中国社会科学院古代史研究所

王承文　中山大学历史学系

王文豪　香港理工大学中国文化学系

王子奇　中国人民大学历史学院

吴铮强　浙江大学历史学院

杨　瑞　华中师范大学历史文化学院

张　帆　北京大学历史学系

张　雨　中国政法大学法律古籍整理研究所

张海颖　厦门大学历史与文化遗产学院

周扬波　苏州科技大学历史学系

征稿说明

一、本刊由中国人民大学唐宋史研究中心和浙大城市学院浙江历史研究中心合办，入选中文社会科学引文索引（CSSCI）来源集刊。

二、本刊为半年刊，主要刊发基于问题导向的唐宋历史专题研究，以及以专题述评、书评为主的唐宋史研究学术史的梳理。文章形式为论文、书评、述评、笔谈、读史札记等。鼓励学术创新，竭诚欢迎国内外学者赐稿，不限字数。

三、本刊实行双向匿名评审。

四、凡向本刊投稿的作者，应允许本刊对原文进行必要的文字修改，如不同意，请于来稿时说明。

五、本刊所发书评实行约稿制，不接受投稿。

六、来稿请附上作者信息及联系方式，包括作者姓名、工作单位、研究方向、通信地址、联络电话、E-mail。

七、请勿一稿两投。自投寄后两个月内，如未收到本刊通知，作者可自行处理稿件。

八、投稿方式：电子稿请发送至本刊专用电子邮箱 tangsongreview@163.com，来稿请遵循本刊所登文稿格式规范的要求。

《唐宋历史评论》编辑部

《唐宋历史评论》文稿格式规范

一、本刊一律使用简体字、新式标点符号。

二、文内分节的数字顺序依次是：

一、二、三居中，单独题号不加顿号。

丨（一）（二）（三）丨1. 2. 3. 丨（1）（2）（3）

三、重要引文另立段落者，引文首行开头空四格，次行起每行之首均空二格。引文的首尾不加引号。引文的注释号写在引文最后标点之后的上方。

四、第一次提及帝王年号，须加公元纪年，如：建元元年（前140）、天宝十一载（752）。第一次提及外国人名，须附原名。中国年号、古籍卷、叶数用中文数字，如贞观十二年，《宋史》卷五八，《西域水道记》叶三正。其他公历、杂志卷、期、号、页等均用阿拉伯数字。引用敦煌文书，用S.、P.、Φ.、Дx.、千字文、大谷等缩略语加阿拉伯数字形式。

五、古代重要地名在后面括号内注出今地名。如：沛（今江苏沛县）。

六、注释规范：

1. 注释采用页下注，注号使用①、②、③……标识，每页单独排序，其位置放在标点符号之后的右上角。

2. 引用他人著作必须注明出处。引用著作依次注明责任人（著、编、译、校等）、著作名（篇名用双书名号）、出版单位、出版年份、页码；引用文章依次注明作者、文章名、所载刊物及出版年份、期数或卷次（报纸注年、月、日）。以书代刊的注出版社。如：

唐长孺：《魏晋南北朝史论丛》，三联书店，1955，第51~52页。

周一良：《关于崔浩国史之狱》，《中华文史论丛》1980年第4辑，第113页。

陈垣：《致王国维》，1925 年 2 月 20 日，陈乐素、陈智超编校《陈垣史学论著选》，上海人民出版社，1981，第 619 页。

〔芬兰〕韦斯特马克：《人类婚姻简史》，刘小幸、李彬译，商务印书馆，1992，第 7 页。

3. 引用古籍须注出责任人（著、编、点校、校注等）及书名、卷次、篇名，并注明版本（常用古籍可不注著者、版本）。如：

《颜氏家训》卷七《音辞》，乾隆五十四年抱经堂校定本。

李心传：《建炎以来朝野杂记》甲集卷九《故事》“百官转对”条，徐规点校，中华书局，2000，第 170 页。

4. 外文著作请按原文依次注明著者、著作名、出版地、出版单位、出版年份、页码；文章注明著者、文章名、所载刊物及出版地、期数或卷次、日期、页码。书刊名用斜体，论文加引号。如：

Sarah Grogan, *Body Image: Understanding Body Dissatisfaction in Men, Women and Children*, London and New York: Routledge, 1999, p. 16.

Edward Schafer, “The T’ang Imperial Icon,” *Sinologica* 7: 3, 1963, pp. 156-160.

七、专题论文须附 300 字左右的中、英文内容提要和关键词。

图书在版编目（CIP）数据

唐宋历史评论. 第十二辑 / 包伟民，刘后滨主编
. -- 北京 ：社会科学文献出版社，2023.10
ISBN 978-7-5228-2821-3

Ⅰ. ①唐… Ⅱ. ①包… ②刘… Ⅲ. ①中国历史-研究-唐宋时期 Ⅳ. ①K240.7

中国国家版本馆 CIP 数据核字（2023）第 219442 号

唐宋历史评论（第十二辑）

主　　编 / 包伟民　刘后滨

出 版 人 / 冀祥德
责任编辑 / 赵　晨　汪延平
责任印制 / 王京美

出　　版 / 社会科学文献出版社 · 历史学分社（010）59367256
地址：北京市北三环中路甲 29 号院华龙大厦　邮编：100029
网址：www.ssap.com.cn
发　　行 / 社会科学文献出版社（010）59367028
印　　装 / 三河市东方印刷有限公司

规　　格 / 开 本：787mm × 1092mm　1/16
印 张：24　字 数：374 千字
版　　次 / 2023 年 10 月第 1 版　2023 年 10 月第 1 次印刷
书　　号 / ISBN 978-7-5228-2821-3
定　　价 / 79.00 元

读者服务电话：4008918866